本书获“江西财经大学法治江西建设协同创新中心”出版资助。

国家社会科学基金重大项目“推动构建更加公正合理的国际税收治理体系研究”（项目编号：20ZDA104）和江西省社会科学基金青年项目“守成或创新：税法因应数字经济之道”（项目编号：21FX11）的研究成果之一。

国际税法与比较税制研究丛书
廖益新　主编

# 全球税收治理
## 国际税法范式的革新

余鹏峰　著

GLOBAL TAX GOVERNANCE:INNOVATION OF THE INTERNATIONAL TAX LAW PARADIGM

法律出版社 | LAW PRESS
北京

**图书在版编目(CIP)数据**

全球税收治理 : 国际税法范式的革新 / 余鹏峰著
. -- 北京 : 法律出版社, 2023
(国际税法与比较税制研究丛书)
ISBN 978 - 7 - 5197 - 7902 - 3

Ⅰ. ①全… Ⅱ. ①余… Ⅲ. ①国际税法-研究 Ⅳ.
①D996.3

中国国家版本馆 CIP 数据核字(2023)第 076186 号

**全球税收治理:国际税法范式的革新**
**QUANQIU SHUISHOU ZHILI:**
**GUOJI SHUIFA FANSHI DE GEXIN**

余鹏峰 著

**责任编辑** 郑怡萍
**装帧设计** 贾丹丹

**出版发行** 法律出版社
**编辑统筹** 法律教育出版分社
**责任校对** 张翼羽
**责任印制** 刘晓伟
**经　　销** 新华书店

**开本** 710 毫米×1000 毫米 1/16
**印张** 21 **字数** 342 千
**版本** 2023 年 1 月第 1 版
**印次** 2023 年 1 月第 1 次印刷
**印刷** 北京建宏印刷有限公司

地址:北京市丰台区莲花池西里 7 号(100073)
网址:www.lawpress.com.cn
投稿邮箱:info@lawpress.com.cn
举报盗版邮箱:jbwq@lawpress.com.cn

销售电话:010-83938349
客服电话:010-83938350
咨询电话:010-63939796

**书号**:ISBN 978-7-5197-7902-3
**定价**:68.00 元

凡购买本社图书,如有印装错误,我社负责退换。电话:010-83938349

# "国际税法与比较税制研究丛书"总序

"国际税法与比较税制研究丛书"自2010年年初问世以来,我们已陆续推出了7本系列专著,分别是林德木(现为福州大学法学院教授)的《美国联邦公司并购税收制度研究》(2010年1月版)、陈延忠(现为厦门海事法院海商庭副庭长)的《国际税收协定解释问题研究》(2010年7月版)、蔡庆辉(现为厦门大学法学院副教授)的《有害国际税收竞争的规制问题研究》(2010年8月版)、陈红彦(现为华南理工大学法学院教授、副院长)的《跨国股息征税问题研究》(2011年5月版)、蔡连增(现为宁波大学法学院副教授)的《美国联邦所得税法外国税收抵免制度研究》(2011年2月版)、邱冬梅(现为厦门大学法学院副教授)的《资本弱化税制研究》(2013年6月版)、李丰[现为丰收影视文化(广州)有限公司总裁]的《欧盟公司税法律协调研究》(2012年6月版)。这些系列专著的出版,一方面在所涉及的问题领域弥补了国内系统深入研究的欠缺和不足,进一步充实丰富了国内中文国际税法和比较税制研究的文库,受到众多相关业界人士的嘉许好评,同时也成就了一批高层次的国际税法专业人才,丛书的各位作者现在均是各自所在工作单位的国际税法研究的带头人或骨干中坚。"成为展示国际税法和比较税制研究优秀成果,促进税法学术交流的一个窗口,培养和发现国内外税法才俊之士的一个平台",正是我们当初筹划推出这套丛书的初衷目的。作为这套丛书的主编,本人为此深感欣慰,也更加坚定了自己继续组织编辑出版好这套丛书的信念。

近年来,国际税法学研究在国内外都迎来了一个辉煌发展的时代。经济发展的全球化和信息化,使得各国现行所得税法和双边国际税收协定中那些传统的税收概念和课税规则不适应企业全球化的经营管理和数字经济的商业模式的矛盾更加凸显;各国税收管辖权实施的地域局限性和彼此税制的不透明与不匹配,促成了所谓"税基侵蚀和利润转移"(Base Erosion and Profit Shifting,BEPS)国际避税现象的泛滥发展。二十国集团与经济合作与发展组织携手在全球发起了实施应对税基侵蚀和利润转移行动计划(BEPS Action Plan)。这是一场涉及对已有百年发展历史的现行国际税收法律制度进行实质性改革的运动,已经并将继续深刻影响各国税收法律制度和双边税收协定规则的未来发展。国际税法学界和实务部门都在密切关注和跟踪研究新的改革举措的制定和落地实施问题,国际税法和国际税法学研究都进入了一个新的历史发展阶段。

中国是BEPS现象的受害国,也是应对BEPS行动计划的积极参与国。在研究制定应对BEPS问题的改革措施和在国内所得税法和双边税收协定中贯彻落实这些改革措施的过程中,中国不仅要站在广大发展中国家的共同立场上积极发声,努力在应对BEPS问题上形成有利于维护发展中国家共同利益的新国际准则,而且要抓住这一难得的改革历史契机,争取推动建立一种公平合理的国际税收权益分配新秩序。因此,摆在中国税法学界同仁面前的是更多的挑战问题和更大的时代历史责任,需要有更多青年才俊投身于国际税法和比较税制领域的研究,为中国和世界贡献他们的智力研究成果和改革建议方案。我们继续组织编辑出版本系列丛书,也是希望通过丛书这一平台传播中国税法学界同仁在这一国际税法除旧布新的重要发展进程中提出的观点思想和对策方案。

承蒙法律出版社的领导和编辑的重视支持,也基于本系列研究丛书能够更好地吸收反映业界人士的优秀研究成果和传播扩大其学术影响,从第八本专著起,本系列研究丛书由原先科学出版社转自法律出版社编辑出版。但我们组织编选出版本系列专著的宗旨目的和方针标准不变,冀望丛书出版能够发挥的功能作用不变(参见后附原总序内容)。同时也继续期待广大读者在阅读本系列专著的同时,对其内容和形式上存在的错误和不足及时予以批评指正,帮助我们共同改进提高。

**"国际税法与比较税制研究丛书"主编**
**廖益新**
**2021年6月8日于厦门大学法学院**

# “国际税法与比较税制研究丛书”总序(原)

从我们奉献给读者的这套丛书的名称可知,本丛书的研究内容涉及税法学中的两个重要但又是复杂的领域。我们所理解的国际税法,就其法律渊源的构成范围而言,是一个由各国的相关国内税法规范和各国彼此间签订的双边和多边性的国际税收条约规范组成的综合性的税法分支体系。国际税法学是随着国际税法的形成而发展起来的一门跨越传统的国内法和国际法分界的新的综合性的法学分支学科。它以国际税法规范本身和这类法律规范在调整国际税收关系过程中的法律问题为主要研究对象,它的任务在于宣传、认识和解释这些国际税法规范,研究评析它们的功能与效益,并结合它们作用于调整规范国际税收关系的实际,谋求其内容与形式更趋科学性和合理化,使它们能够更好地服务于协调国际税收权益分配矛盾、保证和促进国际经济交往的正常与不断扩大发展这一根本宗旨。

国际税法渊源构成的双重性决定了国际税法研究与比较税制研究之间的密切关联性。在国际税法这一综合性的法律体系中,各国相互间签订的双边或多边税收条约,就像是联系和衔接缔约国的国内相关税制的桥梁和纽带;而缔约国各自的国内相关税法制度,就像是维系和支撑这座桥梁的桥墩或桥头堡。缔约国国内有关税法上主张的征税权,在适用于具有跨国性质的征税对象和纳税人时,需要经由国际税收条约这座桥梁加以规范协调;国际税收条约中协调缔约国各方对各种跨国征税对象的征税权冲突的原则和规定,必须通过缔约国各自的国内税法中相应的实体和程序性规则的配合施行,方能有效地避免对跨国征税对象和纳税人的国际重复征税或双重未征税,同时防止国际逃税和避税现象的发生和泛滥。因此,无论是正确科学地认识和研究国际税法制度规范,还是依法理智地分析处理国际税法实务问题,既要精通掌握国际税收条约的条款内容,又要熟悉了解缔约国各方的相关国内税法制度和程序。而比较税制研究正是我们发现和认识缔约国各自国内相关税法制度的异同,及其对缔约国之间的税收条约的适用执行可能造成的影响的必由路径。

与其他部门法学和法学研究领域相比,税法学研究在中国一直是一个相对薄弱的部门,而国际税法和比较税制研究又是税法学中更为冷僻的两个领域。国内热衷于在这两个领域内耕耘探索的学者人数不多,高质量有见地的研究成果也寥寥无几。这种状况固然一方面是由于中国现代税制本身的发展和税法学研究的起步时间较晚直接影响的结果,另一方面也与上述两个研究领域的研究对象自身的复杂性、交叉性和多变性有着密切的关系。国际税法和比较税制研究均涉及对本国税制与相关外国税制的异同及其制度之间的相互影响的发现和认识。税法在各国都属于那种制度内容相对复杂且修改变动频率较快的法律部门,研究工作往往赶不上税制本身的发展变化,这令许多人感到不胜其烦。而且,正如国际货币基金组织法律部高级顾问维克多·瑟仁伊(Victor Thuronyi)教授在他的《比较税法》一书中指出的那样,"为了研究比较税法,除了对一般比较法有所了解外,还必须同时关注基本法律传统以及税收传统……不仅需要研究其他国家的税制,而且需要研究它们的基本法律制度"。"由于这一领域的复杂性以及语言上的障碍,要了解不同国家的税制也是极为困难的。"[1]

然而,国内有关国际税法和比较税制研究的现状与中国改革开放和税收法治的形势发展是极不适应的。中国自20世纪80年代初实行改革开放政策以来,为创建有利于吸收外资,发展国际经贸和技术合作的税制环境,在对国内税制先后进行了多次不同程度的改革完善的同时,也陆续同90多个国家谈判签订了有关避免对所得和财产的重复征税和防止偷漏税的双边税收协定。随着近年来全球化趋势的不断加强和中国加入世界贸易组织,中外之间的各种经济、技术和人员交往也日益扩大和频繁,我国在吸收引进外国资金和技术的同时,也鼓励促进越来越多的国内企业"走出去",通过海外投资,利用世界资源开拓国际市场。在各种关税和非关税壁垒受到进一步削减和控制,各国投资准入和金融外汇管制渐趋宽松的同时,税收因素对跨国经济交易和人员交往的影响作用相形更加突出,国际税收权益分配的矛盾冲突和问题也随着中外经济交往的不断扩大而大量发生。在国际税收竞争日趋激烈,各国税制的相互联系与影响不断加强的时代条件下,如何借鉴吸收发达的市场经济国家国内税收法律制度中的科学合理成分和税务实践中的成功经验,进一步健全和完善中国相关的国内税法制度规范;如何更好地利用发挥有关中外双边和多边税收协定的作用,在避免国际重复征税和防范国际逃税与避税的同时,促进中国企业海外投资的健康发展。

---

[1] [美]维克多·瑟仁伊:《比较税法》,丁一译,北京大学出版社2006年版,第6~7页。

这些形势和任务的发展都要求当今中国的法学界有更多的同仁致力于国际税法和比较税制方面的研究,奉献出更多具有理论参考价值和实践指导意义的研究成果,避免过多的人拥挤在某些热门的领域和部门中重复劳动浪费资源。

令人欣慰的是,近年来有越来越多的法学青年才俊认识到国际税法和比较税制研究对中国扩大开放和税收法治的重要价值和意义,也看到了在这两个领域中有众多至今仍无人涉足的“处女地”有待进行开拓性的“耕耘”。他们经过多年的潜心研究,努力克服前期研究基础薄弱,相关参考文献资料匮乏以及语言、文化和法律传统上的障碍,从尽可能广泛收集和悉心研析国外第一手文献资料入手,运用历史研究、经济观察、实证分析和综合研究等各种方法,对国际税法和比较税制领域中的有关课题进行了深入细致的探索研究,完成了具有较高学术质量和富有参考价值的研究成果。我们组织编辑这套“国际税法与比较税制研究丛书”的出版,就是冀望于通过这套丛书的出版,及时向相关的学界同仁、政府和实务部门以及读者大众推介他们其中的优秀研究成果,以吸引更多的学界同仁关注并投身于国际税法与比较税制领域的研究,以弥补国内在此方面的研究荒缺和不足,促进中国国际税法和比较税制研究事业的发展。

本套丛书在选题和研究内容上力求体现以下特色和特点:

首先,丛书的选题注意紧扣国际税法和比较税制研究领域中的具有重要理论价值和实践指导意义的前瞻性课题。所谓重要和前瞻性课题,是指对国际税法理论发展和中国相关的税法制度建设具有研究的必要性和紧迫性意义的选题,以及当今国内外税法学界和实务部门共同关注研究的热点与难点问题。

其次,丛书的研究内容强调结合联系中国对外开放的国情实际,有的放矢地瞄准中外双边和多边税收条约以及国内相关税法制度的解释、适用、改革和完善问题,提出相应具有可操作性的看法、建议、方案与对策。

再次,在研究方法上,注意针对研究对象与问题的跨国性、综合性和交叉性的特点,提倡跨学科的综合研究方法,重视经济观察和法律实证分析相结合,制度规范比较和典型案例分析相补充,国际法与国内法相联系,以求全面、客观和准确地发现和认识问题,科学合理地总结经验和应对方案。

最后,本套丛书在研究范围和视野上追求学贯中西、博采众长,作者在相关课题的研究过程中,注意跟踪和及时反映国内外理论和实务部门在有关问题上的最新成果和研究动态,中外各国相关税法制度和国际税收条约实践发展变化的最新情况,以求各自研究的结论和成果能够适度超前和跟上国际税法和各国相关税制实践发展的步伐。

因此，我们希望本套丛书的出版能够发挥如下功用：

——为财政税收和税法学界的研究人员反映国际税法和比较税制领域内相关问题的立法变化、实践发展、研究动态和学术信息；

——为财税法律实务部门的专业人士从事国际税收和涉外税收立法和实务工作提供有价值的相关理论参考和实践指导；

——为财税法、国际法和比较法专业的高年级学生和研究生学习和研究国际税法和比较税制提供教学参考用书。

本套丛书的编辑出版是一项长期的计划，本着"荟萃精品、宁缺毋滥"的编辑方针，我们将按严格的学术质量标准审查挑选纳入本丛书出版的相关研究成果，也竭诚欢迎和感谢学界同仁将各自精心研究创作的成果奉献给这套丛书，以便使这套丛书能够成为展示国际税法和比较税制研究优秀成果，促进税法学术交流的一个窗口，培养和发现国内外税法才俊之士的一个平台。尽管本套丛书的各位作者和我们在撰写和编辑这套丛书的构成中都秉持着一种精品责任意识，由于作者和我们的学识和水平有限，各本著作中的错误、疏漏和不足恐在所难免，在此我们和作者均恳切期望广大读者在阅读和使用的过程中随时向我们和出版社反馈意见，以便作者和我们共同改进提高。

**"国际税法与比较税制研究丛书"主编**

**廖益新**

**2009 年 12 月 8 日于厦门大学海滨东区寓所**

# 序　一

晚近这些年来,“全球税收治理”这一概念用语越来越多地出现于各种国际税法和国际税收研究文献中。然而,国内外学界和实务部门对于这一概念的内涵与范围,尚未取得普遍一致的认识,尤其是全球税收治理的兴起发展,对国际税法理论和体系产生的影响,还缺乏系统深入的探究。余鹏峰博士撰写的专著《全球税收治理:国际税法范式的革新》,我认为在一定程度上似可弥补国内外理论界在此方面研究的不足。

该书着重从学理层面阐释了全球税收治理概念内涵、属性特点及其与相近概念用语的区别,指出了全球税收治理的勃兴可能对国际税法学理论研究带来的深刻影响。作者通过本书对全球税收治理的价值追求、参与全球税收治理主体相互间的权义关系内容,以及全球税收治理的规则选择这些有关全球税收治理的基本理论问题,进行了较为深入系统的论证说明,在指出传统的国际税法理论问题和制度缺陷的同时,提出了作者自己独立的观点见解。本书的这些内容不仅有助于拓展国际税法理论研究的视野和促进国际税收治理的实践理性,对丰富和深化全球治理研究也具有很好的学术参考价值。

余鹏峰博士毕业的厦门大学早在2014年就在国内率先自主设立了财税法学专业博士点,并于2015年开始招收培养财税法学博士研究生。余鹏峰是我在厦门大学财税法学专业博士点指导的2016级博士研究生,在博士研究生的培养过程中,他就表现出自身具有的博闻强记、思维敏锐和文笔流畅等优良素质。国际税法由于具有很强的专业性和技术复杂性,一直被人们认为是一门“阳春白雪”性质的法学分支学科。虽然他入学前在国际税法学领域的理论基础和专业知识并不厚实,但他异常刻苦努力,不仅认真精读消化了我开列书目中的国际税法经典著作,而且广泛收集阅读了大量相关中外文研究文献资料,从而在攻读财税法学专业博士研究生的4年期间奠定了较为扎实的专业理论和知识基础。同时,在攻读博士学位研究生期间,他积极参与了我和教研室其他教师主持的多项科研课题的研究工作,努力提升自身发现和分析解决问题的能力,能够出色完成所分配承担的研究任务。他在学期间已先后在各种学术刊物上发表10余篇论文,有关研究成果获得了中国法学会财税法学研究会青年优秀论文奖,个人荣获国家奖学金奖励。由于他的出色学业表现,他提前半年完成了博士学位论文的答辩,成为厦门大学财税法学专业毕业的第一位博士研究生,同时也是国内培养的第一位财税法学专业博士,并被江西财经大学法学院作为优秀青年人才引进从事财税法学教学科研工作。

我更感欣慰的是他在步入新的工作岗位后,仍然不懈努力,在承担繁重的课程教学任务的同时,不断产出新的研究成果,先后主持承担了国家社科基金、江西省和所在学校等多项科研课题,很快就成为所在单位的教学科研骨干成员。列入国际税法与比较税制研究丛书的这本专著,是余鹏峰在他的博士学位论文的基础上,结合晚近国际税法和全球税收治理的理论和实践的最新发展,经过进一步的修改补充完善后奉献给读者大众的最新研究成果。应作者的诚意约请,我在他的大作付梓之际,写下以上简短序文以示祝贺,愿他再接再厉,在未来财税法教学科研工作中获得更多的教学和科研成果,在人生事业道路上不断进步。

**廖益新**

**2022年11月10日于厦门大学法学院**

# 序　二

国际税法伴随跨国课税对象的出现和国家税收管辖权的扩大而产生,历经百余年发展形成了各国统一、联动融合的概念体系与理论框架,有效地避免了国际双重征税,促进了国际经济健康有序发展。然而,现行国际税法在规制有害税收竞争、防范国际逃避税等方面显得力有不逮,尤其是在应对跨境投资、经营内容和方式多元化发展所诱发的税基侵蚀与利润转移等问题时更是捉襟见肘。经济全球化和数字化的迅猛发展,破坏了在物理经济模式下形成的传统税收原则和规则的有效性,并对现行基于一百多年前的概念所建立的国际税法理论框架造成巨大冲击,各国在征税权划分界定与税收利益协调分配方面的分歧、矛盾日益突出。

国际社会一致认为有必要对现行国际税法进行改革,以妥善应对税收问题跨境性与外部性导致的单一国家的不可治理性。晚近以来,尤其是二十国集团成员方领导人一致赞成并委托经济合作与发展组织(OECD)推进税基侵蚀和利润转移(BEPS)15 项行动计划,在转让定价、防止协定滥用、弥合国内法漏洞、应对数字经济挑战等一系列基本税收规则和管理制度方面达成了重要共识。国际税收体制正在历经前所未有的巨大变革,国际税收秩序进入了调整和重塑的新阶段。国际税法也具有了从协调国家税收管辖权的协调法到协同国家间税收行政权的合作法的特点,表现出全球多主体参与、国际多层次推进、国内纳税人合作遵从的治理法的发展趋势。如何从理论上阐释国际税法变革的这种新形势,在国际税法体制、机制、制度革新中贡献中国智慧、中国方案和中国力量,是每一个中国财税法学人必须深入思考的问题。

《全球税收治理:国际税法范式的革新》一书敏锐地捕捉到这一历史性变化,从国际税法的实践困境与理论转型出发,探究全球治理与国际税法的契合度,提出全球税收治理是国际税法的新范式。以此为基础,遵循“本体—价值—权义—规则”的逻辑,追问全球税收治理的本体内涵、价值取向、权义关系以及规则选择。并且借助概念、内涵和属性,秩序、正义与自由,权力、权利和义务,原则、规则及标准等法学要素,从宏观到微观立体地阐释了全球税收治理的概念体系与理论框架,其价值和意义具有前沿性和创新性。

第一,深刻揭示了国际税法变革的新趋势。百年以来,国际税收治理体系发生了几次重大变革,无论是以国际联盟为主导的国际税收治理,还是联合国和经济合作与发展组织并驾齐驱的国际税收治理,始终以绝对税收主权为圭臬,追求国家利益的最大化。然而,最近因金融危机所推动的变革,形成了以二十国集团为主导,经济合作与发展组织提供技术支持和政策制定,联合国、国际货币基金组织、世界银行等积极参与的国际税收治理体系,渐显彼此照顾关切和合作共赢的国际税收新理念。在此过程中,国际税法发生了从技术官僚到政治博弈、从经济关联到价值创造、从税收协调到国际合作的变化,面临扩张与限缩、竞争与合作、让渡与分配的多层次调整与平衡,正在经历从双边协调到多边治理的转型。本书深刻地认识到了上述变革新趋势,创造性地揭示了国际税法的发展规律,提出“全球税收治理是国际税法的新范式”的新观点。本书以此为核心命题,在审视并反思传统国际税法基本理论的前提下,对国际税法的性质、价值、权义、规则等传统理论观点进行了突破性解读,推动了国际税法基础理论的创新发展。

第二,系统阐释了全球税收治理的新概念。面对百年国际税法重构之势,既有研究采用国际税收治理(International Tax Governance)、全球税收治理(Global Tax Governance)、国际税收的全球治理(Global Governance in the International Tax)等多重概念进行描述或解读,提高了国际税法改革的关注度。然而,严谨概念的缺乏,无法精准概括国际税法新的话语体系及其制度实践,也不利于学术传播、交流和积累。在当前国际税法的理念、原则、制度、方法持续扩展的进程中,科学界定全球税收治理的内涵与外延、本源和特质显得尤为重要。本书运用历史考察法和文献梳理法评述了全球税收治理的各类概念,采取属加种差定义法提炼了全球税收治理的法律内涵,并使之与国际税收治理、国际税收秩序、国际税收机制等概念相区分,避免了模糊使用导致学术论述的混乱,促进了相关研究成果的累积。本书基于法学分析范式,从法理层面对全球税收治理的价值追求、权义关系及规则选择等方面进行了全面和深入地探讨,系统地构建了全球税收治理新的分析框架与理论体系,实现了理论的传承与创新。

第三,深入拓展了国际税法研究的新领域。国际税法是一门新兴学科,整个国际税法学的学科体系仍处于不断完善之中,许多基础理论问题尚处于空白,许多具体制度问题尚待进一步研究。诸如国际税法与国际政治、国际税法与国家利益、国际税法与国际关系等相当部分内容尚未进入国际税法学者视野,亦没有受到国际关系、国际政治学者的关注，国际税法的研究领域还局限于相当狭窄的技术规则领域。本书在考究国际税法规则技术理性的同时，深入挖掘了国际税法革新所表征的国际政治、经济、文化等变化因素，分析了其中目标价值变迁、权义关系调整、税收利益博弈等深层次原因，勾勒了更加公正合理的全球税收治理体系的未来图景，拓展了国际税法研究的新领域。本书以国际税法范式的革新为要旨，尝试综合运用国际税法学、国际政治学、国际关系学等学科的理论，从法理化的高度全面研究国际税法转型问题，力求全面构建全球税收治理的理论体系，促进了国际税法与相关学科的融通，推动了学科向更加纵深发展。

余鹏峰是我的博士后，也是厦门大学法学院毕业的首位财税法学博士。他勤奋好学，善于思考，是一位颇具学术研究潜力的青年才俊。他扎实的法学理论基础，优秀的学术素养，开阔的研究视野，严谨而又活泼的文风，给我留下了深刻的印象。本书是他阶段性研究成果的结晶，作为他的合作导师，我感到十分欣慰，也非常乐意推荐本书，并期待他有更优秀的学术成果问世，为推动我国财税法学繁荣发展做出更多贡献。

是为序。

**2022年9月于法大小月河畔科研楼**

# 缩 略 语 表*

| | | |
|---|---|---|
| ALP | Arm's Length Principle | 独立交易原则 |
| ATTAC | Association for the Taxation of Financial Transactions and for Citizens' Action | 征收金融交易税以援助公民协会 |
| BEPS | Base Erosion and Profit Shifting | 税基侵蚀与利润转移 |
| BIAC | Business and Industry Advisory Committee | 工商咨询委员会 |
| CCC | Customs Co – operation Council | 海关合作理事会 |
| CEN | Capital Export Neutrality | 资本输出中性 |
| CFA | Committee on Fiscal Affairs | 财政事务委员会 |
| CFP | Centre for Freedom and Prosperity | 自由与繁荣中心 |
| CIAT | Inter – American Centre of Tax Administrations | 美洲税收管理中心 |
| CIN | Capital Import Neutrality | 资本输入中性 |
| CMEA | Council for Mutual Economic Assistance | 经济互助委员会 |
| CRS | Common Reporting Standard | 统一报告标准 |
| EU | European Union | 欧盟 |
| FATCA | Foreign Account Tax Compliance Act | 海外账户合规法案 |
| G20 | Group 20 | 二十国集团 |
| GATJ | Global Alliance for Tax Justice | 全球税收正义联盟 |
| GATT | General Agreement on Tariffs and Trade | 关税与贸易总协定 |
| GILTI | Global Intangible Low – Taxed Income | 全球无形低税所得 |
| GloBE | Global anti – Base Erosion | 全球反税基侵蚀 |

* 该缩略语仅做检索功能，全书涉及大量的专业名词，考虑阅读的便利性，全书不对英文简称及对应中文做全书统一。——编者注

| | | |
|---|---|---|
| GVCs | Global Value Chinas | 全球价值链 |
| IBFD | International Bureau of Fiscal Documentation | 国际财政文献局 |
| ICC | International Chamber of Commerce | 国际商会 |
| IFA | International Fiscal Association | 国际财政协会 |
| IGO | Inter – Government Organization | 政府间国际组织 |
| IIR | Income Inclusion Rule | 收入纳入规则 |
| IMF | International Monetary Fund | 国际货币基金组织 |
| IO | International Organizations | 国际组织 |
| IOTA | Intra – European Organisation of Tax Administrations | 欧洲税收管理组织 |
| ITO | International Tax Organization | 国际税收组织 |
| ITPA | International Tax Planning Association | 国际税收筹划协会 |
| JITSIC | Joint International Taskforce on Shared Intelligence and Collaboration | 情报共享与协作国际联合工作组 |
| MAC | Multilateral Convention on Mutual Administrative Assistance in Tax Matters | 《多边税收征管互助公约》 |
| MCAA | Multilateral Competent Authority Agreement on Automatic Exchange of Financial Account Information | 《金融账户涉税信息自动交换多边主管当局间协议》 |
| MLI | Multilateral Convention to Implement Tax Treaty Related Measures to Prevent Base Erosion and Profit Shifting | 《实施税收协定相关措施以防止税基侵蚀和利润转移的多边公约》 |
| NGO | Non – Governmental Organizations | 非政府间国际组织 |
| OECD | Organization for Economic Co – operation and Development | 经济合作与发展组织 |
| OEEC | Organization for European Economic Co – operation | 欧洲经济合作组织 |
| SGATAR | Study Group on Asian Tax Administration and Research | 亚洲税收管理与研究组织 |
| STTR | Subject to Tax Rule | 应税规则 |
| FTA | Forum on Tax Administration | 税收征管论坛 |
| TJN | Tax Justice Network | 税收正义网络 |

| | | |
|---|---|---|
| TUAC | Trade Union Advisory Committee | 工会咨询委员会 |
| UN | United Nations | 联合国 |
| UT + FA | Unitary Taxation and Formulary Apportionment | 单一税制和公式分摊 |
| UTPR | Undertaxed Payment Rule | 低税支付规则 |
| WB | World Bank | 世界银行 |
| WCO | World Customs Organization | 世界海关组织 |
| WIF | World Investment Forum | 世界投资论坛 |
| WTA | World Taxpayers Associations | 世界纳税人协会 |
| WTO | World Trade Organization | 世界贸易组织 |

# 目　录

# 导 论

全球税收治理的出现是由共同的税收问题引发的,这些问题现在仍然是国际民族国家社会面临的问题。

——[荷兰]乌扬加·伯克尔·多利格(Uyanga Berkel – Dorlig)

更重要的是,加强全球税收治理的任务要求填补国际税收制度中的治理空白。这一议程的成功在很大程度上取决于任何国际税收政策论坛是否具有透明度、合法性和问责制。

——[美]伊索普·帕克(Insop Pak)

曾几何时,全球治理的影响波及国际税收领域。一时间,诸如国际税收的全球治理(global governance in the international tax)、[1]国际税收治理(Internation-

[1] See Insop Pak, *International Finance and State Sovereignty: Global Governance in the International Tax Regime*, 10 Annual Survey of International & Comparative Law 165 (2004). 参见何杨:《国际税收的全球治理与中国实践——以转让定价为视角的研究》,经济科学出版社 2011 年版,第 20~21 页;董学智:《BEPS:全球治理语境下重塑国际税法——以税收征管的国际合作与协调为视角》,载《财税法论丛》2015 年第 2 期。

al gax governance)、[2]全球税收治理(global tax governance)[3]等成为热门词汇。全球治理应用拓展至国际税收领域意味着什么？之于国际税法的基本理论又有什么样的影响？这些词汇的具体内涵是什么，它们之间有什么样的联系与区别？它们的价值、权义、规则又有什么不同？不同的主体在其中的角色如何？然而，这些问题并没有在这一波滚烫的研究浪潮中得到回应，许多论文更多的是

---

〔2〕 Thomas Rixen, *The Political Economy of International Tax Governance*, Palgrave Macmillan, 2008, p. 1; Thomas Rixen, *From Double Tax Avoidance to Tax Competition: Explaining the Institutional Trajectory of International Tax Governance*, 18 Review of International Political Economy 1 (2010); Cees Peters, *Chapter 8: Democratic International Tax Governance in the 21st Century in on the Legitimacy of International Tax Law*, IBFD, 2014, p. 291 – 347; Eva Andres Aucejo, *Towards an International Code for Administrative Cooperation in Tax Matter and International Tax Governance*, 40 Revista Derecho del Estado 45 (2018). 参见汤贡亮主编：《2012 中国税收发展报告——中国国际税收发展战略研究》，中国税务出版社 2013 年版，第 76 ~ 95 页；叶莉娜：《国际税收治理时代设定国际税务组织的思考》，载《国际经济法学刊》2015 年第 2 期；梁若莲：《应对金融账户涉税信息自动交换推进国际税收治理现代化》，载《国际税收》2015 年第 3 期；张景华、吕铖钢：《国际税收治理中的税收管辖权逻辑》，载《税务研究》2016 年第 7 期；白彦锋、苏璐璐：《苹果公司避税案与国际税收治理新挑战》，载《税收经济研究》2017 年第 1 期；孔志强：《国际税收竞争治理与发展中国家的应对策略》，载《甘肃政法学院学报》2018 年第 3 期；刘志阔等：《中国企业的税基侵蚀和利润转移——国际税收治理体系重构下的中国经验》，载《经济研究》2019 年第 2 期；蔡昌、赵艳艳、李艳红：《数字资产的国际税收治理研究》，载《国际税收》2020 年第 11 期；罗秦：《国际税收治理从双边到多边的演进：新格局、新挑战及新趋势》，载《国际税收》2021 年第 1 期。

〔3〕 Dries Lesage, *Global Taxation Governance after the 2002 UN Monterrey Conference*, 36 Oxford Development Studies 281 (2008); Thomas Rixen, *Tax Competition and Inequality: The Case for Global Tax Governance*, 17 Global Governance 447 (2011); Jan Wouters & Katrien Meuwissen, *Global Tax Governance: Work in Progress?*, Leuven Centre for Global Governance, 2011, p. 4 – 29; Insop Pak, *Rethinking Global Tax Governance*, 27 Wonkwang Law 379 (2011); Miriam Ronzoni, *Global Tax Governance: The Bullets Internationalists Must Bite – And Those They Must Not*, 1 Moral Philosophy and Politics 37 (2014); Peter Dietsch & Thomas Rixen, eds., *Global Tax Governance: What is Wrong with It and How to Fix It*, ECPR Press, 2016, p. 1 – 24; Teppo Eskelinen & Matti Ylönen, *Panama and the WTO: New Constitutionalism of Trade Policy and Global Tax Governance*, 24 Review of International Political Economy 629 (2017); Tarcisio Diniz Magalhaes, *What is Really Wrong with Global Tax Governance and How to Properly Fix It*, 10 World Tax Journal 499 (2018). 崔晓静：《全球税收治理中的软法治理》，载《中外法学》2015 年第 5 期；任际：《国际税法新发展：全球税收治理与国际法律意识》，载《辽宁大学学报(哲学社会科学版)》2016 年第 3 期；王丽华：《全球税收治理及中国参与的法治进路》，载《环球法律评论》2017 年第 6 期；毛瑞鹏：《全球税收治理转型中的制度竞争——以 OECD 为中心的分析》，载《世界政治研究》2018 年第 2 期；孙红梅：《关于数字经济时代全球税收治理的几点认识——基于"双支柱"方案达成共识的视角》，载《财政科学》2021 年第 11 期。

在传统国际税法框架上套用前述词汇,或从政治的角度来解读前述概念的意义。[4] 在国际税收进入国际政治经济议程并不断政治化的背景下,如何回应这些问题成为当下国际社会探讨国际税收体制、制度与机制转型无法回避的共同议题。

## 一、选题背景与意义

在国际法层面上,税收主权的存在与国家主权紧密相连,更确切地说是国家主权的重要组成部分和表现形式,从而形成了国家之间税收主权的平等对立。[5] 然则,国家税权的独立性和排他性在经济全球化与数字化持续深化的过程中不断暴露出税收治理的困境与难题,如对跨国经济活动的双重征税、各种形式的税收竞争、税基侵蚀与利润转移(Base Erosion and Profit Shifting, BEPS)。以主权国家为主体的国际税收协调与合作的治理机制无法有效破解这些难题,国际税收问题越来越凸显全球性特征,亟待全球治理。

### (一)选题的背景

10 年之前,对当时广泛使用的全球治理概念感兴趣的大多数社会科学家认为,在税收领域没有全球治理,或者说这种形式还太初级,不值得关注。[6] 如今,税收领域的全球治理成为政治家、经济学家、法学家乃至民间社会热议的话题。前后一百八十度大转弯的背后是国际税收所处的经济、政治、法律、社会等背景发生了显著的变化。这些变化即本书的选题背景,具体包括以下几个方面。

1. 国际经济迈向数字经济时代,国际税收框架面临巨大挑战

毋庸置疑,全球化是国际经济的根本特征。全球化使经营活动从关注单个国家的操作方式,向基于多维管理组织与集成供应链的全球操作模式转变,而后者使不同的职能在区域或者全球范围内得到集中。[7] 在过去相当长的时间内,这种集中始终是在物理经济模式下运行的,经营活动也离不开某种实体(营业机构、场所或营业代理人)的存在。随着互联网信息通信技术(Information and Communication Technology, ICT)的发展,信息的数字化以及高效、便捷的传播,

---

〔4〕 这些概念在中国的发展,并非学术之功,而是官方自上而下推动的。详细内容参见本书第二章第一节“全球税收治理概念的论争”中“一、全球税收治理的源与流”的后半部分内容。

〔5〕 张守文:《税法原理》(第 6 版),北京大学出版社 2012 年版,第 63 页。

〔6〕 Peter Dietsch & Thomas Rixen, eds., *Global Tax Governance: What is Wrong with It and How to Fix It*, Colchester: ECPR Press, 2016, p. 1.

〔7〕 OECD, *Action Plan on Base Erosion and Profit Shifting*, OECD Publishing, 2013, p. 7.

世界经济进入了以网络通信和数字信息为典型特征的数字经济发展阶段。[8] 2017 年全球数字经济规模达到 12.9 万亿美元,[9] 相当于同年全球生产总值的 15.8%。[10] 而且这一规模还在呈指数级增长,数字经济占全球经济总量的比重将会逐年攀升。

数字经济具有高度流动性、对数据与用户参与的高度依赖性、网络效应、多层面商业模式等特点,对国际税收提出了诸多挑战。[11] 一方面,这意味着纳税人尤其是跨国企业无须物理经济模式下的某种实际存在就可以深度、有效地参与不同国家的生产、经营、销售等经济活动。如此就产生了一系列的问题,如纳税人在数字经济中如何增加价值和获取利润,来源地和居住地概念如何与数字经济相联系,数字经济中税收收入的性质如何确定。另一方面,随着经济活动中的服务与通过网络就可以实现传送的数字产品变得越来越重要,跨国企业更容易将其多项生产活动所在区域设立于远离客户所在的区域。新的经营方式可能导致核心业务功能的重新定位和税收权力的不同配置,最终可能产生低税收甚至是无税收的不良后果。此外,关于数字经济竞争性税收规则的不断出台,截至 2022 年 6 月,全球范围内 38 个税收管辖区引入并实施了专门针对数字经济所得课税的单边措施。[12] 现行以共识为基础的国际税收框架不断受到单边措施的冲击,双重征税问题可能再次大量出现,国际税收也面临极大的不确定性。

总之,国际经济正在快速地迈向数字经济时代,经济的数字化与全球化交互为世界经济增长提供动力与基石的同时,破坏和威胁了在物理经济模式下形成的传统税收原则和规则的有效性,并对目前基于 100 多年前的概念所建立的国际税收框架造成巨大压力。

2. 税收问题频入国际政治议程,国际税收政治化已显现

税收在国际层面上向来被认为是颇具技术性的问题,与国际政治联系并不密切。过去,如果非要说税收与国际政治相关联,充其量也只有发展中国家凭借

---

[8] OECD, *Digital Economy Outlook* 2017, OECD Publishing, 2017, p. 16.

[9] 中国网络空间研究院编著:《世界互联网发展报告 2018》,电子工业出版社 2019 年版,第 9 页。

[10] 根据世界银行的统计,2017 年世界各国国内生产总值合计为 81.4 万亿美元。网址:https://data.worldbank.org/indicator/NY.GDP.MKTP.CD? end = 2018&start = 2017。

[11] OECD, *Addressing the Tax Challenges of the Digital Economy, Action* 1 – 2015 *Final Report, OECD/G*20 *Base Erosion and Profit Shifting Project*, OECD Publishing, 2015, p. 109 – 126.

[12] KPMG, *Taxation of the Digitalized Economy: Developments Summary*, KPMG (Jun. 27, 2022), https://tax.kpmg.us/content/dam/tax/en/pdfs/2022/digitalized – economy – taxation – developments – summary.pdf.

在联合国(United Nations,UN)的多数地位要求UN制定符合其利益的税收协定并建立国际税收合作机构的案例。实则,21世纪之前,国际社会关于国际税收问题的讨论与研究始终是在技术层面开展的。直到2000年以后,税收逐步被提上国际政治议程,如"加强国际税务合作的建议"是2002年发展筹资问题的国际会议——蒙特雷会议讨论的问题之一,"调集国内财政资源促进发展"是2008年发展筹资问题的国际会议——多哈会议之圆桌会议的四个主题之一。[13]

尤其是在2008年的经济与金融危机之后,"世界正处于动荡之中,国际税收正处于风暴的中心"[14]。"金融危机突显了各个国家无法控制全球资本流动,迫使全球最大经济体的领导人们在20国集团(G20)的旗帜下走到一起,寻求解决全球问题的全球方案。"[15] G20顺势由危机应对机制转型为长效治理机制,而在其2010年以后的领导人峰会中,避税天堂、发展中国家税收体制、税收情报交换、税基侵蚀与利润转移、国际税收体系公平等税收问题渐次成为会议讨论的议题。其中,在G20的授权推动下,经济合作与发展组织(Organization for Economic Cooperation and Development,OECD)研究并实施了BEPS行动计划,该计划迅速地成为国际政治领域关注的问题。BEPS第一项行动计划即《应对数字经济的税收挑战》。2015年的最终成果报告,虽然对应对经济数字化税收方案做了诸多探索,但是未形成建议各国实施的解决方案。2017年G20再次委托OECD通过BEPS包容性框架(Inclusive Framework on BEPS)制定数字经济国际税收规则多边方案,相关工作预计将持续至2024年。此外,2015年7月联合国第三次发展筹资问题国际会议通过的《亚的斯亚贝巴行动议程》(Addis Ababa Action Agenda)更是把税制改革、国际税收问题的解决作为促进可持续发展的重要举措。[16] 国际税收从来没有过像当今这样成为国际政治的优先事项,因此可以说"国际税收已经明显政治化"[17]。

---

[13] 详细内容可参见联合国发展筹资的国际会议网,https://www. un. org/esa/devagenda/financial. html。

[14] Cees Peters, *On the Legitimacy of International Tax Law*, IBFD, 2014, p. 1.

[15] David Mcnair & Dries Lesage, *What Hope for Global Tax Justice*(April 2010), https://doi-org. libproxy. wlu. ca/10. 1111/j. 2041-9066. 2010. 00013. x.

[16] 详细内容参见Addis Ababa Action Agenda of the Third International Conference on Financing for Development (Addis Ababa Action Agenda) (UN A/RES/69/313), https://www. un. org/ga/search/view_doc. asp? symbol=A/RES/69/313&Lang=E。

[17] Thomas Rixen, *Politicization and Institutional (Non-) Change in International Taxation*, Social Science Research Center Berlin, 2008, p. 1.

3. 国际税法趋向多边公约模式,国际税法体系更加复杂

从法的形式来看,尽管存在区域性的多边税收协定和税收公约,但是在国际层面,国际税法一直以双边税收协定和国家单边涉外税法的形式呈现。然而,在国际税收频频进入国际政治议程之后,全球性的多边税收公约陆续出台。2010年,OECD 与欧洲委员会(Council of Europe)对《多边税收征管互助公约》(The Multilateral Convention on Mutual Administrative Assistance in Tax Matters,MAC)进行修订并向所有国家开放,使 MAC 成为第一个全球性多边税务合作公约。2014 年,OECD 发布《金融账户涉税信息自动交换标准》(Standard for Automatic Exchange of Financial Account Information in Tax Matters),并以《金融账户涉税信息自动交换多边主管当局间协议》(Multilateral Competent Authority Agreement on Automatic Exchange of Financial Account Information,MCAA)推动统一报告标准(Common Reporting Standard, CRS)的实施。2016 年,OECD 公布《实施税收协定相关措施以防止税基侵蚀和利润转移的多边公约》(Multilateral Convention to Implement Tax Treaty Related Measures to Prevent Base Erosion and Profit Shifting,MLI),旨在落实 BEPS 行动计划的相关成果。

当前越来越多的国家签署并批准了这些多边税收公约,这些行为正在影响且改变国际税法体系。从双边税收协定到多边税收公约,国际税法体系趋于复杂化。一方面,前述三个多边税收公约彼此之间的关系并不清晰,法律效力及其大小如何难以确定。另一方面,前述三个多边税收公约与现行税收协定的关系是什么,与国家涉外税法又是什么关系,这些问题尚未有统一的答案。MLI 的初衷在于节省缔约国谈判的时间,批量修改与更新税收协定以适应 BEPS 行动计划要求。然而,每个加入该公约的国家都可以就非最低标准事项进行大量保留,签署该公约形成的网络与双边税收协定网络交织,反而增加了相关规则的复杂性。其实,大多数双边税收协定对缔约国来说都是一个整体,这意味着这些条款是相互关联的并且由于它们的相互关联性而得到一致同意。MLI 可能影响这种相互联系和缔约国在谈判期间达成的平衡,并导致在双边情况下从未被接受的情形。[18]

同时,BEPS 包容性框架正在委托数字经济工作组开发包括确定与分配金额 A(Amount A)、消除双重征税的必要规则,以及简化的征管程序、信息交换、适用于所有辖区的强制性有约束力的争议预防及解决程序等内容的多边公约,

---

〔18〕 Caroline Silberztein & Jean – Baptiste Tristram, *OECD: Multilateral Instrument to Implement BEPS*, 23 International Transfer Pricing Journal 347 (2016).

以确保应对经济数字化税收规则多边共识“双支柱”方案，尤其是确保“支柱一”快速、一致地实施。[19] 该公约不仅适用于已签订税收协定的管辖区，也适用于没有双边税收协定关系的管辖区。如果多边公约缔约方之间已经签订有关税收协定，那么相关税收协定与该多边公约是什么关系，两者之间不一致的规定该如何处理？如果缔约方之间没有现行有效的税收协定，那么公约之下缔约方的法律关系应如何理解？公约与缔约方国内税法关系如何协调？以上这些问题的存在，使得现行国际税法体系愈加复杂。

4. 公民社会持续关注税收问题，国际税收公平呼声高涨

在相当长的时间内，公民社会对税收问题的关注始终未脱离民族国家体系，几乎未涉足国际税收领域。随着公民社会的不断发展与壮大、跨境问题的不断出现，国家和整个社会之间的关系正在发生变化。

在过去的十几年里，跨国公司纳税已经成为公民社会中更为广泛的主体感兴趣的话题。媒体一直报道公司避税和不缴纳“公平份额”税款的故事。亚马逊、星巴克和谷歌等使用的税收筹划技术得到了特别关注。[20] 国际报纸上不断有大量关于“避税天堂”、信箱公司、对发展中国家的“剥削”、银行秘密以及跨国公司和富人“诡计”的文章。[21] 一些非政府组织，如税收正义网络（Tax Justice Network，TJN）[22]、行动援助组织（ActionAid）[23]、国际石油营销组织（SOMO）[24]、

---

〔19〕 OECD, *Statement on a Two – Pillar Solution to Address the Tax Challenges Arising from the Digitalisation of the Economy*, *OECD/G20 Base Erosion and Profit Shifting Project*, OECD (Oct. 8, 2021), https://www.oecd.org/tax/beps/statement – on – a – two – pillar – solution – to – address – the – tax – challenges – arising – from – the – digitalisation – of – the – economy – october – 2021.pdf.

〔20〕 Hans J. L. M. Gribnau & Ave – Geidi Jallai, *Good Tax Governance: A Matter of Moral Responsibility and Transparency*, 1 Nordic Tax Journal 70 (2017).

〔21〕 Cees Peters, *On the Legitimacy of International Tax Law*, IBFD, 2014, p. 2.

〔22〕 TJN, *Jersey Finance Attacks TJN* 2014 – *TJN Response*, Tax Justice Network (Jun. 4, 2014), *https*://www.taxjustice.net/wp – content/uploads/2013/04/Price – of – Offshore – Revisited – Jersey – Finance – Study – 2014.pdf.

〔23〕 Action Aid, *Why Sabmiller Should Stop Dodging Taxes in Africa*, Action Aid (Apr. 1, 2010), https://www.actionaid.org.uk/sites/default/files/doc_lib/calling_time_on_tax_avoidance.pdf.

〔24〕 SOMO, *Tax – free Profits*: *Welcome to the Geography of Tax Avoidance*, SOMO (Dec. 1, 2015), https://www.somo.nl/wp – content/uploads/2015/12/Tax – free – profits.pdf.

基督教援助会(Christian Aid)[25]发布了关于跨国公司激进税收筹划的报告。甚至消费者也对公司缴纳的税款表示感兴趣。[26] 税收问题成为公民社会一个突出的话题。

之所以如此,是因为国际税收中出现了诸多不公平的现象。尤其是所谓"阴暗人群的阳光之地"的"避税天堂"为逃税者和罪犯提供了"保密服务",允许银行隐藏高风险的金融工具,不让尽责的监管者"窥探"。正是这些避税地提供的"保密服务"最终损害了民族国家寻求增加收入的主权。发展中国家付出的代价最大,其被剥夺了有效税收的治理利益。据预测,资本非法外流使发展中国家每年损失3500亿~5000亿美元,这一数字远远超过全球援助预算总额。[27] 它们在侵蚀国家税基的同时,往往导致国内或不具有跨境流动性的纳税人承担更多的税负,造成国际税收横向与纵向的不公平。随着公众日益持续关注国际税收在决定经济、社会和政治结果方面的作用,国际税收制度的未来轮廓正在越来越广泛的社会中展开辩论。规制"避税天堂"以及激进税收筹划等国际税收正义要求的呼声在公民社会中不断高涨。当然,各国也在积极回应公民社会关于税收制度公平的激烈辩论。

### (二)选题的意义

学术研究中往往被要求说明选题的意义,这难免有"为赋新词强说愁"之尴尬。既然无法避免,那笔者就极尽铺陈之能事,以呈选题之理论价值与实践意义。

1.理论价值

全球税收治理立足全球治理和税收治理的本质和特点,可以将现行国际税收理论进行系统化,更重要的是其能促进国际税法研究领域的拓展、全球治理理论内容的深化、税收治理理论体系的完善。

---

〔25〕 Christian Aid, *Giving with one Hand and Taking with the Other: Europe's Role in Tax – Related Capital Flight from Developing Countries* 2013, European Network on Debt and Development (Nov. 15, 2013), https://eurodad.org/files/pdf/1546113 – giving – with – one – hand – and – taking – with – the – other – europe – s – role – in – tax – related – capital – flight – from – developing – countries – 1450104968.pdf.

〔26〕 例如,2012年12月8日,许多消费者在英国几十家星巴克商店举行抗议。See Edward D. Kleinbard, *Through a Latte, Darkly: Starbucks's Stateless Income Planning*, University of Southern California Center in Law, Economics and Organization, 2013, p. 1516.

〔27〕 David Mcnair & Dries Lesage, *What Hope for Global Tax Justice* SAGE Journals (Mar. 15, 2010), https://doi-org.libproxy.wlu.ca/10.1111/j.2041-9066.2010.00013.x.

(1)拓展国际税法的研究领域。国际税法学是伴随着国际税法产生和发展而逐渐发展起来的一门新兴的综合性法学分支学科。作为一门新兴的法学分支学科,其学科建设还非常不完善,许多重要的理论问题还没有进行深入系统的研究与探讨。[28] 诸如国际税法与国际交往、国际税法与国家利益、国际税法与国际关系等相当部分的内容尚未进入国际税法学者视野,研究领域还相当狭窄。即使是以全球税收治理为对象的研究成果,也只是套用国际税收管理或全球治理的理论,并未结合全球税收治理的具体问题进行探讨。以全球税收治理为题进行相关问题研究,立足于税收治理的本质及其特点,可以将现行国际税收问题进行系统化,更重要的是可以拓展国际税法的研究领域,助力学科纵深发展。

(2)深化全球治理的理论内容。全球治理概念自20世纪90年代被提出至今,国内外学者围绕全球治理进行了深入的研究,从全球治理的起源、主体、目标、规则、机制延伸至全球治理的绩效,建构了全球治理的理论体系。[29] 然而,随着一系列全球性威胁的蔓延,如国际金融危机、跨国恐怖主义、全球生态危机、网络信息安全、公共卫生安全、大规模杀伤性武器的扩散,全球治理理论不断被具体化,衍生出诸多子理论内容,如全球经济治理、全球气候治理、全球网络治理、全球卫生治理、全球安全治理等。[30] 2008年金融危机之后,各国意识到税基侵蚀与利润转移的危害,并在G20的推动下实施BEPS行动计划。显然,税收治理已超越国家个体和国内法治之范围,进入了国际社会和国际法治的视域,因此有必要介入全球治理理论的关照。遗憾的是,目前关于全球税收治理理论的研究尚处于起步阶段,缺乏完善的理论体系。因此,以全球税收治理为题,研究其内涵、价值、主体、规则等内容,实乃全球治理理论在税收领域的具体体现,这有助于深化全球治理理论。

(3)完善税收治理的理论体系。传统管理观念下,税收被普遍认为具有无偿性、强制性、固定性,表现为对纳税人财产权的侵犯,以致税法被理解为一种"侵权法";税收征管更多的是国家或政府的管理行为,是一种服从关系。然而,

---

[28] 刘剑文主编:《国际税法学》(第3版),北京大学出版社2013年版,第7页。

[29] 俞可平主编:《全球化:全球治理》,社会科学文献出版社2003年版,第1~31页;王晶、曹杰:《全球治理研究的文献综述》,载《当代经济管理》2017年第4期。

[30] 刘敬东:《全球经济治理新模式的法治化路径》,载《法学研究》2012年第4期;谢富胜、程瀚、李安:《全球气候治理的政治经济学分析》,载《中国社会科学》2014年第11期;刘杨钺:《全球网络治理机制:演变、冲突与前景》,载《国际论坛》2012年第1期;敖双红、孙婵:《"一带一路"背景下中国参与全球卫生治理机制研究》,载《法学论坛》2019年第3期;李东燕:《全球安全治理与中国的选择》,载《世界经济与政治》2013年第4期。

在治理理论下,税法不是侵犯纳税人财产权的法律,而是保护纳税人财产权的法律;税收事务更多强调协商与合作,而不是政府与纳税人之间的对抗。在理念转变后,学界开始关注税收治理议题,探讨税收治理的价值、意义、问题、路径、现代化等问题,形成了与税收管理不同的税收治理理论。[31] 然而,这些研究成果的对象都是国内税收治理,鲜有探讨国际税收治理。即使是探讨国际税收治理,也更多是在传统税收管理问题上冠以"治理"之名,而非真正运用"治理"之实研究相关问题。至少现有的国际税收治理的研究尚处于"国库主义"向"纳税人主义"过渡的阶段,其具有明显的管理色彩。完整的税收治理理论应该是一体化的理论,包括国内税收治理和国际税收治理,缺一不可。全球税收治理正是运用这一体化理论研究税收治理之问题,融合国内税收与国际税收两方面。因此,开展全球税收治理的研究,能够凸显并强化国际税收治理的重要性,从而完善税收治理理论体系。

2. 实践意义

以全球税收治理为题,研究其中的法律价值、权义关系、法律规则等问题,能够促进并深化全球税收治理的实践理性,回应国家治理体系和治理能力现代化以及提供中国深度参与全球税收治理的方案参考。

(1)促进并深化全球税收治理的实践理性。经过多年的发展,全球税收治理形成了以主权国家为主体的国际税收协调与合作,双边和多边的税收协定为基础,以及国际组织、大国、国际会议等正式与非正式机制共存的实践格局。现行治理的机制,尤其是 OECD 推动的 BEPS 行动计划是否公平、是否合法、是否有效,是进一步深化全球税收治理首要考量的问题。在全球税收正义理念下,现行治理的机制是否有碍于税收正义的实现?如果其有碍于税收正义的实现,如何通过制度予以改善?这些是全面深化全球税收治理的核心难题。在国家利益面前,以中国为代表的发展中国家如何在全球税收治理中切实维护自身利益的

[31] 王伟域主编:《新发展阶段税收治理》,中国税务出版社 2021 年版,第 6~19 页;向景:《税收治理现代化的逻辑》,暨南大学出版社 2017 年版,第 15~24 页;吉林省税务学会编:《善治理念下的税收治理问题研究》,中国税务出版社 2016 年版,第 10~59 页;赵惠敏:《税收治理现代化的逻辑与演进》,载《当代经济研究》2018 年第 1 期;武靖国:《税收治理秩序变迁的逻辑——论依法治税与任务治税》,载《财政研究》2016 年第 9 期;刘尚希、孙静:《税收治理:基于大数据的理论思考》,载《经济研究参考》2016 年第 9 期;张雷宝:《税收治理现代化:从现实到实现》,载《税务研究》2015 年第 10 期;刘剑文、陈立诚:《迈向税收治理现代化——〈税收征收管理法修订草案(征求意见稿)〉之评议》,载《中共中央党校学报》2015 年第 2 期;杨斌:《论税收治理的现代性》,载《税务研究》2010 年第 5 期。

同时促进全球税收治理正义的实现,是参与全球税收治理的主权国家必须思考的问题。这些问题直接关系着全球税收治理的实践理性,也是本选题所关注的问题。

(2)回应国家治理体系和治理能力现代化的要求。在全面深化改革的国家治理顶层设计中,既提出"推进国家治理体系和治理能力现代化"是全面深化改革的两大目标之一,又阐释"财政(税收)是国家治理的基础和重要支柱"。这表明财税及其体制已经与国家治理紧密联系在一起,财税体制改革已经与国家治理的现代化进程联系在一起,并且在更高的平台和更广泛的范围内相互融合和促进的基础上发挥着基础性和支撑性作用。〔32〕由此可见,税收是国家治理体系和治理能力现代化的保障,税收治理体系是国家治理体系的重要组成部分,税收治理能力现代化是国家治理能力现代化的必然要求;而全球税收治理是税收治理体系的重要内容,全球税收治理能力现代化是税收治理能力现代化的重要体现。因此,探讨全球税收治理主体、规则、制度、机制等问题,有助于推进税收治理体系和治理能力现代化,从而回应国家治理体系和治理能力现代化的要求。

(3)提供中国深度参与全球税收治理的方案参考。如果说税收事务的多边协调和合作开启了全球税收治理的序幕,那么 BEPS 行动计划的实施则打造了全球税收治理的样板。在此过程中,中国表现出前所未有的积极与主动。一方面,中国高度重视全球税收治理,积极参与国际税收规则的制定,在新规则中融入中国方案;另一方面,中国借助新的国际税收法理、原则与技术,进一步完善我国国际税收法律与制度体系,积极落实 G20 税制改革成果。〔33〕此外,中国亦在推动并构建"一带一路"税收征管合作机制及其框架,努力影响或主导区域税收规则的改革与完善。〔34〕然而,秉承"大国使命"的中国,在国际税收规则改革与施行的过程中究竟该信守什么样的理念,该有什么立场,如何作为,仍缺乏明确的指引。遗憾的是,现有的文献更多的是呼吁中国参与全球税收治理,而没有提出细致可行的方案。中国在参与全球税收治理时应如何维护国家利益成为亟待解决的问题。从全球税收治理的一般理论出发,探讨中国参与全球税收治理的角色、立场、策略、方法等,是现实需要的。

---

〔32〕 高培勇:《论国家治理现代化框架下的财政基础理论建设》,载《中国社会科学》2014 年第 12 期。

〔33〕 国家税务总局国际税务司、国家税务总局税收宣传中心:《深度参与国际税收改革 书写大国税务责任担当——党的十八大以来国际税收改革发展综述》,载《国际税收》2017 年第 11 期。

〔34〕 《"一带一路"税收征管合作机制简介》,载《国际税收》2019 年第 4 期。

## 二、国内外文献综述

国内知晓与使用全球税收治理这一概念还是晚近之事,关于全球税收治理的研究与OECD推动的BEPS行动计划紧密相关,并多与国际税收治理相联系。国外关于全球治理的研究虽然起步于20世纪90年代,但是关于全球税收治理的研究还是21世纪之初的事情。随着全球税收治理在国际和各种国家政治议程中不断被提及,有关全球税收治理的研究也不断增加,兹述如下。

### (一)国内文献综述

1. 关于国际税收秩序的研究

主要内容是国际税收秩序的变革、挑战与应对,大致有三个方面:

(1)科技进步及其诱发的新商业模式对国际税收秩序的挑战。此方面的研究较为丰富,尤其是关于国际电子商务对国际税收秩序的冲击的研究。[35] 例如,廖益新(2015年)撰文指出,数字经济和电子商务发展对国际税收法律秩序构成了严峻挑战。[36]

(2)国际税收秩序变革理论依据、困境与出路。杨志勇(2016年)指出国际税收秩序变革面临缺少统一的国际税收组织,税收情报获取的难度增大,商品流、资金流、信息流的监控难度增加等多种难题,需要从技术和思想两个层面寻找出路。[37] 葛涛(2018年)认为目前的国际税收秩序缺乏稳定性,必须平衡好全球税收治理与国家主权之间的关系,方能保证全球税收治理的稳步推进。[38]

(3)BEPS行动计划对于国际税收秩序的调整及中国应对。此方面的相关研究成果比较多。[39] 这些研究成果把G20主导的BEPS行动计划作为对旧的

---

〔35〕 廖益新:《应对数字经济对国际税收法律秩序的挑战》,载《国际税收》2015年第3期;高正章:《科技进步与国际税收新秩序的建立》,载《税务研究》2001年第10期;丁立华:《电子商务对国际税收分配秩序的影响和对策》,载《山东税务纵横》2001年第4期;杨志勇:《技术进步与国际税收秩序的变迁》,载《涉外税务》2000年第10期。

〔36〕 廖益新:《应对数字经济对国际税收法律秩序的挑战》,载《国际税收》2015年第3期。

〔37〕 杨志勇:《国际税收秩序变革之难与出路选择》,载《国际税收》2016年第3期。

〔38〕 葛涛:《国际税收秩序的稳定性缺位研究——以美国税改和BEPS行动计划为视角》,载《湖南税务高等专科学校学报》2018年第2期。

〔39〕 代表性文献有:张泽平:《全球治理背景下国际税收秩序的挑战与变革》,载《中国法学》2017年第3期;董学智:《BEPS:全球治理语境下重塑国际税法——以税收征管的国际合作与协调为视角》,载《财税法论丛》2015年第2期;何杨:《国际税收规则变革与中国的应对》,经济科学出版社2017年版,第43~61页。

国际税收秩序的调整方案,指出变革包括应对数字经济挑战、加强各国所得税制协调、修订传统税收规则等多个方面,建议中国客观评估此轮国际税改带来的挑战和机遇,采取有效措施推动建立公正合理的国际税收新秩序。

2. 关于国际税收治理的研究

此类研究成果内容比较分散,涉及国际税收治理的框架、体系、机制、内容、原则,以及国际税收竞争治理等多方面。例如,何杨(2011 年)指出国际税收全球治理的理论依据是跨国市场失灵、税收管辖权的冲突、税收政策的国际外溢性、全球公共物品的供给,基本机制包括国际税收协定、国际组织的指引和大国的影响。积极参与国际税收方面的活动,借助国际平台,积极参与制定"规则",是中国在新的经济发展阶段参与全球治理的必然要求。[40] 杨志清、何杨(2013 年)探讨了国际税收治理的框架、体系、机制等内容。[41] 叶莉娜(2015 年)思考了国际税收治理时代国际税收组织的选择及其设立的问题。[42] 张景华、吕铖钢(2016 年)分析了国际税收治理中的管辖权逻辑。[43] 施正文、叶莉娜(2016 年)研究了国际税收善治原则的产生、发展、内涵及要素等问题。[44] 白彦锋、苏璐璐(2017 年)基于对苹果公司避税案的分析,指出国际税收治理面临国际税收竞争、税收全球极其不公平的挑战。[45] 孔志强(2018 年)探究了国际税收竞争驱动国际税收治理的原因,分析了国际税收竞争的基本手段和目标任务,提出了发展中国家参加国际税收竞争的对策。[46] 此外,还有学者探讨了国际税收治理现代化的问题。[47]

随着 BEPS 行动计划的深入推进,学者们对国际税收治理理念、方式及机制

---

〔40〕 何扬:《国际税收的全球治理与中国实践——以转让定价为视角的研究》,经济科学出版社 2011 年版,第 19 ~ 43 页。

〔41〕 汤贡亮主编:《2012 中国税收发展报告:中国国际税收发展战略研究》,中国税务出版社 2013 年版,第 76 ~ 97 页。

〔42〕 叶莉娜:《国际税收治理时代设定国际税务组织的思考》,载《国际经济法学刊》2015 年第 2 期。

〔43〕 张景华、吕铖钢:《国际税收治理中的税收管辖权逻辑》,载《税务研究》2016 年第 7 期。

〔44〕 施正文、叶莉娜:《国际税收善治原则及其最新发展》,载《辽宁大学学报(哲学社会科学版)》2016 年第 3 期。

〔45〕 白彦锋、苏璐璐:《苹果公司避税案与国际税收治理新挑战》,载《税收经济研究》2017 年第 1 期。

〔46〕 孔志强:《国际税收竞争治理与发展中国家的应对策略》,载《甘肃政法学院学报》2018 年第 3 期。

〔47〕 梁若莲:《应对金融账户涉税信息自动交换推进国际税收治理现代化》,载《国际税收》2015 年第 3 期;王力:《迈向现代化的中国国际税收》,载《国际税收》2016 年第 5 期。

变革的演进脉络与前行态势等问题展开了研究。例如,易在成(2019 年)探讨了 G20 国际税收治理新模式,这种模式区别于传统基于公约示范法订立双边税收条约的治理模式,是一种类似"新国际金融架构"的软法治理模式。[48] 宋兴义(2020 年)论述了中国深度参与国际税收治理的必然性、必要性以及立足点。[49] 蔡昌等(2020 年)从数字资产的税制设计、国际税收制度演进、国际税收治理规则、区块链框架下的征税体系等视角,提出了数字资产的国际税收治理方案。[50] 值得一提的是,《国际税收》杂志组织了专家对国际税收治理的基本问题、原则理念、新格局、新挑战及新趋势等予以研究,[51] 这进一步推动了国际税收治理话语体系的形成。

这些研究延续的是国际税收管理的理论与框架,虽冠之"治理"之名,但并未充分体现治理的基本理念与制度逻辑。而且,有些内容,比如国际税收组织、国际税收善治原则与全球税收治理息息相关。

3. 关于全球税收治理的研究

直接以全球税收治理为题的研究成果不多,大致可分为财政与税收两个层面。

在财政层面,孔宪遂和陈华(2014 年)研究了美国、日本、欧洲各国等开展财政整顿面临的障碍性因素,认为通过财政透明度的提高、财政调整政策纳入外部冲击应对机制等措施,可以促进全球财政问题走向均衡。[52] 杨志勇和樊慧霞(2016 年)指出面对经济全球化的挑战,要想实现各国的互利共赢,必然要求财政治理适应全球经济治理的需要,并且促进全球命运共同体的形成。[53] 马海涛等(2019 年)在分析大国财政建设的国际经验和全球经济形势的基础上,提出了

---

〔48〕 易在成:《论 G20 国际税收治理新模式》,载《南京大学学报(哲学·人文科学·社会科学)》2019 年第 6 期。

〔49〕 宋兴义:《中国深度参与国际税收全球治理策略研究》,载《国际税收》2020 年第 1 期。

〔50〕 蔡昌、赵艳艳、李艳红:《数字资产的国际税收治理研究》,载《国际税收》2020 年第 11 期。

〔51〕 杜建伟、曹明星:《国际税收治理变革的几个基本问题探讨——数字经济下的税收权力、价值创造、公私交换与税基确定》,载《国际税收》2021 年第 1 期;陆秋丹、冯涛:《遵循多边主义和全球共治原则 完善创新国际税收治理理念和规则研究》,载《国际税收》2021 年第 1 期;罗秦:《国际税收治理从双边到多边的演进:新格局、新挑战及新趋势》,载《国际税收》2021 年第 1 期。

〔52〕 孔宪遂、陈华:《全球财政风险、财政危机及财政平衡与治理》,载《财政研究》2014 年第 7 期。

〔53〕 杨志勇、樊慧霞:《新财政治理理论:大国财政与全球经济新秩序》,载《地方财政研究》2016 年第 1 期。

全球财经治理视角下中国大国财政建设的实施方略。[54]

在税收层面，崔晓静（2016年）立足于全球税收治理中硬法治理的缺陷，分析了全球税收治理的勃兴原因、内涵框架与实践效果。[55] 任际（2016年）认为全球税收治理是国际税收的新选择，是国际税法新的研究内容；全球税收治理并非简单治理概念问题，也不是全球治理在某一领域的具体问题，其强调税收和税制是全球问题需要全球安排和国际法意识的过程。[56] 王丽华（2017年）说明了全球税收治理的重要性，其认为全球税收治理机制由主体、规制、对象、价值和结果等要素构成，而当前全球税收治理面临诸多挑战，中国应采取法治路径参与全球税收治理。[57] 毛瑞鹏（2018年）指出全球税收治理正在经历转型，并以OECD为中心分析了全球税收治理转型中的制度竞争和机制演变。[58] 刘建徽、周志波（2020年）以经济数字化的发展特质和趋势为逻辑起点，分析了经济数字化对全球税收治理秩序的冲击及由此而来的困境，并就如何重塑全球税收治理秩序提出了意见和建议。[59] 毛恩荣等（2021年）在总结全球税收治理内卷化的现象、表征、根源的基础上，思考了在数字经济背景下如何去内卷化。[60] 孙红梅（2021年）从"双支柱"方案达成共识的视角，分析了全球税收治理实践的必然性、里程碑式成就以及中国的参与者与推动者的地位。[61] 周志波等（2022年）从社会学的视角，探究了数字经济全球税收治理存在的差序格局与国家圈子现象，呼吁构建共建共治共享的数字经济全球税收治理共同体。[62] 洪菡珑（2022年）在分析全球税收治理架构的现状与问题的基础上，提出了中国应对全球税

[54] 马海涛主编：《全球经济治理与我国大国财政建设》，中国财政经济出版社2019年版，第313～350页。

[55] 崔晓静：《全球税收治理中的软法治理》，载《中外法学》2015年第5期。

[56] 任际：《国际税法新发展：全球税收治理与国际法律意识》，载《辽宁大学学报（哲学社会科学版）》2016年第3期。

[57] 王丽华：《全球税收治理及中国参与的法治进路》，载《环球法律评论》2017年第6期。

[58] 毛瑞鹏：《全球税收治理转型中的制度竞争——以OECD为中心的分析》，载《世界政治研究》2018年第2期。

[59] 刘建徽、周志波：《经济数字化与全球税收治理：背景、困境与对策》，载《宏观经济研究》2020年第6期。

[60] 毛恩荣、周志波、许美利：《数字经济背景下的全球税收治理：内卷化与去内卷化》，载《税务研究》2021年第10期；毛恩荣、周志波：《数字经济全球税收治理内卷化：表征、根源与破局》，载《宏观经济研究》2021年第8期。

[61] 孙红梅：《关于数字经济时代全球税收治理的几点认识——基于"双支柱"方案达成共识的视角》，载《财政科学》2021年第11期。

[62] 周志波、曹琦欢、刘晔：《差序格局、国家圈子和数字经济全球税收治理——基于社会学的视角》，载《税务研究》2022年第1期。

收治理的思路与对策。[63]

这方面的研究内容并不集中,研究视角更多的是以治理及全球治理理论解读当前国际税收的国际实践和国内参与,可以说促进了全球税收治理话语体系在中国理论界的传播。

（二）国外文献综述

国外相关研究内容主要涵盖全球税收治理的内容构成、存在的问题及其对策、全球税收治理机构、全球税收正义、国际税收软法与硬法等方面。

1. 全球税收治理的基本问题

国外早在2004年就有"global governance in the international tax"和"global tax governance"的表述,[64]之后亦有"international tax governance"的描述,[65]近年来基本使用"global tax governance"。[66] 在他们的话语体系中,这些词汇并无本质的区别,更多的是一种描述性概念。

基本问题的研究仅限于全球税收治理的必要性、概念、构成等内容。伊索普·帕克(2004年)倡议在国际税收中加强全球治理。[67] 托马斯·里克森(Thomas Rixen,2008年)从国际政治经济学的角度阐释了国际税收的治理结构,指出国际税收治理包括在单边、双边和多边层面上相互作用的几个要素。[68] 德赖斯·莱萨格(Dries Lesage,2008年)认为全球税收治理的当前体系结构包括金融与经济全球化带来的跨境税收问题、双重或低征税、信息交换、离岸金融中

---

〔63〕 洪菡珑:《全球税收治理架构的现状、问题与启示》,载《税务与经济》2022年第2期。

〔64〕 Insop Pak, *International Finance and State Sovereignty: Global Governance in the International Tax Regime*, 10 Annual Survey of International & Comparative Law 165 (2004).

〔65〕 Thomas Rixen, *The Political Economy of International Tax Governance*, Palgrave Macmillan, 2008, p. 1.

〔66〕 Miriam Ronzon, *Global Tax Governance: The Bullets Internationalists Must Bite – And Those They Must Not*, 1 Moral Philosophy and Politics 37 (2014); Peter Dietsch & Thomas Rixen, eds., *Global Tax Governance: What is Wrong with It and How to Fix It*, ECPR Press, 2016, p. 1; Teppo Eskelinen & Matti Ylönen, *Panama and the WTO: New Constitutionalism of Trade Policy and Global Tax Governance*, 24 Review of International Political Economy 629 (2017); Tarcisio Diniz Magalhaes, *What is Really Wrong with Global Tax Governance and How to Properly Fix It*, 10 World Tax Journal 499 (2018).

〔67〕 Insop Pak, *International Finance and State Sovereignty: Global Governance in the International Tax Regime*, 10 Annual Survey of International & Comparative Law 165 (2004).

〔68〕 Thomas Rixen, *The Political Economy of International Tax Governance*, Palgrave Macmillan, 2008, p. 1.

心、税收竞争、转让定价、支持国家税务管理以及全球税等7方面的内容。[69] 简·伍特斯(Jan Wouters)和卡特里恩·缪维森(Katrien Meuwissen,2011)指出在一个日益相互依存和全球化的世界中,全球税收治理的逐步出现是不可避免的。[70] 彼得·迪茨奇(Peter Dietsch)和托马斯·里克森(2016年)分析了全球税收治理的原因、内涵、轨迹,认为全球税收治理是一系列涉及跨境交易或具有其他国际影响的税收问题的管理机制,其包括消除税收障碍和监管税收竞争两个方面。[71]

2. 全球税收治理的不足与完善

关于全球税收治理的不足,不同的学者有不同的看法。简·伍特斯和卡特里恩·缪维森(2011年)认为没有一个完全有效和合法的全球税收政策制定者是全球税收治理的最大的缺陷。[72] 沃尔夫冈·奥尔登堡(Wolfgang Obenland,2016)认为全球税收治理存在两方面不足:一是缺失讨论税收问题的普遍性空间,没有真正具有普遍资格或对所有成员同等负责的机构;二是缺少议程项目,资源开采税收问题、吸引外国直接投资的恶意税收竞争问题、国家税收争端解决问题等尚未在全球层面得到处理或只是在表面上得到处理。[73] 塔西奥·迪尼兹·马加勒斯(Tarcisio Diniz Magalhaes,2018)认为全球税收治理面临的主要挑战不是在全球范围内实施哪些规范或标准,而是所有国家,特别是发展中国家缺乏适当的场所以充分参与和影响政策制定过程。其中,专业知识和权力的缺乏是导致发展中国家利益代表性不足的两个核心要素。[74] 归纳而言,这些不足集中在全球税收治理的合法性、民主性、包容性和有效性等方面。

正是因为全球税收治理存在问题的多层次性,所以它的完善策略呈现多样性。伊索普·帕克(2004年)认为双边税收条约网络和全球税务网络的协调是

---

〔69〕 Dries Lesage, *Global Taxation Governance after the* 2002 *UN Monterrey Conference*, 36 Oxford Development Studies 281 (2008).

〔70〕 Jan Wouters & Katrien Meuwissen, *Global Tax Governance: Work in Progress?*, Leuven Centre for Global Governance, 2011, p. 4.

〔71〕 Peter Dietsch & Thomas Rixen, eds., *Global Tax Governance: What is Wrong with It and How to Fix It*, ECPR Press, 2016, p. 3 – 7.

〔72〕 Jan Wouters & Katrien Meuwissen, *Global Tax Governance: Work in Progress?*, Leuven Centre for Global Governance, 2011, p. 31.

〔73〕 Wolfgang Obenland, *Options for Strengthening Global Tax Governance*, Friedrich – Ebert – Stiftung, MISEREOR and Global Policy Forum, 2016, p. 7.

〔74〕 Tarcisio Diniz Magalhaes, *What is Really Wrong with Global Tax Governance and How to Properly Fix It*, 10 World Tax Journal 499 (2018).

加强全球税收治理的关键。因此,他强调应特别注意通过 OECD 作为全球税务网络的演变以及发展中国家议程的参与来填补治理差距,而不是创建一个作为多边税务条约的国际税收组织(International Tax Organization,ITO)来填补治理差距。[75] 简·伍特斯和卡特里恩·缪维森(2011 年)指出,为了确保全球税收治理的进一步合法和有效,应特别关注政策过程的包容性,相关财政当局之间的纵向和横向互动,政策举措的实施,国际监督以及从税收治理到税法的转变。[76] 沃尔夫冈·奥尔登堡(2016 年)讨论了完善全球税收治理不足的几种可能制度安排:加强联合国专家委员会,升级联合国专家委员会,在经济及社会理事会下设置一个职能委员会,建立一个全球税收公约和一个条约机构,创立一个新的国际组织。[77] 塔西奥·迪尼兹·马加勒斯(2018 年)则认为构建更合法的世界税收秩序需要与国家之间权力的不对称,以及包括国际机构、私人团体和专家在内的强大全球参与者的问题直接对抗。策略选择的理念应该是自下而上,批判性地评估全球税收治理的做法,而不是试图获得国际税收的实质性原则并由超国家机构强制执行,以便找到使其更符合民主原则的方法。可取的做法是建立强有力的地方和区域政治表达、抵制和竞争的平台,发展中国家可以在这些平台上真正相互接触,共同努力推进其财政和经济利益。[78] 这些措施的差异在于是否需要设立 ITO。

3. 全球税收治理机构的问题

全球税收治理机构问题的研究集中在两个层面:一是全球税收治理的现行机构的问题;二是未来全球税收治理机构的问题。当然,这两个层面是相互联系、相互依存的,前者的分析往往为后者的设计提供正当性基础。

就第一层面而言,学者们的探讨聚焦于现行涉税国际组织在全球的税收治理地位及存在的问题。例如,亚瑟·J. 科克菲尔德(Arthur J. Cockfield,2006)认为 OECD 在应对电子商务税收挑战的过程中获得了非正式的世界税务组织的

---

〔75〕 Insop Pak, *International Finance and State Sovereignty: Global Governance in the International Tax Regime*, 10 Annual Survey of International & Comparative Law 165 (2004).

〔76〕 Jan Wouters & Katrien Meuwissen, *Global Tax Governance: Work In Progress?*, Leuven Centre for Global Governance, 2011, p. 31.

〔77〕 Wolfgang Obenland, *Options for Strengthening Global Tax Governance*, Friedrich - Ebert - Stiftung, MISEREOR and Global Policy Forum, 2016, p. 8 - 11.

〔78〕 Tarcisio Diniz Magalhaes, *What Is Really Wrong with Global Tax Governance and How to Properly Fix It*, 10 World Tax Journal 499 (2018).

地位。[79] 利法特·阿扎姆(Rifat Azam,2017)对此提出了质疑,其认为 OECD 并不是一个世界税务组织,它没有实质性地制定关于国际电子商务税收的可行规则。[80] 又如,简·伍特斯和卡特里恩·缪维森(2011 年)认为在全球税收治理中,G20 是一个高级别的论坛,但没有自己的实施机制;OECD 是主要参与者,其有效性强但面临合法性危机;UN 是税收发展与善治的推动者,其具有合法性但缺乏实施能力和有效性欠佳;国际货币基金组织(International Monetary Fund,IMF)是技术分析师与顾问,但也面临合法性危机;世界贸易组织(World Trade Organization,WTO)是间接影响者。[81] 锡耶布·金马(Sieb Kingma)和马赛尔·GH. 沙佩尔(Marcel GH Schaper,2017)指出,G20 借助 BEPS 行动计划成为了全球税收治理的全球议程制定者和政治共识构建者。[82] 索菲亚·穆里略·洛佩斯(Sophia Murillo López,2017)探讨了 IMF 的合法性问题,[83] 乌扬加·伯克尔·多利格(2017 年)分析了世界银行(World Bank,WB)的合法性问题。[84]

就第二层面而言,相关研究内容体现在现行机构改革与 ITO 的设立中。正是因为现行国际机构在全球税收治理中存在诸多不足,所以有学者坚信设立 ITO 是推进并完善全球税收治理的必由之路。托马斯·里克森就是其中的典型代表人物,他在自己的论著中多次提出按照 WTO 的模式建立一个 ITO。[85] 然而,在另一些学者看来,设立 ITO 并不具有更大的优势。例如,伊索普·帕克

---

〔79〕 Arthur J. Cockfield, *The Rise of the OECD as Informal "World Tax Organization" through National Responses to E – Commerce Tax Challenges*, 8 Yale Journal of Law & Technology 136 (2006).

〔80〕 Rifat Azam, *Ruling the World: Generating International Tax Norms in the Era of Globalization and BEPS*, 50 Suffolk University Law Review 517 (2017).

〔81〕 Jan Wouters & Katrien Meuwissen, *Global Tax Governance: Work in Progress?*, Leuven Centre for Global Governance, 2011, p. 29 – 30.

〔82〕 Sieb Kingma & Marcel Gh Schaper, *The G20 as the Global Agenda – Setter and Political Consensus Builder in Global Tax Governanc*, Maastricht Centre for Taxation, 2017, p. 2.

〔83〕 Sophia Murillo López, *Legal Legitimacy of Tax Recommendations Delivered by the IMF in the Context of "Article IV Consultations"*, 10 Erasmus Law Review 106 (2017).

〔84〕 Uyanga Berkel – Dorlig, *Legality of the World Bank's Informal Decisions to Expand into the Tax Field, and Implications of These Decisions for Its Legitimacy*, 10 Erasmus Law Review 119 (2017).

〔85〕 Thomas Rixen, *Tax Competition and Global Background Justice*, 22 The Journal of Political Philosophy 150 (2014); Peter Dietsch & Thomas Rixen, eds., *Global Tax Governance: What is Wrong with It and How to Fix It*, ECPR Press, 2016, p. 325 – 345.

(2004 年)认为建立 ITO 的时机尚未到来。[86] 德赖斯·莱萨格(2008 年)在分析设立 ITO 的价值、ITO 如何被国际社会接受、ITO 的前景如何以及发展中国家是否真的需要 ITO 来维护其财税利益等问题之后得出,在可预见的未来创建一个 ITO 看起来不可行,国际税收对话比 ITO 在政治上更可行。[87] 事实上,在全球税收治理还没有进入学者视野之前,IMF 原财政事务部主任维托·坦茨(Vito Tanzi)于 1996 年首次系统地提出成立 ITO 的建议之后,[88] 便形成了支持 ITO 设立[89] 和反对 ITO 设立[90] 两种截然不同的观点。

4. 关于全球税收正义的研究

关于全球税收正义的研究,虽然存在"fairness in international taxation"(国际税收公平)[91]、"international tax justice"(国际税收正义)[92]、"global tax justice"

---

〔86〕 Insop Pak, *International Finance and State Sovereignty: Global Governance in the International Tax Regime*, 10 Annual Survey of International & Comparative Law 165 (2004).

〔87〕 Dries Lesage, *Global Taxation Governance after the* 2002 *UN Monterrey Conference*, 36 Oxford Development Studies 281 (2008).

〔88〕 参见[以色列]阿沙夫·拉辛、[以色列]埃弗瑞·萨德卡主编:《全球化经济学——从公共经济学角度的政策透视》,王根蓓、陈雷译,上海财经大学出版社 2001 年版,第 209 ~ 223 页。

〔89〕 Victor Thuronyi, *International Tax Cooperation and a Multilateral Treat*, 26 Brooklyn Journal of International Law 1641 (2001); Ernesto Zedillo et al., *Recommendations of the High - level Panel on Financing for Development*, United Nations, 2001, p. 27 - 29; Whitney Whisenhunt, *To Zedillo or Not to Zedillo: Why the World Needs an ITO*, 16 Temple International and Comparative Law Journal 541 (2002); Adrian Sawyer, *Developing an International (World) Tax Organisation for Administering Binding Rules and APAs - The Way Forward*, 21 Australian Tax Forum 287 (2006).

〔90〕 反对的声音主要来自 OECD,它通过积极游说七国集团反对 ITO 的设立(Vito Tanzi, *Globalisation and Coordination of Fiscal Policies, Proceedings of a Conference Organized by the School of International Studies*, University of Trento, 2004, p. 7)。同时,OECD 与 IMF、WB 联手,设法找到了 ITO 的替代品——国际税务对话(ITD)。其他反对的声音还可在以下文献中找到:David Kennedy, *When Renewal Repeats: Thinking Against the Box*, 32 N. Y. U. Journal of International Law and Politics 335 (2000); Reuven Avi - Yonah, *Globalization, Tax Competition, and the Fiscal Crisis of the Welfare State*, 113 Harvard Law Review 1573 (2000)。

〔91〕 J. Clifton Fleming et al., *Fairness in International Taxation: The Ability - to - Pay Case for Taxing Worldwide Income*, 5 Florida Tax Review 301 (2001); Maarten F. De Wilde, *Some Thoughts on a Fair Allocation of Corporate Tax in a Globalizing Economy*, 38 Intertax 218 (2010); Luuk Bosch, *Fairness in Allocating Taxation Right between Source and Residence States: The Dutch Perspective, Comparative Research and a Rethinking of Models*, Tilburg University, 2014, p. 24 - 44.

〔92〕 Peter Essers, *International Tax Justice between Machiavelli and Habermas*, 68 Bulletin for International Taxation 54 (2014); Martin Hearson, *The Challenges for Developing Countries in International Tax Justice*, 54 The Journal of Development Studies 1932 (2017).

(全球税收正义)[93]、"global tax fairness"(全球税收公平)[94]等多种形式,但是就其内容而言不外乎三方面:(1)公平原则在国际税收领域的应用;(2)国际税收的不正义现象及其解决;(3)国际税收与全球正义的关系。

关于第一个方面的研究,学者们基本上沿用税收公平的一般原则。例如,克利夫顿·弗莱明(J. Clifton Fleming Jr. J.)、罗伯特·J. 佩罗尼(Robert J. Peroni)和斯蒂芬·E. 谢伊(Stephen E. Shay,2001)考察了嵌入支付能力概念中的公平概念在证明美国对美国居民的全球收入征税政策的合理性方面所起的作用。他们认为虽然在对国际收入征税时应用公平标准的能力是有限的,但是公平考虑是美国对美国居民全球收入征税政策的核心。[95] 弗兰斯·范尼斯坦达(Frans Vanistendael,2010)评估了财政正义中的主导原则——预算原则、公益原则、平等和支付能力原则、收入再分配原则、社会功绩或效用原则、按需分配原则在经济一体化和全球化中的实施情况,其认为需要寻找财政正义的新原则。这些原则包括有效的税收比累进税更重要,税收制度的稳健性,生计收入完全免税,大多数纳税人的比例税率,累进税率仅适用于高收入人群,不通过税收系统再分配,特殊情况下的特殊费率等。[96]

关于第二个方面的研究,学者们区分了国际税收正义的一般现象与发展中国家在国际税收中面临不正义的特殊问题。就前者而言,学者们均认为国际税收领域存在多种不正义,需要采取措施予以完善。例如,在彼得·瑟斯(Peter Essers,2016)看来,当前关于国际税收正义的辩论被权力游戏和欺骗所污染,这将导致国际税收合法性降低和更多的不公正。基于所有利益攸关方之间真正对话的民主改革才能带来持久的解决办法,因此他呼吁更多的"哈贝马斯"和更少的"马基雅维利"。[97] 马顿·F. 德·王尔德(Maarten F. de Wilde,2010)认为国

---

[93] Gillian Brock & Thomas Pogge, *Global Tax Justice and Global Justice*, 1 Moral Philosophy and Politics 1 (2014); Peter Dietsch & Thomas Rixen, *Tax Competition and Global Background Justice*, 22 The Journal of Political Philosophy 150 (2014); Tsilly Dagan, *International Tax and Global Justice*, 18 Theoretical Inquiries in Law 1 (2017).

[94] Thomas Pogge & Krishen Mehta, eds., *Global Tax Fairness*, Oxford University Press, 2016; Matthew Weinzierl, *Review of Global Tax Fairness, Thomas Pogge and Krishen Mehta, Editors*, 56 Journal of Economic Literature 673 (2018).

[95] J. Clifton Fleming et al., *Fairness in International Taxation: The Ability - to - Pay Case for Taxing Worldwide Income*, 5 Florida Tax Review 301 (2001).

[96] Frans Vanistendael, *Is Fiscal Justice Progressing?*, 64 Bulletin for International Taxation 526 (2010).

[97] Peter Essers, *International Tax Justice between Machiavelli and Habermas*, 68 Bulletin for International Taxation 54 (2014).

际税收不公表现为纳税人之间和国家之间税收分配的扭曲,产生不公的根本原因是障碍、差异以及各国通常用来划分“国际税收蛋糕”的不充分的“公式”。据此,他建议融合“内部公平”和“资本中性”,要求对符合征税国经济活动最低门槛的经济经营者(如位于该国的企业)的收入征收全球税收。[98] 就后者而言,学者们普遍赞成发展中国家在国际税收领域遭遇着不公平的待遇的观点。例如,吉利安·布洛克(Gillian Brock)和托马斯·波吉(Thomas Pogge,2015)强调,贫穷国家推进自身发展的能力都受到了不公正的全球税收制度的严重阻碍,而这一制度是更富裕、更强大的国家强加给它们的。尤其是税收滥用对较贫穷国家的发展和民主造成了特别严重的损害,因为这些国家通常缺乏有效遏制大公司和富人逃税的专门知识、行政能力和政治影响力。[99] 马丁·赫尔森(Martin Hearson,2017)指出发展中国家面临逃避税、税收竞争、征税能力受到不相称的限制等三大挑战。[100] 他认为,OECD 开发的解决双重征税问题的工具,给资本丰富的国家提供了不成比例的税基份额,这损害了发展中国家的利益,可能违反了国家间公平的原则。

关于第三个方面的研究,已有的研究指出与关注国内税收正义相比,学界忽视了国际税收与全球正义的关联性,强调国际税收是全球正义的一个重要决定因素。其实,全球化及其促进的国家间税收竞争改变了分配正义讨论的背景,因此不能再假设正义可以在国家范围内实现。例如,彼得·迪茨奇和托马斯·里克森(2014 年)认为,国际税收正义的问题大多被忽视。在他们看来,税收竞争不仅损害了国家事实上的主权,还加剧了国家内部和跨国界收入及财富的不平等。[101] 吉利安·布洛克和托马斯·波吉(2015 年)分析了国际税收与全球正义的联系。他们认为国家税收实践持续的压力,使得发展中国家必须防止不缴纳或不征税对用于解决贫困问题收入的减少,而贫困是人类目前面临的最紧迫的全球不公正之一。[102] 泰迪·达冈(Tsilly Dagan,2017)持与传统的国家主义相

---

〔98〕 Maarten F. De Wilde, *Some Thoughts on a Fair Allocation of Corporate Tax in a Globalizing Economy*, 38 Intertax 218 (2010).

〔99〕 Gillian Brock & Thomas Pogge, *Global Tax Justice and Global Justice*, 1 Moral Philosophy and Politics1 (2014).

〔100〕 Martin Hearson, *The Challenges for Developing Countries in International Tax Justice*, 54 The Journal of Development Studies 1932 (2017).

〔101〕 Peter Dietsch & Thomas Rixen, *Tax Competition and Global Background Justice*, 22 The Journal of Political Philosophy 150 (2014).

〔102〕 Gillian Brock & Thomas Pogge, *Global Tax Justice and Global Justice*, 1 Moral Philosophy and Politics 1 (2014).

反的立场,其认为国际税收合作国家有责任确保所有合作国家的成员因协议不被不公正地对待。无论是世界主义正义还是政治主义正义,都要求一个合理的合作制度必须改善(或至少不会恶化)所有合作国家中最不富裕公民的福利。[103]

透过这些研究发现,正义的强调在所得税中最为突出,在遗产税和财产税中则相对次要。尽管在流转税、一些消费税和环境税中也存在对正义的关注,但是人们普遍认为,公平的所得税是税收公平的基石。

5. 国际税收软法与硬法问题

由于税收的主权特性,以及国际税收领域全球性国际组织的缺乏,国际层面税收规则往往以声明、建议、范本、指南等形式存在。这些不具有法律约束力的文书通常被研究者冠以国际税收软法的称谓,它们与多边税收公约、双边税收协定、国际税收习惯等国际税法既联系又区别。艾莉森·克里斯蒂安斯(Allison Christians,2007)区分了国际税收中的软法与硬法,尤其是国际税收软法与习惯国际税法的关系。[104] 在她看来,国际税收软法可能具有习惯国际税法的客观要素——国家统一遵守或主观要素——出于法律义务感。阿尔韦托·维加(Alberto Vega,2012)亦审查了国际税收软法和国际税收正式法律来源之间的关系。然而,他的重点在于阐释 OECD 转让定价指南的国际税收软法地位及其作用。[105] 根据他的研究可以发现,OECD 转让定价指南对国际税法正式来源以及国内法律制度产生了积极的影响,并在一定意义上向国际税收硬法转化。

事实上,国际税收软法的研究主要集中在具体国际税收软法的实践上。除阿尔韦托·维加研究了 OECD 转让定价指南之外,爱丽丝·布罗迪(Alicja Brodzka)和塞巴斯蒂亚诺·加鲁菲(Sebastiano Garufi,2012)分析了信息交换和财政透明度中的国际税收软法,即信息交换和财政透明度全球标准;[106] 爱德华·特拉弗斯(Edoardo Traversa)和亚历珊卓·佛莱明尼(Alessandra Flamini,

---

[103] Tsilly Dagan, *International Tax and Global Justice*, 18 Theoretical Inquiries in Law 1 (2017).

[104] Allison Christians, *Hard Law and Soft Law in International Taxation*, University of Wisconsin Law School, 2007, p. 1 – 2.

[105] Alberto Vega, *International Governance Through Soft Law: The Case of the OECD Transfer Pricing Guidelines*, Max Planck Institute for Tax Law and Public Finance, 2012, p. 9 – 14.

[106] Alicja Brodzka & Sebastiano Garufi, *The Era of Exchange of Information and Fiscal Transparency: The Use of Soft Law Instruments and the Enhancement of Good Governance in Tax Matters*, 52 European Taxation 394 (2012).

2015)探讨了有害税收竞争规制中的国际税收软法;[107] 克雷格·韦斯特(Craig West,2017)总结了 OECD 范本评注从"软法"到"硬法"的种种表现。[108] 这些研究无一例外地说明了 OECD 具有制定国际税收软法的地位,OECD 制定了约束各国的国际税收规则甚至国际税收法律。

这些研究还涉及了国际税收软法的产生、优势、风险等问题。此外,有学者研究了税收管理中的软法问题。[109]

### (三)研究综述简评

1. 国内关于全球税收治理的研究特点

(1)以 BEPS 行动计划为研究背景。国内关于全球税收治理的研究并不是在全球治理兴起的背景下由全球治理延伸至全球税收治理,再由全球经济治理延伸至全球税收治理,而是在 OECD 推动的国际税收秩序变革中逐步受到关注。最直接的表现是,国内关于国际税收治理的研究肇始于 BEPS 行动计划之后。

(2)研究内容集中于对 BEPS 项目的评介。无论是全球税收治理背景下的国际税收秩序的研究,还是国际税收治理的研究,绝大部分成果都与 BEPS 行动计划提出的改革措施有关,其落脚点更多的是为中国如何在全球税收秩序和规则改革中落实这些规则提出对策。

(3)研究尚处于起步阶段。国内关于全球税收治理的直接研究成果比较少,远不及全球治理和税收治理的理论成果。虽然后者可以为前者提供理论支撑,但是全球税收治理问题的特殊性决定了其不可能直接移植后者的理论。事实上,目前关于全球税收治理的研究"生搬硬套"全球治理概念体系与分析框架的情况较多,鲜有学者注意到全球税收治理的本体问题及其问题的殊异性。

(4)研究视角、方法单一。全球税收治理涉及国际政治、国际经济、国际关系、国际税收等多个领域,与国际经济学、国际关系学、国际税法学等学科息息相关。然而,已有的研究仅局限于国际法以及国际税法层面,鲜有借助其他学科理论展开研究。这点从国内研究全球税收治理问题的学者的学历背景可以看出,

---

〔107〕 Edoardo Traversa & Alessandra Flamini, *Fighting Harmful Tax Competition through EU State Aid Law: Will the Hardening of Soft Law Suffice?*, 14 European State Aid Law Quarterly 323 (2015).

〔108〕 Craig West, *References to the OECD Commentaries in Tax Treaties: A Steady March from "Soft" Law to "Hard" Law?*, 9 World Tax Journal 117 (2017).

〔109〕 Duncan Bentley, *The Rise of "Soft Law" in Tax Administration – Good News for Taxpayers?*, 14 Asia – Pacific Tax Bulletin 32 (2008).

他们大多数是涉税相关专业，尤以财政税收学、国际法学、国际税法为主。

2. 国外关于全球税收治理的研究特点

（1）研究的切入点主要是以国际政治学为视角，相关的研究也主要是借助该学科的理论。国外关于全球税收治理研究的代表性人物主要有托马斯·里克森、彼得·迪茨奇、塔西奥·迪尼兹·马加勒斯和彼得·瑟斯。这些学者的专业领域大多是国际政治学、国际关系，他们的研究往往以国际关系、权力博弈等为理论工具。

（2）研究的内容更加注重现行全球税收治理机制的评估，着墨全球税收治理实践较多。如前所述，在全球税收治理主题下，伊索普·帕克、简·伍特斯和卡特里恩·缪维森、沃尔夫冈·奥尔登堡、塔西奥·迪尼兹·马加勒斯等集中探讨了现行治理实践存在的问题及其未来可能改进的方向。此外，利法特·阿扎姆、锡耶布·金马、马赛尔·GH. 沙佩尔、索菲亚·穆里略·洛佩斯、乌扬加·伯克尔·多利格等分别评估了 OECD、UN、IMF、WTO、G20 等主体的国际税收治理实践。

（3）研究的对象并没有进行严格区分，有关全球税收治理概念的使用也不是很明确。例如，伊索普·帕克在其论文"International Finance and State Sovereignty：Global Governance in the International Tax Regime"中使用"global governance in the international tax"时，也采用了"global tax governance"。[110] 托马斯·里克森在论著 *The Political Economy of International Tax Governance* 中同时使用了"international tax governance"和"global tax governance"。[111] 也有学者在先后的研究中分别使用"international tax governance"和"global tax governance"分析同一问题。[112]

（4）研究的进路往往是基于现行国际税收体制、机制与制度的缺陷而提出具体的全球税收治理完善对策。例如，在托马斯·里克森和彼得·迪茨奇主编的论著 *Global Tax Governance：What is Wrong With It and How to Fix It* 中，金伯利·克劳辛（Kimberly A. Clausing）、理查德·伍德沃（Richard Woodwar）、米里

---

〔110〕 Insop Pak, *International Finance and State Sovereignty：Global Governance in the International Tax Regime*, 10 Annual Survey of International & Comparative Law 165（2004）.

〔111〕 Thomas Rixen, *The Political Economy of International Tax Governance*, Palgrave Macmillan, 2008, p. 11, 57.

〔112〕 Thomas Rixen, *The Political Economy of International Tax Governance*, Palgrave Macmillan, 2008, p. 11; Peter Dietsch & Thomas Rixen, eds., *Global Tax Governance：What is Wrong with It and How to Fix It*, ECPR Press, 2016, p. 1.

亚姆·隆佐尼(Miriam Ronzoni)、鲁文·S.阿维·约纳(Reuven S. Avi - Yonah)等近20名学者都是从全球税收治理的现状梳理与问题分析出发,探讨全球税收治理的规范原则和机构设计。[113]

整体而论,国内外关于全球税收治理的研究都较为薄弱,并没有形成逻辑的概念体系与理论框架,至少在研究背景、研究对象、研究内容、研究方法和研究进路等方面有进一步探讨、发展或突破的空间。在研究背景上,要将全球税收治理置于国际经济数字化、国际税收政治化、国际税法多边化、国际税收民间化的多重背景中进行系统研究。在研究对象上,有待进一步科学、合理地界定全球税收治理的内涵与外延,构建具有共识性的全球税收治理的概念体系和分析框架。在研究内容上,需要突破的是全球税收治理的理论体系构成、价值目标追求、权义关系塑造、制度实践评估等问题。在研究方法上,宜注重多学科理论和方法的融通,如国际关系与国际税法跨学科合作,国际政治学与国际税法学跨领域借鉴。在研究进路上,应从人类社会整体的视域去审视全球税收治理变革过程中需要解决的问题,从全球范围内各国的共同发展需求的角度出发,考虑全球税收治理制度、体制、机制存在的问题及其改革方向。

## 三、论证思路和方法

### (一)论证的思路

本书从国际税法的实践困境与理论转型出发,探究全球治理与国际税法的契合度,提出全球税收治理是国际税法的新范式。以此为基础,遵循"本体—价值—权义—规则"的逻辑,追问全球税收治理的本体内涵、价值取向、权义关系以及规则选择。并且借助概念、内涵和属性,秩序、正义与自由,权力、权利和义务,原则、规则及标准等法学要素,从宏观到微观立体地阐释了全球税收治理的概念体系与理论框架。具体研究思路如图1所示:

[113] Peter Dietsch & Thomas Rixen, eds., *Global Tax Governance: What is Wrong with It and How to Fix It*, ECPR Press, 2016, p. 3 - 18.

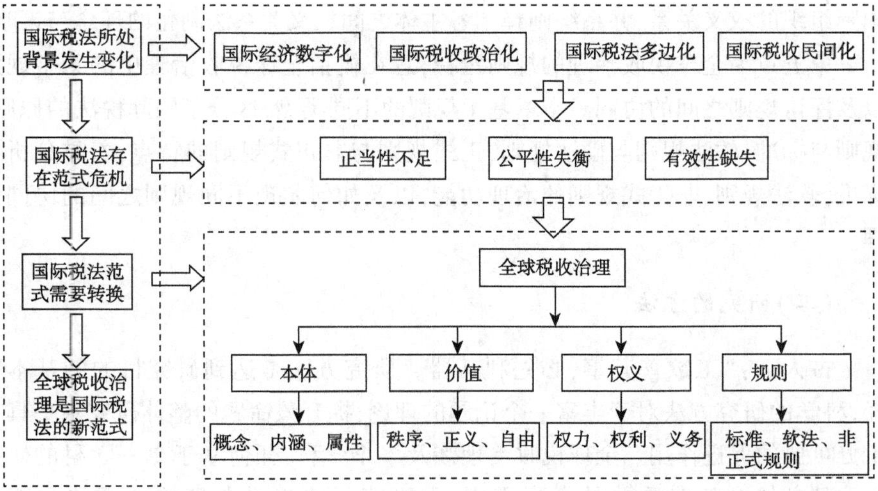


**图1　研究思路**

本书除导论与结论之外，总共有五章，具体研究内容如下：

第一章为全球税收治理范式的提出，重点解决国际税法为什么需要转型以及转型方向的问题。本章在简要阐述国际税法的历史发展与学科性质的同时，侧重对国际税法存在的局限性进行分析，分析了治理理论之于税收领域的影响以及国际税法转型的特点，并着重论证了全球治理作为国际税法转型方向的可行性。

第二章为全球税收治理的本体论要，旨在从概念、内涵和属性等方面回答全球税收治理是什么。本章基于历史考察和文献梳理，评述了全球税收治理的各类概念，采取属加种差定义法，提炼了全球税收治理的内涵，使之与国际税收治理、国际税收协调等相区别。在此基础上，剖析了全球税收治理的形式属性与实质属性。

第三章为全球税收治理的价值追求，遵循法的一般价值逻辑，探究全球税收治理的价值体系。本章结合国际关系理论，对比分析了现实主义、自由主义和建构主义的国际税收秩序，在区分正义的世界主义与国家主义基础上反思了国际税收的正当性、公平性与合法性，并解构了全球税收治理自由的个人、国家和国际层面。

第四章为全球税收治理的权义分析，主要探讨全球税收治理主体之间的权力、权利和义务关系。本章分别从主权国家、涉税国际组织和纳税人层面，具体分析了国家税收主权关系，涉税国际组织内外部权义结构，纳税人与国家、涉税国际组织的权义关系,并系统阐释了各主体之间权义关系法制化的理念与策略。

第五章为全球税收治理的规则选择,意在概括全球税收治理中的新型规则以及探讨规则之间的协同。本章基于规则的不同类型,区分了国际税法的原则、规则与标准,软法规则与硬法规则,正式规则与非正式规则的特点,着重分析了标准、软法规则、非正式规则的治理功能,以及如何实现不同规则之间的协同治理。

(二)研究的方法

古人云:"工欲善其事,必先利其器。"研究方法是达到研究目的的基本路径,科学的研究方法对于丰富一个论题的理论,提升该命题的整体研究水平具有十分重要的促进作用。全球税收治理涉及多个学科,任何基于单一学科的研究方法都必然会忽略重要的考虑因素,很可能无法提供合理的分析和政策建议。[114] 因此,本书试图在借鉴国际税法、国际政治、国际关系等学科最新研究成果的基础上,综合运用规范分析、价值分析、历史分析、实证分析、跨学科分析等研究方法的优势,实现对全球税收治理概念、属性、权义、价值、规则等的阐释与剖析。

1. 规范分析方法

治理是正式与非正式规则之治,全球税收治理涉及国际税法原则、国际税法规则、国际税收标准等庞大的规范群,它们既与人民财产权保障息息相关,又与国家的税收主权密不可分。因此,全球税收治理研究的起点应该建立在对规范群的实证分析上,例如,界定规范概念的内涵和外延,解析规范的逻辑结构,审查规范的效力衔接等。本书梳理并分析全球税收治理的规范群,借助"硬法"与"软法",原则、规则与标准,正式与非正式规则等概念探讨规范的合理性、合法性和有效性。

2. 价值分析方法

价值分析是对全球税收治理价值的评估。全球税收治理不仅包括实然的状态——治理的实际样态是什么,还包括治理应该是什么样态。本书探讨了全球税收治理的应然状态,探讨其自由、正义和秩序的价值,以期引导人们对各种形式上合法的全球税收制度进行合理性审查,挖掘国际税法在道德、社会、人权方面的含义和要求,提升全球税收治理的理性色彩。应然的价值追求虽然不具有

---

[114] Peter Dietsch & Thomas Rixen, eds., *Global Tax Governance: What is Wrong with It and How to Fix It*, ECPR Press, 2016, p. 2.

直接的法律效力,但是之于国际税收的立法、执法和司法具有无可替代的指导作用。因此,这种价值分析方法是必要的。

3. 历史分析方法

全球税收治理现象既然是历史的产物,其存在就一定有特定的历史背景。在研究全球税收治理时,除考察当前有效的全球税收治理制度以外,还应嵌入历史的视角,注重观察全球税收治理制度在发展变化过程中的动态规律。本书对全球税收治理的产生、发展及其变迁进行梳理,寻找其之所以存在和之所以变异的客观规律性,为当下全球治理法律机制改革提供有益资源。

4. 实证分析方法

全球税收治理不是国际社会的呼吁,也不是某些国家的一厢情愿,而是切切实实已经存在的,尤其是在避免双重(不)征税、税基侵蚀与利润转移方面,甚至是国际税法一体化方面迈出了实质性的一步。具体而言,这些实践包括多边税收征管互助实践、OECD 推动的 BEPS 行动计划、欧盟实施的税收一体化、局部性的税收合作("一带一路"税收合作、金砖国家税务合作)。在研究过程中,必须对这些实践进行评估,而如果评估它们的正当性、公平性和有效性方面,就必将采用实证调查、归纳、总结的方法。

5. 跨学科分析方法

全球税收治理既涉及国际政治、国际经济、国际税收,又涉及国际税法、国内税法等多方面,并与政治、经济、文化相互交织,因而其是一个系统性工程。关于它的研究只有以"全球税收治理"为问题域,综合国际政治学、国际税法学、国际关系学等学科的理论,才能更加科学合理。本书在这方面进行了有益的探索。

## 四、本书的创新之处

"文章千古事,得失寸心知。"诚然,自己是最清楚写作中的甘苦与成败的人。然而,中国人含蓄、内敛的性格,使其往往羞于夸赞、评判自己的论著。是故谈创新更多是对写作付出的肯定而非沾沾自喜,兹择文章七要素[115]中的选题、方法、内容、见解等来诠释这份肯定。

1. 研究选题的前沿性。从文献综述看,全球税收治理还是一个新概念,属于新的研究问题,科学的概念体系与理论框架尚未形成。在笔者 2018 年以此题开展博士论文写作之前,国内尚未有人以此为学位论文选题,亦没有以此题出版的

---

〔115〕 梁慧星:《法学学位论文写作方法》(第 2 版),法律出版社 2012 年版,第 6 ~ 8 页。

专著。即便是在出版周期较短的论文领域,直接相关的论文也是屈指可数。然而,这一问题随着国际税收秩序的变革与国内税收制度的发展而日益凸显,备受官方和学界瞩目。如何回应理论与实践之于全球税收治理的关切就显得尤为迫切与重要。因此,本书以全球税收治理为核心议题,分析全球税收治理中的法理问题,具有一定的前沿性与先进性。

2. 研究方法的综合性。全球税收治理涉及的领域较广,单一的研究方法具有天然的局限性。为此,本书采用规范分析法、价值分析法、历史分析法以及跨学科分析法等对这一问题进行剖析。尤其是尝试采用跨学科分析法,注重多种研究方法的融会贯通,使本书有关全球税收治理的研究方法更具综合性。

3. 研究内容的特质性。遵循全球治理的分析框架可知,全球税收治理有目标、主体、内容、机制、结果等方面。本书根据法学学科的特点,以权力、权利、义务、价值、规则等基本法律概念与理论体系阐释全球税收治理的相关问题,力求构建科学、合理的全球税收治理权义结构、价值逻辑和规则体系。这既区分于全球治理的分析范式,也避免了全球税收治理的重复研究。在使研究内容构成部分之间逻辑紧密的同时,使研究内容更具有法学的学科特质。

4. 研究见解的独到性。既有关于全球税收治理的研究并没有否定全球税收治理与国际税法的关系,反而自觉或不自觉地在国际税收体制、机制与制度框架内探讨全球税收治理。这些成果认识到了全球税收治理与国际税法的联系,然而并没有揭示两者究竟因何而联系,又存在怎么样的关系。本书通过分析发现,全球税收治理是国际税收的必然选择,是国际税法理论的新范式。在此基础上,形成了全球税收治理的权义、价值与规则的分析框架。

# 第一章　全球税收治理范式的提出

正如《世界税务杂志》主编帕斯夸莱·皮斯托(Pasquale Pistone)在就职时发表的社论,“国际税法的作用将会摆脱国家间不良的以邻为壑战略,打开国际税法史上前所未有的新篇章:新的全球税收法律秩序”[1]。随着全球化、数字化的发展,国际税法开始由“协调法”经“合作法”向“治理法”转化,使过去以“调整在跨国征税对象上存在的国际税收分配关系”[2]为己任的国际税法,迅速向全球税收治理领域延伸。

## 第一节　国际税法的生成、性质与局限

“以史为鉴,可以知兴替。”回顾学科发展历史,能够更好地还原国际税法的本质,从而为探讨国际税法的局限注入历史理性和学科理性。

### 一、国际税法生成的回顾

作为一种历史现象的税收,是国家政治权力作用于经济的产物,其反映特定的社会分配关系。在其产生后的漫长历史时期内,各国税收的征税对象主要是本国境内的人或物。虽然国家也对进出该国的货物征收关税或过境税,但严格来说,国家征税权的行使仍局限于该国的边界。此时,税收并不涉及其他国家的税收利益,也不存在所谓国际税收分配的问题。

19 世纪末 20 世纪初,资本主义从自由竞争阶段发展到垄断阶段,经济活动朝着国际化的方向发展,各国的商品、资本、技术、劳动力等生产要素跨国界流动

〔1〕 Pasquale Pistone, *The Long March of International Taxation Towards a Global Tax Legal Order*, 5 World Tax Journal 305 (2013).

〔2〕 廖益新主编:《国际税法学》,高等教育出版社 2008 年版,第 4 页。

越来越普遍,这为国际税法的产生提供了客观的经济基础。与此同时,各主要资本主义国家相继建立了作为现代直接税标志的所得税制度[3]和一般财产税制度,这奠定了国际税法产生所必要的法律条件。可以说,这些国家制定的适用于对纳税人的跨国所得和跨国财产价值征税的税法规范,已经具备了国际税法规范的某些性质。[4] 然而,现代意义上的国际税法是在两次世界大战,尤其是在第二次世界大战后才形成和发展起来的。

第一次世界大战后,国家之间的税收矛盾在大量的资本输出形成的大规模收入国际化中不断产生且日益加剧。特别是第二次世界大战后,发达国家之间的相互投资大大增加,跨国公司的数量和规模也有了迅速发展,世界各国之间的国际税收关系因此变得错综复杂。越来越多的国家通过谈签税收协定的方式协调彼此对跨国纳税人在跨国征税对象上的税收利益分配,并逐步确立了一些调整国际税收关系的共同原则和规则,如禁止税收歧视、外国税收抵免、外交税收豁免等。

20 世纪 70 年代中期到 80 年代末期,《关于对所得和财产避免双重征税的协定范本》(Model Tax Convention on Income and on Capital,以下简称 OECD 范本)[5]与《联合国关于发达国家与发展中国家间避免双重征税的协定范本》(United Nations Double Taxation Convention between Developed and Developing Countries,以

---

[3] 尽管一些基本形式的所得税可以追溯到很久以前,但现代所得税实际上是 19 世纪末 20 世纪初的产物。See B. E. V. Sabine, *A History of Income Tax*, George Allen & Unwin Ltd., 1966, p. 7, 288.

[4] 事实上,美国早在 1918 年所得税法案中就采用了有关外国税收抵免的概念。See Michael J. Graetz, *Foundations of International Income Taxation*, Foundation Press, 2003, p. 163.

[5] OECD 范本实际上是 OECD 在继承 OEEC 工作的基础上,为成员方起草的有关避免所得和财产双重征税的协定范本。经过 1963 年《避免对所得和财产重复征税协定范本草案》(Draft Double Taxation Convention on Income and Capital,以下简称 1963 年 OECD 范本草案),1977 年《OECD 关于避免对所得和财产双重征税的协定范本》(The OECD Model Convention for the Avoidance of Double Taxation with Respect to Taxes on Income and on Capital,以下简称 1977 年 OECD 范本)。此后,OECD 根据经济国际化发展新形势要求,总结了各国的实践经验,于 1992 年提出了新范本,易名为《经济合作组织关于对所得和财产课税的协定范本》(The OECD Model Tax Convention on Income and Capital,以下简称 1992 年 OECD 范本)。OECD 财政事务委员会于 1994 年、1995 年、1997 年、2000 年、2002 年、2003 年、2005 年、2008 年、2010 年、2014 年和 2017 年对协定范本进行了多次修订和更新。

下简称 UN 范本)[6]相继诞生,这推动国际税法的渊源——双边税收协定进入模式化发展的成熟阶段。[7] 在此之后,各国之间缔结的双边税收协定,普遍是在参照上述两个协定范本内容和形式的基础上谈判签订的。作为国际税法另一种渊源的多边税收协定也在这前后落地生根。例如,1969 年安第斯联盟(Unión Andina)成员方签订的《安第斯条约》(Andean Pact);[8]1973 年加勒比共同体(Caribbean Community)成员方签订了《加勒比共同体避免双重征税协定》(CARICOM Double Taxation Agreement);[9]1977 年和 1978 年经济互助委员会(Council for Mutual Economic Assistance, CMEA)[10]国家签署了分别规范自然人和法人实体的两个避免双重征税的多边协定;[11]1983 年,北欧五国(丹麦、芬兰、冰岛、挪威和瑞典)缔结了《北欧国家关于对收入和资本避免双重征税的公约》(Convention between the Nordic Countries for the Avoidance of Double Taxa-

---

〔6〕 由于 OECD 范本较多考虑的是发达国家的利益,而发展中国家很难据此维护自己的利益,因此,广大发展中国家迫切要求联合国制定一个能反映其自身利益的国际税收协定范本。为此,联合国经济及社会理事会组织了一个专家小组起草发达国家与发展中国家之间的税收协定范本。专家们以 OECD 范本为蓝本,提出了《发达国家与发展中国家间关于税收协定的指南》。1977 年,专家小组进一步修改了这个指南,把它修改成一个附有注释的协定范本,即《联合国关于发达国家和发展中国家双重征税的协定范本(草案)》(The UN Draft Model Double Taxation Convention between Developed and Developing Countries)。1979 年 12 月,专家小组重新审查并通过了这个范本草案,并于 1980 年将其正式公布。此后,联合国经济及社会理事会分别于 2001 年、2011 年、2017 年和 2021 年对 UN 范本进行了修订和更新。

〔7〕 国际税收协定从产生到 2022 年已有 170 多年的历史,具有现代意义的对所得和财产避免双重征税的综合性协定起步于 20 世纪 20 年代。有关国际组织先后制定了 1928 年协定范本、1935 年协定范本、1943 年墨西哥范本、1946 年伦敦协定范本,但均以失败告终。但是,OECD 范本和 UN 范本颁布之后,国家之间缔结国际税收协定的步伐不断加快,协定的广度和深度不断发展,这对推动国际税法的发展有积极意义。

〔8〕 《安第斯条约》(第 578 号决定,1971 年避免双重征税和防止财政逃税的制度)适用于玻利维亚、哥伦比亚、厄瓜多尔和秘鲁。委内瑞拉于 2006 年 4 月 22 日退出安第斯共同体。See Ricardo García Antón, *The 21st Century Multilateralism in International Taxation: The Emperor's New Clothes?*, 8 World Tax Journal 147 (2016).

〔9〕 许多加勒比国家从 1994 年起对避免双重征税协定进行了重新谈判,从而取代了 1973 年签署的多边税收协定。See B. Zagaris, *The* 1994 *CARICOM Double Taxation Agreement: A New Model for Regional Integration and Fiscal Cooperation*, 50 Bulletin for International Fiscal Documentation 409 (1996).

〔10〕 虽然 CMEA 已经不存在,但是他们在 20 世纪 70 年代后期签订的两个多边税收协定并没有被废止,目前保加利亚、蒙古国和独联体国家(乔治亚共和国和哈萨克斯坦除外)仍然适用该协定。Roy Rohatgi, *Basic International Taxation*, Richmond Law & Tax Ltd., 2005, p. 77.

〔11〕 W. G. Kuiper, *The Multilateral CMEA Tax Treaty: Its Relevance Today*, 31 European Taxation, 246 (1991).

tion with Respect to Taxes on Income and Capital)。当然,这些多边税收协定,在适用范围上是区域性而非全球性的,在涵盖内容上是单一性而非综合性的。然而,这些多边协定可谓之全球性税收协定或公约的前奏,为更大范围、更广内容的多边税收公约积累了诸多实践理性。此时,国际税法初步形成了对跨国所得和财产重复征税进行调整的国内法上的单边调整和国际法上的双边或多边税收协定相结合的协调机制。

进入20世纪90年代后,在全球化迅猛发展的形势影响下,国际税收竞争与合作逐渐成为国际税法新的发展趋势与主要内容。一方面,各国尤其是发达国家纷纷减少对资本和利息的课税,普遍降低所得税尤其是公司所得税的税率,竞相吸引国际资本,有害国际税收竞争的问题日趋严重。为此,欧盟理事会于1997年通过了《商业税行为守则》(The Code of Conduct for Business Taxation)来消除成员方的有害国际税收竞争的问题;欧盟委员会于1998年发布了《国家援助规则适用于直接税措施的通知》,[12]以此弥补《商业税行为守则》不具有法律约束力的缺陷。[13] OECD于1998年发布了《有害税收竞争:一个正在出现的全球性问题》(Harmful Tax Competition: An Emerging Global Issue)的报告,要求对税收竞争加以规范和监督。随后OECD又分别于2000年、2001年、2004年和2006年发布了关于规制有害税收竞争行为的工作进度报告,对成员方和非成员方在协调税收政策、防范有害税收竞争方面的工作进行阶段性总结。另一方面,各国在维护各自的税收权益,加强国际税收征管的同时,更加注意努力通过双边或多边的国际合作来解决共同面临的国际税收法律问题。OECD为了加强各成员方规制关联企业国际转让定价的相互理解与合作,于1995年发布了《跨国企业和税务当局转让定价指南》(Transfer Pricing Guidelines for Multinational Enterprises and Tax Administrations),对统一协调规范各成员方有关转让定价税制和实践发挥了重要的指导作用。在此期间,欧盟理事会发布了《公司兼并指令》(The Merger Directive)[14]和《母子公司指令》(Parent – Subsidiary Directive)[15];

---

[12] Commission Notice on the Application of the State Aid Rules to Measures Relating to Direct Business Taxation (98/C 384/03).

[13] 蔡庆辉:《有害国际税收竞争的规制问题研究》,科学出版社2010年版,第72页。

[14] Council Directive 90/434/EEC of 23 July 1990 on the Common System of Taxation Applicable to Mergers, Divisions, Transfers of Assets and Exchanges of Shares Concerning Companies of Different Member States.

[15] Council Directive 90/435/EEC of 23 July 1990 on the Common System of Taxation Applicable in the Case of Parent Companies and Subsidiaries of Different Member States.

欧盟各成员方签订的《税收仲裁公约》(Arbitration Convention)和《税务行政互助公约》(Convention on Mutual Administrative Assistance in Tax Matters)也在1995年先后生效实施。这些文件在公司合并资产重组和母子公司之间利益分配的税收待遇等问题上促进了各成员方税制的协调一致,进一步加强了彼此间在税收征管和解决国际税收争议方面的互助合作。此外,在发达国家进一步改革完善有关转让定价和受控外国公司等反避税制度措施的同时,越来越多的发展中国家相应制定了转移定价税制。各国税法和双边税收协定中规制国际逃税与避税的一般性和特别性制度规则,在此阶段有了长足的发展。

21世纪之于国际税法而言,注定是一个承上启下的历史关键时期。2008年以前,国际税法延续的是20世纪末规制国际税收竞争与合作的主题,但不同的是其更多地强调税收情报交换。由于美国的不支持、欧盟内部声音的不统一,OECD主导的规制有害税收竞争的项目“名存实亡”,国际社会进而转向税收情报交换。OECD于2000年建立了全球税收论坛,吸收非经合组织成员国家加入其中,就税收情报交换展开对话。OECD于2002年发布了《税收情报交换协议范本》(The Model Agreement on Exchange of Information in Tax Matters, TIEA),2004年修订了OECD范本第26条情报交换条款及相关注释,2006年根据情报交换条款的修订内容制定了《税收情报交换手册》(Manual on Information Exchange)。同时,欧盟理事会在推进成员方税收协调的进程中,发布了《利息税指令》、[16]《增值税行政合作条例》[17]和《消费税行政合作条例》[18]等规则,这促进了税收情报交换制度的快速发展。此外,联合国国际税务合作委员会于2005年12月组建了“税收情报交换小组”研究如何对UN范本第26条及其注释进行修订。

2008年金融危机之后,主权国家针对微软、谷歌、星巴克等跨国企业逃避税的诉讼日益增多,要求国际税法对BEPS进行回应。2012年6月,G20财长和央行行长会议同意通过国际合作应对BEPS问题,并委托OECD就此开展研究。2013年6月,OECD发布了BEPS行动计划。在同年7月的莫斯科会议上,以及9月的圣彼得堡峰会上,G20领导人正式背书该计划。2015年10月,OECD发

---

〔16〕 Council Directive 2003/48/EC of 3 June 2003 on Taxation of Savings Income in the Form of Interest Payments.

〔17〕 Council Regulation(EC) No. 1978/2003 of 7 October 2003 on Administrative Cooperation in the Field of Value – added Tax and Repealing Regulation (EEC) No. 218/92.

〔18〕 Council Regulation(EC) No. 2073/2004 of 16 November 2004 on Administrative Cooperation in the Field of Excise Duties.

布了 BEPS 项目的最终成果,该最终成果涵盖 BEPS 项目所有 15 项行动计划。2017 年,G20 再次委托 OECD 通过 BEPS 包容性框架开展应对经济数字化税收挑战共识性解决方案的研究。2019 年 5 月,OECD 发布《研究应对经济数字化税收挑战共识性解决方案的工作计划》,提出并进行研究应对数字化税收挑战的"双支柱"方案。经过各国的不懈努力和频繁磋商,OECD 于 2020 年 1 月发布了"支柱一"融合方案框架文件和"支柱二"进展情况报告,[19] 2020 年 10 月发布了"支柱一"[20] 和"支柱二"[21] 蓝图报告。2021 年 7 月和 10 月两次发表了《关于应对经济数字化税收挑战双支柱方案的声明》,[22] 2021 年 12 月发布了《支柱二全球反税基侵蚀规则立法模板》。[23] 虽然这些报告不具有法律约束力,但是这些成果报告可以作为工作指引,促使各国在立法和征管上的趋同。在此项目的影响下,国际税法逐渐呈现多主体参与、多层次合作、整体性推进的新内容。

首先,在 BEPS 包容性框架下,所有 G20 及 OECD 国家以平等身份共同参与修改国际税法规则体系基本框架的相关工作,发展中国家通过征询机制加入新

---

〔19〕 OECD, *Statement by the OECD/G20 Inclusive Framework on BEPS on the Two – Pillar Approach to Address the Tax Challenges Arising from the Digitalisation of the Economy – January* 2020, *OECD/G20 Inclusive Framework on BEPS*, OECD (Jan. 30, 2020), https://www.oecd.org/tax/beps/statement – by – the – oecd – g20 – inclusive – framework – on – beps – january – 2020.pdf.

〔20〕 OECD, *Tax Challenges Arising from Digitalisation – Report on Pillar One Blueprint: Inclusive Framework on BEPS*, *OECD/G20 Base Erosion and Profit Shifting Project*, OECD (Oct. 14, 2020), https://www.oecd – ilibrary.org/docserver/beba0634 – en.pdf? expires = 1660547369&id = id&accname = guest&checksum = 6B7ACCEF10F2B7888AD591907ACE86D1.

〔21〕 OECD, *Tax Challenges Arising from Digitalisation – Report on Pillar Two Blueprint: Inclusive Framework on BEPS*, *OECD/G20 Base Erosion and Profit Shifting Project*, OECD (Oct. 14, 2020), https://www.oecd – ilibrary.org/docserver/abb4c3d1 – en.pdf? expires = 1660547712&id = id&accname = guest&checksum = F28CB9833EEAE0AED6780B43B0AE6B2C.

〔22〕 OECD, *Statement on a Two – Pillar Solution to Address the Tax Challenges Arising from the Digitalisation of the Economy*, *OECD/G20 Base Erosion and Profit Shifting Project*, OECD (Jul. 1, 2021), https://www.oecd.org/tax/beps/statement – on – a – two – pillar – solution – to – address – the – tax – challenges – arising – from – the – digitalisation – of – the – economy – july – 2021.pdf; OECD, *Statement on a Two – Pillar Solution to Address the Tax Challenges Arising from the Digitalisation of the Economy*, *OECD/G20 Base Erosion and Profit Shifting Project*, OECD (Oct. 8, 2021), https://www.oecd.org/tax/beps/statement – on – a – two – pillar – solution – to – address – the – tax – challenges – arising – from – the – digitalisation – of – the – economy – october – 2021.pdf.

〔23〕 OECD, *Tax Challenges Arising from the Digitalisation of the Economy – Global Anti – Base Erosion Model Rules (Pillar Two): Inclusive Framework on BEPS*, OECD (Dec. 20, 2021), https://www.oecd.org/tax/beps/tax – challenges – arising – from – the – digitalisation – of – the – economy – global – anti – base – erosion – model – rules – pillar – two.pdf.

规则的讨论和制定。诸多区域性和全球性国际组织，如非洲税收管理论坛(African Tax Administrations Forum, ATAF)、欧洲税收管理组织(Intra - European Organization of Tax Administrations, IOTA)、美洲税收管理中心(Inter - American Centre of Tax Administrations, CIAT)、UN、IMF、WB等都参与了规则的磋商。以BEPS项目为载体，一个在全球范围内由OECD国家、非OECD国家和众多国际组织共同参与治理全球性税收问题的新格局得以形成。

其次，全球性多边税收公约的形成及其缔约国不断增加。OECD与欧洲委员会响应G20号召，于2010年修订并向所有国家开放了MAC。截至2022年7月11日，有146个税收管辖区参加了该公约，包括所有G20国家、所有金砖国家、主要金融中心和越来越多的发展中国家。[24] 在美国于2010年出台FATCA的压力作用下，OECD于2014年发布了《金融账户涉税信息自动交换标准》。其中，MCAA以多边公约的形式推行全球涉税信息的交换。截至2022年7月28日，有117个税收管辖区签署了MCAA。[25] 根据BEPS行动计划的要求，OECD于2016年发布了MLI，用于全球现有数以千计的双边税收协定应用BEPS最低标准和建议的批量修订与更新。截至2022年7月28日，有99个税收管辖区签署了该多边公约。[26]

最后，BEPS项目共计15项内容构成了新时代国际税法改革的一个整体，各项措施一旦全面实施，将提升跨境税收规则的一致性，强化对经济实质的要求，提高税收的透明度和确定性。尤其是应对经济数字化带来的税收挑战的"双支柱"方案，其在处理相关问题时突破了现行国际税收体系的规则限制，采取了完全不同的新规则、新方法和新机制，可谓之对当前国际税收问题的集中性回应，对现行国际税法规则的整体性改革与完善。[27]

通过国际税法的生成与发展历史，可以发现下述逻辑与经验：

第一，国际税法的产生是国家的税收管辖权扩大到具有跨国性质的征税对

---

〔24〕 OECD, *Convention on Mutual Administrative Assistance in Tax Matters*, OECD (Jul. 11, 2022), http://www.oecd.org/tax/exchange - of - tax - information/Status_of_convention.pdf.

〔25〕 OECD, *Signatories of the Multilateral Competent Authority Agreement on Automatic Exchange of Financial Account Information and Intended First Information Exchange Date*, OECD (Jul. 28, 2022), http://www.oecd.org/tax/automatic - exchange/about - automatic - exchange/crs - mcaa - signatories.pdf.

〔26〕 OECD, *Signatories and Parties to The Multilateral Convention to Implement Tax Treaty Related Measures to Prevent Base Erosion and Profit Shifting*, OECD (Jul. 28, 2022), http://www.oecd.org/tax/beps/beps - mli - signatories - and - parties.pdf.

〔27〕 参见朱炎生：《双支柱方案：现行国际税收体系的自然延伸》，载《税务研究》2022年第3期。

象的结果,与其性质逐渐从国内性和涉外性向国际性和全球性的演变息息相关。

第二,国际税法是在所得税和财产税作为固定性收入来源之后才发展起来的,其内容逐步由所得税和财产税等直接税拓宽至增值税、消费税等间接税领域。

第三,虽然所得税是国际税法的核心,但是仅仅设立所得税并不能为这一领域的发展提供足够的动力。国际税法的发展更是经济混乱和经济危机的结果。[28]

第四,国际税法的变迁呈现从协调国家税收管辖权的协调法到协同国家间的税收行政权的合作法的特点,表现出强烈的全球多主体参与、国际多层次推进、国内纳税人合作遵从的治理法的发展趋势。

## 二、国际税法性质的分析

关于国际税法的性质问题,学界并没有形成共识,概括而言有四种观点。

### (一)规范性质说

规范性质说是从国际税法的调整对象和任务着手,讨论国际税法只是国际公法性质的冲突法规范,还是一个兼具冲突法规范和实体法规范的综合法律体系。前者以德国的李扑特(Gustav Lippert)和毕勒(O. Bühler)为代表,[29]后者以美国的麦克丹尼尔(P. McDaniel)、德国的迪巴廷(H. Debatin)和瑞士的奈席勒(A. A. Knechtle)为代表。[30]

从前述产生的历史来看,国际税法表现的形式首先是国内税法的涉外规范,其次是国家间的税收协定,因此前者把涉外税收征纳关系排除在国际税法的调整范围之外是不符合历史逻辑的。从现行实践来看,即使是具有典型意义的冲突规范文件,如避免双重征税协定,也越来越多地包含防止国际逃税和避税、税收情报交换以及税收行政合作等实体法规范。从理论发展来看,国际税法早已不在狭义国际税法概念的范畴内,其任务从消除和避免双重征税到防止国际逃避税,发展至实现国际税收合作,国际税法俨然成为以国际税收问题为核心议题

〔28〕 Sergio André Rocha & Allison Christians, eds., *Tax Sovereignty in the BEPS Era*, Kluwer Law International, 2017, p. 181.

〔29〕 Gustav Lippert, *Handbuch Des Internationalen Finazrecht*, Oesterreichischen Staatsdruckerei, 1928, p. 1; Ottmar Bühler, *Prinzipien Des Internationalen Steuerrechts*, Internationales Steuerdo kumentationsbüro, 1996, p. 3.

〔30〕 Arnold A. Knechtle, *Basic Problems in International Fiscal Law*, Kluwer, 1979, p. 15 – 16.

的法律领域。正是因为认识到国际税法的历史与实践,国内学者普遍赞同后者,即国际税法是由一个适用于跨国应税事实的冲突法规范与实体法规范组成的综合性法律规范。[31]

## (二)部门法性质说

部门法性质说认为国际税法是一个相对独立的法律部门,在整个法律体系中拥有重要的地位,包括国际(公)法说、国际经济法说和综合部门法说。

1. 国际(公)法说

此观点下的国际税收关系被狭隘地理解为是两个或两个以上的国家之间的税收权益分配关系。[32] 这人为地限制了国际税法应用的范围,亦与现行的国际税法实践相左。实则,“作为国际税法调整对象的国际税收关系,是两个或两个以上的主权国家与纳税人相互间在跨国征税对象上产生的经济权益分配关系,是有关国家之间的财权利益分配关系和它们各自与纳税人之间的税收征纳关系的统一体”[33]。因此,把国际税法性质定位为国际(公)法之观点有失偏颇。

2. 国际经济法说

此观点证成的逻辑有两种:(1)国际经济法学者在论述国际经济法体系时,往往把国际税法作为国际经济法的重要组成部分。[34] (2)国际税法学者在论述国际税法一般问题时,表明国际税法是国际经济法的一个独立法律分支。[35]

不可否认,这两种证成对于促进国际税法的独立性与提高国际税法的法律地位起到了重要的作用,但它忽视了国际税法与国际经济法其他构成之间的差异。例如,在多边税务条约中拒绝最惠国待遇显然标志着国际贸易法和国际税法之间的分歧。尽管最惠国条款与多边贸易协定(关税及贸易总协定和世贸组

---

〔31〕 廖益新主编:《国际税法学》,高等教育出版社 2008 年版,第 11 页;刘剑文主编:《国际税法学》(第 3 版),北京大学出版社 2013 年版,第 16 页。

〔32〕 Roy Rohatgi, *Basic International Taxation*(2), Richmond Law & Tax Ltd., 2005, p. 1; Zuo An-Lei, *International Legal Review of the Relationship between International Tax Law and National Tax Sovereignty: Theoretical Foundation and Development Practices*, 2 ECUPL International Law Review 1 (2013).

〔33〕 廖益新主编:《国际税法学》,高等教育出版社 2008 年版,第 7 页。

〔34〕 余劲松、吴志攀主编:《国际经济法》(第 4 版),北京大学出版社、高等教育出版社 2014 年版,第 11 页。

〔35〕 刘剑文主编:《国际税法学》(第 3 版),北京大学出版社 2013 年版,第 3 页;郑琳编著:《国际税法学》,北京师范大学出版社 2012 年版,第 14 页;张泽平主编:《国际税法》(第 2 版),北京大学出版社 2016 年版,第 5 页。

织协定)有内在联系,但避免双重征税往往是通过双边文书来解决。尽管有防止双重征税的多边条约草案,但这种心态仍然是双边的,并以严格的互惠规则为前提。[36] 实则,国际税法是国际经济法体系中最具“个性”的成员,其既形成了相对独立的研究对象和学科体系,又有自己独立的学科范畴和研究方法。所以,国际经济法学说也有值得商榷之处。

3. 综合部门法说

综合部门法说认为国际税法并不局限于单一的部门法性质,而是可能具备两个或两个以上部门法的性质。在他们看来,“国际税法是适应调整国际税收关系的需要,从传统的国内税法部门中逐渐形成和发展起来的一个新的综合性税法分支体系”[37],“国际税法既属于国际经济法学的分支学科,又属于税法的分支学科,是国际经济法学和税法学相交汇的一个交叉学科”[38]。

值得肯定的是,这种综合部门法说为国际税法的发展预留了足够的空间。同时也应认识到,这种界定仍旧是从传统部门法角度出发的,会自觉或不自觉地落入部门法划分的窠臼。从更加有利于国际税法发展的角度来看,本书认为国际税法不是一个独立的法律部门。因为国际税法是一个相对独立的法律领域,它区别于法学界一般意义上的独立法律部门。

### (三)多重性质说

多重性质说,是指国际税法具有公法兼私法的性质,国际法兼国内法的性质,以及程序法兼实体法的性质。[39] 持多重性质说的学者在论述国际税法性质的时候,选取了公法与私法、国际法与国内法以及实体法与程序法等三个参照系。但采用学界讨论法律规范性质时比较常用的参照系,反而使国际税法性质呈现“乱花渐欲迷人眼,浅草才能没马蹄”的局面。公允而言,这种概括或提炼没有揭示国际税法的根本属性,以及它区别于其他法律的独特性。

综上,本书认为规范性质说、部门法性质说与多重性质说都不能完全阐释国际税法的本质属性。最具启发性意义的阐述是部门法性质说中的综合部门法

---

〔36〕 Ricardo García Antón, *The 21st Century Multilateralism in International Taxation: The Emperor's New Clothes?*, 8 World Tax Journal 147 (2016).

〔37〕 廖益新主编:《国际税法学》,高等教育出版社2008年版,第1页。

〔38〕 刘剑文主编:《国际税法学》(第3版),北京大学出版社2013年版,第2页。

〔39〕 钱凯、王玉国主编:《国际经济法》,吉林大学出版社2014年版,第297~298页;蒋新苗主编:《国际税法学》,湖南人民出版社2010年版,第10~12页;金晓晨、谢海霞主编:《国际税法》,首都经济贸易大学出版社2008年版,第3~4页。

说,因为该学说摆脱了国际税法"非此即彼"的思维,证成了国际税法的独有价值和国际税法在法律体系中的地位。遗憾的是,综合部门法说是站在传统部门法论域下的学说,更贴切地说是一种折中主义。事实上,国际税法不可能在同一方面同时被划入两个或两个以上的法律部门,它的综合性更多地体现在以国际税收问题为核心议题的规范集成上。从此意义上而言,国际税法的性质应该是国际税收领域法。

(四)领域法性质论

领域法是财税法学者在总结、提炼和推广其研究成果时,为解决部门法范式下作为交叉学科与新兴学科的财税法的理论定位和学术归宿问题而提出的新概念、新思维、新方法。它的核心要义:一是以问题导向,即在部门法基础上,以问题为中心的一体化;二是规范集成,即涉及特定社会领域的规范体系;三是方法综合,即经济学、政治学和社会学等研究方法的融合。[40] 财税法是领域法,作为财税法分支的国际税法自然与财税法的性质是一致的。换言之,国际税法具有领域法学性质,即以国际税收问题为核心议题,是以国际税收领域全部与法律有关的现象为规制内容的综合性、特定性和复杂性的规则体系。

1. 国际税法是回应国际税收问题的综合法

法律因社会需要而生。国际税法因国际经济交往产生之税收问题而日渐具备雏形,并随着国际税收问题由单一性向多纬度发展,其综合性不断提高。

起初,主权国家根据不同征税原则,或属人原则,或属地原则,或兼而用之,行使税收管辖权,从而产生了国际重复征税问题。国际重复征税不仅使涉外纳税人承受高于境内发生的同类经济活动的纳税义务,有违税收公平原则,还阻碍国际经济、贸易与投资等活动的发展。此时,国际税法需要消除和避免双重征税。

随着经济全球化的发展,国际逃税和避税问题日趋严重,并逐渐成为危害国家税收主权和国际税收秩序的"大敌人"。国际税收问题的表现不再是单一的国际重复征税,还包括国际逃税和避税。国际税法不仅要消除和避免双重征税,还要防止国际逃税和避税。"国际税法的公平与效率并非取决于一个国家的税收法律制度,而是所有国家的整体效果"[41],因此要有效地解决国际重复征税、

[40] 刘剑文:《论领域法学:一种立足新兴交叉领域的法学研究范式》,载《政法论丛》2016 年第 5 期;熊伟:《问题导向、规范集成与领域法学之精神》,载《政法论丛》2016 年第 6 期。

[41] Roy Rohatgi, *Basic International Taxation*, Richmond Law & Tax Ltd. ,2005, p. 2.

国际逃避税问题,就必须提高国际税收行政合作。

良好的税收行政合作局面的开拓与形成,有赖于每个国家税收治理体系和治理能力的现代化。发达国家与发展中国家的税收能力存在显著差异,提高发展中国家的税收能力是国际税法不得不面临的问题。正如《亚的斯亚贝巴行动议程》的倡议,发达国家承诺增加国际援助,支持发展中国家的能力建设,以减少逃税和滥用税收。[42] 可以说,凡是与国际税收领域相关的法律问题,都是国际税法的规制内容,都在国际税法的治理范围内。

除此之外,国际税法的综合性还体现为国际税收问题所涉及的法律部门众多,如前所述之国际(公)法、国际经济法、国内税法;其涵盖的税种范围广泛,不仅包括所得税和一般财产税,还包括增值税等流转税;其规范的表现形式多样,多边、双边和单边的体系共存,硬法与软法、国际法与国内法、实体法与程序法相映成趣。

2. 国际税法是调整国际税收关系的特定法

在法理上,部门法的划定主要是依据调整对象与调整方法。虽然这种划分方式难以适应交叉、新兴的学科的发展,这也是主张国际税法是领域法的主要原因,但不可否认,部门法精细化的划分方法有助于更好地理解国际税法。

国际税法是调整国际税收关系的特定法。对于国际税收关系的理解,学界经历了从狭义说到广义说的转变。持前者观点的学者认为,国际税收关系仅限于国家间税收分配关系。两个或两个以上国家对跨境经济活动都有税收管辖权,而同一个纳税人可能对两个或两个以上国家都负有纳税义务,因此,国际税收关系的内容必然具有双重性质:一是主权国家与跨境纳税人之间的税收征纳关系;二是相关国家之间的税收利益分配关系。[43] 所以,绝大多数学者基于此客观现实赞成广义说,即国际税收关系既包括国家间税收分配关系,也包括国家涉外税收征纳关系。

就前者关系而言,国家之间并不存在税收分配问题,国际税法更多的是协调税收管辖权冲突问题。以避免双重征税协定为例,该协定的目的不是授权一个国家征税或分享税收,而是界定对管辖权重叠部分的主权。[44] 也就是说,学者

---

〔42〕 Christiana Hji Panayi, *The Europeanization of Good Tax Governance*, 36 Yearbook of European Law 442 (2017).

〔43〕 张泽平主编:《国际税法》(第2版),北京大学出版社2016年版,第5页。

〔44〕 Zuo An-Lei, *International Legal Review of the Relationship between International Tax Law and National Tax Sovereignty: Theoretical Foundation and Development Practices*, 2 ECUPL International Law Review 7 (2013).

论述国家间税收分配关系的实质是协调国家间的税收管辖权,因此,称为“国家间税收协调关系”更贴切。就后者关系而言,国家涉外税收征纳关系是国际税法调整最本源的部分,国际税法的生成逻辑足以证成这点。

此外,随着数字化、全球化的不断深化,国际税收关系已经超越了双边的国家间税收协调关系和单边的国家涉外税收征纳关系,出现了多边和双边的国际税收合作关系。国际税收合作关系既表现为国家间的税收行政合作关系,也表现为国家与纳税人的合作遵从关系。国际税法调整的国际税收关系是国际税收合作关系、国家间税收协调关系和国家涉外税收征纳关系。

3. 国际税法是规制国际税收领域的复杂法

在国际税收领域,一国税收立法权与执行权存在紧张关系。每个国家都有权力制定规范国内和国际交易的税法,但不具备在其他税收管辖区内执行这些法律的权力。这使跨国纳税人,尤其是全球经营的公司,能够利用这种矛盾逃避纳税义务。与之交织的全球化、数字化更是将国际税收领域的复杂性推向了新的高度,如此种种造就了国际税法在体系、效力、实施等方面的复杂性。

国际税法体系的复杂性,其一,在于国际税法不是国家之上的法,而是国家之间的法和国家之内的法。正如学者所述,“关于全球(国际)税收制度,没有一部‘全球法典’对世界税务当局之间的合作义务进行编码”[45]。其二,在于国家税收政策选择对其他民族国家造成了显著的外部性。“各国在实施国际税收政策时不会处于真空状态。甚至纯粹的国内行动也会对国外产生重大影响。”[46]其三,在于国际税法体系结构是高度分散的。[47]这种体系的分散在国际税收立法时期便显现端倪,表现为在国际税法单边、双边、多边、区域的法律体系中,没有任何一个体系优先于另外的体系。

国际税法体系的复杂性,也带来了国际税法效力的复杂性:国际税法没有一套公认的位阶体系。例如,税收条约既是国际法下的契约法,也是国内法下的成文法,但是它的生效存在直接生效、间接生效等多种模式,不同的国家税收协定与国内税法的关系是不统一的。又如,经合组织范本评注是否具有法律效力,有些管辖区适用,有些则不认可。即使适用,也存在不使用双边税收协定通过日期

---

〔45〕 Eva Andres Aucejo, *Towards an International Code for Administrative Cooperation in Tax Matter and International Tax Governance*, 40 Revista Derecho del Estado 45 (2018).

〔46〕 Diane M. Ring, *What's at Stake in the Sovereignty Debate: International Tax and the Nation-State*, 49 Virginia Journal of International Law 157 (2008).

〔47〕 Tsilly Dagan, *International Tax Policy: Between Competition and Cooperation*, Cambridge University Press, 2018, p. 3.

之后发布的关于经合组织示范公约的评注。

国际税法实施的复杂性。从实施过程来看，有关国内涉外征纳关系的法律规范具有国际强制力保障，而国际税法主要是靠国家自愿履行的、契约式的法律保障，监督机制具有软弱性，主要靠主体间性来约束国家。因此，国际税法的遵行具有强烈的国家利益取向的选择性。正是因为缺少正式约束机制，才增加了国际税法实施的诸多变数。例如，OECD 在 20 世纪末启动的有害税收竞争的规制，因为美国的不支持而宣告破产。近年来，国际社会推动的应对数字经济征税行动，受到了务实且单方面国家立法越来越大的挑战，每一项新的国家法律都增加了对其他国家采取自己独特解决方案的激励，这有可能破坏多边框架。[48] 从实施结果来看，国际税法并非表现如其具有平等法律地位的国家之间协定法的特性，反而表现出一种以发达国家意志为核心的不对称的法的特性。发达国家以更大的影响力按照自己的意志推动并塑造国际税法的形成与变革，在国际税法规则真正呈现出来之时，若未符合其利益，其会选择不参与此项规则。发达国家和发展中国家在国际税法面前存在明显的不对称性。这也是国际税法公平性遭受质疑的主要原因。

## 三、国际税法局限的探讨

国际税法的存在和建立并不意味着国际税收法律制度已经完善，没有什么可以改进的，也不意味着国际税收法律制度的未来发展和演变已经停滞不前。[49] 相反，通过审视国际税法以及由其形成的秩序与制度可以发现，20 世纪 20 年代确立的框架基础不仅存在固有局限，还在全球化、数字化不断深化的世界中面临失灵风险。从法学角度来看，国际税法的这种局限主要是正当性、公平性和有效性的问题。

### （一）国际税法的正当性不足

一般而论，正当性是指被统治的人民和政治秩序或政治秩序的一部分（法律、决定、政策等）之间的关系。正当性授权特定的管理者或机构制定和解释规

---

〔48〕 Martin Hearson & Wilson Prichard, *China's Challenge to International Tax Rules and the Implications for Global Economic Governance*, 94 International Affairs 1287 (2018).

〔49〕 Zuo An – Lei, *International Legal Review of the Relationship between International Tax Law and National Tax Sovereignty: Theoretical Foundation and Development Practices*, 2 ECUPL International Law Review 1 (2013).

则,并赋予他们治理的权力。[50] 按照这一表述,国际税法正当性可以理解为跨国纳税人与国际税法之间的关系,在于授予国家、政府间组织等制定和解释国际税法规则的权力,从而使纳税人接受、服从这些规则。

国际税法规则来源于国内法和国际法。前者主要包括各国单方面制定的可适用于跨国经济活动的税法。它的正当性源于“无代表则不纳税”的宪制原则,并在一国国内税收立法的民主程序中得到保障。在现代法治国家,税收法定已经成为一个共识性、普遍性原则。这意味着国际税法的国内法源的正当性问题基本得到解决。后者主要指各国相互间为协调对跨国征税对象课税关系而签订的双边或多边国际税收条约和各国在国际税收实践中普遍遵行的国际税收习惯。长期以来,国际税法的国际法源之正当性或多或少被视为理所当然。尤其是各国议会批准双边或多边性的税收条约的程序保证了这一法律领域的民主基础。然而,社会的变化明显影响了国际税法。税收条约愈加成为实质性规范之补充,对国家税收制度产生了重大影响。它们的制定和解释主体以发达国家为主导,同时可作用于发展中国家。因此有充分的理由相信,国际税法存在正当性不足问题。

根据弗里茨·沙尔夫(Fritz Scharpf)对正当性的论述,对国际税法正当性的考量可从输入正当性(input legitimacy)和输出正当性(output legitimacy)两端进行。他认为正当性既有输入端,也有输出端,只有同时满足两端的正当性,行动才具备正当性,否则行动便存在正当性问题。输入正当性要求所有受该决定影响的人都聚集在一起,共同寻找各方都能同意的双赢解决方案;输出正当性意指行动能有效地实现公民的目标,并能为公民的问题提供解决方案。[51]

一方面,国际税法输入正当性存在不足问题。此方面的评估将考虑每个国家在制定议程和起草双边或多边性税收协定内容时的透明度、参与性和代表性。

国际税法的生成历史显示,国际法层面的国际税法之生成、发展与变革由发达国家主导,国际税法的决定、标准、建议和范本等主要源自 OECD。毋庸置疑,对于 OECD 成员方公民而言,这些规则的输入是正当的,因为规则的议程和内容对他们是透明的,每个 OECD 成员方也都积极参与其中。国际组织成员方的同意,即明确或隐含得到民主选定的国家议会的同意。对于非 OECD 成员方而言,这些规则没有满足输入正当性的要求。因为非 OECD 成员国(主要是发展中国家)在制定议程和起草规范时缺乏透明度、参与性和代表性。人们可能会

〔50〕 Cees Peters, *On the Legitimacy of International Tax Law*, IBFD, 2014, p. 11.

〔51〕 Fritz Scharpf, *Governing in Europe: Effective and Democratic*, Oxford University Press, 1999, p. 7.

争辩说,缺乏参与的原因之一是加入程序的时间和条件。

事实上,即使发展中国家希望成为 OECD 成员,这一决定也不取决于他们,而是取决于 OECD 的邀请以及这些国家对 OECD 确定的一系列政策领域中 OECD 标准的适用情况的审查。有人会注意到,OECD 与一些非 OECD 成员方、区域税收组织发展了伙伴关系,甚至就一些问题向非 OECD 成员方进行咨询。但是,这种互动并不意味着这些国家和组织在国际税法设计中发挥了积极作用。非 OECD 成员方并未全程参与所有的议程和内容,区域税收组织的主要作用也只是进行区域内的协商,而税收规则的内容已经由 OECD 决定了。

2008 年金融危机以后,G20 的政治背书使国际税法的发展呈现"G20 + OECD"模式:G20 制定议程并建立国际税收治理的政治共识,OECD 提供技术支持并促进提案的实施。〔52〕 G20 和 OECD 成员方(包括计划加入 OECD 的国家)受 G20 和 OECD 决定的(政治)约束。因此,这些国际组织的行动对这些组织成员国的公民来说是正当的。然而,这些国际组织的行动确定的国际税法规则对于非 G20 和 OECD 成员方及其公民来说存在正当性不足的问题。〔53〕

试举 BEPS 行动计划分析之。一是透明度评估。原则上,就透明度而言,BEPS 行动相关的关键文件、行动草案、背景信息等均可在 OECD 相关网站查阅,BEPS 项目符合透明度标准。二是在议程设置和决策过程中的代表性评估。OECD 向 OECD 成员方和非成员方,包括发展中国家开放了 BEPS 项目。然而,在决策中发挥作用的是由 44 个国家平等组成的小组,包括所有 OECD 成员方(36 个),10 个非 OECD 成员国。〔54〕 其他国家并不参与决策过程,仅在 BEPS 项目中发挥咨询作用。尽管所有国家(OECD 成员方和非 OECD 成员方)都被邀请参加 BEPS 多边文书,但是议程设置和倡议的内容已经由经合组织决定。如此制定的 BEPS 行动方案,纵使后来有了 BEPS 包容性框架,也无法为该行动计划的输入正当性进行证成。

另一方面,国际税法输出正当性也存在不足问题。此方面的分析将涉及国

---

〔52〕 Jiejin Zhu, *G20 Institutional Transition and Global Tax Governance*, 29 The Pacific Review 1 (2016).

〔53〕 Dr Irma Johanna Mosquera Valderrama, *Legitimacy and the Making of International Tax Law: The Challenges of Multilateralism*, 7 World Tax Journal 344 (2015).

〔54〕 这 10 个国家分别是阿根廷、巴西、中国、哥伦比亚、印度、印度尼西亚、拉脱维亚、俄罗斯、沙特阿拉伯、南非。OECD, *OECD/G20 Base Erosion and Profit Shifting Project Information Brief, 2014 Deliverables*, http://www.oecd.org/ctp/beps-2014-deliverables-information-brief.pdf.

际税法目标以及各国在目标和资源方面的差异。兹以税收情报交换的全球标准和 BEPS 行动计划为例进行说明。

税收情报交换的全球标准,在输出正当性方面就存在问题。应该说,发达国家和发展中国家希望通过提高透明度和信息交流的标准来解决税务欺诈、逃税和激进的税务规划的目标是一致的。不同的是,发达国家和发展中国家在技术、资源和人员方面的差异,使得彼此从情报交换中受益不同。目前,国际社会并没有提高发展中国家税收能力的措施,从技术和行政能力上帮助发展中国家实施和应用税收情报交换的全球标准包括 MAC、CRS 和 MCAA。

也就是说,并不是所有的国家都能从信息交流中受益,并分享与信息交流相关的成本和收入。更甚者,发展中国家的纳税人还面临保密权、正当程序权和隐私权等被侵害的高风险。

BEPS 项目输出正当性也存在问题。因为发达国家的目标可能不同于发展中国家。除 BEPS 问题之外,发展中国家需要解决的问题还有很多,如税收激励、来源与居住地之间的权利分配、采掘业的透明度、取消双边投资条约税收优惠的后果、税收条约谈判所需的培训,以及修改税收条约的多边文书对处于缔结税收条约早期阶段的国家是否适用等。从 BEPS 措施中,发展中国家可以从国别报告、披露积极的税收安排等中获益。然而,为了使这些措施取得成功,这些国家需要获得跨国公司的所有活动(逐国报告的主文档),而不仅仅是当地(国家来源)的活动,还需要有技术和行政能力来保护在这些行动下交流的信息的机密性。[55]

### (二)国际税法的公平性失衡

国际税收公平包括两个方面:一方面是纳税人之间的公平,另一方面是国家之间的公平。[56] 纳税人之间的公平寻求纳税人之间公平的税收分配,国家间公平寻求国家间税收的公平分配。国际税法在这两方面的公平性都存在失衡。

#### 1. 纳税人之间公平性的失衡

国际税法之公平的纳税人层面是在国内背景下发展起来的。平等原则构成了规范的出发点:平等的情况应该得到平等对待,不平等的情况应不平等对待。

---

〔55〕 See Dr Irma Johanna Mosquera Valderrama, *Legitimacy and the Making of International Tax Law: The Challenges of Multilateralism*, 7 World Tax Journal 365 (2015).

〔56〕 Robert L. Palmer, *Toward Unilateral Coherence in Determining Jurisdiction to Tax Income*, 30 Harvard International Law Journal 2 (1989).

这意味着每当一个国家行使其主权征税权并对经济经营者(纳税人)征税时,该国的税收负担应该是平等的,而不管纳税人的居住地或有效管理(利益原则)。除此之外,无论纳税人是仅在该国还是在不同国家实现其商业收入(支付能力原则),税收负担都应该是平等的。概言之,对纳税人跨国界商业活动所得的国内税收负担应等于对纳税人非跨国界(纯国内)商业活动所得的国内税收负担。

遗憾的是,纳税人之间的税收分配出现了扭曲。由于主权属于各自的主权国家这一事实,商业收入的税收负担因各纳税人是否在跨边界环境中开展其商业活动而异。这种扭曲可以分为两类:障碍和差异。[57]

与非跨境(国内)商业活动相比,当国家的国际税收制度在国内对跨境商业活动实行不同的税收待遇时,就会出现障碍。不同的税收待遇是由一国单方面实行的。实际上,当经济经营者进入或退出国内市场时,国家会设置障碍(限制)。此外,当各国根据经济经营者的居住地不同对其征税时,各国亦设置了障碍(间接歧视)。正因如此,国际上活跃的经济运营商在各自国内市场之间移动时,会发现自己受到阻碍。经济经营者改变税收管辖权时设置的障碍扭曲了全球化经济的运作。跨国公司在安排商业事务时(合法地)无法摆脱障碍。障碍的存在,造成了居民纳税人与非居民纳税人之间的税收不公平。

当各国的国际税收制度相互背离时,就会出现差异。跨国界商业活动与非跨国界商业活动在税收待遇上的差异不是国家单方面造成的(就像有障碍的情况一样),而是源于有关国家平行行使财政主权。[58] 在不同的税收管辖区,触发适用(或不适用)国际税法的条件差别很大,这造成了一个支离破碎的国际税收格局,其中有各种各样的混合搭配成分:不同的居住规则、各种各样的来源规则、不同的允许扣除额及税收和预扣税率,以及不同税收管辖区之间的大量税收条约。老练和明智的纳税人可以将这些不同的组成部分组装成一个税收制度,这种税收制度对他们来说更为可取,并且不一定与管理他们其他事务的任何制度重叠。[59] 因此,这些纳税人可以同时在一个司法管辖区居住(消费其公共提供的商品和服务),在另一个税收管辖区做生意(并利用当地法院和银行系统),在

[57] Maarten F. De Wilde, *Some Thoughts on a Fair Allocation of Corporate Tax in a Globalizing Economy*, 38 Intertax 218 (2010).

[58] Cf. Frans Vanistendael, *In Defence of the European Court of Justice*, 62 Bulletin for International Taxation 90 (2008).

[59] Cf. Wolfgang Schon, *Playing Different Games? Regulatory Competition in Tax and Company Law Compared*, 42 Common Market Law Review 331 (2005).

第三个税收管辖区投资一家工厂(并从受过公共教育的劳动力中获益),在第四个税收管辖区投票,并按第五个税收管辖区的税率支付税款(如有)。[60] 这种差异性导致了同一税收管辖区内从事跨境经济活动的居民纳税人与非从事跨境经济活动的居民纳税人之间的税收不公平。

2. 国家之间公平性的失衡

国际税法之公平的国家层面是在目前主权国家体系的跨界背景下发展起来的。它承认财政主权是既定的,因为缺乏具有主权征税权的超国家机构。具言之,有行为和结果两方面的要求:在行为上,要求所有国家平等地参与国际税收利益的分配;在结果上,要求所有国家获得合理的税收份额。

在现行国际税法及其形成的秩序下,发达国家和发展中国家,强大的国家和弱小的国家都具有相互独立的主权地位。然而,对于国际税收利益这块"蛋糕"的分配,"从国际税收的曙光开始,经过国际联盟在墨西哥和伦敦会议,一直持续到现在,发展中国家和发达国家之间在分享来自跨境交易的税收方面一直存在冲突"[61]。在结果上,目前的国际税法"给资本丰富的国家提供了不成比例的税基份额,损害了发展中国家的利益"[62]。

国际税收利益分配的公平性的关键因素在于国家之间的税收管辖权划分规则:居民规则和来源地规则。强调居民规则对居民国或资本输出国有利,OECD 范本即强调居民税收管辖权;强调来源地规则对来源地国或资本输入国有利,UN 范本即强调来源地管辖权。然而,实施这些原则主要靠国家间签署的双边税收协定。对发达国家而言,相互之间的资本输出与输入基本上是平衡的,税收协定下所产生的税收利益分配基本上符合公平性要求。但是,对发展中国家与发达国家而言,前者处于资本输入地位,后者处于资本输出地位,两者之间的税收协定(通常情况下他们分别为来源国角色和居民国角色)所规定的税收收入分配原则就会产出累退性后果,即会以牺牲发展中国家的利益为代价,使发达国家获益。

据统计,目前全球基于 OECD 范本制定的双边税收协定已经超过 3000 份,大约 75% 的用语与 OECD 范本条款保持了一致,这些税收协定所规定的税收规

---

[60] Tsilly Dagan, *International Tax and Global Justice*, 18 Theoretical Inquiries in Law 1 (2017).

[61] Sergio André Rocha & Allison Christians, eds., *Tax Sovereignty in the BEPS Era*, Kluwer Law International, 2017, p. 183 – 184.

[62] Martin Hearson, *The Challenges for Developing Countries in International Tax Justice*, 54 The Journal of Development Studies 1936 (2017).

则影响了近85%的世界贸易。这意味着那些基于OECD范本缔结的协定,在规定税收收入如何分配时,与生俱来地对来源国(发展中国家)不公平。来源国(发展中国家)为了加入税收协定俱乐部而不得不付出代价,其中就包括根据协议必须放弃一部分税收收入且不获得任何对价。虽然协定机制经常被宣传为是为了避免双重征税这个有害结果,而在国家间进行合作来采取集体行动,但实际上,至少相对于不按税收协定的规则分配税收结果而言,双边税收协定机制是通过牺牲其他国家的利益来保护发达国家的利益。[63] 由此可见,国家间税收利益分配公平存在严重的失衡。

除此之外,国家间公平性缺失的原因还有国家间税收利益分配规则不符合经济实质,这可以通过一个思想实验来证明。假设所有的国际税收制度都是相同的(差距和障碍将会消失:经济经营者跨国界和非跨国界商业活动的税收负担将完全相同)。如果维持当前采用的利润分配方法(独立实体方法、公平原则),国家之间的税收分配仍然不符合经济实质。这个公式所依据的法律和地理概念不足以在各国之间公平分配税收利益。例如,在常设机构概念下(纳税人的商业活动通过固定的营业场所进行)很难触及网上商店模式。又如,当在一个由关联公司实体组成的跨国集团内转让独特的无形资产时,无法找到可比交易,公平的转让价格则难以达成。[64]

### (三)国际税法的有效性缺失

国际税法的有效性彰显约束力和适用性两个方面的指标。但是,就目前而言,国际税法的实际效果、成效表现不佳,其不仅缺乏对规范对象的既有约束力,还难以适应新的经济和交易模式,规则在适用上表现一定的失灵。

1. 约束力欠缺

国际税法自身并无强制机构和措施,其不像国内税法体系一样设置了一套复杂周密而有力的法律执行和监督机制。这种国家自愿履行的、契约式的国际税法,因监督机制的软弱性而无法实现其设置的议程和目标,从而经常性地陷入约束力困境。基于对国家之间的舆论与国际合作的机会的考量,国际税法主体并不会公然违反或不遵守已经生效的规则。但是,"民族国家和私人行为者遵

---

〔63〕[以]亚瑞夫·布朗尔、[意]帕斯奎拉·皮斯顿纳主编:《金砖国家与兴起中的国际税收协作机制》,李娜译,法律出版社2017年版,第16~18页。

〔64〕Maarten F. De Wilde, *Some Thoughts on a Fair Allocation of Corporate Tax in a Globalizing Economy*, 38 Intertax 218 (2010).

守国际标准更多的是表面的,而不是实质性的"[65]。理查德·伍德沃德(Richard Woodward)把这种行为称为"模拟合规"(mock compliance)。在他看来,当出现公然无视国际标准会导致严重后果,全面合规会给强大的国内团体和行为者带来巨大成本,以及第三方难以确定和揭露违规行为等条件时,就会发生模拟合规行为。[66] 大量模拟合规行为的出现不断地侵蚀国际税法的效力,还在减损其约束力。

国际税法领域模拟合规行为的形成有其充分的条件。首先,国际税法的客观现实是国际税收帝国主义(international tax imperialism),即某些有利于发达经济体利益的税收规则转变为被认为是国际税收基本原则的国际税收标准。[67] 当下,国际税法规则主要由发达国家主导制定,然后这些国家利用其主导市场地位将规则强加给其他国家。例如,不遵守规则的国家可能面临限制或被完全拒绝进入主要市场;或者,顽抗的税收管辖区会"被命名和羞辱"。更何况,合作是国际税法的主要任务之一。因此,不管怎样,不服从的代价是巨大的,这使得服从成为可能的结果。其次,税收的主权属性决定了前述规则的实施和应用必须获得民主同意,这意味着以任何程度的准确性来确定不当行为都是极其困难的。事实上,国际社会对于国际税收标准的监督并不拥有无穷无尽的资源和触角,无法深入国内决策的最阴暗角落。正如 IMF 在《标准和守则遵守情况报告》所揭示的那样,国际组织经常不得不在预算很少的情况下开展这项工作,而且他们主要依赖参与国向他们提供必要的信息。[68] 因此,虽然国际组织可能有助于激发最初的承诺,但他们监测遵约实质的能力受到限制,特别是在国家和私营部门串通掩盖其过失的情况下。最后,在国际税法形成的谈判阶段,直接权力或专家权威的权力可能意味着较弱的国家感到被迫加入一项倡议,但是可能反对这些规则的国内利益群体存在缺席。因此,当实质性遵守会立即给国内行为者带来巨大的额外成本,在政治上难以找到显而易见的解决方案来对违规行为实施严厉

---

〔65〕 Itai Grinberg, *The New International Tax Diplomacy*, 104 The Georgetown Law Journal 1176 (2016).

〔66〕 Richard Woodward, *A Strange Revolution: Mock Compliance and the Failure of the OECD's International Tax Transparency Regime*, in Peter Dietsch & Thomas Rixen, eds., Global Tax Governance: What is Wrong with It and How to Fix It, ECPR Press, 2016, p. 105.

〔67〕 Sergio André Rocha & Allison Christians, eds., *Tax Sovereignty in the BEPS Era*, Kluwer Law International, 2017, p. 188.

〔68〕 IMF, *2011 Review of the Standards and Codes Initiative*, JMF(Feb. 16, 2011), https://www.imf.org/external/np/pp/eng/2011/021611.pdf.

惩罚，尤其是当一个行业作出了巨大的经济贡献时，模拟合规行为即会出现。

以税收信息交换为例，税收当局正在平衡政治家的要求，以堵塞税收漏洞，帮助弥补规模差距，同时努力不损害金融服务业的竞争力，尤其是在小国内，他们的经济依赖于金融服务业。换句话说，虽然各国可能致力于一项国际税收倡议，但行政上的宽容可能阻碍其全面实施。各国似乎选择了一种"模拟合规"战略，即他们对该倡议作出承诺，并采取遵守的形式，以避免被列入黑名单和制裁，却未能实施该倡议的实质内容，从而使它们能够保留监管制度的特征，成为有吸引力的投资地点。[69]

2. 适用力不强

传统国际税法规则在相当长时间内对跨境征税对象公平合理税收分配关系的实现，以及促进国际经济交往活动的正常发展发挥了较好的规范作用。随着国际经济的新发展，尤其是数字经济的兴起与新型商业模式的迭出，国际税法传统规则遭受挑战，国际税法规则的适用力存在一定问题。[70] 兹举例分析如下：

(1)关联度规则。目前各国所得税法对非居民源于境内的跨国营业所得行使来源地税收管辖权课税，一般都以该非居民的营业活动在境内构成了税法规定的某种"实际存在"(physical presence)为前提条件。尽管各国税法规定的这类实际存在的法律事实的具体名称和范围可能不尽相同，但通常都包括在境内拥有某种固定的营业场所或设施(a fixed business place or facilities)，或是委托营业代理人在境内从事营业活动这类有形的实际存在。若一个非居民未构成在境内拥有某种实际存在的税收管辖连接点(the nexus of tax jurisdiction)，则一般不对该非居民源于境内的营业所得行使来源地征税权课税，或者不认为该非居民的营业所得源于本国境内。然而在数字经济环境下，交易标的数据化、交易方式的网络化和非中介化，使得现行所得税法规定的这些适用于对非居民纳税人的来源地课税连接点已经失去了继续存在的意义和价值。

(2)常设机构规则。触发常设机构规则需要这样的条件，或在有关国家有显著经济实体存在，或是非居民通过非独立代理人在有关国家营业。如今，随着数字科技潜力的不断增长，许多情况下开展业务不需要设立相应的实体，而且客户互动所产生的网络效应的功能日益凸显。公司可在没有固定营业场所或非独

---

[69] See Richard Woodward, *A Strange Revolution: Mock Compliance and the Failure of the OECD's International Tax Transparency Regime*, in Peter Dietsch & Thomas Rixen, eds., Global Tax Governance: What is Wrong with It and How to Fix It, ECPR Press, 2016, p. 116 – 117.

[70] 参见张泽平：《全球治理背景下国际税收秩序的挑战与变革》，载《中国法学》2017 年第 3 期。

立代理人的情况下,积极参与另一个国家的经济活动,这对常设机构目前的定义与其本质含义相一致产生冲击。比如,现今公司有能力通过科技手段远程订立合同,这对现行常设机构概念下关注的基于独立代理人以外的人员的订立合同行为是否普遍适用于常设性机构的现行规则提出了挑战。一些曾经被认为是准备性或辅助性(从而不属于常设机构定义范围)的活动,在数字经济下可能日渐成为核心业务。如果更接近客户和快速把货物发送给客户成为网上销售实体商品的商业模式的关键组成部分,那么设置接近客户的本地仓库便成了卖家的核心活动。如果高频交易公司的成功与否取决于其是否能够比竞争者交易速度更快,而服务器也因此必须临近相关的交易场所,那么服务器承担的自动化信息处理过程是否还能被认定为准备性或辅助性活动就值得商榷。[71]

(3)所得定性规则。国际税法规则往往建立在所得类型的区分之上,不同类型的所得对应不同的课税及协调规则。在传统商业模式下,交易标的之物理有形或交易履行方式的客观外在特征能够使纳税人和税务机关相对容易确定交易活动所产生的有关收益的所得性质和种类归属。然而,数字化交易是交易当事人之间通过网络空间进行的内容涉及数字化的产品或服务的交易往来,这类新型的交易方式和交易内容的一个特点是模糊了所得税法上各种所得的界限。例如,通过数字化处理而直接经过互联网传送书籍、报刊、音像制品等各种有形商品的所得,是属于营业利润,还是特许权使用费,抑或技术服务费?又如,获取通过数字化处理而直接经过互联网传送的计算机软件、专有技术等无形财产而支付的费用,是作为特许权使用费、技术服务费还是营业利润处理?换言之,这些网上交易的数字化产品和服务,难以适用按照交易标的性质和交易活动形式来划分交易所得的税法规则,这使在税法上难以确定纳税人取得前述所得应适用何种税收待遇或课税方式征税。

总之,由于国际税法中的许多基本概念和课税原则是在20世纪20年代初应对传统物理经济和商业交易方式产生的课税需要的基础上逐步发展形成的,所以当它们适用于全新的数字经济商业模式和网络交易环境条件时,难免会陷入无法适用的困境,或者面临难以实现税收中性或课税公平的问题。

---

〔71〕 OECD, *Addressing the Tax Challenges of the Digital Economy*, Action 1 - 2015 *Final Report*, *OECD/G20 Base Erosion and Profit Shifting Project*, OECD Publishing, 2015, p. 260.

## 第二节 治理理论勃兴与国际税法转型

治理理论的兴起打破了在政府与市场之间摇摆的惯性思维模式,为社会科学的转型发展提供了一种全新、全面的思想体系和分析框架。税法的研究与实践深受治理理论的影响,表现出税收与国家治理、税收治理与善治、税收合作遵从等多种面向。在理论连锁反应下,国际税法正在经历前所未有的转型。

### 一、治理及其理论的勃兴

"治理"(governance)并不是一个新造的词汇,其在中西方历史中源远流长。在中国古代,尧舜时期就有治世的思考,春秋战国时期便有"治理"的使用,谓"治国理政",有"治平"、"治化"、"治术"、"治本"和"治宜"之说。[72] 在西方世界,"governance"源于古希腊文"κωβερνάειν"(拉丁文为"kubernaein"),有引导、控制、操纵和掌舵等意思,指统治一个国家的具体活动。它可以追溯到现代早期的英格兰,当时在威廉·廷代尔的作品中以及苏格兰詹姆斯五世和英格兰亨利八世之间的皇家书信中出现了"王国治理"(governance of the realm)。[73] 不过,在相当长的时间内,治理只是统治(government)的替代词,并没有受到社会科学研究者的垂青。直到20世纪末,治理的内涵才在社会科学领域有了新的发展,其不再是统治的替代词,而是与统治、管辖、支配、控制等思想和观念相区别,甚至是相对立的概念(见表1)。

**表1 统治与治理的比较**

| 统治 | 治理 |
| --- | --- |
| 中央集权:政府控制计划和资金 | 地方分权:计划和权力下放地方 |
| 统一性和科层式专制 | 决策中的碎片化和自治 |
| 实现机构目标 | 实现共享目标 |
| 垂直关系 | 水平关系 |

---

〔72〕 李龙、任颖:《"治理"一词的沿革考略——以语义分析与语用分析为方法》,载《法制与社会发展》2014年第4期。

〔73〕 See Wikipedia, *Governance*, Wikipedia (Feb. 20, 2019), https://en.wikipedia.org/wiki/Governance.

续表

| 统治 | 治理 |
|---|---|
| 控制和命令 | 沟通和协作 |
| 多元主义和利益集团政治 | 通过对话、话语进行协商 |
| 正式权威和决策力量 | 共同合作和共同负责 |
| 以机构为协调中心 | 协作中的多重临时安排 |
| 执行法律和规章 | 地方创新型 |
| 信息控制和信息保密 | 信息共享和透明 |
| 有限的参与和咨询 | 公开参与和公共讨论 |
| 趋向于反民主和工具理性 | 对话式和沟通理性 |

资料来源:[美]金钟燮:《公共行政的社会建构:解释与批判》,孙柏瑛等译,北京大学出版社2008年版,第163~164页。

借助1989年世界银行运用“治理危机”(crisis in governance)形容非洲状况的报告——《撒哈拉以南:从危机到可持续发展》,以及1992年年度报告“治理与发展”(governance and development),“治理”成为一个热门的词汇。而后,它依靠OECD、联合国开发署(UNDP)、联合国教科文组织(UNESCO)等国际组织发表的以治理为中心议题的报告,〔74〕以及旨在推进治理的国际性组织和刊物的问世,〔75〕在国际社会中名声大噪。在库伊曼、范·弗利埃特、格里·斯托克、罗茨、詹姆斯·罗西瑙等学者的推动下,〔76〕治理的概念及理论从政府领域拓展至政治、经济和社会的方方面面。如今,治理的概念及理论被用于各种学术研究中,关于治理的讨论和研究成为社会科学的一种分析框架和思想体系,全球治理、国家治理、地方治理、社区治理、公司治理等各种理论层出不穷。

〔74〕 例如,OECD在1996年发布了《促进参与式发展和善治的项目评估》(Evaluation of Programmes Promoting Participatory Development and Good Governance);UNDP在1996年公布了年度报告《人类可持续发展的治理、管理的发展和治理的分工》(Governance for Sustainable Human Development, Management Development and Governance Division);UNESCO在1997年也提出了一份名为《治理与联合国教科文组织》(Governance and UNESCO)的文件。

〔75〕 1992年由28位国际知名人士发起,UN有关机构成立了“全球治理委员会”(Commission on Global Governance),并创办了《全球治理》(*Global Governance*)杂志。在1995年UN成立50周年之际,发表了“全球治理委员会”的报告《天涯成比邻》(Our Global Neighborhood),阐明了“全球治理”的概念和价值以及“全球治理”同全球安保、经济全球化、改革UN和加强全世界法治的关系。

〔76〕 参见俞可平主编:《治理与善治》,社会科学文献出版社2000年版,第1~15页。

从世界范围来看,治理理论的产生、发展、繁荣是在经济社会转型与学术观念更新的交互中完成的。[77] 就中国而言,尽管治理有其本土化和历史的资源,但是作为一种分析框架和思想体系的治理理论,其在中国的落地生根仍然离不开世界范围内关于治理概念及其理论的讨论。

治理理论自20世纪90年代末进入国人视野,[78]一开始就像脱缰的野马一样,驰骋在社会科学研究的广袤草原中。[79] 而且,随着"国家治理体系和治理能力现代化"之全面深化改革目标的提出,治理理论更是无以复加地被使用在所有具体制度和政策问题的讨论中,形成了"治理""全球治理""××治理""全球××治理"等词汇模型。"虽然在定义和应用方式上存在许多差异,但共同的要素是强调系统的规则和质量,合作以提高合法性和有效性,以及对新流程和公私合作安排的关注。"[80]

治理理论的勃兴并不是一场博人眼球的学术造词运动,而是反映了当代经济和社会转型对于社会科学理论新范式的诉求。具体而言,治理模型具备以下共识:一是治理的主体呈现多元化;二是治理主体间的权力具有相互依赖性和互动性;三是治理运作模式强调合作、包容,注重协同性;四是治理的手段需要建立自主自治的网络体系;五是治理的价值取向不仅关注效率,还关注社会公平正义。

与其他领域一样,在治理理论冲击波的作用下,税收及其理论也悄然发生诸多变化。例如,税收法律关系由权力关系说向债务关系说转变,既强调纳税人对国家的义务,也强调纳税人对国家的权利。税收征纳法律关系中,税务行政部门的地位与角色从管理者逐渐转向服务者,税务行政部门与纳税人不再是管理者与被管理者的关系,而是服务提供者与服务接受者的关系。税法的遵从也不再是单一的权力服从,而是更多地表现出纳税人和税务行政部门的合作遵从。税收在国家治理中的地位也发生了翻天覆地的变化,其逐渐成为基础和重要的支

---

[77] 参见王诗宗:《治理理论及其中国适用性》,浙江大学出版社2009年版,第12~36页。

[78] 彭莹莹、燕继荣:《从治理到国家治理:治理研究的中国化》,载《治理研究》2018年第2期。

[79] 以"治理"为篇名且"治理理论"为主题词在中国知网检索(检索时间:2019年2月23日),2000年以前的论文屈指可数,2000年28篇,2001年46篇,2002年125篇,2003年177篇,2004年279篇,2005年407篇,2006年522篇,2007年593篇,2008年631篇,2009年655篇,2010年766篇,2012年897篇,2013年982篇,2014年1342篇,2015年1605篇,2016年1872篇,2017年1797篇,2018年1279篇。

[80] J. Kooiman, *Social - political Governance: Overview, Reflection and Design*, 1 Public Management 1 (1991).

柱。这些变化既可被称为治理的税收样板,又可被称为税收的治理范式。

## 二、税收治理框架的简述

治理在多层次、多方面影响、改变并塑造税收的思想体系,税收在治理理论的影响下形成了多个分析框架。

### (一)税收与国家治理

众所周知,税收是可持续发展的基础:它支持一个有效政府的基本职能,并为经济增长奠定基础。然而,税收在发展一个负责任的政府和扩大国家能力方面的作用经常被忽视。事实上,税收与国家治理有着千丝万缕的联系。

一是负责任和有效国家的形成与税收制度的出现密切相关。[81] 历史上,在西欧和北美,统治者和纳税人之间的讨价还价有助于激励政府以满足公民需求的方式促进广泛的经济繁荣和改善公共政策。税收契约是解释西欧和美国如何出现代议制政府和民主的核心。公民接受纳税义务,以换取其在公共资金筹集和使用的决策过程中的代表权。18 世纪的北美殖民者在波士顿倾茶事件抗议中抓住了这一点,提出了"无代表不纳税"。在东亚,发展型国家也有广泛的税收制度。最初并不与西方类型的民主政治联系在一起,但它们确实有助于在政府和公民之间建立一种关系。这种关系既产生了广泛的经济增长,也提高了国家效率。拉丁美洲和非洲善治的先驱,如哥斯达黎加和毛里求斯,也有类似的经验:税收是一个负责任和有效国家的关键之一。

二是税收可以从多方面改善国家治理。[82] 首先,严重依赖税收的政府更有动力促进经济增长,因此税收有利于提高政府对经济增长的共同兴趣。其次,税收需要一个运作良好的行政部门,因此税收有助于改善国家机器。税收管理的改善可能通过 4 个渠道促进国家能力的更广泛发展:一是促进行政创新,如加强精英管理或改进内部监督,并将这些创新扩展到整个公务员系统;二是产生压力,要求改进对税收至关重要的相关机构,如商业登记、外国投资促进和土地登记;三是加强政府在偏远地区的存在,从而扩大政府服务的范围;四是提供对其他政府活动至关重要的数据和信息,如经济规划、商业推广或服务目标。最后,

---

〔81〕 See OECD, *Governance, Taxation and Accountability: Issues and Practices*, OECD Publishing, 2008, p. 9.

〔82〕 See OECD, *Citizen – State Relations: Improving Governance through Tax Reform*, OECD Publishing, 2010, p. 17.

税收让纳税人参与政治,严重依赖税收的政府有动力改善治理以确保税收合规,因而税收有助于发展问责制和提高反应能力。税收可以通过鼓励公民和政府达成"税收协议"或"财政合同",提高反应能力和发展问责制。通过这一过程,公民接受并遵守税收义务,以换取政府提供有效的服务、法治和问责制。税收交易是互利的,公民得到了更好的治理,而政府得到了更大、更可预先支配和更容易征收的税收。

三是税收是国家治理的基础和重要支柱。税收之所以是国家治理的基础和重要支柱,一方面是因为国家治理的主体主要是国家,而税收是政府履行其职能的基础。现代法治国家,也是税收国家,政府职能的履行和部门的运转,绝大多数情况下依靠的是人民所缴纳之税收。从一定意义上来说,没有税收的缴纳与支出,就没有政府职能的履行,更不可能实现国家治理。国家治理主体除政府之外,还包括社会组织和纳税人等其他主体。税收天然具有的契约特质,成为最能够串起所有治理主体并实现多元互动的线索。另一方面是因为税收是国家治理体系中最重要的一种要素。国家治理的实现需要一整套的制度体系,而财政与税收在制度内容上比其他治理体系更具根本性、全局性、长远性作用。历史表明,国家的兴衰、政权的更替,几乎都与财政税收体制有关。〔83〕可以说,在国家治理的所有体系中,唯有财政税收能够涉及国家治理的方方面面。

### (二)税收治理的多层次内涵

"税收治理"更多源于"治理"一词,而非"税收"一词。所以,与治理概念存在多个版本一样,〔84〕税收治理的内涵亦表现出不同的样态,其主要类型如下。

一是作为公司治理的税收治理。在此层面上,税收治理是与税收相关的公司治理,"总的观点是将税收治理视为公司确保遵守税收法律的作用"〔85〕。具体

〔83〕 参见高培勇:《论国家治理现代化框架下的财政基础理论建设》,载《中国社会科学》2014 年第 12 期。

〔84〕 治理理论的代表人物罗茨归纳了治理的 6 种样态:作为最小国家的治理、作为公司治理的治理、作为新公共管理的治理、作为善治的治理、作为社会调控制度的治理和作为自组织网络的治理。See R. Rhode, *The New Governance: Governing Without Government?*, 44 Political Studies 652 (1996).

〔85〕 Lydia Thiagarajah, *Promoting the Concept of Tax Governance*, 66 Bulletin for International Taxation 1 (2012).

而言,税收与公司治理的互动通常是在税收风险管理的背景下进行的。[86] 一方面,风险管理是公司治理的重要组成部分,这要求管理层拥有健全的内部控制系统;另一方面,如何管理税务风险成为影响公司财务绩效和声誉的重要因素,税务风险管理地位日益凸显。越来越多的理论与实践将税务风险管理视为整体公司治理的一部分。因此,"税收治理是一个需要识别税务风险,建立并不断审查税收政策、战略和税收控制框架,以及利用技术进行有效的税务管理、监督的过程"[87]。

二是与管理相对应的税收治理。这一层面的税收治理是在公共行政理论迈向新公共管理和新公共服务的过程中,为区分传统公共行政理论下税收管理而提出的概念。税收治理是税收管理理论研究及其实践变革的方向,其内涵往往与税收管理的现代化、多中心、服务性等息息相关。

具言之,税收治理有多层含义:(1)税收管理的现代化。税收治理指的是基于先进的技术手段,如大数据、互联网、区块链,以及共治理念提高政府税收征收、管理的效率。[88] (2)税收制度的现代化。税收治理是从税收管理步入税收治理,现代税收理念及其制度的树立与形成的过程,而治理视角下的现代税收理念及其制度有多种描述:非经代表同意不得课税、普遍公平征税、税收管理的便捷高效;[89]税权运行的制度化与规范化,税收安排的民主化,税收治理法治化,税务工作的效率化与透明化,税收征纳关系的和谐化,纳税人救济权与监督权的保障化;[90]法治化(税收法定主义的实现)、科学性(税收治理理念的创新、科学税制的构建、治理体系的完善)和互动性(政府、社会组织和公民之间的合作、互动)。[91] (3)税收管理的多中心。税收治理是一种多中心的税收管理新模式,

---

[86] OECD, *Tax Guidance Series: Corporate Governance and Tax Risk Management*, Forum on Tax Administration, 2009, p. 51; Chris Evans, *Tax Governance Issues: Managing System Complexity*, 31 Economic Papers 30 (2012).

[87] Mak Oi Leng, *Increased Focus on Tax Governance*, 23 International Tax Review 51 (2012).

[88] 代表性文献有焦瑞进编著:《税收治理现代化及其数据应用分析》,中国税务出版社 2016 年版,第 2~4 页;李三江:《变革、挑战与应对——"互联网+"下的税收治理》,载《税务研究》2016 年第 5 期;李万甫、黄立新:《构建"互联网+税收大数据应用"机制的思考》,载《税务研究》2016 年第 7 期;汤晓冬、周河山:《基于区块链技术的税收治理框架构建》,载《税务研究》2018 年第 11 期。

[89] 杨斌:《论税收治理的现代性》,载《税务研究》2010 年第 5 期。

[90] 吕铖钢、张景华:《国家治理视域下的税收治理——兼议现代税收制度的构建》,载《财政研究》2016 年第 12 期。

[91] 赵惠敏:《税收治理现代化的逻辑与演进》,载《当代经济研究》2018 年第 1 期。

即政府、纳税人和社会力量共同作为、相互协作、各负其责的税收管理。[92](4)税收征纳关系的转型。税收治理意味着以国库利益、保障税款利益为中心的管理型征纳关系向国家利益与纳税人利益平衡协调的服务型征纳关系的转变。税收治理是"征纳双方在既有权责边界下的行为选择及其相互作用","目标是要形成一个政府(税务机关)与纳税人之间双赢的博弈格局"[93]。

三是作为"善治"的税收治理。由于对善治的实际含义没有达成共识,加上税收善治似乎有许多方面,因而这一层面的税收治理的实际涵盖范围并不总是明确的。

克里斯蒂安娜·哈吉·帕纳伊(Christiana HJI Panayi)将税收善治归纳为三层方面:[94](1)发展中国家和某些国家职能,如国内资源调动和能力建设;(2)政府之间的关系及其(自动)交换某些类型信息和确保透明度的能力;(3)通过加强税务机关和一些纳税人之间的合作机制来关注政府和纳税人之间的关系。联合国是第一个层面的主要推动者,这集中体现在 2002 年的《蒙特雷共识》(Monterrey Consensus on Financing for Development),2008 年的《多哈宣言》(Doha Declaration on Financing for Development),以及2015 年的《亚的斯亚贝巴行动议程》中。2016 年 G20 杭州峰会认可了《亚的斯亚贝巴行动议程》中的税收倡议,并鼓励成员方支持发展中国家税收能力建设。欧盟是第二个层面的主要实践者,税收善治被其定义为包括透明度、信息交流和公平税收竞争的原则。[95] 有学者将第一个层面和第二个层面统称为国际税收善治原则。[96]

与第一、二个层面在国际层面上讨论税收善治不同,第三个层面的落脚点在国内层面,目前尚未有系统的研究。学者们主要是在论述其他税收问题时,如税

---

[92] 参见刘召、武靖国:《"多中心"治理:税收管理模式转换的另一种视角》,载《税务研究》2012 年第 10 期。

[93] 武靖国:《税收治理与精明政府——理解税收成本收益的新框架》,载《税务与经济》2018 年第 3 期。

[94] See Christiana Hji Panayi, *The Europeanization of Good Tax Governance*, 36 Yearbook of European Law 442 (2017).

[95] See Gemma Martínez Bárbara, *The Role of Good Governance in the Tax Systems of the European Union*, 65 Bulletin for International Taxation 270 (2011).

[96] 参见施正文、叶莉娜:《国际税收善治原则及其最新发展》,载《辽宁大学学报(哲学社会科学版)》2016 年第 3 期。

收民主[97]和税负公平[98],顺带提及税收善治概念。也有学者指出,税收善治的理念并不是独立存在的,它是通过一系列的税收理论来体现的,这些税收理论体系包括公共财政理论、纳税服务理论、税收风控理论、税收法治理论等。[99]

### (三)税收合作遵从

一般而言,税收遵从依据的是税务部门与纳税人之间的基本关系。纳税人提交纳税申报单,披露法律要求的有限信息,包括他们的应纳税收入以及在自我评估系统中的应纳税额,并按时支付该金额。税务部门通常利用行政工具向纳税人查询纳税申报单,获得更多信息,调整应付税款的计算,以及收取税款。

在治理模式下,上述基本关系从纵向的命令与服从转向为横向的信任与合作。税务部门与纳税人之间更倾向于合作而非对抗的关系,税收遵从更依赖于主体间的相互信任而非可执行的义务。治理模式下的税收遵从,是由税务部门与纳税人参与而成,遵循开放、参与、合作、共赢等原则,消除单向管理(命令与服从关系)存在的对抗性,实现纳税人由强制管理转化为自我约束的效果。

OECD 把这种遵从方式称为"合作遵从"(co - operative compliance)。[100] 客观标准和合理信任是税收合作遵从的基础,而建立和维护更具协作性、相互信任的关系要求税务部门首先采取行动。税务部门需要有效利用风险管理,发展基于商业意识的理解(based on commercial awareness)、公正性(impartiality)、相称性(proportionality)、公开性(openness)以及回应性(responsiveness)等能力,以便为纳税人提供更早的确定性。反过来,纳税人也愿意提供额外的披露(disclosure)和透明度(transparency)协助,以支持风险管理流程,使税务部门能够有效分配资源。这种新方法能够促进合作、互利的遵从方式,促进更有效地利用业务和收

---

[97] "税收善治是指征税机关与纳税人彼此信任、良好合作、积极互动的税收管理过程,其最终目的是提高税收管理效能,实现税收价值。"陈洪贵:《税收民主研究》,中南大学 2009 年硕士学位论文,第 27 页。

[98] "税收善治的基本内涵主要可以概括为:改革传统自上而下的税收权力运作模式,建立政府与社会之间双向互动的税收网络运作模式;改革由政府垄断一切税收事务的传统,建立政府与社会之间的税收合作治理模式;改革政府传统行政中忽视社会权利的模式,建立以社会共识和认同为基础,充分发挥社会能动性和自主性的税收治理模式。"蒋励佳:《当下中国税负公平论衡》,南京大学 2013 年博士学位论文,第 70 页。

[99] 参见吉林省税务学会编:《善治理念下的税收治理问题研究》,中国税务出版社 2016 年版,第 45 ~ 59 页。

[100] See OECD, *Co - Operative Compliance: A Framework - From Enhanced Relationship to Co - operative Compliance*, OECD Publishing, 2013, p. 16.

入资源，减少税收不确定性，认可信任和开放。[101]

总体来说，税收合作遵从的价值已经确立，许多国家税务部门也在寻求与纳税人之间建立这种新的关系，双方共同努力，在特定企业需要考虑的税收方面实现尽可能高的遵从水平。需要指出的是，OECD 致力并倡导的合作遵从，重点是税务部门和大部分大型企业纳税人之间的关系。

## 三、国际税法转型的特点

国际税法不是静止不动的，国际税收法律制度处在不断的变动之中。例如，常设机构规则一直在更新，情报交换法律制度持续在深化等。这些变动累积达到一定数量，国际税法便会发生质变。从量变到质变的过程，即为国际税法的转型。目前国际税法之量变已经达到一定程度，而且处于深刻变革时期，可以说其质变呼之欲出。除前述国际税法本身存在的正当性问题、公平性缺失、有效性不足等局限之外，促使国际税法转型的因素涵盖政治、经济、文化、社会等多个方面。概言之，当下国际税法转型有如下特点。

### （一）从技术官僚到政治博弈

长期以来，“国际税收制度由一群技术官僚维持，几乎没有政治监督”[102]。国际税法表现高度专业的知识性、技术性与实践性，更多地强调税法规则的专业性而非政治性，技术理性成为规则制定、完善的指导原则。

回顾历史，“世界上最富裕和最强大的国家在国际联盟和经合组织的主持下，有系统地聚集在专家小组、专业委员会和工作组周围，决定适用于全球实施的税收政策规范”[103]。现代国际税法基本原则与制度框架之形成与发展，正是得益于国际税法领域的专家、专业委员会和专门工作组等专业性、技术性群体。塞利格曼、布鲁英斯、艾因诺第和斯坦普组成的四人专家组，在 1921 年受国际联盟（League of Nations）的委托，研究国际重复征税问题；在两年后发布了研究报告，首次阐释了重复征税对国际资本的影响、税收管辖权的执行依据，以及资本输出国与输入国之间税收权益分配的可能方案。与此同时，国际联盟在财政委

---

〔101〕 OECD, *Study into the Role of Tax Intermediaries*, OECD Publishing, 2008, p. 33.

〔102〕 Arkadiusz Myszkowski, *Mind the Gap: The Role of Politics and the Impact of Cultural Differences on the OECD BEPS Project*, 70 Bulletin for International Taxation 279 (2016).

〔103〕 Tarcisio Diniz Magalhaes, *What is Really Wrong with Global Tax Governance and How to Properly Fix It*, 10 World Tax Journal 499 (2018).

员会范围内成立由比利时、英国、捷克斯洛伐克、法国、荷兰等国的高级税务官员组成的工作组,德国、阿根廷、波兰、日本、委内瑞拉、美国等国代表陆续加入,研究国际重复征税和国际逃避税的管理等实际问题,起草了4个有关双边税收协定的文件,供各国政府研究和参考,这些奠定了当代国际税法的理论基础。之后,国际税法问题的研究与解决,也都是借助拥有专业知识与技术的专家、专门委员会和专门工作组。例如,联合国国际税务合作专家委员会(Committee of Experts on International Cooperation in Tax Matters)、经济与合作发展组织财政事务委员会(OECD Committee on Fiscal Affairs,CFA)、电子商务税收技术咨询小组(Technical Advisory Groups, TAGs)、情报共享与协作国际联合工作组(Joint International Taskforce on Shared Intelligence and Collaboration, JITSIC)。其中,影响力最大的是OECD的CFA。

然而,由技术官僚管理的国际税法领域,近十几年来已经发展成为政府间组织、政府、议会和民间社会积极分子关注的突出问题,国际税法规则决策过程已经政治化。[104] "国际税收问题从未像今天一样在政治议程上占有如此显要的位置。"[105]

首先,无论是发达国家还是发展中国家,参与国际税收合作的政治意愿持续高涨。一方面,2008年金融危机导致许多国家出现不同程度的财政危机,这激发了国际社会合作反逃避税的政治意愿。另一方面,诸如"瑞银集团案""苹果公司避税案"等一系列税收丑闻的曝出,唤醒了公民的税收公平意识,进而要求政府采取更加有效的措施加强国际税收协调与合作。

其次,美国根据其国内政治和利益的需要,通过其在国际舞台上的倡议、行动和互动影响国际税收政策。例如,美国坚决反对以数字服务税等方式对美国数字公司征税,因而在应对数字经济税收挑战的多边方案形成的过程中,无论是"营销型无形资产"提案,还是支柱一适用范围的扩大和安全港规则的设置,或是支柱二与全球无形资产所得税制度并存,无不是美国国家利益的输出。

最后,OECD的国际税收改革倡议得到G20的背书与授权,这使国际税法标准和规范尤其是BEPS行动计划所确立的最低标准更具政治性,成为G20和OECD成员方乃至世界其他国家必须实施的全球标准。

这种政治化趋势,使法律上平等的税收主权在事实上变得不平等。国际税

---

〔104〕 See Peter Dietsch & Thomas Rixen, eds., *Global Tax Governance: What is Wrong with It and How to Fix It*, ECPR Press, 2016, p. 17.

〔105〕 OECD, *Explanatory Statement*, 2015 *BEPS Deliverables*, OECD Plulishing, 2015, p. 4.

法不单是国际组织(如UN、OECD、IMF、WTO)和国家(发达国家与发展中国家)在国际税收领域进行规则竞争的技术理性,还成为国际税收制度供给方和接受方之间权力博弈的场域,具备政治博弈的特点。主动方(国际税收制度供给方)试图支配被动方(国际税收制度接受方),而被动方服从或反抗主动方。因此,可以说国际税法正在由技术理性管理的领域转变为技术理性和权力博弈共存的政治博弈领域。有学者甚至指出,全球最低企业税是美欧博弈的产物。[106]

### (二)从经济关联到价值创造

税收实质正当性是税法制度的根基。理论界通常借助利益说与对价说来证成国内税收的正当性。然而,基于效益理论的利益说和成本理论的对价说,都无法为国际经济提供充分的税收基础。

早期的国际税收制度设计者发现,以能力或支付能力理论为基础的经济关联(economic allegiance)原则可以补足利益说与对价说的缺陷,形塑国际税收管辖权的制度框架与规则体系。经济关联以财富的获得、财富的位置、财富权的可执行性(the enforceability of the rights to wealth)和财富的消费为构成四要素,衡量特定国家与被征税的收入和个人之间的经济关联的存在和程度。[107] 其中,经济关联度最高的是财富的来源与消费,二者分别对应的是财富产生或者形成的地方,财富被消费或处置的地方。前者形成了来源地税收管辖权原则(source principle of taxation)的基础,使来源国能够对非居民在其领土内获得的收入征税;后者形成了居住地税收管辖权原则(resident principle of taxation)的基础,使一个国家能够对其居民的全球收入征税,而不论其收入来源如何;两者共同构成了国际税法制度的理论基石,并且为世界上大多数税收管辖区所遵循。

但是,国际经济发展的新特点使以经济关联为理论基础构建的来源地税收管辖权原则和居住地税收管辖权原则受到了挑战与冲击,甚至面临失灵的风险。[108]

---

[106] 参见朱青:《全球最低企业税:美欧博弈的产物》,载《中国财经报》2021年8月17日,第8版。

[107] Bruins et al., *Report on Double Taxation*, League of Nations Economic and Financial Commission, 1923, p. 22 – 26.

[108] See Miranda Stewart, *Redistribution between Rich and Poor Countries*, 72 Bulletin for International Taxation 1 (2018).

例如,经济全球化使跨国公司从以单国为主的运营模式转变为以矩阵管理和集成供应链为特点的全球化模式。在此模式下,跨国公司易通过全球价值链(Global Value Chinas,GVCs)布局,选择在低税率税收管辖区设立"主体公司"承担其在GVCs上的主要功能和风险,而在高税率税收管辖区设立非"主体公司"承担其在GVCs上的非主要功能和风险,这造成税收管辖权与经济实质严重不匹配。实际上,这是税收居民原则在跨国公司一体化经营与GVCs中适用的漏洞。

又如,通信信息技术的进步,促进了电子商务、应用程序商店、网络广告、云计算、参与式网络平台和在线支付服务等新型数字化商业模式的发展。在新业态下,企业可通过互联网与身处其他税收管辖区的客户交易,从而密切参与另一个税收管辖区的经济活动,而无须在该税收管辖区设立应税实体(如有形的实质性存在或非独立代理人)。换言之,纳税人可以从其与外国客户的交易中获得可观的利润,却无须在所得来源税收管辖区纳税。显然,这动摇了税收来源规则的根基。

实际商业活动和投资活动的发生地与利润申报地之间的分离,既暴露了经济关联与社会发展的不相适应,又违背了国际税收的横向公平与纵向公平。其原因在于经济关联原则倚重有形场所,适用时区分不同环节及其重要性,而国际经济表现出虚拟空间以及GVCs的新发展特点。作为经济关联原则的继承和发展,价值创造原则强调利润应该在创造价值的地方征税,这更加契合经济全球化和数字化的特征。[109] 因此,国际社会普遍赞成以价值创造(value creation)原则来纠正经济关联原则适用力不足的问题。

BEPS行动计划以价值创造为指导原则,经合组织、欧盟、世界各地财政部以及许多学者都在强调利润应该在创造价值地征税。甚至第三次发展筹资问题国际会议的《亚的斯亚贝巴行动议程》也采纳了价值创造原则:"我们将确保所有公司,包括跨国公司,根据国家和国际法律和政策,向经济活动发生和创造价值的国家政府缴税。"此外,富时社会责任指数(FTSE4Good Index )和道琼斯可持续发展指数(Dow Jones Sustainability Index)都把公司是否根据创造价值的地点申报纳税作为评估指标之一。[110] 俨然,价值创造原则成为国际经济的又一税收理论基础。

---

〔109〕 参见张泽平:《数字经济背景下的国际税收管辖权划分原则》,载《学术月刊》2015年第2期。

〔110〕 Michael Devereux & John Vella, *Value Creation as the Fundamental Principle of the International Corporate Tax System*, Oxford University Centre for Business Taxation, 2018, p. 2.

需要指出的是,从经济关联到价值创造仅代表国际税法的一种理论转型趋势,并不是说目前的国际税收法律制度已经完全落实了价值创造原则。毕竟何为价值创造,哪些因素创造价值,如何认定价值创造地以及衡量归属于特定税收管辖区的价值等,这些问题都未得到明确,需要进一步小心求证,凝聚更多共识。

(三)从税收协调到国际合作

在国际税法产生的初期,由于国际税收关系局限于本国政府与纳税人之间的经济利益分配,一国政府完全可以根据本国的实际情况来决定和实施本国的税法规则管辖相关交易,而无须考虑其他国家的相关情况。但是,随着国际经济的发展,国际税收关系变得日趋多元、复杂,其不仅包括国家涉外征纳关系,还涵盖国家间税收利益分配关系。各国自行其是的税法规则的外溢性逐渐增强,交互叠加产生了阻碍国际经济发展的外部不经济效应,并伴随货物、服务、资本等要素跨国流动的自由度的上升而不断扩大,这严重减损了国际经济给各国带来的福利。所以,随着全球化的持续深化,国家之间的税收协调已经势在必行。

国际税收协调是各国为了消弭国家之间客观存在的税收利益冲突,防止税收成为国际经济发展的壁垒,而采取的限制、协调其税收管辖权的法律手段。当意识到税法规则差异所造成的负外部性时,各国开始积极探索国际税收协调的方式。其中,最为常见的是单边措施和税收协定。就前者而言,各国采取的消除国际重复征税的单边措施虽然各不相同,但就其实质可以分为三类:一是对源于境外的所得免税;二是对源于境外的所得所缴纳的境外税收实行税收抵免;三是将源于境外的所得所缴纳的境外税收从税基中扣除。[111] 就后者而言,是有关国家就双方税收权益分配关系进行磋商,承诺放弃或限制部分或全部征税权所达成的消除国际重复征税的书面协议。这些协定被称为避免双重征税协定,它们确定了每个国家的征税范围。两种方式尽管在形式上具有差异性,但其实质都是建立在尊重相关国家主权的基础上,各国独立自主采取的措施。国际税收协调并没有改变税收管辖权冲突的根源,而是在承认税收权冲突的基础上施以具体对策。换言之,国际税收协调实质是维护国家税收主权的制度。

不可否认,国际税收协调在避免双重征税方面接近成功范围的最高端。但

〔111〕 [奥]迈克尔·朗:《避免双重征税协定法导论》(第2版),朱炎生译,法律出版社2017年版,第6页。

是,以维护主权为体制建设的国际税收协调在税收竞争、逃税和避税方面接近失败。[112] 因为在引入国际税收协调制度后,每个国家制定规范国际交易的税法规则的权力及其性质并没有改变。这意味着国际交易所涉国家间在所得种类性质认定、纳税主体的实体性质(如是否为居民法人)认定、交易性质认定、税收扣除制度等方面的依据存在税制差异,同一纳税主体、所得、交易或金融工具可能受到不同的税务处理,从而产生国际双重不课税问题。避免双重征税协定赋予缔约国各方居民的某些减免税优惠,很容易被第三国居民借助在缔约国一方境内设立具有该国居民身份的传输公司而间接享受,从而造成相关税收协定缔约国税收利益的减损。与此同时,各国为了吸引资本等生产要素,促进本国经济的增长,纷纷利用自身独立的税收管辖,采取降低税率、增加税收优惠等减轻投资者税收负担的措施,由此形成各国间以减税为内容的低税政策的竞争,这导致税基侵蚀、税负不公、税收非中性。国际避税、逃税和税收竞争都是税收协调无法应对的问题。更确切地说,国际税收协调在避税、逃税和税收竞争方面存在失灵。

为解决这些问题,国际社会对现有体制安排作出渐进和间接的改变,包括加强跨政府国际税务合作。

主要有以下举措:一是通过 MAC 的谈签,深化避免双重征税协定中的情报交换(包括同期税务检查及参与境外税务检查)、追索协助(包括保全措施)和文书送达等征管协助制度,进一步打击避税或逃税。二是借助 MCAA,推广金融账户涉税信息自动交换标准,以规制纳税人通过境外金融机构持有和管理资产,并将收益隐匿在境外金融账户以逃避居民国纳税义务的行为。三是推行 BEPS 行动计划,构建 BEPS 包容性框架,从协同跨境交易相关国法规、强化现有国际标准中对实质经济活动的要求并提高税收透明度、为正常经营活动增加税收方面的确定性等三个方面,打击避税或逃税,抵制有害税收竞争。

总之,国际税法不再是单一的消除和避免双重征税的税收协调范式,而是越来越需要国际合作以防止国际逃税、避税,抵制有害税收竞争。

---

[112] Rifat Azam, *Ruling the World: Generating International Tax Norms in the Era of Globalization and BEPS*, 50 Suffolk University Law Review 535 (2017).

## 第三节　迈向全球治理范式的国际税法

国际税法的历史不是一种持续累积过去的进程,而是一种从旧范式转换到新范式的过程。既有国际税法范式无法应对数字经济的税收挑战,法律原有的正当性、公平性和有效性在国际政治、国际经济和国际社会的新发展中进入了非常规状态。面对国际税法范式出现的危机,仅在以双边协调为核心基础建构的国际税收体制、机制及制度中修修补补,犹如隔靴搔痒。要想保障和满足国际税法的理论供给与实践需求,必须放弃某些以前的标准信念或程序,用其他新成分代替先前范式中的那些不合理成分,实现国际税法范式从旧到新的转换。

治理作为回应当代政治、经济和社会转型对于社会科学理论新范式诉求的尝试与努力,已经显现出了它的理论包容性、建构性和发展性,为学科的融合与创新、制度的纠偏与优化提供了可资借鉴的经验。如前所述,治理理论也正在影响、改变传统税法的理论模型与分析框架,其不失为一种超越传统旧范式而形成税法之新范式的可能方向。根据托马斯·库恩的范式理论,新范式在最初出现的时候并不总是明晰的,甚至其应用范围和精确性都是极其有限的。新范式之所以得以确立,是因为其既保留了旧范式积累的相当大一部分具体解决问题的能力,又比其他方式更为成功地解决了本领域一些突出和普遍公认的问题。[113]

全球治理是治理概念在国际层面的延伸与发展,理论兴起的原因与国际税法转型背景具有共时性。全球治理回应问题的全球化,提出综合解决方法,与国际税法以国际税收问题为导向的领域法学性质不谋而合。而且,全球治理体现的多中心主义、多元行为体的参与、多层次进程、非正式化等特征,可以克服国际税法的局限,有效地增强其正当性、公平性和有效性。因此,在没有其他新范式竞争的情况下,有充分理由将全球治理作为国际税法新范式,以探讨国际税法理论与实践所面临的难题。

---

〔113〕 参见[美]托马斯·库恩:《科学革命的结构》,金吾伦、胡新和译,北京大学出版社 2003 年版,第 19、142 页。

## 一、耦合国际税法的性质

国际税法是以国际税收问题为核心议题,以国际税收领域全部与法律有关的现象为规制内容的综合性、特定性和复杂性的规范体系。全球治理是以全球问题为导向,倡导通过治理方式解决相关问题,并实现人类共同利益的体制、机制、制度和规则。两者对照,不难发现,全球治理范式与国际税法的性质存在一定程度的耦合,包括逻辑起点的统一性、调整对象的同质性和实施机制的相似性。

### (一)逻辑起点的统一性

诚如"一千个人眼中有一千个哈姆雷特",理论界对于全球治理内涵的理解亦是智者见智,仁者见仁。荷兰学者亨克·奥弗比克(Henk Overbeek)指出,全球治理是一个模糊不清甚至具有误导性的概念。[114] 然而,通过林林总总的版本,我们发现差异背后的不变量是全球治理范式的逻辑起点——全球性问题。"全球治理……重点是应对全球性问题。"[115]

何为全球性问题,俞可平将其归纳为全球安全、生态环境、国际经济、跨国犯罪以及基本人权五种类型;[116] 戴维·赫尔德将其划分为环生态与环境、人类可持续发展和全球竞争规则三个层面;[117] 于军认为全球性问题包括气候环境、能源资源、粮食、民族宗教、公共卫生等具有重大影响的事项。[118] 概括而言,全球性问题既超越国家和地区界限,又攸关人类共同利益,大致可以被划分为传统安全(如军事冲突、核扩散、恐怖主义)、经济与发展(如南北问题、金融危机、人口问题、资源问题)、生态环境(如生态环境危机、环境安全)以及社会与政治领域(如毒品、艾滋病、人权、民族主义)等四个向度。有学者对比国际社会存在的其他问题发现,全球性问题具有全球性、全面性、整体关联性、超意识形态性、严重挑战性的特征。[119] 超意识形态性指问题超出民族和意识形态,属于全球性特

---

〔114〕 Henk Overbeek, *Global Governance: From Radical Transformation to Neo - Liberal Management*, 12 International Studies Review 697 (2010).

〔115〕 陈家刚主编:《全球治理:概念与理论》,中央编译出版社 2017 年版,第 3 页。

〔116〕 俞可平主编:《全球化:全球治理》,社会科学文献出版社 2003 年版,第 18 页。

〔117〕 [英]戴维·赫尔德、杨娜:《重构全球税收治理》,载《南京大学学报(哲学·人文科学·社会科学版)》2011 年第 2 期。

〔118〕 于军:《全球治理》,国家行政学院出版社 2014 年版,第 25 页。

〔119〕 蔡拓等:《全球学导论》,北京大学出版社 2015 年版,第 108～110 页。

征。整体关联性所折射的正是问题本身的综合性,以及严重挑战性。因此,全球性问题的特征可以简化为全球性、综合性和挑战性。

国际税收问题符合全球性问题之特征。首先,国际税收问题在规模和波及范围上具有全球性。国家税收立法之间的差异,有时与旨在消除双重征税的双边税收条约相结合,这会使国家之间和国家内部的世界财富被分配,将直接税问题从国内提升到国际层面,使其成为必须在全球层面解决的主要问题之一,仅次于环境或安全问题。[120] 其次,国际税收问题在形式与内容上具有综合性。其不仅包括双重征税的消除和避免、国际逃税与避税的防止、有害税收竞争的规制、发展中国家税收能力建设、税基侵蚀与利润转移等多样化和丰富性的内容,还交织着政治(税收主权)、经济(贸易自由)、社会(公平正义)、文化(税收文化)等诸多因素。最后,国际税收问题具有严重的挑战性。一方面,税收是维系国家运行的基础,国际税收问题,尤其是双重不征税、国际逃避税、BEPS 严重危害国家的税收收入和税收主权;另一方面,税收是经济社会发展的保障,国际税收问题,尤其是双重征税,严重阻碍国际经济交往活动的正常发展,损害税收公平。可以说,国际税收问题攸关国际贸易自由化,攸关世界财富公平分配,攸关可持续发展目标的实现。由此可见,国际税收问题是全球性问题,解决此问题需要所有国家协同,全世界努力。

事实上,国际社会业已将国际税收问题纳入全球治理的范畴。在联合国主持的发展筹资问题国际会议中,发展中国家税收能力的建设、国际逃税与避税、国际税务合作、BEPS 等国际税收问题渐次成为各国的行动共识。这些问题甚至被写入《亚的斯亚贝巴行动议程》,得到联合国所有会员国的一致同意。同时,G20 领导人峰会将避税天堂(2010 年 6 月)、发展中国家税收体制(2010 年 11 月)、税收情报交换(2011 年)、BEPS(2012 年)以及国际税收体系公平(2014 年)等国际问题纳入议程,建立一个全球公平和现代化的国际税收体系俨然成为

---

[120] Uyanga Berkel – Dorlig, *Legality of the World Bank's Informal Decisions to Expand into the Tax Field, and Implications of These Decisions for Its Legitimacy*, 10 Erasmus Law Review 119 (2017).

G20 全球经济治理重要的组成部分。[121] 正如国家主席习近平在 G20 杭州峰会上的开幕词："我们应该完善全球经济治理……加强……国际税收……领域合作，提高世界经济抗风险能力。"[122]

综上，全球治理的逻辑起点是全球性问题，国际税收问题是全球性问题，国际税法与全球治理在逻辑起点上具有统一性。

### （二）调整对象的同质性

国际税法的调整对象是特定的国际税收关系，表现为国家、企业、自然人等从事跨境国际经济活动所产生的各种税收关系。全球治理处理的公共事务一开始对应的即政府之间关系，后来推及非政府组织、跨国公司、公民社会等多元主体之间多层次关系，归根结底还是国际关系。[123] 从国际关系这一连结点看，国际税法在调整对象上与全球治理具有同质性。

首先，全球治理与国际关系息息相关。全球治理是治理在国际层面的延伸与发展，而国际层面最重要的体系莫过于国际关系。学界关于国际关系的描述主要有 3 种：一是强调国家间权力斗争的现实主义；二是强调多元行为体、跨国互动、国际制度与规范的自由主义；三是强调观念建构与文化因素的建构主义。现实主义展现了国际关系的客观事实，但是忽略了非政府行为主体在国际问题中的实际作用；自由主义解读了国际关系相互依赖所需要的国际合作，但由于缺乏对权力的认识，难以考量国际制度的正义问题；建构主义指出了社会观念、制度对国际关系的约束作用，却没有展示观念、制度的形成路径。[124] 全球治理范式摒弃了现实主义理论关于国家是主要（甚至是唯一）国际关系行为体的主张，强调国家行为体和非国家行为体（如政府间组织、国际非政府组织、跨国公司、

---

〔121〕 2014 年至 2021 年，国际税收体系及其规则的公平与现代化一直是 G20 领导人峰会公报的主要内容。具体表述如下："在全球范围内建设公平、可持续和现代化的国际税收体系"（2018 年布宜诺斯艾利斯峰会）；"致力于建设公平和现代化的国际税收体系"（2017 年汉堡峰会）；"支持国际税收合作以建立一个全球公平和现代化的国际税收体系"（2016 年杭州峰会）；"在全球范围内实现公平、现代化的国际税收体系"（2015 年安塔利亚峰会）；"确保国际税收体系公平""推动国际税收规则现代化"（2014 年布里斯班峰会）；"继续合作建立全球公平、可持续和现代的国际税收体系"（2019 年大阪峰会）；"建立一个全球性公平、可持续和现代化的国际税收体系"（2020 年利雅得峰会）；"建立更稳定、更公平的国际税收体系"（2021 年罗马峰会）。

〔122〕 习近平：《构建创新、活力、联动、包容的世界经济——在二十国集团领导人杭州峰会上的开幕辞》，载《人民日报》2016 年 9 月 5 日，第 3 版。

〔123〕 See Mp Ferreira - Snyman & Gm Ferreira, *Global Good Governance and Good Global Governance*, 31 South African Yearbook of International Law 52 (2006).

〔124〕 何志鹏：《国际法哲学导论》，社会科学文献出版社 2013 年版，第 133 页。

民间社会)的多元统一。在认可自由主义理论强调国际合作重要性的同时,修正了国家之间的互动关系与其他层次的社会互动关系的可区分性的观点,指出国际社会是以国际为主体的单线性和基于多元行为体的双向网状性相结合的多层次体系。在全球治理范式中,建构主义理论强调的观念等因素被纳入非正式规范、机制和制度,与正式规范、机制和制度一起构成解决全球性问题的基础。同国际关系理论一样,全球治理亦坚持无政府状态是国际体系的结构。全球治理正是汲取了主流国际关系理论的合理之处,从而提出了更加有益地素描国际关系的理论模型和制度框架。

其次,“国际税收关系是国际关系的重要方面”[125]。一般而论,国际关系是国家的并存与相互交往而形成的关系,包括政治、经济、法律以及文化等维度。[126] 但是,全球化浪潮和国际关系民主化使国际行为主体走向多样化、多元化,国际关系主体由国家行为体扩大至非国家行为体,包括国家、国际组织、非政府组织和个人等方面。国际经济关系是国际关系的经济维度,其既包括狭义上的国家、国际组织间的经济关系,也包括不同国家的个人、法人之间,个人和法人与他国或国际组织的经济关系。它的实质是各主体在物质资料的生产、分配、交换、消费过程中在国际领域中结成的相互关系,而过程的具体载体有国际投资、国际贸易、国际融资、国际税收等形式。[127] 从经济活动内容上看,国际税收关系属于国际经济关系,所以国际税收关系亦是国际关系的组成部分。

最后,国际税法是以法律形式表现出来的国际税收关系。现实社会中人们探讨的国际税收关系的种类和范围十分广泛,并非都是国际税法的调整对象,如全球税,国际组织经费的税收筹措等。作为国际税法调整对象的国际税收关系应符合法律关系的基本特征:一是人与人之间的社会关系;二是受法律约束的社会关系;三是以权利义务为内容的社会关系。[128] 以此为标杆,国际税法调整的国际税收关系可以为国际税收合作关系、国家间税收协调关系和国家涉外税收征纳关系。虽然国际税收法律关系与国际税收关系不能等同,但是不能否认,国际税法是调整特定国际税收关系的法律制度。

总之,“全球治理是在没有主权权力的情况下治理超越国界的关系(国际关

---

[125] 邓力平:《对新时代中国税收新站位的思考》,载《国际税收》2017 年第 12 期。

[126] 王铁崖主编:《国际法》,法律出版社 1995 年版,第 1 页。

[127] 参见余劲松、吴志攀主编:《国际经济法》(第 4 版),北京大学出版社、高等教育出版社 2014 年版,第 4 页。

[128] 周永坤:《法理学:全球视野》(第 4 版),法律出版社 2016 年版,第 104 ~ 105 页。

系)"[129],国际税收关系是国际关系的重要方面,国际税法在调整对象上与全球治理具有同质性。

(三)实施机制的相似性

国际税法实施,即国际税法原则、规则和标准在社会生活中的实现,它使生效的国际税法规范从应然状态进入实然状态,使国际税法规范的抽象规定变成国家和纳税人的具体行为。这一过程主要依据国家的自我约束,没有权威的中央机构,就没有强制的司法或仲裁救济体制。

具体而论,国际税法实施呈现这样的特点:一是权力分散性,每个国家都有权力制定调整国际税收关系的税法规范,但是都不具备在其他税收管辖区执行这些法律的权力;二是非中央权威性,国际税收领域不存在世界政府,也没有中央化的统一的秩序,各国既享有中央权威,又都不具备中央权威性;三是非强制性,相关国家国际税收问题的处理主要是借助双方谈判、协商而签订的税收协定,国际税收纠纷的解决大多数也只能依靠灵活性很强、拘束力不高的相互协商程序。

同样地,全球治理的机制也有相似的特点。首先,"在全球治理的机制中不存在世界政府,即最高的强制性权威"[130]。一方面,全球治理主体之间不存在某个单独权力中心,即使是拥有更多资源和影响的大国也不可能支配小国,因为单独任一主体都不可能应对全球性问题。另一方面,全球治理主体之上并没有位居于中心位置的、类似中央政府的权威机构,权威分散在治理的不同层次之间。其次,"政治权力完全被分散了"[131]。全球治理正是权威在治理的不同层级之间重新划分的过程,因此权力分散在不同行为体之间,不论大或者小都在发挥作用。不论是公共机构还是私人机构,都有不同的影响与运作范围,都可以在自己的影响与运作范围内成为事实上的权力中心。最后,全球治理不是靠权力结构实施强制,而是靠规范起约束和建构作用,其要求国家与非国家行为体自愿参与,认同与承诺共享目标,追求对所有参与者有利的结果。

需要指出的是,虽然国际税法实施与全球治理机制存在诸多相似之处,但是国际税法实施所体现的权力分散性、非中央权威性和非强制性在本质上不同于

---

[129] Lawrence S. Finkelstein, *What is Global Governance*, 1 Global Governance 367 (1995).

[130] 李东燕等:《全球治理:行为体、机制与议题》,当代中国出版社 2015 年版,第 12 页。

[131] [英]戴维·赫尔德、[英]安东尼·麦克格鲁编:《治理全球化:权力、权威与全球治理》,曹荣湘、龙虎等译,社会科学文献出版社 2004 年版,第 14 页。

全球治理机制的没有最高的强制性权威。前者形成的原因是税收主权的绝对排他性,在现有国际秩序中,税收被认为是绝对排他性的主权,具有对内的最高的权力与对外独立自主不受他国干涉的权利。后者则不然,全球治理主张多中心主义、多元行为体参与、多层次进程,强调重新配置不同中心、不同主体、不同层次的权威比例,实现权力共享,以应对相互关联社会中的全球性问题。两者原因不同所反映的是国家权威及其权力在相关机制内的地位和作用。在国际税法中,国家享有最高的权威与权力;而在全球治理中,国家拥有主导而非唯一的权威与权力。毫无疑问,国家权威与权力继续位居全球性问题的中心。因而从这个意义上讲,这种相似性具有了某种程度上的可供参考的意义。

## 二、克服国际税法的局限

税收包括国际税收,是私人和公共经济、市场和国家之间最直接的联系。国际税法在法律功能上存在的局限,使其并不能充分发挥合理且合法地规范公私经济、市场和国家之间关系的作用。要想克服国际税法的局限性,必须优化公私经济、市场和国家之间的关系。全球治理"侧重于改革政府、民间社会和市场之间的关系"[132],因此可以在一定程度上和范围内改善公私经济、市场和国家在国际税收领域的关系,促进国际税法正当性的提高、公平性的增强以及有效性的提升。

### (一)正当性的提高

作为一种对权力和权力对象的说明,正当性是连结统治权力与服从义务之间的桥梁,具有凝聚国际税收共识、降低国际税法实施成本、维护国际税收秩序的重要作用。然而,如前所论,国际税法在输入和输出端都存在正当性不足的问题,国际税法正当性功能难以彰显。其根本原因就在于相关利益主体没有充分参与国际税法之提案、起草、审议和表决以及影响它们决定和资源控制的过程。大致上可区分为两种情形:一是没有参与,包括主观上不参与和客观上无法参与;二是虽然有参与,但是未全程或实质参与。鉴于国际税收法律关系的主体包括国家和纳税人,因此下文将从国家和纳税人两个层面予以说明。

从国家主体看,不同的国家参与程度不一样,绝大多数国家参与程度不高,甚至没有参与国际税法议程。在国际税法发展的历史中,"避税天堂"国家向来

---

〔132〕 Christiana Hji Panayi, *The Europeanization of Good Tax Governance*, 36 Yearbook of European Law 443 (2017).

都是拒绝参与国际社会关于有害税收竞争的议程,即使是目前加入 BEPS 包容性框架承诺实施有害税收竞争的全球标准,也是迫于形势和国际舆论压力。事实上,这些国家没有参与有害税收竞争的全球标准制定和决策的过程。相较于"避税天堂"的主观上不参与,绝大部分发展中国家由于税收能力和人才资源的匮乏,无法参与国际税法规范的博弈。虽然在改革国际税法规范的 BEPS 行动计划中,国际社会最大限度地为相关国家的参与提供了便利和平台,但是对于非 G20 和 OECD 成员国而言,参与仍旧是形式意义上的。他们并没有全程参与 BEPS 最低标准、共同方法和最佳实践的提案、起草、审议和表决过程,而只是在现成的标准、方法和实践上发表非决定性意见。同样,政府间组织在国际税法议程参与方面也具有不平等地位,OECD 借助其专业性拥有垄断性地位,而诸如联合国、世界银行、欧盟等难以起到决定性作用。[133] 可以看出,不同的国家行为体在国际税法议程参与方面具有不平等的地位。

从纳税人主体来看,纳税人天然地被排除在国际税法议程之外,因为在国际社会中,国家参与即意味着纳税人参与,议会批准程序确保了纳税人参与权。但是,国家在国际社会中的税收立场往往与纳税人不同,前者追求的是国家税收利益或国库利益,后者追求的则是纳税人税收利益或权利。在国家参与程度不高的常态下,相关国家纳税人参与显然没有得到保障。尽管作为纳税人的跨国公司及其服务者税务中介机构逐渐受到重视,时有被邀请参与国际税法的议程,但是它们与国家主体之间的地位具有不对称性,而且发表的也只是咨询意见。

"作为任何长期制度取得成功的先决条件,关于其实质性规则的正当性,需要对进行政策审议的体制背景作出包容性的改变。"[134] 因此,要想提高国际税法的正当性,就必须提高参与度以构建更具包容性的决策机制。

全球治理最显著的特点之一就是多元行为体的参与,[135] 这可以纾解其他行为体参与不足的问题,从而提高国际税法的正当性。在传统的国际税法制度框架内,虽然理论上各国具有平等的税收主权,但事实上大国、强国拥有税收特权,所以发达国家主导国际税法议程和规范成了不争的事实,这也就限制或剥夺了小国、弱国的参与权利。全球治理并非要取消国家的作用,而是主张国家、国

---

[133] See Jan Wouters & Katrien Meuwissen, *Global Tax Governance: Work in Progress?* Leuven Centre for Global Governance, 2011, p. 31.

[134] Tarcisio Diniz Magalhaes, *What is Really Wrong with Global Tax Governance and How to Properly Fix It*, 10 World Tax Journal 450 (2018).

[135] [英]安德鲁·海伍德:《全球政治学》,白云真、罗文静译,中国人民大学出版社 2014 年版,第 437 页。

际组织和民间社会等主体间建立平等、互信的关系,通过对话、合作的机制,共同处理全球性问题。[136] 显然,这种共处、平等的关系对于提高国际税法正当性具有重要作用。首先,这有助于打破发达国家在国际税收领域的特权,使发展中国家能够充分参与到国际税收事务当中,并在国际税收问题的解决上贡献它们的智识。其次,这有助于克服种种形式的中心论,使各行为体都发挥专长,尤其是可以使 OECD 以外的关于国际税收的组织能够平等参与到国际税法议程中,共同应对国际税收问题。最后,这有助于克服国家行为体对国际税收事务的垄断,动员诸多非国家行为体,特别是全球公民社会力量参与国际税收事务,进而提高国际税法的遵从度。

### (二)公平性的增强

税收公平是国际税法最基本的原则,其要求税收法律关系的主体在税收活动中能够在平等的法律条件下,实现建立在价值规律基础上的利益均衡。遗憾的是,无论是纳税人之间还是国家之间的公平性,都存在一定程度的缺失。具体原因同样可以分纳税人与国家两个层面予以探讨。

纳税人之间的税收公平性缺失的原因在于整个国际税收法律制度背后存在一定的紧张关系:纳税人在全球范围内运作,而税务行政部门在国家领土范围内运作。[137] 当今世界的现实是,单独的国家政府无法充分监控纳税人尤其是跨国公司的内部交易。当各税收管辖区税务管理人员尽最大努力从跨国纳税人的全球收入中获得公平份额时,缺乏有效的国际协调必然导致对跨国纳税人过度征税或征税不足。

国家之间税收公平性缺失,除缺乏参与性的原因之外,最重要的是国际税收帝国主义的长期存在。“目前,国际合作并非基于平等对待所有税基的愿望。相反,强国利用自己的影响力对实力较弱的国家强加规范和承诺,目的首先是保护自己的税收基础。”[138] 强国拥有国际税法的绝对话语权,他们决定着国际税法的制度框架及其主要内容,将符合他们税收利益的规范上升为全球标准,并在世界范围内推广。

---

〔136〕 蔡拓等:《国际关系学》,南开大学出版社 2005 年版,第 419 页。

〔137〕 See Jinyan Li, *International Taxation in the Age of Electronic Commerce: A Comparative Study*, Canadian Tax Foundation, 2003, p. 556.

〔138〕 Rifat Azam, *Ruling the World: Generating International Tax Norms in the Era of Globalization and BEPS*, 50 Suffolk University Law Review 557 (2017).

归根结底,国际税法公平性缺失的原因在于税收主权和税收霸权。全球治理能够有效地消除税收主权和税收霸权的掣肘。

一方面,全球治理倡导的对话、协调和合作正好契合了新经济对合作政治的需要,这有助于改善不同的国家在国际税收领域的紧张关系。在新经济中,国家之间的联系比在旧经济中要紧密得多。“虽然在法律理论上,各国完全能够确定自己的内部税收政策,但实际上,这些内部政策的影响远远超出了该国的边界,是其他主权国家的合理关切。”[139]因此,应该说服各国通过谈判、通融或政策模拟来协调其税收政策,并在税收管理方面进行合作。

另一方面,全球治理主张不同行为体在解决全球性问题时,抛弃对抗思维,采取参与、对话和谈判的方式,寻求各方利益的平衡。在当前社会中,国家、纳税人和其他利益相关者的相互关联性越来越高,“为了找到解决国际税收共同问题的办法,需要对这个社会中的其他参与者采取某种‘交流’态度”[140]。这种“交流”就是全球治理所采取的参与、对话和谈判方式。

总之,这种参与、对话和谈判方式有助于缓和发展中国家与发达国家之间的税收利益冲突,减少国家之间税收规则差异所导致的错配,从而理性地应对全球化给国际税法带来的挑战与危机。一旦平等协商、共同合作得到落实,那么纳税人之间的公平性和国家之间的公平性都会得到提升,进而增强国际税法整体上的公平性。

### (三)有效性的提升

国际税法规则在传统上既适用于领土基础,即来源于一个管辖区内的所有创收活动,也适用于居民基础,即一个国家的居民,有时甚至是其公民产生的所有全球收入,基本假设是有形货物的实际运输或人员在不同地点执行服务的实际移动。

这种框架的问题在于,它不再适用于一个全球化和数字化的世界。“在这个世界上,人们的生活越来越多地受到领土之外的决定的影响。现在各国的经济更加相互依存,一个国家的单方面再分配政策更难实现。”[141]全球化的经济和地理上受限制的国家主权的结合,大大增加了各国对当地居民和公民、外国投资

---

〔139〕 Jinyan Li, *Tax Sovereignty and International Tax Reform: The Author's Response*, 52 Canadian Tax Journal 147 (2004).

〔140〕 Cees Peters, *On the Legitimacy of International Tax Law*, IBFD, 2014, p. 25.

〔141〕 Tsilly Dagan, *The Global Market for Tax and Legal Rules*, 21 Florida Tax Review 148 (2017).

者以及与征税管辖区有商业关系的人行使强制征税权的难度。同时,随着互联网和相关通信技术手段的发展,国际税法的基本假设在许多情况下已经不复存在。[142] 传统的经济关联原则难以适用于数字经济下非居民企业来源于境内的跨国经营所得的课税,国际税法严重滞后于国际经济社会的发展。

全球治理可以在一定程度上破除这种框架存在的问题,减少国际税法滞后所带来的不良影响,增强国际税法的拘束力和适应力。

就拘束力而言,国家模拟合规的根源是税收主权的形式而非实质平等,这可以借助全球治理所倡导的对话、协调和合作的方式予以破解。当国际税法公平性符合各个税收管辖区的预期时,国家的模拟合规也会相应减少甚至消除。事实上,国家对于国际税法习惯、原则、规则和标准的遵守,前提就在于这些国家能够共存、平等地参与国际税法议程。全球治理主张不同行为体的平等、共存,这恰好解决了这一前提性要求。

同样,纳税人对于国际税法的遵从度的提高,也可以借助全球治理提倡的公共部门与私人部分的合作模式,即通过合作遵从缓和并改造税务部门与纳税人之间的对抗关系。税务部门与纳税人基于相互信任,建立更具协作性的新型关系,双方共同努力,定期或不定期地就税务风险和不确定事项进行沟通,实现尽可能高的合规水平。在税收合作遵从下,税务行政部门能够准确地把握纳税人存在的税务风险,及时配置资源予以应对;纳税人可以降低合规成本,并在早期阶段增加确定性。[143] 因此,有合理且充分的理由相信全球治理可以促进国际税法的拘束力。

就适应力而言,法律稳定性与社会发展之间天然地存在矛盾,法律具有滞后性,法律落后于时代的事情经常发生。要使国际税法适应经济社会发展,不仅要及时修改法律规范当中的不适应性条款,还要协同国际税法的实施机制,包括政府机制与非政府机制、正式机制与非正式机制。

全球治理理论认为处理全球性问题有两个体系,一个是国家及国家政府的国家间体系,另一个是非政府行为体组成的多元中心体系。[144] 前者可称之政府机制,后者可谓之非政府机制,两者时而合作、时而竞争,且不断相互作用,共同

---

[142] See David R. Tillinghast, *The Impact of the Internet on the Taxation of International Transactions*, 50 Bulletin for International Fiscal Documentation 524 (1996).

[143] See OECD, *Study into the Role of Tax Intermediaries*, OECD Publishing, 2008, p. 40 – 41.

[144] 参见[英]戴维·赫尔德、[英]安东尼·麦克格鲁编:《治理全球化:权力、权威与全球治理》,曹荣湘、龙虎等译,社会科学文献出版社2004年版,第75页。

促进具体规范的实施。近年来跨境税收丑闻频频曝出，各种非政府性组织，如税收正义网络、行动援助组织、基督教援助会、国家石油营销组织发表了一系列关于激进税收规划结构的批评报告。[145] 他们开始向政府施压，要求其考虑税收政策的国际层面，并解决税收竞争的不公正问题。[146] 这些行动助力国际社会关于国际税法规则有效性的讨论，与政府机制一道，加速了国际税法规则的改革进程。非政府组织影响和说服政治家和决策者推动国际税法规则改革的事实，恰恰反映了全球治理机制对国际税法实施的影响。

全球治理是正式机制与非正式机制的统一体，其不仅包含有正式规章与机构体系的国际组织，还通过一些国家代表定期或不定期的会晤制度等非政治制度安排得以体现。国家之间可以通过这些非正式的制度安排协商进行对话，并形成弱约束力的宣言、声明、公报等国际规范性文件。由于这些规范的实施有赖于国家承诺的履行，所以该机制显得更为灵活。非正式机制逐步建立健全的监督机制，以及越来越强化与关键的国际组织的关系，推动着全球治理目标的实现。近年推动的改革现行国际税法规则以应对税基侵蚀与利润转移的 BEPS 行动计划，就是借助 G20 的这种非正式机制，授权 OECD 研究并制定相应的方案，并在全球范围内推广开的。这种“G20 + OECD”非正式机制，对提高国际税法规则的适应力具有十分显著的意义。甚至可以说，其主导了国际税法规则的未来发展。

## 三、契合国际税法的转型

全球治理因全球化而兴起，国际税法因全球化而转型，两者的背景同时发生，似乎隐含着某种联系，正如本节第一部分所探讨的相似性。不仅如此，全球治理还契合了国际税法的转型方向，为国际税法的未来发展提供理论支持和指导。

### （一）全球治理兴起与国际税法转型的共因性

论及全球治理兴起的原因，虽然不同的研究者可能有不同的表述，但不外乎

---

〔145〕 Hans J. L. M. Gribnau & Ave – Geidi Jallai, *Good Tax Governance: A Matter of Moral Responsibility and Transparency*, 1 Nordic Tax Journal 70 (2017).

〔146〕 Thomas Rixen, *Tax Competition and Inequality: The Case for Global Tax Governance*, 17 Global Governance 447 (2011).

是日益加速的全球化、不断增加的全球性问题以及蓬勃发展的新兴力量等方面。[147] 究其根本,全球化既是起因,也是结果。也正是在全球化浪潮中,国际税法的调整对象由国家涉外征纳关系拓展至国家间税收协调关系和国际税收合作关系,从萌芽走向成型。当前国际税法的转型,亦是全球化持续深化的要求。

全球化是一个整体性发展的过程,主权国家的政治、经济、社会等方面紧密地联系在一起,同频共振使世界交织在多重相互依赖性之中。任何一个主权国家的政治、经济、社会决定和行动,都能够在一定程度上影响世界上其他主权国家。政治、经济、社会行动和决策制定的场所能够通过快捷的通信被纳入政治、经济、社会交往的复杂网络当中。因此,"现代国家日益陷入充满超国家的、政府间的和跨国的力量的地区和全球相互联系之网络中,而不能决定自己的命运"[148]。区域、国家水平上的发展就能够产生几乎是瞬间的全球后果,反之亦然。当国家主权、领土的固定性与全球化的超时空性相矛盾时,许多跨国家、跨区域协调和控制的全球性问题接踵而至。全球性问题的跨境性、外部性、外溢性等性质决定了它们的解决需要的不是单边而是多边的联合行动,不是单方面的个体决策而是更多地建立在合作基础上的全球治理。与此同时,非国家体系不断壮大与成熟,其在政治、经济和社会调节中的作用日益凸显,成为解决全球性问题不可分割的整体。正是在这样的背景下,全球治理应运而生并不断走向成熟。

全球化催生了全球治理,全球化亦呼吁国际税法转型。国际税法伴随跨境经济交往的不断发展而从国内税法中衍生出来,又在持续深化的全球化中不断地转型升级。在跨境经济交往还不是很频繁的时候,拥有税收主权的国家或地区完全可以决定自己的税收政策和规则。然而,"在一个资本和人口流动的世界里,在全球化和交易成本下降的压力下,领土边界变得漏洞百出,从事实上的主权权力来看,法律上的主权比五十年前更少。税收政策就是这样一种权力"[149]。换言之,国家的税收主权在经济全球化中受到前所未有的挑战,基于领土构建的税收规则无法适应超越时空的国际经济新发展。而且,"国家层面的

---

〔147〕 参见蔡拓、刘贞晔主编:《全球学的构建与全球治理》,中国政法大学出版社 2013 年版,第 327~328 页。

〔148〕 [英]戴维·赫尔德、[英]安东尼·麦克格鲁:《全球化与反全球化》,陈志刚译,社会科学文献出版社 2004 年版,第 21 页。

〔149〕 Andrew P. Morriss & Lotta Moberg, *Cartelizing Taxes: Understanding the OECD's Campaign against Harmful Tax Competition*, 4 Columbia Journal of Tax Law 64 (2012).

决策和行为往往会影响到其他国家税务居民甚至全人类”[150]。主权国家税收政策的影响已经不再局限于本国疆域，而是拓展至区域乃至全球。跨国公司借助经济全球化，在全球范围内布局，形成全球价值链；而泾渭分明的国家税收主权，助长了他们跨国逃避税的行为。作为全球化保障的ICT的极速发展，更是将跨国逃避税推向了风口浪尖。其中许多规则需要更新，以解决规则中的差距和不匹配导致的双重不征税和双重征税等问题。

由此可见，全球治理的兴起，是全球化进程的逻辑结果，也是应对全球性挑战、发展与转型的制度选择与理论探索。国际税法的转型，是国际税收规则适应全球化带来的新经济机遇和挑战，不断变化的商业模式、地缘政治与全球格局的必由之路。是以，全球治理兴起与国际税法转型具有共同的原因。

### （二）全球治理理论于国际税法转型的指导性

从全球治理与国际税法的关系来看，两者呈现正相关的关系：一方面，全球治理对国际税法的发展方向提出了基本要求；另一方面，国际税法是全球治理的重要工具，其约束着全球治理的发展与运作。[151] 实际上，第一层面的关系就是全球治理理论之于国际税法转型的指导性。除前文论述的全球治理之于国际税法局限性克服之外，全球治理还在以下方面为国际税法转型提供了启发式指导。

1. 类型化国际税法的功能

按照马蒂亚斯·科尼格-阿尔基布吉的理解，国家治理失效的潜在根源决定着全球治理的需求（见表2）。其中，国家治理失效的潜在根源有三：一是相互依赖，政府因为国家权限之外的因素干扰而无法充分履行其职责；二是资源匮乏，包括物质、组织和认知资源不足；三是不情愿，对相关职能不感兴趣或无法察觉问题的存在。相互依赖和资源匮乏是能力问题，而不情愿是动力问题。不同场合下的国家治理失效可能源自单一的或者组合的原因。[152]

一国在国际税法领域的表现，可能存在如下情形：一是国家之间存在相互依赖性，这是全球化导致的必然结果。二是可能存在或不存在资源解决相应的问

[150] ［瑞典］拉斯洛·松鲍法维：《人类风险与全球治理：我们时代面临的最大挑战可能的解决方案》，周亚敏译，中央编译出版社2012年版，第11页。

[151] 刘志云等：《后危机时代的全球治理与国际经济法的转型》，法律出版社2015年版，第13～14页。

[152] ［英］戴维·赫尔德、［英］安东尼·麦克格鲁编：《治理全球化：权力、权威与全球治理》，曹荣湘、龙虎等译，社会科学文献出版社2004年版，第36～37页。

题,因为不同国家在物质、组织和认知资源方面存在不均衡性。例如,在税收征收管理能力方面,发达国家整体上比发展中国家要好。三是意愿可能视情况而定,可能有或没有意愿承担国际税法的相关职能。比如,在避免国际双重征税、防止国际逃避税方面是有意愿的,但是对于防止有害税收竞争,不同的国家表现出不同的态度。按照表2的逻辑,情形2、情形3和情形5,对应的全球治理职责是合作、调解,监督、制裁,援助、替代。但是,税收具有极强的主权属性,在没有全球政府的情况下,国家之间的行为只能是受益行为,而不可能是负担行为。同时,税收主权具有明显的疆域性,具有资源能力的国家不可能替代没有资源能力的国家政府,直接履行它无力充分承担的职责。因此,制裁和替代职能不符合国际税法的本质要求。

**表2 国家失效的潜在根源以及对全球治理的相应需要**

| 情形 | 相互依赖 | 资源 | 意愿 | 问题 | 全球治理职责 |
|---|---|---|---|---|---|
| 1 | 不存在 | 存在 | 存在 | 没有 | 无 |
| 2 | 存在 | 存在 | 存在 | 多元平衡 | 合作、调解 |
| 3 | 存在 | 存在 | 视条件定 | “搭便车” | 监督、制裁 |
| 4 | 不存在 | 不存在 | 存在 | 资源匮乏 | 援助、替代 |
| 5 | 存在 | 不存在 | 存在 | 资源匮乏且具有溢出效应 | 援助、替代 |
| 6 | 不存在 | 存在 | 不存在 | 目标功能紊乱 | 说服、强制、替代 |
| 7 | 存在 | 存在 | 不存在 | 目标功能紊乱且具有溢出效应 | 说服、强制、替代 |

资料来源:[英]戴维·赫尔德、[英]安东尼·麦克格鲁编:《治理全球化:权力、权威与全球治理》,曹荣湘、龙虎等译,社会科学文献出版社2004年版,第37页。

也就是说,国际税法的功能在于合作、调解、监督和援助。在存在相互依赖、资源和意愿的情况下,例如避免国际双重征税,统一标准对所有税收管辖区都有利,但是每个税收管辖区都希望其他的税收管辖区采用自己的标准。在这样的情况下,国际税法需要通过给每个税收管辖区提供可以交流的信息和进行协商的制度框架,以及给协商者提出主要建议以推动合作。在存在相互依赖和资源,而意愿视情况而定的情况下,比如规制有害税收竞争,国际税法的首要任务是通过监督遵守情况来阻止“搭便车”和欺诈行为。在存在相互依赖和意愿,而不存在资源的情况下,比如税收征管能力,国际税法应确保表现较好的国家能够向表现不佳的政府输送物质资源和技术知识,以增强其相应的能力。

2. 合理化国际税法的实施

过去,在发达国家主导经济发展时,面对以发达国家为主导的国际税收制度供给方,发展中国家、弱国等国际税收接收方并没有表现出强烈的反抗,而是借助联合国国际税务合作专家委员会等平台纠偏,进而予以采纳。所以,在相当长的时期内,发达国家主导的技术官僚垄断了国际税法规则的制定与修改,从而决定了国际税法的实施内容和具体走向。如今,新兴经济体在经济上与发达国家的差距逐步缩小,在政治上关于全球议题的话语权不断扩大,其正推动国际关系发生极为广泛和深刻的变化。[153] 他们要求代表发达国家利益的技术官僚们充分考虑新兴经济体在全球价值链中的特殊地位,给予他们更多的机会共同商议国际税法规则的改革,以落实利润应在价值创造地征税之原则。

在技术官僚时代,形式平等的主权开创了税收协调的国际税法实施模式。不可否认,它在避免国际双重征税方面取得了重大成功。然而,这种模式不仅在国际逃避税、税收竞争方面遭遇失灵,还损害了来源国的税收利益。“因为税收协定并非仅仅避免双重征税,同时在协定缔约国间重新分配了税收收入,而且这种分配是有利于居民国利益的。”[154] 实际上,发达国家、大国的国际税收利益之获得,意味着发展中国家、弱国的国际税收利益的损失,整个国际社会的利益没有因此而增加。虽然可以主张避免双重征税有助于促进资本流动,但是根据不同流动性资本来设置不同的税制也意味着税收收入只能达到次优水平。当实施非合作策略会产生次优结果时,就应该采取合作策略。

“全球治理倡导对话、合作、协调,有助于推进国际关系中冲突政治向合作政治转型。”[155] 因此,欲打破发达国家主导的技术官僚的垄断,就必须在政治博弈中强调合作策略。根据全球治理的要求,所有税收管辖区,不论是发达国家、强国还是发展中国家、弱国,在处理国际税收事务时具有平等参与的法律地位,应放弃权力对抗思维,开展各种方式的对话,以便求得共识。并且不能假设各个参与方是为了合作而进行合作,所以必须在各参与方之间公平地分配利益的增量,还要确保合作有益于各参与方,或者至少合作无害于各参与方。

当下,国际税法的实施虽然更多地强调国际合作。然而,国际税收合作议程

---

〔153〕 樊勇明等:《西方国际政治经济学》(第 3 版),上海人民出版社 2017 年版,第 367 页。

〔154〕 [以]亚瑞夫·布朗尔、[意]帕斯奎拉·皮斯顿纳主编:《金砖国家与兴起中的国际税收协作机制》,李娜译,法律出版社 2017 年版,第 22 页。

〔155〕 蔡拓等:《国际关系学》,南开大学出版社 2005 年版,第 419 页。

依旧是以 OECD 为主要倡议者,不同的是获得了 G20 的背书。因此,国际税法转型后的关键性问题是,这些扩大的 OECD 国家倡导的合作是否能服务所有参与方的集体利益。如果合作确实服务了集体利益,那么其他国家确实应该参与合作;但如果合作是以牺牲其他国家利益为代价,服务的却是扩大的 OECD 国家的利益,那么其他国家就应该独立地评估是否参与该合作。遗憾的是,这些合作都是由 OECD 国家倡导的,然后其他国家才逐步参与到合作中,而且许多国家是在近期才逐渐参与到 OECD 国家倡议的合作之中。理性经济人理论显示,OECD 国家倡议的合作是为了促进他们的自身利益,而不一定是为了促进其他国家的利益。有合理理由认为,这类合作在本质上是要创建一个合作的路径,合作所产生的成果则不一定是一个理想的、最佳的国际税法制度。

面向未来,国际税法的实施不能仅仅局限于从技术官僚到政治博弈、从税收协调到国际合作的形式转型,而应该借助全球治理理论,重新审视并评判这种转型是否符合所有参与者的整体利益。当国际税法的实施有利于所有税收管辖区,或者至少不使其他税收管辖区利益受损时,这种实施才是有序的。

## 本章小结

国际税法的生成、转型与国际经济的发展息息相关。一方面,国际税法因国际经济交往发展到一定阶段而生成;另一方面,经济的全球化和数字化发展要求国际税法转型。在近百年的历史发展中,国际税法超越了学者论述之规范性质、部门法性质(国际公法说、国际经济法学、综合部门法说)和多重性质(公法兼私法、国际法兼国内法、程序兼实体法),具备了领域法的属性。与此同时,国际税法在回应国际政治、国际经济和国际社会发展方面时表现出正当性问题、公平性缺失和有效性不足等局限。此时此刻,国际税法正在经历从技术官僚到政治博弈、从经济关联理论到价值创造理论以及从税收协调到国际合作的转型。

治理及其理论的兴起与国际税法的转型具有共因性,全球治理回应问题的全球化,提出综合解决方法,与国际税法以国际税收问题为导向的领域法学性质不谋而合。而且,全球治理所体现的多中心主义、政府间主义、多元行为体的参与、多层次进程、非正式化等特征,可以克服国际税法的局限,有效地增强其正当性、公平性和有效性。因此,可以将全球治理作为国际税法的新范式,指导国际税法的理论转型和制度实践。

# 第二章　全球税收治理的本体论要

全球税收治理的本体,按照哲学意义上的本体,可以被界定为对全球税收治理这一事物的本源和特质的探究。它更适用于被理解成借用哲学的本体概念,但并不完全是采用哲学领域的含义。这里仅仅试图回答“全球税收治理是什么”。全球税收治理本体的分析,对于理解全球税收治理的内涵与外延,区分全球税收治理与国际税收治理、国际税收秩序等,评价全球税收治理在指导国际税法转型方面所具有的功能,都具有不可或缺的意义。

## 第一节　全球税收治理概念的论争*

“概念是社会科学拥有的最基本的研究工具。概念的核心功能在于对我们的观察和经验进行排序和结构化,以便考虑一般命题。”[1]全球税收治理概念是国际税法新范式的基础范畴。在纷繁复杂的相关论述中精准、合理地界定该概念,可以避免模糊使用导致学术论述的混乱,从而提高相关研究成果的累积。

### 一、全球税收治理的源与流

全球税收治理(global tax governance)思想源于全球税(global tax)和世界/国际税收组织(World/International Tax Organization, ITO)的提议和探讨。联合国发展筹资问题的国际会议,包括2002年蒙特雷会议和2008年多哈会议,有效地促进了全球税收治理概念的形成与发展;OECD推动的国际税收改革项目,尤其是BEPS行动计划,使全球税收治理概念得到广泛传播并逐渐热化。

---

* 本章第一、二节内容以《全球税收治理:一个概念的辨析》为题,发表于《河北法学》2021年第6期。

〔1〕 Klaus Dingwerth & Philipp Pattberg, *Global Governance as a Perspective on World Politics*, 12 Global Governance 198 (2006).

其中,全球税之理念最早可追溯至詹姆斯·洛里梅(James Lorimer)在1884年出版的《国际法学的终极问题》(*Ultimate Problem of International Jurisprudence*)一书。他在书中写道:“国际政府的费用应由各国政府向其公民征收的国际税收支付;此类税收的范围应与国家向国际立法机构派遣的代表人数成比例。”〔2〕20世纪早期许多著名的经济学家,如阿尔弗雷德·马歇尔、约翰·梅纳德·凯恩斯和詹姆斯·爱德华·米德也持类似的观点。大约在1945年联合国成立的时候,经济学家和政策制定者经常谈到需要强有力的国际经济政策来避免再次出现萧条和战争的危险。〔3〕对他们来说,全球经济管理甚至全球财富再分配不仅是可取的,还是合乎逻辑的必然。

20世纪50年代至60年代,全球税从人们的视野中消失,成为冷战的牺牲品,并遭到美国政府和许多大公司的强烈反对。直到20世纪70年代,这一想法伴随着环境问题和“全球公域”(global commons)概念,在学术界、非政府组织和一些进步政府中再次获得了动力,并持续至20世纪90年代末。

1972年,联合国人类环境会议建议国际社会考虑全球税。同年,经济学家詹姆士·托宾首次提出了他的全球货币交易税,〔4〕而罗马俱乐部(Club of Rome)在其著名的《增长极限》报告中讨论了为国际组织提供资金的全球税。〔5〕1977年,布鲁金斯学会(Brookings Institution)就此召开了多次会议。同年,联合国某次会议将全球税作为防治荒漠化的可能筹资方式。此后不久,联合国环境规划署发表了两份关于全球税的主要报告。〔6〕1980年,勃兰特委员会(Brandt Commission)审查了一些全球税提案,指出一个普遍和自动的分摊体系将有助于确立全球责任原则,并将成为管理世界经济的一个重要步骤。〔7〕

---

〔2〕 Myron J. Frankman, *International Taxation: The Trajectory of an Idea from Lorimer to Brandt*, 24 World Development 808 (1996).

〔3〕 James A. Paul & Katarina Wahlberg, *Global Taxes for Global Priorities*, Global Policy Forum, WEED and the Heinrich Böll Foundation, 2001, p. 2.

〔4〕 詹姆士·托宾的提议最初是在1972年普林斯顿的艾略特·珍妮威讲座中提出的,提议内容参见 James Tobin, *A Proposal for International Monetary Reform*, 4 Eastern Economic Journal 153 (1978)。

〔5〕 关于罗马俱乐部的报告参见 Meadows Donella H. et al., *The Limits to Growth: A Report for the Club of Rome's Project on the Predicament of Mankind*, Universe Books, 1972, p. 11。

〔6〕 UNEP, *Additional Measures and Means of Financing for the Implementation of the Plan of Action to Combat Desertification*, United Nations, 1979, p. 2 - 7; UNEP, *Study on Financing the United Nations' Plan of Action to Combat Desertification*, United Nations, 1980, p. 2 - 6.

〔7〕 Myron J. Frankman, *International Taxation: The Trajectory of an Idea from Lorimer to Brandt*, 24 World Development 808 (1996).

20 世纪 90 年代,全球税受到前所未有的关注,成为国际社会的主要辩题。一方面,联合国及相关改革主张者在极力推动全球税的开征。1995 年,联合国开发计划署设立了一个关于全球税的研究项目,很快就在托宾税上产生了影响力;[8] 1996 年,时任联合国秘书长的布特罗斯·布特罗斯 - 加利在牛津大学演讲时,呼吁对机票和货币交易征收全球税;同年 7 月,联合国经济及社会理事会就这一主题进行了充分的辩论。另一方面,全球税提议依然遭到许多发达国家的强烈反对,尤其是由参议员杰西·亚历山大·赫尔姆斯领导的美国国会保守派。1996 年,美国国会审议了一项向联合国缴纳会费的法案,条件是联合国放弃对美国公民征税或收费的制定、倡导、推广或宣传提案的努力。在联合国面临财政危机的时期,这一威胁扼杀了其系统内关于全球税的讨论。[9] 而且,随着该法案于 1997 年 11 月 26 日的通过,全球税议案和讨论在联合国层面逐渐减少。

同时,全球治理理论与实践正在兴起。人们开始研究是否可以通过设立 ITO,以应对全球化造成的税收政策的负外部性。1996 年 8 月,时任 IMF 财政事务部主任的维托·坦茨(Vito Tanzi)在特拉维夫国际公共财政学会第 52 次大会上,建议设立 ITO 以负责监督国家税收行为、发布相关税收政策和信息、提供国际社会税收商谈的平台。[10] 之后,IMF 税收高级法律顾问维克多·瑟仁伊(Victor Thuronyi)把建立 ITO 作为解决国际税收机制缺陷和双边条约网络问题的主要对策。[11]

21 世纪前夕,联合国发起召开发展筹资问题的国际会议。为筹备该会议,时任联合国秘书长的科菲·安南委任了以埃内斯托· 塞迪略(Ernesto Zedillo)为首的发展筹资高级别小组(又称塞迪略工作组),就发展筹资问题进行研究。2001 年 6 月 28 日,塞迪略工作组发布了一份工作报告,其中设立 ITO 是该报告的 5 个核心问题之一。该报告认为确实需要通过国际共识建立稳定和契约性的

---

[8] 联合国开发计划署关于托宾税的研究成果参见 Mahbub Ul Haq, Inge Kaul & Isabelle GrunbeRg, *The Tobin Tax: Coping with Financial Volatility*, Oxford University Press, 1996, p. 1 – 318。

[9] James A. Paul & Katarina Wahlberg, *Global Taxes for Global Priorities*, Global Policy Forum, WEED and the Heinrich Böll Foundation, 2001, p. 3.

[10] [以色列]阿沙夫·拉辛、[以色列]埃弗瑞·萨德卡主编:《全球化经济学——从公共经济学角度的政策透视》,王根蓓、陈雷译,上海财经大学出版社 2001 年版,第 209 ~ 223 页。

[11] Victor Thuronyi, *International Tax Cooperation and a Multilateral Treat*, 26 Brooklyn Journal of International Law 1641 (2001).

多边融资新来源,呼吁在联合国系统内成立一个国际税收机构。[12] 虽然这一倡议在 2002 年蒙特雷会议中没有得到国际社会的一致认可,但是它推动了国际税务组织的进一步研究。[13] 更为重要的是,蒙特雷共识确认了全球税收和政策的重要性,激发了发展中国家对国际税收领域的参与。

在此之后,OECD 正式启动了与其他国际组织的税收对话与合作,于 2002 年发起成立了税收征管论坛(Forum on Tax Administration,FTA)。2004 年 11 月 11 日,联合国国际税务合作特设专家组(The Ad Hoc Group of Experts on International Cooperation in Tax Matters)更名为国际税务合作专家委员会(The Committee of Experts on International Cooperation in Tax Matters),由临时专家组升级为常设委员会。FTA 的成立与联合国国际税务合作特设专家组的转型升级,极大地改善了发展中国家参与国际税收事务的平台与机制。

如果说 2002 年蒙特雷会议点燃了全球税收治理的"火焰",那么 2008 年多哈会议则促使了全球税收治理概念的形成与发展。因为多哈会议在延续蒙特雷会议议题的基础上进一步明确:(1)继续进行财税改革,完善预算程序,提高公共财政管理的透明度和支出质量;(2)通过现代化的税收制度、更有效地征税、扩大税收基础和有效打击逃税行为来增加税收;(3)加强技术援助,强化国际合作和参与,支持国家应对国际税收问题;(4)强化联合国国际税务合作专家委员会,促进国际税务合作;(5)促进良好的税务做法,并避免不恰当的做法。[14]

在多哈会议前后,学者们以全球税收治理为核心词汇,对相关问题进行探

---

〔12〕 Ernesto Zedillo et al. ,*Recommendations of the High – level Panel on Financing for Development*, United Nations,2001,p. 14 – 15.

〔13〕 See Whitney Whisenhunt,*To Zedillo or Not to Zedillo*:*Why the World Needs an ITO*,16 Temple International and Comparative Law Journal 541 (2002);"建立国际税收合作组织的研究"课题组:《对中国建立国际税收合作组织若干重大理论政策的研究》,载《经济研究参考》2002 年第 93 期;苏明、王晓悦、张津:《建立国际税收合作组织的研究》,载《税务研究》2003 年第 6 期;凌岚:《建立国际税收组织的动议、发展趋势与我国的对策》,载《涉外税务》2004 年第 5 期;Adrian Sawyer,*Developing an International* (*World*) *Tax Organisation for Administering Binding Rules and APAs – The Way Forward*,21 Australian Tax Forum 287 (2006)。

〔14〕 联合国:《发展筹资问题多哈宣言:审查蒙特雷共识执行情况的发展筹资问题后续国际会议结果文件》,载 https://documents – dds – ny. un. org/doc/UNDOC/LTD/N08/630/54/PDF/N0863054. pdf? OpenElement。

讨。这些研究用词主要包括"global tax governance"[15]与"international tax governance"[16]。两者之间并没有明确的界限,经常在同一语境下被互换使用。

多哈会议召开的2008年,正值全球经济危机,各国遭遇新的财政困局,急需国际合作以应对BEPS。OECD顺势发起并负责推行的BEPS行动计划,借助G20的政治权威,迅速在全球范围内推广开来,同时也把"global tax governance""international tax governance"等概念推向了世界各地。[17]

在中文中,最早使用的词汇是"国际税收的全球治理"。何杨在其2011年8月出版的专著《国际税收的全球治理与中国实践——以转让定价为视角的研究》中,率先使用了"国际税收的全球治理"。[18] 随后,她在参编《2012中国税收发展报告——中国国际税收发展战略研究》时,在与杨志清共同负责的第三章中首次使用了"国际税收治理"这一词汇,遗憾的是他们对此概念并没有进行界

---

〔15〕 Dries Lesage, *Global Taxation Governance after the 2002 UN Monterrey Conference*, 36 Oxford Development Studies 281 (2008); Thomas Rixen, *Tax Competition and Inequality: The Case for Global Tax Governance*, 17 Global Governance 447 (2011); Jan Wouters & Katrien Meuwissen, *Global Tax Governance: Work in Progress?* Leuven Centre for Global Governance, 2011, p. 1 – 31; Insoppak, *Rethinking Global Tax Governance*, 27 Wonkwang Law 379 (2011).

〔16〕 Thomas Rixen, *The Political Economy of International Tax Governance*, Palgrave Macmillan, 2008, p. 11 – 30; Thomas Rixen, *From Double Tax Avoidance to Tax Competition: Explaining the Institutional Trajectory of International Tax Governance*, 18 Review of International Political Economy 1 (2010).

〔17〕 在这之后,有许多以"global tax governance"或"international tax governance"为主题词的论著。代表性的有:Miriam Ronzoni, *Global Tax Governance: The Bullets Internationalists Must Bite – And Those They Must Not*, 1 Moral Philosophy and Politics 37 (2014); Cees Peters, *Chapter 8: Democratic International Tax Governance in the 21st Century in on the Legitimacy of International Tax Law*, IBFD, 2014, p. 291 – 347; Peter Dietsch & Thomas Rixen, eds., *Global Tax Governance: What is Wrong with It and How to Fix It*, ECPR Press, 2016, p. 1 – 2; Teppo Eskelinen & Matti Ylönen, *Panama and the WTO: New Constitutionalism of Trade Policy and Global Tax Governance*, 24 Review of International Political Economy 311 (2017); William Vlcek, *Offshore Finance and Global Governance: Disciplining the Tax Nomad*, Palgrave Macmillan, 2017, p. 129 – 154; Eva Andres Aucejo, *Towards an International Code for Administrative Cooperation in Tax Matter and International Tax Governance*, 40 Revista Derecho del Estado 1 (2018); Tarcisio Diniz Magalhaes, *What is Really Wrong with Global Tax Governance and How to Properly Fix It*, 10 World Tax Journall (2018)。

〔18〕 作者在专著名称和具体章节上用的都是"国际税收的全球治理"。然而不知为何,在界定该概念时又使用了"国际税收领域的全球治理"。参见何杨:《国际税收的全球治理与中国实践——以转让定价为视角的研究》,经济科学出版社2011年版,第20页。

定。[19] 此外,与此相关的概念还有学者较早归纳总结的“涉税国际治理”(tax – related for international governance)。[20]

有趣的是,国际税收治理概念在中国的发展并非学术研究之功,而是官方自上而下推动的。2013 年 9 月 5 日,国家主席习近平在俄罗斯圣彼得堡参加 G20 峰会,作了题为《共同维护和发展开放型世界经济》的发言。他在报告中承诺:“中国支持加强多边反避税合作,愿为健全国际税收治理机制尽一份力。”[21] 随后大量的报道极大地促进了国际税收治理在中国的传播。而且,我国在 2016 年 5 月承办了第十届 FTA 大会,在 2016 年 9 月承办了 G20 峰会,在 2017 年 7 月召开了金砖国家税务局长会议。可以说,这一系列的会议促使国际税收治理上升为国家战略。为回应国家治理需求,学者们才陆陆续续地以“国际税收治理”为主题词进行相关问题的研究。[22]

除此之外,还存在全球税收治理的话语体系。2015 年 10 月 27 日,时任财政部副部长的史耀斌在第十九届中韩税收政策交流会中致辞指出:“在国际税收方面,中国政府深度参与 G20 的全球税收治理工作,并积极发挥建设性作用。”[23] 2016 年 5 月 11 日,时任国务院副总理的张高丽在第十届 FTA 大会开幕式中致辞强调:“税收征管论坛要发挥领导力,促进国际税改项目实施,加强全球税收治理,推动构建‘创新、活力、联动、包容’的世界经济。”[24] 正是在官学交

---

〔19〕 汤贡亮主编:《2012 中国税收发展报告——中国国际税收发展战略研究》,中国税务出版社 2013 年版,第 76 ~ 96 页。

〔20〕 需要说明的是,作者在其论著中使用的是“涉税国际治理体系”(tax – related system for international governance)这一概念。与全球税收治理概念相对应,本书萃取了其中的“涉税国际治理”(tax – related for international governance)一词。参见邓力平:《涉税国际治理体系回顾与展望——写在中国加入 WTO 十周年之际》,载《涉外税务》2011 年第 9 期。

〔21〕 习近平:《共同维护和发展开放型世界经济——在二十国集团领导人峰会第一阶段会议上关于世界经济形势的发言》,载《人民日报》2013 年 9 月 6 日,第 2 版。

〔22〕 梁若莲:《应对金融账户涉税信息自动交换推进国际税收治理现代化》,载《国际税收》2015 年第 3 期;叶莉娜:《国际税收治理时代设定国际税务组织的思考》,载《国际经济法学刊》2015 年第 2 期;张景华、吕铖钢:《国际税收治理中的税收管辖权逻辑》,载《税务研究》2016 年第 7 期;白彦锋、苏璐璐:《苹果公司避税案与国际税收治理新挑战》,载《税收经济研究》2017 年第 1 期;孔志强:《国际税收竞争治理与发展中国家的应对策略》,载《甘肃政法学院学报》2018 年第 3 期;刘志阔等:《中国企业的税基侵蚀和利润转移——国际税收治理体系重构下的中国经验》,载《经济研究》2019 年第 2 期。

〔23〕 宗禾:《史耀斌出席第十九届中韩税收政策交流会》,载《中国财经报》2015 年 10 月 29 日,第 1 版。

〔24〕 新华社:《张高丽在第十届税收征管论坛大会上强调——加强全球税收合作 推动世界经济发展》,载《人民日报》2016 年 5 月 12 日,第 1 版。

织中，全球税收治理成了与国际税收治理平行使用的词汇。同样，学者们亦以“全球税收治理”为主题词进行了相关研究。[25]

全球税收治理发轫于“全球税”之理念，培植于国际税收的理论与实践，深受国际政治经济议程的影响。整体而论，关于全球税收治理的研究尚处于起步阶段，缺乏系统性和深入性。

## 二、全球税收治理概念的不同表述

根据文献综述，可以发现“全球税收治理”概念的主要表述有“全球税”治理、国际税收的全球治理、国际税收治理和全球税收治理。

### （一）“全球税”治理

“全球税”治理概念阐释的是税收之于全球治理的财政支撑功能。正如萨尔塔杰·阿齐兹（Sartaj Aziz）所言，“全球治理有许多不足之处，但最明显的是缺乏独立的国际活动财政基础”，“实行全球税的压倒性理由在于它对全球治理的潜在贡献”[26]。许多危机威胁着一个全球化的世界，包括国际金融不稳定、日益严重的全球贫困、全球变暖和无边界的流行病。科学的解决方案需要密切的国际合作和更强有力的全球机构，尤其需要大量新的财政资源资助全球公共卫生，采取措施实现环境可持续性，并建立确保全民教育和生计的项目。但是，国际项目和组织不能仅仅依靠民族国家的贡献，更不能依靠私人慈善机构或商业“伙伴关系”。它们必须开发独立的收入来源，为全球一级的公共目的提供资金。此种通过全球税[27]的实施来解决全球性问题的过程，即“全球税”治理。

何为全球税？维基百科这样解释：“全球税或世界税是一种由中央国际税

---

[25] 崔晓静：《全球税收治理中的软法治理》，载《中外法学》2015年第5期；任际：《国际税法新发展：全球税收治理与国际法律意识》，载《辽宁大学学报（哲学社会科学版）》2016年第3期；王丽华：《全球税收治理及中国参与的法治进路》，载《环球法律评论》2017年第6期；毛瑞鹏：《全球税收治理转型中的制度竞争——以OECD为中心的分析》，载《世界政治研究》2018年第2期。

[26] Sartaj Aziz, *International Taxation Alternatives and Global Governance*, 11 Global Governance 131 (2005).

[27] 全球税，英文常见表述为global tax和international tax，偶尔也作world tax。鉴于international tax有约定俗成的含义，而world tax鲜有学者使用。因此，本书把一系列有关全球税收的提案统称为global tax。

务局征收税款的拟议制度。"[28]理查德·M. 伯德（Richard M. Bird）将其定义为"不是任何一个国家征收的税，而是一组国家在区域甚至全球范围内征收的税"[29]。从文献综述看，关于全球税并没有一个明确的定义，也很少有学者直接定义全球税，对其概念的讨论更多是结合具体的税收提案。

迈伦·J. 弗兰克曼（Myron J. Frankman）简称其为"为支持国际组织、维护国际秩序和发展而设立国际税收的建议"[30]。詹姆斯·A. 保罗（James A. Paul）和卡塔琳娜·瓦赫伯格（Katarina Wahlberg）则将其归纳为 13 种，具体包括碳排放税（carbon tax）、货币交易税（currency transaction tax）、航空燃油税（aviation fuel taxes）、电子邮件/互联网税（email/internet taxes）、世界贸易税（tax on world trade）、使用海洋和地球大气税（tax on use of the oceans and earth's atmosphere）、国际航空运输税（international air transport tax）、国际军火贸易税（tax on the international arms trade）、海洋倾倒罚款（fines for ocean dumping）、地球轨道卫星的"停车费"（"parking fee" for earth - orbiting satellites）、使用无线电/电视/移动电话等电子光谱费、跨国公司利润税（tax on the profits of transnational corporations）、国际广告税（tax on international advertising）等内容。[31] 吉莉安·布罗克（Gillian Brock）沿用了詹姆斯·A. 保罗和卡塔琳娜·瓦赫伯格的整理，进一步把这些全球税收入命名为"全球正义基金"。[32] 然而，在理查德·M. 伯德看来，全球税提案包括对网络空间、自然资源、国际金融、烟草、国际运输以及碳排放等方面的征税。[33]

从这些提案中可以归纳出，"全球税"治理有三层含义：

一是税收支撑。在全球化的世界中，联合国和其他国际机构必须找到大量新的资金来应对新出现的危机和促进全球公共目标。税收每年可以为保护环境

---

〔28〕 Wikipedia, *World Taxation System*, Wikipedia (Apr. 10, 2019), https://en.wikipedia.org/wiki/World_taxation_system.

〔29〕 Richard M. Bird, *Are Global Taxes Feasible?*, 25 International Tax and Public Finance 1373 (2018).

〔30〕 Myron J. Frankman, *International Taxation: The Trajectory of an Idea from Lorimer to Brandt*, 24 World Development 807 (1996).

〔31〕 See James A. Paul & Katarina Wahlberg, *Global Taxes for Global Priorities*, Global Policy Forum, WEED and the Heinrich Böll Foundation, 2001, p. 17 - 21.

〔32〕 Gillian Brock, *Taxation and Global Justice: Closing the Gap between Theory and Practice*, 39 Journal of Social Philosophy 161 (2008).

〔33〕 Myron J. Frankman, *International Taxation: The Trajectory of an Idea from Lorimer to Brandt*, 24 World Development 807 (1996).

的项目、公共卫生措施、克服贫困的项目以及防止战争和国内冲突的举措增加数百亿美元甚至数千亿美元。

二是政策导向。全球税可以产生强大的政策导向效应。例如,碳税可以减少二氧化碳排放,减缓全球变暖的危险影响;货币交易税可以让货币交易系统"运转正常",减少可能伤害数百万人的波动和投机;其他税收可以减少海洋污染或减少武器贸易。

三是收入分配。全球税还可以通过系统重新分配收入,帮助世界上最贫穷的人摆脱贫困,从而帮助克服世界上日益加剧的不平等。这种再分配将遵循近一个世纪前国家税收制度引入的收入再分配模式。

### (二)国际税收的全球治理

虽然伊索普·帕克在2004年探讨财政全球化与国家财政主权关系时,较早地使用了"global governance in the international tax",但是他并没有对这一用语进行明确的界定。[34] 而且,在此之后,英文文献中并没有沿用此概念。

在中文中,何杨率先使用并界定了"国际税收的全球治理"这一概念。在她看来,国际税收的全球治理,或者说国际税收领域的全球治理,"就是对于国际税收领域的全球性问题,目前主要表现为双重征税、跨国逃避税、有害税收竞争等现象,采取各种正式或非正式的形式,由各国采取相互协调方式所进行的综合治理"[35]。之所以要推行国际税收的全球治理,是因为跨国市场失灵、税收管辖权的冲突、税收政策的国际外溢性和全球公共物品的供给,而实施国际税收全球治理的基本机制有三类:一是国际税收协定;二是国际组织的指引;三是大国的影响力。其中,国际税收全球治理机制的主体是主权国家,核心是国际协调与合作,基础是国际税收协定;税收协定代表"硬约束",国际组织代表"软约束",主权国家须在"硬约束"和"软约束"下进行协调与合作。董学智在探讨全球治理语境下的国际税法重塑问题时,基本采用了何杨对国际税收的全球治理的概念

---

〔34〕 Insop Pak, *International Finance and State Sovereignty: Global Governance in the International Tax Regime*, 10 Annual Survey of International & Comparative Law 165 (2004).

〔35〕 何杨:《国际税收的全球治理与中国实践——以转让定价为视角的研究》,经济科学出版社2011年版,第20~21页。

界定,[36]也认可了其关于国际税收全球治理原因和机制的论述。不同的是,董学智将此称为"国际税法领域的全球治理",同时认为国际税法项下"正式"的形式是指"法律机制","非正式"的形式是指"规范安排",其不仅包括"相互协调",还涵盖"相互合作"。

(三)国际税收治理

德国柏林社会科学研究中心的托马斯·里克森教授在其2008年出版的专著《国际税收治理的政治经济学》(*The Political Economy of International Tax Governance*)中,首次系统地分析且阐释了国际税收治理(international tax governance)的问题、经验、制度选择与发展。在他看来,"国际税收治理包括在单边、双边和多边层面上相互作用的几个要素"[37]。其中,避免双重征税是一个存在冲突的协调博弈,双边措施可以最好地解决各国对税收分配和与税基相关的其他经济利益的关切。然而,随着经济越来越全球化,这种"维护主权"的设置使逃税、避税和税收竞争等相关现象成为可能。这些问题展示了不对称囚徒困境在制度上要求更高的战略结构。因此,他主张从根本上改变税收博弈的合作解决方案,最终需要建立多边机构,这些机构能够有效地对各国实施规则。由此可知,托马斯·里克森论述的国际税收治理,是国际双重征税、国际逃避税、国际税收竞争等问题的单边、双边或多边方式的处理。

杨志清和何杨在合撰《2012 中国税收发展报告——中国国际税收发展战略研究》第三章"国际税收治理机制与中国国际税收管理体系规划"时,探讨了国际税收治理的框架。[38] 从章节报告的内容来看,国际税收治理框架包括国际税收管理制度、国际税收治理体系和国际税收治理机制。国际税收管理制度涵盖国际税收基本规则(单一课税原则与受益原则)和国际税收管辖权(属人管辖权和属地管辖权或来源地管辖权)。国际税收治理体系包括多边国际组织(主要是 OECD 和 UN)、国家间组织[如国际联合反避税中心、美洲税收管理中心

---

[36] "国际税法领域的全球治理,就是对于国际税法领域的全球性问题,目前主要表现为双重征税、跨国避税、有害税收竞争等现象,采取各种正式的法律机制或非正式的规范安排等形式,由各国采取相互合作与协调方式所共同进的综合治理。"参见董学智:《BEPS:全球治理语境下重塑国际税法——以税收征管的国际合作与协调为视角》,载《财税法论丛》2015 年第 2 期。

[37] Thomas Rixen, *The Political Economy of International Tax Governance*, Palgrave Macmillan, 2008, p. 1.

[38] 汤贡亮主编:《2012 中国税收发展报告——中国国际税收发展战略研究》,中国税务出版社 2013 年版,第 76~95 页。

(Inter - American Centre of Tax Administration CIAT)、英联邦税收管理组织、亚洲税收管理与研究组织(Study Group on Asian Tax Administration and Research, SGATAR)]和国际税收组织[如国际财政文献局(International Bureau of Fiscal Documentation, IBFD)、国际财政协会(International Fiscal Association, IFA)、亚太税务师协会、亚洲税收论坛]。国际税收治理机制涉及的问题有国际税收与资本流动、劳动力流动。

吕铖钢在研究制税权时,对国际税收治理概念作出了明确的界定。他认为,国际税收治理"是以制税权为依据,协调国家与国家之间的税收关系"[39],涵盖国际税收秩序、国际税收竞争、区域税收规则和国际税收协定四个层次的治理内容。第一层次是国际税收秩序的形成,即在参与国际税收规则制定时,尽可能将本国国家利益融入具体的税收规则;第二层次是国际税收竞争的参与,即坚守税率底线,营造良好税收法律环境,公平有序地参与竞争;第三个层次是区域税收规则的重写,即努力影响或主导区域税收规则的制定,促进具有重大影响力的区域经济组织的形成;第四个层次是国际税收协定的谈签,尽可能完善税收协定网络,推进税收行政合作,发挥税收对投资与贸易的促进作用。在他看来,国际税收治理的终极目标在于维护国家税收利益。

### (四)全球税收治理

伊索普·帕克是最早使用"global tax governance"的学者,但是对这一概念明确进行界定的学者当属彼得·迪茨奇和托马斯·里克森。他们在 2016 年 2 月主编出版的《全球税收治理:它有什么问题以及如何修复》(*Global Tax Governance: What is Wrong with It and How to Fix It*)第一章中指出:全球税收治理是一系列涉及跨境交易或具有其他国际影响的税收问题的管理机制。[40] 根据他们的论述,这一定义意味着,全球税收治理不需要,但可能涉及税收权力——向公民征税的权力的全部或部分,转移到国际一级。目前,征税权与民族国家有千丝万缕的联系。虽然全球税收治理以各种方式限制和塑造了一个国家的税收权力,但它完全由管理国家税收制度之间相互作用的机构组成。他们认为,目前大多数关于全球税收治理的讨论仅限于直接税。这是因为根据目前的体制安

---

[39] 吕铖钢:《税收治理、竞争参与和国家利益——主权理念下对制税权的初步阐释》,载《江汉学术》2017 年第 1 期。

[40] Peter Dietsch & Thomas Rixen eds. , *Global Tax Governance: What is Wrong with It and How to Fix It*, ECPR Press, 2016, p. 3.

排,间接税的国际方面在国际贸易制度中得到了处理。但是,这并不能否认间接税属于全球税收治理的范围。

在国内,崔晓静在2015年发表在《中外法学》的论文《全球税收治理中的软法治理》中率先使用了"全球税收治理"。她将全球税收治理区分为硬法治理和软法治理。前者以国际税收条约、国际税收习惯等硬法渊源为载体,具有正式约束力和作用;后者以国际税法的软法渊源为框架内容,依赖由多元主体形成的网络治理结构及其功能运作,具有与国际税法原则、规范"协同一致"的效力。在她看来,全球税收治理主体具有多元性,涵盖主权国家和政府间国际组织(Inter – Government Organization,IGO)、非政府间国际组织(Non – Governmental Organizations,NGO)、跨国公司等主体,其中主权国家是基本主体而非唯一主体。[41]

任际在2016年总结国际税法新发展时指出,"'全球税收治理'是国际法律意识下的国际税收秩序的理念、方法和过程"。她认为不能简单以形式理解全球税收治理概念。全球税收治理既不是单一治理概念和全球治理在某一领域的问题,也不是全球化税收、全球化税收机构或全球征税的问题,而是税收和税制属于全球的问题。她认为全球税收治理的目标是实现税收公平,具体而言是通过具有全球意义的税收制度和体系的建立、健全,以实现对全球负税和税收侵蚀等不公平现象和行为的防范和治理。为实现这一目标,全球税收治理应具有税收透明度原则、全球税收公平标准、发达国家和发展中国家共享税收分配和国际税收争议解决机制等体系内容。[42]

王丽华于2017年在阐释中国参与全球税收治理的法治进路当中,说明了全球税收治理的概念,并提出了全球税收治理的构成要素。她认为,"全球税收治理是全球税收利益相关者的多元协同治理"。全球税收治理包括主体(政府间国际组织是重要参与者,非政府组织、跨国公司等是组成部分)、规制(硬法与软法)、对象(逃避税收导致的侵蚀税基转移润问题)、价值(民主、公平、公正)和结果(税收规制的合理性、税收治理措施的可操作性)等五个构成要素。[43]

## 三、全球税收治理概念评析

对概念的梳理不在于重述前人的研究成果,而在于综述的过程中呈现界定

---

〔41〕 崔晓静:《全球税收治理中的软法治理》,载《中外法学》2015年第5期。

〔42〕 任际:《国际税法新发展:全球税收治理与国际法律意识》,载《辽宁大学学报(哲学社会科学版)》2016年第3期。

〔43〕 王丽华:《全球税收治理及中国参与的法治进路》,载《环球法律评论》2017年第6期。

内容的可取或不可取之处,从而为逻辑自洽的全球税收治理概念体系之形成注入理性。通过对上述概念的梳理,可以发现关于全球税收治理概念的使用具有多样性、随意性,国内外研究的差异性,以及具体内容界定的不周延性。

(一)概念使用的混乱

目前,与全球税收治理相关的概念有全球税治理、国际税收的全球治理、国际税收治理、全球税收治理等四大类。在每一类概念下,都有不同的表述。

全球税有"global tax"和"international tax"之别,同时提案建议涉及的全球税多达13种。"国际税收的全球治理"对应"global governance in the international tax",但在此项下还有"国际税收领域的全球治理"和"国际税法领域的全球治理"。有趣的是,"国际税收的全球治理"、"国际税收领域的全球治理"和"国际税法领域的全球治理"三者之间的界定没有实质区别,而且有学者同时使用了"国际税收的全球治理"和"国际税收领域的全球治理"。[44]

"国际税收治理"对应的是"international tax governance","全球税收治理"对应的是"global tax governance"。有学者在使用"global governance in the international tax"的同时,也采纳了"global tax governance"。[45] 还有学者在同一论著中,同时使用"international tax governance"和"global tax governance"。[46] 还有学者在先后的研究中,分别使用"international tax governance"和"global tax governance"分析同一问题。[47]

另外,如本节第一部分所述,即使是官方的发言及其宣传报道也没有区分"国际税收治理"和"全球税收治理"。又如,在国家税务总局国际税务司和国家税务总局税收宣传中心编写的《党的十八大以来国际税收改革发展综述》中,"国际税收治理"、"全球税收治理"和"国际税收管理"同时出现,而且也没有明

---

[44] 何杨:《国际税收的全球治理与中国实践——以转让定价为视角的研究》,经济科学出版社2011年版,第20页。

[45] Insop Pak, *International Finance and State Sovereignty: Global Governance in the International Tax Regime*, 10 Annual Survey of International & Comparative Law 165 (2004).

[46] Thomas Rixen, *The Political Economy of International Tax Governance*, Palgrave Macmillan, 2008, p. 1, 51.

[47] Thomas Rixen, *The Political Economy of International Tax Governance*, Palgrave Macmillan, 2008, p. 11, 571; Peter Dietsch & Thomas Rixen eds., *Global Tax Governance: What is Wrong with It and How to Fix It*, ECPR Press, 2016, p. 1.

确的界限与区分。[48]

由此可见,全球税收治理概念的使用存在极大的随意性,甚至可以说整体上处于混沌阶段。歧见丛生的用语难以支撑全球税收治理的话语体系及其制度实践,也不利于学术传播、交流与积累,因而有待进一步科学、合理地界定全球税收治理概念。

### (二)国内外研究差异

国内外税收的政治、经济、文化和社会等因素的不同,导致关于国际税法研究的差异素来有之。这些差异折射在全球税收治理概念之上,表现在研究视角、研究进路、研究内容、研究方法等方面。

从研究视角来看,国外关于全球税收治理概念的研究更多是基于国际政治学的视角,阐述的是主权国家在全球化中如何更好地应对全球税收问题。例如,国外关于全球税收治理研究最具影响力的论著《国际税收治理的政治经济学》和《全球税收治理:它有什么问题以及如何修复》,都是基于国际政治学的研究视角,而且研究者的学科背景也主要是国际政治学。国内的则是基于中国立场,分析中国如何参与全球税收治理,以及如何在全球税收治理中维护国家税收利益。研究者的学历背景大多数是涉税相关专业,例如,何杨是税收学,崔晓静、任际、王丽华都是国际法学,吕铖钢是经济法学。

从研究进路看,国外关于全球税收治理概念的研究与国际税收政策的发展没有直接相关的联系。或者说,国际税法的国际政治经济议程是全球税收治理概念研究的促进因素,不是决定的因素,而国内关于全球税收治理概念的研究,依赖于国际税法的国际政治经济议程,以及官方自上而下的倡导。

从研究内容看,国外早期较为关注"全球税"治理。但是,国内迄今为止尚未有学者系统论述过全球税。而且,由"全球税"治理衍生的国际税务组织设定问题,也没有太多的学者关注。当全球税在联合国系统内遭受严重阻碍之后,国外学者把目光更多聚焦在现行国际税法制度存在的问题上,探索国际税收治理或全球税收治理之道。国内的研究从国际税收的全球治理中渐次进入国际税收治理或全球税收治理,其强调的是维护国家税收利益。

从研究方法看,国外倚重历史变迁、案例归纳和博弈分析,注重分析制度所暗含的逻辑。国内关于全球税收治理的研究依赖的是理论注解,即按照全球治

---

[48] 国家税务总局国际税务司、国家税务总局税收宣传中心:《深度参与国际税收改革 书写大国税务责任担当——党的十八大以来国际税收改革发展综述》,载《国际税收》2017 年第 11 期。

理理论对国际税法领域发生的事件进行解释,从而构建全球税收治理的分析框架和制度逻辑。因而,国内对全球税收治理概念的界定更为细致。

### (三)科学界定的缺乏

国内外大多数学者关于全球税收治理概念的界定都存在不同程度的问题,这对更准确地理解全球税收治理造成了障碍。

首先,全球税收治理概念存在晦涩难懂、含义不定的问题。例如,崔晓静把全球税收治理描述为硬法治理与软法治理的统一。但是,学界关于软法定义尚未有统一定论。正如她自己在论文中指出的那样:"针对软法的界定、约束力与实际作用,理论上给出了各种分析。"[49]又如,任际关于全球税收治理的定义,用了"国际法律意识"和"国际税收秩序"两个不确定性的专业术语。这并没有体现全球税收治理的鲜明特征,反而明显加大了研究者理解的难度。

其次,全球税收治理概念存在同语反复,循环定义。例如,何杨关于国际税收的全球治理或国际税收领域的全球税收治理的界定,其定义项中就直接包括了被定义项"国际税收""国际税收领域""治理",这样何以解释得全然透彻呢?又如吕铖钢关于国际税收治理的界定,根据他的解释,定义项中的"制税权"包括税收管辖权和税收竞争权,而根据国际税法的一般理论,国际税法调整的国际税收关系包括税收管辖权冲突引起的国际税收分配关系。这就意味着,依据税收管辖权与协调国家与国家之间的国际税收分配关系是同语反复。再如王丽华的定义,其概念用语6个字中"全球税收""治理"依次出现在定义项中,使解释的程度大打折扣。

最后,全球税收治理概念存在定义过宽的问题。例如彼得·迪茨奇和托马斯·里克森的定义,其把全球税收治理理解为所有与跨境交易或具有其他国际影响的税收问题相关的管理机制。显然,这一定义过宽,因为国际影响的税收问题包括很多,其中国际组织的经费问题,就是所有国际组织面临的财税问题,并不必然是全球税收治理的内容。又如王丽华的界定,其把全球税收治理理解为全球税收利益相关者的多元协同治理。可以说,全球居民都是全球税收利益相关者。但是,目前至少普通纳税人是被排除在国际税法的议程之外的。

---

〔49〕 崔晓静:《全球税收治理中的软法治理》,载《中外法学》2015年第5期。

## 第二节 全球税收治理内涵的辨析

好的定义对于消除歧异性,减少模糊性,给出理论的解释非常有帮助。纷繁复杂的全球税收治理概念,不利于推进建立在此基础上的国际税法新范式的研究。因此,有必要在现有研究的基础上明确界定全球税收治理的内涵,甄别其与相关概念之间的异同,提炼更为精简、准确的概念。

### 一、全球税收治理内涵提炼

一般而论,提炼一个概念时最科学有效且被广泛使用的方法是属加种差定义法,而通过属加种差来定义一个词汇要经过两步,首先找出一个包括被定义的那个种的较大的类("属"),其次确定被定义的那个种的元素与那个属的其他所有种的元素区分开来的性质("种差")。〔50〕 因为有关全球税收治理概念的使用混乱,所以必须先统一被定义项词汇,然后按照属加种差定义法的步骤提炼其内涵。

#### (一)被定义项的统一

如前所述,被定义项的词汇有"全球税"治理、国际税收的全球治理、国际税收治理、全球税收治理等多种称谓。其中,"税收"和"治理"是公因式,因此"税收治理"予以保留。

至于"税收治理"的修饰词是"全球"还是"国际",应从两者本源出发比较并进行甄别。《现代汉语词典》载明,"全球"的通常含义是"整个地球,全世界";"国际"是指"国与国之间的,世界各国之间的""世界或世界各国"。〔51〕《剑桥国际英语词典》解释:"global"词义为"relates to the whole world"和"considering all parts of something","international"意指"involving more than one country"。〔52〕显然,不论是在中文项下,还是在英文项下,"全球"强调的是国家组成的整体世

〔50〕 [美]欧文·M. 柯匹、[美]卡尔·科恩:《逻辑学导论》(第 11 版),张建军、潘天群等译,中国人民大学出版社 2007 年版,第 117~120 页。

〔51〕 中国社会科学院语言研究所词典编辑室编:《现代汉语词典》(第 6 版),商务印书馆 2012 年版,第 495、1077 页。

〔52〕 [英]普洛克特编著:《剑桥国际英语词典》,上海外语教育出版社 2001 年版,第 1062~1063、1321 页。

界,而"国际"强调的是整体世界中的国家。也就是说,全球税收治理站在整体世界的视角,而国际税收治理立足于主权国家视角。事实上,税收问题已经超越国家之间而具有全球性的特征,此点前文已有论证,在此不再赘述。因此,全球税收治理更契合税收问题的全球性特征。

在这样的逻辑下,似乎"国际税收的全球治理"也适合。但是,"国际税收的全球治理"的重点是"国际税收"的"全球治理",这既割裂了"国际税收"的"国内治理"和"全球治理",又破坏了"国际税收"和"国内税收"的"治理"一体化。此外,通过全球治理的方式应对××问题,一般称为"全球××"治理,比如经济问题对应的是全球经济治理,环境问题对应的是全球环境治理。因此,将税收问题领域的全球税收治理称为"全球税收治理"更为妥帖。

"在某些情况下,超国家税收的确有很好的论据,在制定政策建议时,总是值得考虑的理想。但是,无论全球税的想法在原则上有多好,其都还没有被接受。原因很简单:没有一个全球性的政府,就不可能有全球性的税收。"〔53〕也就是说,"全球税"仍旧是空中楼阁,缺乏实践理性和制度基础。

综上所述,与全球税收治理相关的概念,也就是被定义项,宜统一为"全球税收治理",英译对应的是"global tax governance"。

### (二)邻近的属之寻找

邻近的属是全球税收治理一系列上位概念中外延最小的上位概念。因此,寻找邻近的属,就是寻找全球税收治理外延最小的上位概念。主要观点如下:

第一,把全球税收治理直接解释为全球治理的重要组成部分或新议题,如张泽平〔54〕、王丽华〔55〕等人的观点。尽管很多学者都在使用全球治理这一概念,但究竟什么是全球税收治理,如何对全球税收治理进行界定,并没有一致的看法。詹姆斯·N.罗森索(James N. Rosenau)把全球治理理解为一种规则体系,〔56〕劳伦

---

〔53〕 Richard M. Bird, *Are Global Taxes Feasible*?, 25 International Tax and Public Finance 1372 (2018).

〔54〕 虽然原文论述的是"国际税收秩序是全球治理的重要组成部分",但是作者所述之内容仍然是全球税收治理的范畴,只不过其未使用后者的概念而已。参见张泽平:《全球治理背景下国际税收秩序的挑战与变革》,载《中国法学》2017 年第 3 期。

〔55〕 王丽华:《全球税收治理及中国参与的法治进路》,载《环球法律评论》2017 年第 6 期。

〔56〕 "全球治理是一个包括控制行为追求目标产生跨国影响的所有人类活动——从家庭到国际组织——的规则体系。" James N. Rosenau, *Governance in the Twenty - first Century*, 1 Global Governance 13 (1995).

斯·S.芬克尔斯坦(Lawrence S. Finkelstein)将全球治理解释为一种活动,[57]全球治理委员会认为全球治理是一个过程。[58] 无论是作为规则体系的全球治理,还是作为一种活动或者一个过程的全球治理,它的根本在于回应超出主权国家管辖范围和能力的各类全球性问题,包括税收问题。显然,全球税收治理是全球治理的重要组成部分或者新议题。需要指出的是,这一理解仅仅把握了全球税收治理与全球治理的相似性,而没有更深入地剖析全球税收治理在全球治理中的独特属性,更何况全球治理并不是全球税收治理最邻近的"属"。

第二,认为全球税收治理是全球经济治理的一部分,如王军[59]、龚祖英[60]、廖体忠[61]等人的观点。从论述者的身份来看,这实际上是官方所持观点。正如国家税务总局国际税务司和国家税务总局税收宣传中心在总结党的十八大以来的中国国际税收改革时指出的,全球税收治理是全球经济治理的重要组成部分。[62] 当然,也有一些学者采信了这一观点。[63] 税收作为与经济发展息息相关的因素,税收问题的全球治理理所当然可归属于全球经济治理。联合国把全球经济治理界定为"多边机构和进程在影响全球经济政策、规则和法规方面发挥的作用"[64]。周宇认为全球经济治理是指"在一部分或全体主权国家之间进行的、超越国家主权的经济合作和共治"[65]。邹志强认为,"全球经济治理是指主权国家、国际组织和全球公民社会组织通过正式与非正式的、多边或双边的、地区或全球形式的具有约束力和规范作用的国际机制和规则解决全球性经济问

---

[57] "全球治理就是在没有主权权威的情况下对超越国家边界的各种关系的治理。全球治理就是在国际上做国家政府在国内做的那些事情。" Lawrence S. Finkelstein, *What Is Global Governance*, 1 Global Governance 367 (1995).

[58] "治理是各种或公或私的个人和机构经营管理相同事务的诸多方式的总和。它是使相互冲突的或不同利益得以调和并且采取联合行动的持续的过程。" Commission On Global Governance, *Our Global Neighborhood*, Oxford University Press, 1995, p. 3.

[59] 王军:《更好发挥税收在服务"一带一路"建设中的积极作用》,载《学习时报》2019年4月26日,A1版。

[60] 陈双专:《在全球经济治理中推进中国国际税收管理——专访国家税务总局国际税务司司长龚祖英》,载《国际税收》2013年第11期。

[61] 廖体忠:《深度参与全球税收合作 持续打造国际税收升级版》,载《国际税收》2016年第5期。

[62] 国家税务总局国际税务司、国家税务总局税收宣传中心:《深度参与国际税收改革 书写大国税务责任担当——党的十八大以来国际税收改革发展综述》,载《国际税收》2017年第11期。

[63] 例如,杨志勇在论文《实施"一带一路"战略的财税政策研究》(《税务研究》2015年第6期)中阐述道:"国际税收治理是全球经济治理的一部分。"

[64] UN, *Global Economic Governance and Development: Report of the Secretary - General* (*A/66/506*), https://www.un.org/ga/search/view_doc.asp? symbol = A/66/506&Lang = E.

[65] 周宇:《全球经济治理与中国的参与战略》,载《世界经济研究》2011年第11期。

题，维护正常稳定的国际经济秩序而采取的联合行动或措施”[66]。由此可见，对全球经济治理的理解深嵌在对全球治理的研究之中，与全球治理一样都没有形成统一的认识。虽然全球税收治理客观上是全球经济治理的一部分，但是全球经济治理无法揭示全球税收治理的本质属性。

第三，将全球税收治理界定为一种机制、理念、方法和过程，如任际[67]、彼得·迪茨奇和托马斯·里克森、[68]毛瑞鹏[69]等人的观点。在他们的论述中，这种机制是国际税收的原则、规范、规则和程序的集中体现，而理念、方法和过程是国际税收秩序的理念、方法和过程。因此，全球税收治理的界定与国际税收息息相关。更确切地说，全球税收治理是国际税收的一种新的表现形式。但是，这种界定仅仅说明了全球税收治理与国际税收的联系，而没有阐释全球税收治理对于国际税收理论与实践的功能和作用。而且，机制、理念、方法和过程等亦是十分泛化的词汇，如何确保将其定义得不宽不窄，仍旧是个大问题。

这三类观点折射出全球税收治理定义的几组逻辑：一是从全球治理到全球税收治理；二是从全球经济治理到全球税收治理；三是从国际税收到全球税收治理。细究而言，还包括从治理到全球治理再到全球税收治理。[70] 然而，这四组逻辑可归纳为两类，一是从治理到全球税收治理，二是从税收到全球税收治理。然而，治理要区分的是统治、管辖、支配、控制等思想和观念，这与全球税收治理概念的源流并不一致。因为全球税收治理是在以税收主权绝对性为原则构建的税收制度不适应政治、经济全球化发展的背景下应运而生并逐渐兴起的。也就是说，尽管全球经济治理是较为接近全球税收治理的属概念，但是不宜借用治理（包括全球治理和全球经济治理）概念来阐释全球税收治理的内涵。

至于从税收到全球税收治理是否适宜，首先要在税收项下寻找与之最接近的属概念。在既有概念中，应该说国际税收是最接近全球税收治理的概念。然而，国际税收与全球税收治理是相交且相互不包含的关系，因而国际税收并不能

---

[66] 邹志强：《沙特阿拉伯参与全球经济治理研究》，世界知识出版社 2015 年版，第 41 页。

[67] 任际：《国际税法新发展：全球税收治理与国际法律意识》，载《辽宁大学学报（哲学社会科学版）》2016 年第 3 期。

[68] Peter Dietsch & Thomas Rixen eds. , *Global Tax Governance*: *What is Wrong with It and How to Fix It*, ECPR Press, 2016, p. 3.

[69] 毛瑞鹏：《全球税收治理转型中的制度竞争——以 OECD 为中心的分析》，载《世界政治研究》2018 年第 2 期。

[70] 彼得·迪茨奇和托马斯·里克森在界定什么是全球税收治理时，首先阐释的是治理的概念，其次在治理中诠释全球治理，最后回到全球税收治理。See Peter Dietsch & Thomas Rixen, eds. , *Global Tax Governance*: *What is Wrong with It and How to Fix It*, ECPR Press, 2016, p. 3.

作为全球税收治理的属概念。全球税收治理定义逻辑反映的是其内涵诉求于其构成词汇,例如从治理(全球治理)到全球税收治理。既然排除了全球税收和全球治理,那么只剩税收治理可供选择。因此,税收层面最接近全球税收治理的邻近属概念应该是"税收治理"。

### (三)词项种差的确定

在确定了全球税收治理的属概念之后,应该进一步寻找能够将其与其他邻近属概念相区分并且突出全球税收治理特性的因素。从广义上说,全球税收治理是一种社会活动,而社会活动是特定主体为实现某种目的而实施的一系列行为的交互。简言之,社会活动由主体、目的和行为三个要素构成。因此,确定全球税收治理的种差,可以从主体、目的和行为三个层面分析其独特性。

1. 主体特性

全球税收治理的主体首先是国际法主体。国际法主流观点认为,国际法主体的类型包括民族国家、国际组织和争取独立的民族。[71] 然而,随着国际社会基本结构的变化、法律观念的发展和客体范围的扩大,越来越多的学者对自然人和法人之国际法主体地位抱有积极和开放的态度,国际经济法教材已经明确了自然人和法人的主体地位,尤其是跨国公司。[72] 据此,全球税收治理主体类型包括国家、国际组织、法人和自然人。依据这些基本类型,全球税收治理主体被阐释为多元主体,崔晓静认为全球税收治理主体涵盖主权国家、国际组织(政府间和非政府间)、跨国公司、行业协会、市民社会、政治知识精英、跨政府组织网络,[73] 王丽华认为全球税收治理主体包括主权国家、政府间国际组织(UN、OECD、IMF、WTO、WB)、非政府组织(如税收正义联盟)和跨国公司。[74] 她们的论述虽然承继了国际法主体理论,但更多是受全球治理主体研究的影响,因而难以凸显全球税收治理主体的特性。为了体系化全球税收治理主体,同时将全球税收治理主体与全球治理一般主体进行区分,全球税收治理主体可被称为国

---

〔71〕 王铁崖主编:《国际法》,法律出版社1995年版,第47~54页。

〔72〕 余劲松、吴志攀主编:《国际经济法》(第4版),北京大学出版社、高等教育出版社2014年版,第28页。

〔73〕 崔晓静:《全球税收治理中的软法治理》,载《中外法学》2015年第5期。

〔74〕 王丽华:《全球税收治理及中国参与的法治进路》,载《环球法律评论》2017年第6期。

际税法主体。[75] 原因在于全球税收治理与国际税收息息相关,更为重要的是国际税法主体就是参与全球税收治理的主体,其包括主权国家、涉税国际组织和纳税人。其中,主权国家是主要的行为者,涉税国际组织和纳税人是重要的参与者。这些主体之间是一种共处和平等的关系。

2. 目的特性

关于全球税收治理之目的或目标,不同的学者有不同的描述。任际认为全球税收治理的目标是实现税收公平,即通过具有全球意义的税收制度和体系的建立、健全,实现对全球负税和税收侵蚀等不公平现象和行为的防范和治理。[76] 吕铖钢坚称全球税收治理的目标具有单一性,其在于服务国家税收利益。[77] 王丽华指出全球税收治理的目标是公正公平,即所有国家都能公平地分配征税权,共享全球税收治理的成果和收益。[78] 归根结底,全球税收治理的目标在于税收公平。之所以强调税收公平,是因为全球性税收问题带来了许多税收不公平的现象,如税基侵蚀和利润转移,国际逃税和避税。这些不公平现象已经超越了以国家为中心的政治社会空间,渗透、影响整个世界的经济发展,难以通过单一国家干预或市场机制将其解决。是以,全球税收治理的目的可以表述为递进的两个层次,即解决全球性税收问题,实现全球税收公平。至于国家税收利益,因其被包含在全球税收公平当中,因而没有必要将其单列出来。

3. 行为特性

行为特性指为实现全球税收治理之目标,所有层次的各类行为体所采取的方式或方法的外在表现。何杨把这种外在表现解读为正式或非正式的形式,行为方式是相互协调。[79] 在此基础上,董学智把正式形式限缩为正式的法律机制,把非正式形式限缩为非正式的规范安排,行为方式由相互协调拓展至相互合

[75] 需要区分的是,国际税法主体与国际税收法律关系主体并不是等同的概念。虽然在法理学中,法律关系主体也被称为法律主体。但是,法律关系主体一般是具象的概念,而法律主体是抽象的概念。

[76] 任际:《国际税法新发展:全球税收治理与国际法律意识》,载《辽宁大学学报(哲学社会科学版)》2016 年第 3 期。

[77] 吕铖钢:《税收治理、竞争参与和国家利益——主权理念下对制税权的初步阐释》,载《江汉学术》2017 年第 1 期。

[78] 王丽华:《全球税收治理及中国参与的法治进路》,载《环球法律评论》2017 年第 6 期。

[79] 何杨:《国际税收的全球治理与中国实践——以转让定价为视角的研究》,经济科学出版社 2011 年版,第 20 ~ 21 页。

作与协调。[80] 然而,在有些学者看来,这种正式与非正式形式分别对应着硬法与软法。[81] 与此不同的是,托马斯·里克森把这种外在表现阐释为单边、双边和多边的相互作用。[82] 从他们的论述中可以发现,全球税收治理的行为特性至少有三个面向:(1)正式与非正式机制;(2)相互协调与合作方式;(3)单边、双边和多边措施。这些是否都是全球税收治理的独有行为特性呢?第一个方面是所有全球治理领域的共同特点,即使套用法律逻辑换成硬法和软法,也并不是全球税收治理的独有特征。第二个方面同样是全球治理领域共同的特点,但是融入税法的特质,更改为国际税收协调与合作,可以与其他领域的全球治理相区分。第三个方面是所有国际问题解决的共有方面,而且随着国际税法多边机制的兴起与发展,这种共有度越来越高。此外,因为国际税法主体地位的平等性,所以必须强调参与、平等、对话等因素。

综上所述,全球税收治理是主权国家、涉税国际组织以及纳税人等国际税法主体在平等对话的基础上,采取国际税收协调和合作的方式,共同应对全球性税收问题并实现全球税收公平所实施的各种路径的税收治理。应该说,为了实现概念对我们日常观察进行排序的功能,概念需要在精确度与灵活性、清晰度与包含定性新观察的可能性之间取得平衡。然而,全球税收治理还是个新生事物,其难以在短期内取得更为广泛的共识。因此,本书的定义主要是对研究范围的限定,通过对全球税收治理本体进行分析,可以为全球税收治理价值、权义和规则的研究奠定基础。

## 二、与相关概念的联系区别

全球税收治理是对现行概念的扬弃,具体内涵尚未达成共识,难免与相关概念相交叉或接近,这也导致了全球税收治理与众多相关概念的千丝万缕的联系。

### (一)全球税收治理与国际税收协调

国际税收协调是各国为消弭国家之间客观存在的税收利益冲突,防止税收成为国际经济发展的壁垒,而采取的限制、协调其税收管辖权的法律手段。它包

---

[80] 董学智:《BEPS:全球治理语境下重塑国际税法——以税收征管的国际合作与协调为视角》,载《财税法论丛》2015 年第 2 期。

[81] 崔晓静:《全球税收治理中的软法治理》,载《中外法学》2015 年第 5 期;王丽华:《全球税收治理及中国参与的法治进路》,载《环球法律评论》2017 年第 6 期。

[82] See Thomas Rixen, *The Political Economy of International Tax Governance*, Palgrave Macmillan, 2008, p. 1.

含三个层次的基本内涵:一是在国内税法存在既定的差异的背景下,通过一定的手段消除由此产生的国际税收利益冲突;二是在国内税法存在差异的情况下,确定统一适用的国际税收规则,以消除跨国经济活动的重复征税问题;三是通过对国内税法的差异性规则进行修正,实现各国税制的一体化,从根本上消除国际税收利益的冲突。[83] 这种建立在相关国家主权的尊重的基础上,进行谈判协商处理税收利益冲突的方式,是全球税收治理的基本方式之一。但是,全球税收治理与国际税收协调存在本质的区别。

第一,全球税收治理与国际税收协调的主体类型差异。国际税收协调的逻辑起点是主权国家税收管辖权的冲突的化解,因而它的主体是两个或两个以上具有税收管辖权的国家或地区。与此不同,全球税收治理的主体更为丰富多元,其不仅涵盖主权国家、政府间国际组织等国家行为体,还包括非政府国际组织、跨国公司、纳税人等非国家行为体。有人会发现,国际税收协调不仅有国家间的税收协调形式,还存在国际组织和区域性的税收协调形式。在国际组织的国际税收协调和区域性的国际税收协调下,国际税收协调的主体也包括了政府间组织和非政府组织。的确如此,但是国际组织与区域性的国际税收协调的形式在本质上仍旧是主权国家的协调,并不能独立存在。

第二,全球税收治理与国际税收协调的目标内容不同。从国际税收协调的三个层次的基本内涵来看,国际税收协调之目标不外乎是消除跨国经济活动的重复征税问题和国际税收利益的冲突,包括税收管辖权冲突、税收要素冲突、国际税收竞争。国际税收利益冲突问题是全球税收治理致力解决的问题之一,亦即全球税收治理的初级目标。然而,全球税收治理的目标不单局限于此,更为重要的是实现全球税收公平。"全球税收治理不是简单的国际税收的协调,而是强调全球公平税收理念和公平税收标准,形成国内法与国际法多元治理。"[84] 也就是说,全球税收治理不仅要解决国际税收利益冲突问题,还要公平地维护国际税收利益冲突方的利益。

第三,全球税收治理与国际税收协调的行为模式的区别。国际税收协调的基本模式是国际税收协定,国际税法百年历史的发展显示这种基本模式始终是以双边税收协定为原则,以多边税收协定为例外。即便是在 BEPS 行动计划下,仍旧是在维护双边税收协定的基础上解决国际税收利益冲突问题。国际机制有

---

〔83〕 参见刘剑文主编:《国际税法学》(第 3 版),北京大学出版社 2013 年版,第 332 页。

〔84〕 葛涛:《国际税收秩序的稳定性缺位研究——以美国税改和 BEPS 行动计划为视角》,载《湖南税务高等专科学校学报》2018 年第 2 期。

正式机制与非正式机制之分,国际税收协定是缔约国之间形成的具有法律约束力的权力与义务关系,属于正式机制。与此相区别的是,全球税收治理主张的是各种路径的综合治理:一方面既包括双边措施,又包括单边措施和多边措施;另一方面既包括国际税收协定等正式机制,又包括涉税国际决议、建议标准、行为准则等非正式机制。除此之外,全球税收治理行为模式不仅有国际税收协调,还有国际税收合作。

### (二)全球税收治理与国际税收秩序

尽管大家都在使用国际税收秩序的概念,但极少有人对这一概念的内涵进行具体分析。有学者认为,国际税收秩序是全球治理的重要组成部分,传统国际税收秩序处理的是涉外征纳关系和税收分配关系。[85] 在此基础上,有学者认为国际税收秩序是围绕国际税收协调而采取的一系列措施和安排。[86] 在他们看来,国际税收秩序与处理涉外征纳关系和税收分配关系息息相关。20 世纪 20 年代至 30 年代确立的国际税收秩序被称为"旧秩序",而 BEPS 行动计划出现以来的国际税收秩序被称为"新秩序"。

秩序指的是自然进程和社会进程中存在的某种程度的一致性、连续性和稳定性。[87] 人们使用"秩序"一词描述的往往是特定社会系统的一种稳定状态,这种稳定状态是和特定的目标联系在一起的,是为实现目标表现出来的一定的行为模式和互动关系。由此可见,国际税收秩序是为实现国际税法的宗旨而在国际税法主体之间形成的一种稳定的互动状态和法律安排。

全球税收治理与国际税收秩序的联系主要在于目标的统一性。如前所论,全球税收治理以解决全球性税收问题和实现全球税收公平为目标,而国际税法的宗旨通常是实现对跨国征税对象的公平合理的税收分配关系,促进国际贸易和投资的正常发展。[88] 尽管全球税收公平和税收分配关系的公平分处于税收公平的不同层次,但是全球税收治理与国际税收秩序所追求的目标都是税收公平。

全球税收治理与国际税收秩序的区别非常明显,至少体现在:一是主体地位

---

〔85〕 张泽平:《全球治理背景下国际税收秩序的挑战与变革》,载《中国法学》2017 年第 3 期。

〔86〕 葛涛:《国际税收秩序的稳定性缺位研究——以美国税改和 BEPS 行动计划为视角》,载《湖南税务高等专科学校学报》2018 年第 2 期。

〔87〕 参见[美]E. 博登海默:《法理学:法律哲学与法律方法》,邓正来译,中国政法大学出版社 1999 年版,第 219 页。

〔88〕 廖益新主编:《国际税法学》,高等教育出版社 2008 年版,第 4 页。

不同。前者强调主体之间的独立且平等的关系，而后者更强调稳定的互动状态，主体之间并不必然是独立且平等的关系。相反，后者主体之间在通常情况下呈现“合法化的霸权”[89]（legalised hegemony）关系。在前者主体中，国家是主要行为者，其他非国家主体是重要参与者；但在后者主体中，国家占据支配性地位，其他非国家主体都是国家作用所形成的秩序的遵从者。二是运作方式不同。全球税收治理注重参与、平等、对话等因素，其运作方式不仅包括国家间的税收协调、合作，还包括国家与非国家主体之间的税收合作。国际税收秩序的运作方式总是和国家的外交决策密切联系。三是表现形态不同。国际税收秩序更多的是某种程度的一致性、连续性和稳定性，是国际税法主体之间博弈所达成的平衡，相对而言是一种静态的呈现。全球税收治理则是一个持续的动态过程，即各参与主体为共同应对全球性税收问题而实施的各种路径的税收治理。可以说，全球税收治理是为了促进公平、合理的国际税收秩序的形成而进行的持续不断的、多元路径的综合治理。

### （三）全球税收治理与国际税收治理

正如笔者在梳理全球税收治理概念时所产生的疑惑一样，全球税收治理概念与国际税收治理概念并没有严格的界限，它们在很多学者的论述中是被互换使用的词汇。这主要是因为全球税收治理与国际税收治理既存在差异又相互统一。全球税收治理和国际税收治理分别以整体世界和国家之间两级治理领域为进路空间，尽管两者均肇源于治理理论，但全球税收治理在观念、定位、功能等理论基础方面均显出特性，这超越了国际税收治理的解释辖域。

全球税收治理与国际税收治理关系的统一性首先体现为，两者在治理架构上都包括主体、价值、目标、对象等因素，也都在回应为什么治理、如何治理、由谁治理以及治理什么等问题。因此，两者蕴含的治理观念和价值具有较高的相似度。其次体现为全球税收治理与国际税收治理的相互贯通、相互渗透和相互影响。这正是因为两者统一于税收治理，全球税收治理与国际税收治理在不同的层面相互配合，共同服务于一体的税收治理目标。除此之外，全球税收治理是国

[89]　“合法化霸权”是澳大利亚国际法学者杰里·辛普森在描述国际法律秩序中不平等的主权时所提出的概念。该概念指的是在一个由强大的精英国家组成的国际社会中，这些精英国家的优越地位作为一个政治事实得到中小国家承认的现象，他们因为地位而产生某些组织结构上的特权、权利和义务。参见［澳］杰里·辛普森：《大国与法外国家：国际法律秩序中不平等的主权》，朱利江译，北京大学出版社 2008 年版，第 10 页。

际税收治理的延伸与扩展。

基于使用语境的分析,学者们论述的国际税收治理往往是国家层面国际税收管理的翻版,其与国际税收协调与合作区别不大。例如,有学者认为国际税收治理主要是协调国家与国家之间的税收关系,其包括国际税收秩序、国际税收竞争、区域税收规则和国际税收协定等 4 个方面。[90] 又如,有学者指出国际税收治理是"主权国家基于打击跨国经济行为主体逃避税与避免国家间恶性税收竞争而进行的税收合作"[91]。显然,全球税收治理不同于此意义上的国际税收治理,后者强调必须以国家为中心体系进行国际税收管理,而全球税收治理强调不被国家体系所束缚,要让更多的非国家行为体参与到税收治理过程中。

全球税收治理区别于国际税收治理的最大之处是理论基础的实质层面。一是观念的差异。在全球税收治理项下,整个世界被认为是一个全球公民社会,解决全球性税收问题的制度往往被要求以全球"无知之幕"的方式进行顶层设计。[92] 国际税收治理则认为主权国家或者民族国家是治理的基本单元,因而税收问题被限定在主权国家之间或者之内解决,不可能通过超国家的方式解决。二是定位的差异。全球税收治理是国际税法的新范式,面对全球性税收问题,国际社会需要从国际税收治理的改革走向全球税收治理的创新,建立和培育新的全球税收原则、制度、规则和机制。三是功能的差异。全球税收治理的功能在于着力规范国家税收行为,重新界定国家税收利益,清晰指引国家税收观念,有效保障国际税收制度运行。这与国际税收治理竭力维护国家税收主权的功能存在本质区别。

---

〔90〕 吕铖钢:《税收治理、竞争参与和国家利益——主权理念下对制税权的初步阐释》,载《江汉学术》2017 年第 1 期。

〔91〕 邓力平:《国际税收治理与"'一带一路'税收征管合作机制"》,载《国际税收》2019 年第 4 期。

〔92〕 罗尔斯认为对正义的思考既要基于程序基础,又要根据"正义即公正"的特定定义。据此,我们设想人们是在一个原初平等的立场上同意社会组织原则。这些原则最终将统合所有将来的协议、社会合作的种类和政府的建立。这种状况将人们笼罩于无知之中,使人们不知道自己在社会中的位置,不知道自己掌握的财富和能力。关键在于要确保在"无知之幕"下达成的组织原则不能被用来偏袒照顾特殊的情况,这些原则应该是通过公正协商和一致同意而达成的原则。在全球"无知之幕"后面,世界是什么样子,在这幕后,我们会为那些重要的问题设定规范,幕布揭开之后,我们会给现实的生活和政治留下些什么?我们想选择一个世界政府,一个世界联邦,抑或民族国家作为效忠和国际合作的首要单位?参见[土耳其]哈坎·奥尔蒂奈:《全球公民:相互依赖世界中的责任与权利》,祁怀高、金莴帆译,上海人民出版社 2012 年版,第 8 页。

### （四）全球税收治理与国际税收机制

国际税收机制很少出现在财税法学者的论域中，关于它的讨论主要见于国际政治或国际关系学者的论述。主要是因为国际机制是国际政治学与国际关系学的基本概念范畴，[93]是以对国际税收机制的界定一般都从对国际机制的分析开始。从狭义视之，国际机制是对各国行为有约束力的国际安排，亦称为正式制度安排；从广义视之，国际机制既包括正式制度安排，又涉及非正式的隐性行为规则。根据后者的理解，国际税收机制指的是各国在国际税收上所遵循的正式与非正式的制度安排，它的基本结构包括显性制度（决策、贯彻、协调程序，规范和规则，基本原则）和隐形制度（意识形态、习俗惯例、权力政治等因素）。[94]

与国际税收机制一样，全球税收治理的机制也有两个层面，一个是有权迫使人们服从的正式税收机制与税收机构，另一个是人们和机构已经同意的或认为符合其税收利益的各种非正式安排。概言之，全球税收治理是税收的正式机制与非正式机制的统一。因此，全球税收治理在机制层面与国际税收机制相互重叠。更确切地说，国际税收机制是全球税收治理机制的组成部分，国际税收机制是全球税收治理的重要工具。这就是两者最为紧密之处，具体而言在于全球税收治理与国际税收机制都包含行为体为共同税收利益而进行税收合作，接受共同的税收原则、税收规范和税收决策程序，谋求对国家之外的共同税收问题加以管理和解决。此外，当前的国际税收机制和全球税收治理存在的问题具有同一性，即都存在体系不完整和代表性权威性不足等问题。

它们的区别之处在于：一是行为主体不同。国际税收机制的行为主体主要是国家与IO，不包括个人；全球税收治理的主体则是由国家、IO、纳税人等国家行为体与非国家行为体、公共组织和私人组织等多种行为体组成的密集而复杂的网络体系。二是机制功能差异。国际税收机制通过对潜在的共同利益、互补利益进行挖掘，能够促进国际合作，消除国际社会的无政府状态，为国际税收关系的民主化预留一定的空间；而全球税收治理是一种内涵丰富的综合性治理，它既以国际税收机制为依托，又延伸或拓展了国际税收机制的范围与空间。[95] 三是制度化程度不同。全球税收治理主体的多元性决定了治理机制的多元性，尤

---

〔93〕 参见李少军：《国际政治学概论》（第4版），上海人民出版社2014年版，第12页。

〔94〕 参见徐飞彪、陈璐：《当前国际税收机制的变革及其发展前景》，载《现代国际关系》2016年第9期。

〔95〕 参见李杰豪：《国际法：挑战与变革析论》，湘潭大学出版社2014年版，第36～37页。

其是非国家行为体创造的非政府机制往往具有较高的灵活性,这使其在整体上制度化较低。国际税收机制以国家行为体为主体,因而建立的机制往往是政府机制,从而在制度化方面程度较高。

(五)全球税收治理与全球税收规制

科林·斯科特在《规制、治理与法律:前沿问题研究》中系统地分析了全球规制。在他看来,不同国家和地区之间在经济、社会与文化方面的相互依赖,使得人们越来越多地强调全球规制。与传统政府规制相比,全球规制一方面存在超国家规制治理的趋势,特别是政府间组织在制订规则与标准时;另一方面存在由非政府组织建立规制体系的趋势,这在超国家层面表现得尤为明显,非政府组织和企业都参与其中。[96] 具体至税收领域,国际社会也存在相当程度的相互依赖,因而有探讨全球税收规制的必要。根据他对规制的定义,可以得出全球税收规制是国际税收公共机构对国际经济的税收所进行的持续集中的控制。全球税收规制的核心含义在于指导或调整国际经济行为活动,以实现既定的税收政策目标。

全球税收规制的兴起反映出国际社会看待税收问题方式的改变,特别是曾经被视为国内的税收问题如今具有了跨国性特征。这点与全球税收治理对于税收问题的认识是一致的。全球税收规制所体现的碎片化,即无法将所有规制职能(规范制订、监督和执行)集中于一个强大的规制机构,与全球税收治理的缺乏权威中央机构具有相同的特点。全球税收规制的工具包括政府之间合意形成的税收条约、规范、标准或规则,也包括非政府性质机构制订的标准。这与全球税收治理的依据具有相似性。

全球税收规制与全球税收治理最大的区别在于行为主体的差异。全球税收规制的主体是国际税收公共机构,即国家行为主体,具体包括政府和政府性国际;而全球税收治理的主体不仅涵盖国家行为主体,还包括非政府国际、跨国公司、全球公民社会等非国家行为体。此外,全球税收规制目标和全球税收治理目标具有一定的差异性。全球税收规制有实现对跨国纳税人的公平课税、提高一国国内经济的竞争力以及确保一国对跨国经济活动征税主权的实现等多个目标,不同的税收规制主体有不同的利益诉求,因而全球税收规制目标往往表现出极度的复杂性。与此不同的是,全球税收治理目标非常单一,即解决全球性税收

---

[96] 参见[英]科林·斯科特:《规制、治理与法律:前沿问题研究》,安永康译,清华大学出版社 2018 年版,第 238~239 页。

问题,实现全球税收公平。全球税收规制目标可能属于全球税收公平范畴,也可能偏离全球税收公平的范围。

## 第三节　全球税收治理属性的阐释*

全球税收治理的属性包括形式属性和实质属性两个层面。形式属性是全球税收治理的形式合理性,指一种纯形式的、客观的、不包含价值判断的合理性;实质属性是全球税收治理所固有的,决定其形式特征和发展方向的根本属性,往往需要透过现象或假象将其抽象出来。[97] 全球税收治理是形式属性与实质属性的有机统一,阐释它们有助于进一步回答"全球税收治理是什么"。

### 一、全球税收治理形式属性

全球税收治理的形式属性有三方面:一是客观性,即税收主权发展的一种客观趋势;二是目标性,即国际社会提出的一种目标制度;三是方法性,即各国税收政策和国际关系发展的一种分析方法。

#### (一)客观性

客观性是指全球税收治理作为税收主权发展的一种客观趋势,其反映世界各国税收政策之间日益加强的相互联系与影响。这种联系和影响正在达到前所未有的高度,以至于离开其他国家税收政策的协调与合作后,一国税收政策目标几乎不可能实现。

主权是国家最典型的特征,税收是主权的重要内容。"税收主权意味着每个国家都有充分的权力对在其领土内进行的交易或其国民在世界任何地方进行的交易制定自己的税法。"[98] 基于不同的经济样态,税收主权作用力表现不同的特点。

在漫长的自然经济时代,由于生产往往是为了满足生产者或经济单位自身

---

* 本节内容以《全球税收治理是什么?——基于法理属性的阐释》为题,发表于《国际经济法学刊》2020 年第 4 期。

〔97〕 参见吕廷君:《论行政执行权的概念》,载《北京行政学院学报》2009 年第 4 期。

〔98〕 Rifat Azam, *Ruling the World: Generating International Tax Norms in the Era of Globalization and BEPS*, 50 Suffolk University Law Review 532 (2017).

需要,国家之内或之间都没有产生交换的经济形式,因而税收主权仅作用于领土内的人口、财产、地租、矿产等层次,形式上以国民的劳役和实物给付义务为主要载体。彼时,税收问题具有明显的领土性,它的解决完全取决于国内统治。随着资本主义生产关系的萌芽、发展,自给性、封闭性和简单性的自然经济逐渐被瓦解,取而代之的是交换性、开放型、再生产的商品经济。在商品经济初期,贸易受到高关税或自然障碍的限制,资本流动受到禁止或严格控制。在这种环境中,经济实体的运作在很大程度上局限于本国,大多数人的收入来自在法定居住国发生的行为或投资。因此,国家可以对贸易、企业利润、个人收入和消费征税,而不至于与其他国家的利益发生冲突。换言之,税收主权仍旧遵守领土原则,即国家对其领土范围内的所有收入和行为征税,不会导致冲突或麻烦。任何国家在执行税收政策时可以不考虑对其他国家的影响。同样,一国决策者对他国的税收政策不感兴趣,即使有,也很少。

随着贸易与投资便利化成为时代潮流,资本、技术和劳动力等生产要素迅速地跨国界流动并成为商品经济的主要特征之后,税收政策的外溢性不断增强,随之而来的是税收主权作用的时空得到了根本性的改变。不同国家在维护本国税收利益的同时,税收主权作用力的交互重叠对生产要素的跨国流动和国际经济的正常交往造成了威胁甚至阻碍,税收主权冲突亟待化解。为此,开始有国家探索协调税收主权的方法,或单方面限缩本国税收管辖的程度,或用税收协定的方式划分国家税收利益以避免双重征税。无论是多数的单边措施、双边措施,还是少数的多边措施,这一时期的税收问题处理采用的是国际协调模式。公允地说,这一模式发挥了它应有的功效。然而好景不长,国际税收协调的光芒在全球化经济中逐渐消逝,国际税收协调在一定意义上滋生、助推了国际双重不征税问题。“全球化意味着包括税收政策在内的国内政策不能孤立地设计,即没有考虑到对其他国家政策的影响以及其他国家政策对本国政策的影响。”[99] 全球化经济迫使国家降低税率(特别是资本所得税率)以提高国际竞争力,而国际税收竞争的净效应是或者将是降低税收收入,被迫改变税收制度结构。税收主权作用力遭受减损,避税地或“避税天堂”的存在即是佐证。在 OECD 等国际组织的推动下,不同国家之间更加注重在税收程序上的合作,如加强税收情报交换、开展税收追索协助与文书送达。此时,税收主权兼具竞争与合作的特点。

---

〔99〕 Mathew Brittingham & Michael Butler, *OECD Report on Base Erosion and Profit Shifting: Search for a New Paradigm or is the Proposed Tax Order a Distant Galaxy Many Light Years Away?*, 20 Transfer Pricing Journal 3 (2013).

如今,信息和通信技术的极速发展加速了数字经济时代的到来,商业模式在数字化与经济化的化学反应下呈现流动性、对数据的依赖性、网络效应、多层面商业模式的拓展、垄断或寡头垄断倾向和多变性等与税收相关的特征。[100] 与此同时,数字经济加快了跨国公司全球业务的整合,并改变了跨国公司 GVCS 的分布。毫无疑问,数字经济凸显出比全球化经济更广泛的税收政策挑战。"这意味着各国基于税收协调与合作的需要,必然要对各自的税收主权予以相互调整、约束和平衡。"[101]

从自然经济到商品经济再到全球经济和数字经济的转变,正是税收主权的外部性和跨国溢出性产生以及重要性增强的过程。在没有世界政府的情况下,处理税收主权的外部性和跨国溢出性等问题,存在三种途径:一是市场自发解决;二是通过国际条约寻求解决办法;三是创建国际机构,赋予其责任。[102] 从上述论述中可以看出,第一种途径对自然经济和商品经济初期的税收主权问题是有效的,而对商品经济后期以及全球经济和数字经济中的税收主权问题无效;第二种途径在商品经济后期很有效,而在全球经济和数字经济中不是很有效。各国不愿意放弃自己的国家目标,而愿意采取一些更有利自己的合作安排。同样,政治议程不同的国家也很难在给定的税收结构上达成共识。即使在欧洲共同体有限的地区,税收统一的进展也受到限制。因而只剩下第三种途径,即创建一个 IO 来系统地处理税收问题,或者换种说法,授权一个现存的机构来处理。未来,国家的税收主权必然面临扩张与限缩、竞争与合作、让渡与分配的多层次调整与平衡。

### (二)目标性

目标性是指全球税收治理作为国际社会提出的一种目标,其意在促进国际税收合作,并最终建立统一的税收法律秩序。

回望国际税法的历史可以发现,国际社会在不同的时期有诸多关于全球税收治理的倡议和制度设想甚至相关实践。

例如,国际联盟作为第一个立誓共同防御侵略、以暴力方式解决争端的世界

---

[100] See OECD, *Addressing the Tax Challenges of the Digital Economy*, Action 1 – 2015 *Final Report*, *OECD/G20 Base Erosion and Profit Shifting Project*, OECD Publishing, 2015, p. 4.

[101] 崔晓静:《论国际税收协调法律机制之构建——以负责任税收主权为基础》,载《法学评论》2010 年第 5 期。

[102] [以]阿沙夫·拉辛、[以]埃弗瑞·萨德卡主编:《全球化经济学——从公共经济学角度的政策透视》,王根蓓、陈雷译,上海财经大学出版社 2001 年版,第 217 页。

范围的国际组织,从1920年成立到1946年解散的26年时间中就十分注重国际税收问题的研究和解决。[103] 无论是1921年委托意大利、荷兰、英国和美国的经济学家基于财政收益的角度着手研究国际双重征税的影响,还是1923年至1927年先后草拟了4份有关国际税收协定的范本草案,抑或1929年成立一个永久性财政委员会专司国家之间营业所得的分配问题,这些都反映了国际社会希望借助国际组织的努力来避免国家之间的重复征税问题。尽管由于各种原因,国际联盟最终解散,其所制订的税收协定也没有付诸实践,但是国际联盟先后制订的1928年以前的税收协定、1935年税收协定、1940年墨西哥范本以及1946年伦敦范本,不仅为国际税收问题的解决提供了有益思路,还为后来的OECD范本和UN范本奠定了坚实的基础。更重要的是,它作为国际税收之全球治理最早的尝试与努力,由世界性的国家组织系统地处理税收问题的方式,对于今天的税收外部性与全球性问题的解决有极为重要的参考与借鉴意义。

又如,在21世纪之交的前后,国际社会提出很多关于建立国际税收组织来应对由全球化滋生并放大的税收问题的建议。其中,最为经典的文献有两个:一个是时任IMF财政事务部主任的维托·坦茨于1996年8月在特拉维夫国际公共财政学会第52次大会上发表的论文《有必要建立一个世界税务组织吗?》;[104] 另一个是以埃内斯托·塞迪略为首的发展筹资高级别小组于2001年6月28日发布的《发展筹资问题高级别小组的建议》(又称塞迪略工作组报告)。[105] 这两者共同的观点是建立国际税收组织,负责监督国家税收行为、发布相关税收政策和信息、提供国际社会税收商谈的平台。受这些建议的影响,联合国国际税务合作特设专家组由临时专家组更名且升级为国际税务合作专家委员会的常设委员会。事实上,2012年3月15日,在纽约召开的联合国经社理事会会议上,中国和77国集团支持联合国国际税务专家委员会进一步升级为联合国经社事会下的政府间机构。[106] 遗憾的是,因为OECD和EU国家担忧升级会触及发达国家在国际税收领域的既得利益,所以该提案因遭受他们的反对与阻止而未能通过。

再如,G20是全球经济治理的主要平台,税收始终是G20峰会的热点议题。

---

〔103〕 参见高尔森主编:《国际税法》,法律出版社1988年版,第137~138页。

〔104〕 [以]阿沙夫·拉辛、[以]埃弗瑞·萨德卡主编:《全球化经济学——从公共经济学角度的政策透视》,王根蓓、陈雷译,上海财经大学出版社2001年版,第209页。

〔105〕 Ernesto Zedillo et al., *Recommendations of the High-level Panel on Financing for Development*, United Nations, 2001, p. 14-15.

〔106〕 参见叶莉娜:《国际税收治理时代设定国际税务组织的思考》,载《国际经济法学刊》2015年第2期。

G20从2010年把“避税天堂”纳入其峰会议题开始，发展中国家税收体制、税收情报交换、税基侵蚀与利润转移、国际税收体系公平等税收主题相继出现在会议讨论当中。2014年至2021年，国际税收体系及其规则的公平与现代化始终是G20领导人峰会公报的主要内容。“确保国际税收体系公平”“推动国际税收规则现代化”（2014年布里斯班峰会）；“在全球范围内实现公平、现代化的国际税收体系”（2015年安塔利亚峰会）；“支持国际税收合作以建立一个全球公平和现代化的国际税收体系”（2016年杭州峰会）；“致力于建设公平和现代化的国际税收体系”（2017年汉堡峰会）；“在全球范围内建设公平、可持续和现代化的国际税收体系”（2018年布宜诺斯艾利斯峰会）；“继续合作建立全球公平、可持续和现代的国际税收体系”（2019年大阪峰会）；“建立一个全球性公平、可持续和现代化的国际税收体系”（2020年利雅得峰会）；“建立更稳定、更公平的国际税收体系”（2021年罗马峰会）。国家主席习近平更是多次在G20领导人峰会上直截了当地说要完善全球经济治理，健全国际税收治理机制。[107] 由此可以看出，全球税收治理是G20全球经济治理的重要内容和主要目标。

总之，我们所处的世界日益增长的、建立统一税收法律秩序的需求，与民族国家形态在税收主权上的统治地位之间的矛盾，可能会被确定为解决全球性税收问题所面临的基本矛盾。当下，或许推广并深化全球税收治理的条件尚未形成，但是全球税收治理概念仍然可以作为一种制度追求或理想目标而被人们所感知、熟悉、理解。同时有一项任务已经摆在国际社会面前，那就是培养出对全球性税收问题的理智态度，建立互惠性的引导税收利益分配走向的机制，确定本国的利益，明确自己在全球税收治理进程中的位置。

### （三）方法性

方法性是指全球税收治理作为分析各国税收政策和国际关系发展的一种方法，其不仅是一种分析方法，还是一种制定国际税收战略的方法，且战略可以是国家层面的，也可以是跨国企业等纳税人层面的。作为一种方法，全球税收治理构想为政治家、经营者和研究者提供了一种新的方法论基础，依靠这个基础，他

---

〔107〕 例如，2013年9月5日，国家主席习近平在俄罗斯圣彼得堡参加G20峰会，作了题为《共同维护和发展开放型世界经济》的发言。他在报告中承诺：“中国支持加强多边反避税合作，愿为健全国际税收治理机制尽一份力。”2016年，国家主席习近平在G20杭州峰会上的开幕词中强调：“我们应该完善全球经济治理……加强在……国际税收……领域合作，提高世界经济抗风险能力。”

们能更好地理解税收层面之国际关系发展的走向。国家、涉税国际组织和纳税人可以借此判断什么样的国际税收关系对于国际税收发展和全球税收公平而言是好的,进而弄清楚怎么做才符合各方的税收利益。

全球化拓展了税收关系的向内和向外纬度,这表现为国际税收关系个体化和政治化的趋势。全球税收治理可以为国际税收关系个性化和政治化提供新的方法论基础。换言之,全球税收治理是应对国际税收关系个体化和政治化的具体方法。全球税收治理的方法论有许多坚实基础,最为重要的是经济一体化和资本、商品、劳动力在世界各地的流动日益扩大,以及世界科技进步促成了科技一体化。高速的交通手段、超现代的通信方式以及现代信息通信革命,使任何一个国家无法独立又成功地解决自身的社会经济发展问题。

国际税收关系个体化趋势,即在经济主体税收利益超出国界,世界相互依赖性不断增强的条件下,除了原有的民族国家和国际组织之外,对外税收利益主张出现了一些新主体:国际性非政府组织、私人集团公司及单个的人。他们的税收利益可能与民族国家的税收利益不相吻合或者发生矛盾,因为民族国家的税收利益是由该国掌权的政治势力、政治活动家以及支持他们的官僚机构和分析机构解释的。这种个性化趋势:一方面形成了对国际社会的新挑战,需要建立相应的全球性政治、法律基础以照应非政府组织、集团公司和个人未必与国家税收利益相吻合的国际税收利益;另一方面,有可能使与政府无干系、不为政党工作的个人表现出自己对国际税收的关注,形成、表达和维护自身的对外税收政策利益。正是单个个人对国际税收发展的这种忧虑创造了一种可能,即把许多尖锐的全球性税收问题提出来并进行非政府性的国际研讨,进而为下一步政府间决策做准备。因此,要求国家或政府在对外税收政策上有更强的透明度,要让公民和集团公司更广泛地参与对这些政策的讨论和制定。

国际税收关系的政治化趋势,意味着某国内的税收政策行为(如利用税收优惠吸引外国资本、税制优化与改革)可能会带来全球意义并触及其他国家的税收利益和政治利益,而按照当今的主流观点,对主权国家内部税收事务的干涉是不被容许的,这些税收政策行为属于绝对的内部事务。国际税收关系的政治化就需要某种各种国家都能接受的、超越不干涉内部事务原则的办法,并把一些协调税收利益的新机制引入世界实践。当今没有一个完全有效和合法的全球税收政策制定者。[108] 显然,国际社会需要特别关注国际税收政策过程的包容性,

---

[108] Jan Wouters & Katrien Meuwissen, *Global Tax Governance: Work in Progress?*, Leuven Centre for Global Governance, 2011, p. 31.

建立一套统一的税收法律秩序，以确保税收政策的正当性、公平性和有效性。

面对国际税收关系的个体化和政治化趋势，全球税收治理带来了新的思考方式和制度安排。首先，民族国家的税收利益超越了民族国家框架，纳税人，尤其是跨国公司在世界范围内拓展自己的活动领域，通过一体化经营在全球范围内布局价值链，要求国家间进行更多、更深层次的合作。其次，纳税人和国家的对外税收利益并不总是相互协调，甚至存在经常性的冲突，国际社会需要进一步考量纳税人的对外税收利益。再次，把个人的、跨国公司的、国家的税收问题提升到全球和世界的高度来观察，即为了解决这些问题，需要考虑全球税收利益和世界资源的利用。最后，全球税收治理要求在世界范围内协调国家税收政策，要求必须建立统一的税收法律秩序，并视之为世界经济可持续发展的条件。

## 二、全球税收治理实质属性

全球税收治理本质是税收治理安排，属于治理安排在税收领域的具体化。关于治理安排的本质属性，英国学者马蒂亚斯·科尼格－阿尔基布吉（Mathias Koening－Archibugi）认为所有实际的和假设的治理安排都可以在公共性（publicness）、授权性（delegation）和包容性（inclusiveness）组成的属性空间中找到程度上的差别。[109] 也就是说，可从公共性、授权性和包容性这三个核心纬度对全球税收治理的实质属性进行分析。

### （一）公共性

全球税收治理具有高公共性。根据马蒂亚斯·科尼格－阿尔基布吉的理解，公共性指治理安排中积极参与者的性质。它涉及两个方面，一个是参与者是政府还是公司、非政府组织等私人行为者，另一个是互动的性质，即具有不同公共性的行为者在同一治理安排中的合作程度。[110] 积极参与者的确定主要是通过规则或政策的形成贡献来体现，参与者的贡献越大意味着主体积极性越高。积极参与者从公司、非政府组织等私人行为者到政府主体，代表公共性从低到高。无论从参与者性质，还是从参与者互动来看，全球税收治理都具有高公共性

---

[109] Mathias Koenig－Archibugi, *Mapping Global Governance*, in David Held & Anthony McgrEw, eds.，Governing Globalization：Power, Authority and Global Governance, Cambridge：Polity Press, 2003, p. 51.

[110] Mathias Koenig－Archibugi, *Mapping Global Governance*, in David Held & Anthony McgrEw, eds.，Governing Globalization：Power, Authority and Global Governance, Cambridge：Polity Press, 2003, p. 51－52.

的特点。

从参与主体来看,虽然国家、涉税国际组织和纳税人都是全球税收治理的参与主体,但是在这些主体当中只有国家和政府间国际组织才具有积极参与者表征。在积极参与者中,国家基于其所拥有的主权和治理能力,仍然处于主导地位,而政府间国际组织是重要参与者。[111] 因为在全球税收治理的各个环节中,国家都扮演主要角色并发挥主导作用。在规则形成过程中,尽管涉税国际组织和纳税人都会积极参与谈判,但是决定谈判走向及具体规则设计的主要角色仍旧是国家;在规则生效过程中,所有税收规则的落实离不开国家,所有硬法规则得到国家同意后方能生效;在运行过程中,全球税收治理项目正常运转都需要国家提供必要的物质条件或资金支持。然而,涉税国际组织往往借助国际税收会议、相关税收报告、税收协定范本等发挥自身在全球税收治理的作用。事实上,这是由涉税国际组织区别于国家的法律地位决定的,即国际税法未加规范的事项(剩余税收事项),几乎都在国家职权与管辖范围内;基本文件(国际税法)未加规范的事项(剩余税收事项),几乎都不在涉税国际组织的职权与管辖范围之内。[112] 总之,国家和政府间组织是全球税收治理的积极参与者。与纳税人等非政府组织相比,国家具有高公共性是显而易见的。至于国际组织,它在法律上的权利能力与行为能力源自国家授权,主要参加者也是国家,因此也具有高公共性。

从参与者互动来看,全球税收治理同样具有高公共性的特点。这种高公共性主要体现为各参与者之间的高合作程度。尽管国家是全球税收治理的主要行为者,但是这并不代表全球税收治理是以国家为中心而私人行为者不能进入的治理安排。实际上,全球税收治理提倡公私伙伴关系,强调不同国家之间、不同涉税国际组织之间、国家与涉税国际组织之间以及国家与纳税人之间平等合作。这种合作既不是以国家为中心而私人行为可以进入的蜻蜓点水式的,也不是公共监督的私人治理或没有公共监督的纯粹私人制度,而是跨越国家、涉税(政府与非政府)国际组织、纳税人之间的且各个层次集合体的网络式互动。

全球税收治理高公共性的属性有利于促进全球新的政治空间的形成,打破国家主体在税收治理中的失效局面,从而使全球性的税收议题更容易得到开展。一直以来,税收问题被严格限定在主权国家框架内,国家税收问题的负外部性和交互性并没有得到重视。但是实践表明,以国家为唯一出发点来审视全球性税收问题的逻辑,常常会使国际税收协调与合作陷入僵局。其原因在于发达国家

[111] 王丽华:《全球税收治理及中国参与的法治进路》,载《环球法律评论》2017 年第 6 期。
[112] 梁西:《国际组织法:总论》(第 5 版),武汉大学出版社 2001 年版,第 10 页。

和发展中国家在税收利益分配上存在理念和方法的矛盾与分歧,即使是发达国家之间、发展中国家之间的各方税收利益诉求也不尽一致,税收政策协调时常出现困境。涉税国际组织,尤其是非政府间组织在收集、分析和传播与决策相关的信息,直接或间接向权威决策者宣传替代政策,政策的制定以及权威与控制意图的沟通,终结无助于共同利益的方案以及评估一个国际体系的政策实际实现的程度等方面具有重要功能。[113] 新的政治空间以全球税收治理参与者之间的平等合作关系为基础,在应对全球性税收问题中具有比国家更强的主观能动性与包容性,为税收议题的开展提供了新的平台。

(二)授权性

授权性指在公共和私人治理安排中把一些职权交由专门设立的组织来履行。授权性同样涉及两个方面:一方面是授权范围,即在规则和政策制定(立法授权)、政策执行(行政授权)和争议解决(司法授权)三组职能中哪些可以授权给组织;另一方面是独立性,即在指定的权限范围内,被授权组织可以获得多大程度上的相对于其委托人的自主权和酌处权。[114] 从授权范围和职权独立性这两个层面来考察,全球税收治理具有低授权性。

一般而论,关于立法授权的程度,可以从机构的成员组成、作用范围、表决程序等方面予以判断。例如,由并非每个成员国在其中都得以代表的机构(如联合国安全理事会或货币基金组织执行局)制定的规则,其授权程度高于外交谈判或全体会议产生的规则,但是低于由独立机构(如欧盟委员会)制定的规则。多数表决比全体一致通过的规则具有更高的授权程度。关于行政授权的程度,可以从政策执行的主体予以判断。当政策执行主体是国家当局时,授权性要低于由独立机构,如联合国世界粮食计划署执行这项任务时的授权。关于司法授权程度,可以从争议解决的方式上予以判断,争议解决从调解到仲裁再到诉讼代表从低到高的司法授权。在争议解决中,当独立法院够作出约束各方当事人的裁决时,授权程度会变得非常高,如2002年设立国际刑事法院的《罗马国际刑事法院规约》所规定的那样。(见图2)

---

〔113〕 Steve Charnovitz, *Two Centuries of Participation: NGOs and International Governance*, 18 Michigan Journal of International Law 183 (1997).

〔114〕 Mathias Koenig - Archibugi, *Mapping Global Governance*, in David Held & Anthony McgrEw eds., Governing Globalization: Power, Authority and Global Governance, Cambridge: Polity Press, 2003, p. 51 - 52.

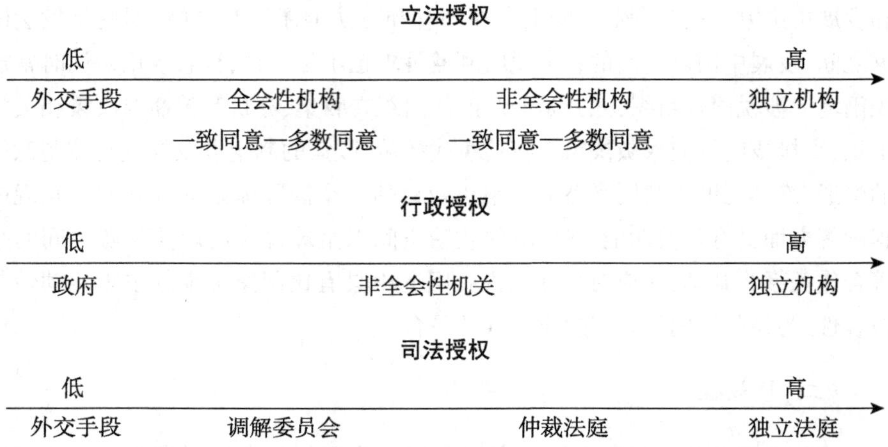


**图 2　公共治理安排中立法授权、行政授权和司法授权的可能层次**

首先,全球税收治理在立法授权方面具有低授权性。在现行国际税收体制、机制下,由于税收事务被认为是国家主权的核心内容,因而国际税收规则的制定是每个国家不可或缺的立法权力,税收规则依然由每个国家独立设定。尽管越来越多的国际组织进入国际税收政策制定领域,也在不同程度地影响国家的国际税收规则的发展,但是仍然没有出现一个可以在全球层面上处理税收问题的国际税务组织。这样性质的国际税务组织的缺乏,导致全球性税收问题处于搁置且不断累积的状态,也导致发达国家与发展中国家的税收利益始终处于矛盾和冲突当中。[115] 提倡全球税收治理,即认可、通过国际税务组织设计的建议,改善现行国际税收体制、机制,从而更加公平且有效率地解决全球性税收问题。但是,国际税务组织所承担的职能应当是监督、发布信息和提供论坛,在可预见的未来,还不太可能赋予该机构直接征税的职责。[116] 当然,国际税务组织理应是一种全会性机构,税收规则与政策的制定应当以多数同意甚至一致同意为原则。因为如此才可以在关照各国税收主权的同时,确保成员国代表可以就国际税收的原则和规则进行谈判,最终达成符合各方利益的国际税收原则和规则。

其次,全球税收治理在行政授权方面具有低授权性。尽管国际税务组织能够发展税收政策和税收管理的基本准则,同时在税收政策恶化税收管理上给国

---

〔115〕 Whitney Whisenhunt, *To Zedillo or Not to Zedillo: Why the World Needs an ITO*, 16 Temple International and Comparative Law Journal 541 (2002).

〔116〕 [以]阿沙夫·拉辛、[以]埃弗瑞·萨德卡主编:《全球化经济学——从公共经济学角度的政策透视》,王根蓓、陈雷译,上海财经大学出版社 2001 年版,第 223 页。

家提供技术帮助,确保推荐作出的改变使援助国家的税收制度与其他国家更协调一致。但是,这些基本准则的执行主体是国家,即便技术援助是由特定机构提供的,它的接受主体仍旧是国家。进一步分析,即使是国际税务组织通过的多边税收条约,也需要转化为国内税法后才可以作用于某个国家及其国内纳税人。"把国与国之间有效的协定内容并入国内法律中没有必要,因为税收协定的内容不会直接影响一国居民。然而,税收协定意在赋予纳税人对付税收协定签署国的税务机关的权力。如何使这一权力有效力,则是各个国家宪法确定的事项。在多数情况下,各个国家有必要采取一些正式立法程序,如由国会通过税收协定。"[117]总之,国际税务组织形成的规则和政策需要交付国家当局予以执行。因此,根据行政授权程度的一般判断标准,全球税收治理在行政授权方面具有低授权性的特点。也许有人会注意到,国际税务组织还承担着监督国家税收政策执行的功能,但是这种监督并不能代替国家执行,相反,这种监督还需要借助于国家。

最后,全球税收治理在司法授权方面具有低授权性。国际税收争议包括国家与涉外纳税人之间的税收争议和国家之间的税收争议。国家与涉外纳税人之间的税收争议主要通过国内机制来解决,因为两者之间的涉税行为是一种行政行为,所以这种国内机制主要为行政复议和行政诉讼。国家之间的税收争议主要通过国际机制来解决,而基于主权平等的国际法原则和税收管辖权独立原则,这种国际机制目前主要是相互协商程序。相互协商程序是指税收协定缔约国主管当局在税收协定相互协定条款框架内共同协调涉税事项和解决税务争端的机制。然而,相互协商程序因不能保证纳税人在其中的法律地位以及违反税收协定的争议最终得不到解决的缺陷而被人们广为诟病。针对相互争议案件为零或者较少且满足 BEPS 行动计划同行评议资格的发展中国家,《关于应对数字化税收挑战双支柱方案的声明》提出采用一种被称为"选择性约束性的争议解决机制"解决与金额 A 有关事项的争议。[118] 虽然该声明对争议解决机制的阐释较为粗疏,但是建立在大多数国家共识基础上的强制性且有约束力的争议解决机

---

〔117〕［美］V. 图若尼主编:《税法的起草与设计》(第 2 卷),国际货币基金组织、国家税务总局政策法规司译,中国税务出版社 2004 年版,第 737 页。

〔118〕OECD, *Statement on a Two – Pillar Solution to Address the Tax Challenges Arising from the Digitalisation of the Economy*, *OECD/G20 Base Erosion and Profit Shifting Project*, OECD (Oct. 8, 2021), https://www.oecd.org/tax/beps/statement – on – a – two – pillar – solution – to – address – the – tax – challenges – arising – from – the – digitalisation – of – the – economy – october – 2021.pdf.

制正在被悄然推进。税收仲裁程序能够督促和保障国家间税收争议的最终解决,提高国际税收争议解决的效率和公平,还不至于损害缔约国的税收主权。[119]因此,国际社会产生了通过仲裁机制解决国际税收争议的需要。一些国家,如美国和墨西哥、爱沙尼亚和荷兰,签订的税收协定中已经包含了仲裁条款;[120]2008年OECD范本修订时在其第25条增加了有关仲裁机制的第5款,[121]2011年UN范本修订时也引入了仲裁机制。[122] 尽管从世界范围内来看,国际税收争议仲裁实践几乎没有发生;但是,在可预见的将来,仲裁将是国际税收争议解决的重要机制,也将成为全球税收治理中争议解决的基本方式。至于有独立法庭来处理国际税收争议,这几乎不太可能。即便是在高度统一的国际贸易领域,国家间的贸易争端也只能借助磋商、专家组审理、上诉机构审理、裁决的执行及监督等基本程序,以及在双方当事人自愿的基础上进行仲裁、斡旋、调解和调停等方式予以解决。税收的主权属性比贸易更强,借助独立法庭解决国家间税收争议的难度可见一斑。换言之,无论是在现行体制下还是未来发展后,全球税收治理在司法授权方面的程度都很低。

### (三)包容性

包容性指向治理安排中决策权,该权利是由所有或大多数受由此产生的政

---

〔119〕 廖益新:《OECD国际税收仲裁机制评析》,载《厦门大学学报(哲学社会科学版)》2012年第5期。

〔120〕 Gerrit Groen, *Arbitration in Bilateral Tax Treaties*, 30 Intetax 3 (2002).

〔121〕 OECD范本(2010)第25条第5款规定:"在a) 根据第一款规定,一个人以缔约国一方或双方的行为已造成对其的征税违反本协定为由,将案件提交给缔约国一方主管当局,而b) 双方主管当局自该案件提交给缔约国另一方主管当局起两年内,无法依照第二款达成协议解决该案件的情况下,如果当事人要求,该案件产生的任何未解决之问题应交付仲裁。然而,若缔约国任何一方的法院或行政裁判庭已对这些未解决之问题作出裁定,则这些问题不应提交仲裁。除非受该案直接影响的当事人不接受实施仲裁裁决的相互协议,该仲裁裁决应对缔约国双方具有约束力,且应不受缔约国双方国内法上任何时效的影响而予以执行。缔约国双方主管当局应通过相互协议确定适用本款的方式。"

〔122〕 UN范本(2011)第25B条第5款规定:"当一个人认为一方或双方缔约国的行为导致了对其与税收协定规定不符合的征税并根据第1款提请其居民国当局启动相互协商程序后,缔约国双方当局如果不能根据本条第2款在2年内达成协议,应缔约国任何一方主管当局提请可就任何未能解决的事项通过仲裁解决,并应通知本条第1款提请案件的人。如果未能解决的事项已经由一国法院或行政法庭作出判决,则不能提交仲裁。仲裁裁决缔约方是有约束力的并应履行,且不受国内法中的时限的限制,除非缔约国双方主管当局在收到仲裁裁决后6个月内达成与仲裁裁决不同的协议,或者受该案直接影响的人不接受缔约国双方为履行仲裁裁决达成的协议。缔约国当局应通过相互协商来确定适用本款的具体模式。"

策和规则影响的行为者分享，还是集中在极少数人手中。当决策权由所有或大多数行为者分享时，可以说治理安排具有高包容性；反之，当决策权为极少数人掌握时，则认为治理安排不具有高包容性。具体把握包容性高低的指标有二：一是准入，即受规则约束或直接受政策影响的参与者中有多少人积极参与确定其内容；二是权重，即积极参与者之间的影响力如何分配，是否符合公平原则。[123]例如，在联合国大会上，世界上几乎所有国家都有代表，并有权参与决议的起草和表决，投票权在成员国之间平均分配，这种治理安排就是高包容性的。世界上大多数国家是世界银行的成员，但在这里，加权投票制度赋予最大的资金捐助者，即发达国家，有更多的权力。同时，银行监管领域的标准是由十几个发达国家的央行行长制定的。因此，可以说世界银行的治理安排之包容性相对较低。

全球税收治理具有高包容性，即税收治理安排中的决策权是由所有或绝大多数受此产生的税收政策和规则影响的行为者分享的。

就目前而言，税收治理安排中形成了以G20为主导，OECD提供技术支持和政策制定，UN、IMF、WB等积极参与的决策机制。遗憾的是，在这种决策机制中，决策权始终掌握在少数人手中。G20借助金融危机从部长级会议机制升级为峰会机制，从2010年开始逐渐把全球性税收问题纳入其治理议程。与此同时，G20为OECD政治背书，推动了BEPS行动计划在全球范围内的实施。然而，G20决策机制不仅在非成员国的意见如何得到代表方面存在疑问，还表现出由大国决定集体事务的权力政治色彩。[124] 在没有得到G20背书之前，OECD作为国际税收政策的主要输出者的地位一直遭受质疑。其中，流行的观点是OECD代表36个成员国（绝大多数是发达国家）的利益，因而其被称为“富国俱乐部”。[125] 更为具体的理由，一是OECD运行的决策过程排斥发展中国家，这不利于非成员国利益的输入；二是OECD制定的国际税收政策具有明显的发达国家利益偏好；三是OECD主张的国际税收规则忽视了税收与可持续发展议程间的联系。[126] 在得到G20背书之后，OECD实施了一系列的程序改良策略，如赋

〔123〕 Mathias Koenig - Archibugi, *Mapping Global Governance*, in David Held & Anthony McgrEw, eds. , Governing Globalization: Power, Authority and Global Governance, Cambridge: Polity Press, 2003, p. 53 - 54.

〔124〕 刘宏松：《合法性、有效性与G20机制改革》，载《国际观察》2014年第3期。

〔125〕 Timothy Lyons, *International Taxation and the BEPS Action Plan: Challenged by Modernity*?, 5 British Tax Review 519 (2014).

〔126〕 毛瑞鹏：《全球税收治理转型中的制度竞争——以OECD为中心的分析》，载《世界政治研究》2018年第2期。

予G20中的发展中国家的工作方完全成员地位,使它们平等地参与新的税收规则和政策制定,给予其他发展中国家咨询或观察员地位,建设吸收所有国家的BEPS包容性框架,旨在获取发展中国家的支持,从而提高其在国际税收决策方面的合法性,这无疑增加了OECD决策的包容性。但须知,这种具有层次性的决策机制,仍旧带有某种意义上的歧视性。

实际上,除UN之外的其他国际组织的决策机制都或多或少存在决策权分配不公的问题。[127] 当然,需要注意的是UN虽然具有政治合法性基础,但是其国际税务专家委员会的专业能力有待强化。这种强化首先应是组织强化,即将国际税务专家委员会升级为UN经社理事会下的政府间机构。此机制中,发展中国家和发达国家都可以平等地参与税收政策和规则的讨论、制定和表决。比照国内法税收法定的原则,在国际税收政策、规则制定中凡是涉及税收构成基本要素的事项需要全体成员代表的一致通过或者绝大多数通过方可实施,而非税收构成基本要素的事项议事规则可以由大会之下的委员会予以表决。这正是全球税收治理所提倡的高包容性的决策方式。

全球税收治理的高包容性有助于促进国际税收合作,提高国际税收分配公平,形成国际税收的基本标准以及更好地化解国际税收争议。全球性税收问题产生的重要原因是税收政策的外溢性与税收主权领土原则的不匹配,它的解决有赖于国际社会的合作。在全球税收治理中,全体代表或绝大多数代表分享税收决策权,能够最大限度地考虑不同国家的税收差异性,从而提高不同国家的合作积极性。每个受税收规则约束或直接受税收政策影响的主体都有自己的代表参与规则与政策的商定,这能够避免因缺乏代表而造成的国际税收分配不公。同时,因为不同的主体具有相同规则与政策的投票权,所以也较容易形成遵从度高的国际税收基本标准,而在平等合作的氛围中,国际税收争议也会更好地被解决。

总之,全球税收治理的实质属性表现为高公共性、低授权性和高包容性。根据公共性、授权性和包容性的程度,马蒂亚斯·科尼格-阿尔基布吉描绘了治理安排的属性空间及其典型类型(见表3)。所以,全球税收治理在其描述的属性

---

〔127〕 Jan Wouters & Katrien Meuwissen, *Global Tax Governance: Work in Progress?*, Leuven Centre for Global Governance, 2011, p. 31; Sophia Murillo López, *Legal Legitimacy of Tax Recommendations Delivered by the IMF in the Context of "Article IV Consultations"*, 2 Erasmus Law Review 106 (2017); Uyanga Berkel-Dorlig, *Legality of the World Bank's Informal Decisions to Expand into the Tax Field, and Implications of These Decisions for Its Legitimacy*, 2 Erasmus Law Review 119 (2017).

空间中表现的类型是介于全球政府间主义与直接的全球跨国家主义之间,并无限靠近全球政府间主义。全球税收治理兼具政府间主义与跨国家主义的优势,又弥补了政府间主义与跨国家主义的劣势,由此产生了更为有效的国际税收作用机制。

**表 3　治理安排的典型类型**

| 治理类型 | 公共性 | 授权性 | 包容性 |
|---|---|---|---|
| 全球政府间主义 | 最大 | 最小 | 最大 |
| 全球超国家主义 | 最大 | 最大 | 最大 |
| 直接霸权 | 最大 | 最小 | 最小 |
| 直接的全球跨国家主义 | 最小 | 最小 | 最大 |
| 授权的全球跨国家主义 | 最小 | 最大 | 最大 |
| 直接垄断 | 最小 | 最小 | 最小 |
| 间接垄断 | 最小 | 最大 | 最小 |

## 本章小结

全球税收治理源于全球税和全球税收组织的提议和探讨,并在联合国发展筹资系列会议中得到传播与发展,通过 G20 与 OECD 合作推动的 BEPS 行动计划得到广泛使用。然而,科学严谨概念体系的缺乏致使其概念存在“全球税”治理、国际税收的全球治理(global governance in the international tax)、国际税收治理(international tax governance)以及全球税收治理(global tax governance)等多种表述,这导致了该概念的模糊使用和学术论述混乱。

科学的全球税收治理定义对于消除歧异性、减少模糊性、给出理论的解释非常有帮助。借助属加种差的定义方法得出,全球税收治理是主权国家、涉税国际组织以及纳税人等国际税法主体在平等对话的基础上,采取国际税收协调和合作的方式,为共同应对全球性税收问题并实现全球税收公平而实施的各种路径的税收治理。这一概念与国际税收协调、国际税收秩序、国际税收治理、国际税收机制、全球税收规制等既相互联系又相互区别,使用时应注意它们之间的联系与区别。

全球税收治理兼具形式属性和实质属性,是形式属性和实质属性的高度统一。全球税收治理形式属性包括客观性、目标性和方法性。客观性是指全球税收治理作为税收主权发展的一种客观趋势,其反映世界各国税收政策之间日益加强的相互联系与影响。目标性是指全球税收治理作为国际社会提出的一种目标,其意在促进国际税收合作,并最终建立统一的税收法律秩序。方法性是指全球税收治理作为分析各国税收政策和国际关系发展的一种方法,其不仅是一种分析方法,还是一种制定国际税收战略的方法,且战略可以是国家层面的,也可以是跨国企业等纳税人层面的。全球税收治理实质属性包括高公共性、低授权性和高包容性。高公共性是指全球税收治理积极参与者的主体性质及其之间的互动具有较高的公共属性。低授权性是指全球税收治理在规则和政策制定(立法授权)、政策执行(行政授权)和争议解决(司法授权)方面的授权程度较低。高包容性是指税收治理安排中的决策权是由所有或绝大多数受此产生的税收政策和规则影响的行为者分享的。

# 第三章 全球税收治理的价值追求

全球税收治理作为国际税法新范式，它的价值追求是人们对国际税法价值的深层次的、系统的理性认识，以学说、理论为其表现与存在形式。对国际税法的研究不能只局限于展示该领域法律规范的表现形式，更重要的是要揭示法律规范背后的理论依归。关于国际税法价值的研究，可以提供这样的研究进路，并且强化对诸如国际税法为什么需要这样的规范等问题的理性思考。

全球税收治理的价值是建立在价值论基础之上的有关国际税收法律制度的深层次、系统的理性认识。遗憾的是，学界几乎没有关于国际税法价值的系统研究。[1] 价值问题虽然是一个比较棘手的问题，但它是国际税法所不能回避的问题。[2] 作为法学的一个具体领域，国际税法价值体系之构建当然离不开法的一般价值。在法理学上，“秩序、正义、自由三者构成法律价值体系”[3]。区别于一般法律的调整对象与调整范围、规则模式与运行机制，国际税法在秩序、正义和自由这些价值方面具有一些特定的含义。本章从法律价值的一般构成体系出发，分析国际税法的秩序价值、正义价值和自由价值，从而为全球税收治理提供价值参考。

## 第一节 全球税收治理的秩序分析

秩序是相对无序而言的，不论是自然秩序还是社会秩序，二者均代表某种程

---

〔1〕 相关研究有石慧的《论经济全球化下对国际税收竞争的法律规范》（湘潭大学 2001 年硕士学位论文），李刚的《税法公平价值论》[《财税法论丛》（第 1 卷）]，侯茜的《经济全球化背景下的税收主权问题研究》（重庆大学 2007 年博士学位论文）。但是严格地讲，这些文献探讨的都是税法的一般价值，而非专门探讨国际税法的价值。

〔2〕 参见[美]罗斯科·庞德：《通过法律的社会控制》，沈宗灵译，商务印书馆 2009 年版，第 49 页。

〔3〕 周永坤：《法理学：全球视野》（第 4 版），法律出版社 2016 年版，第 182 页。

度的一致性、连续性和确定性。秩序是法律最基本的价值。

具体至国际税法,秩序表现为国际税收秩序,即为实现国际税法的宗旨而在国际税法主体之间形成的一种稳定的互动状态和法律安排。国际税法主体之间的互动是国际税收关系的集中体现,因而对国际税收秩序的理解可以从国际税收关系的层次入手。国际税收关系一般分为两个层次,一个是两个或两个以上的主权国家在跨国征税对象上产生的税收利益分配关系,另一个是国家与纳税人之间的涉外税收征纳关系。在第一个层次上,不同国家之间的力量对比、税收竞争与税收合作的关系构成了一种国际税收秩序;在第二个层次上,不同国家针对跨境纳税人实施的规制即各自的涉外税收秩序,各国之间的规制措施的协调与统一构成了宏观的国际税收调控秩序。

与国内税收秩序相比,国际税收秩序的创建、变革和维护更为困难。主要原因在于国际社会缺乏强有力的协调、保障各国意志与利益的机制,这使国际税收利益的划定、分配与调整难以满足各方诉求。然而,面对这种困难,主要国际关系理论流派从不同视角出发,给予了不同的解释之道,从而形成了现实主义国际税收秩序、自由主义国际税收秩序和建构主义国际税收秩序三种基本模式(见图3)。对比分析不同的国际税收秩序,可以为全球税收秩序的建构注入理性的思考。

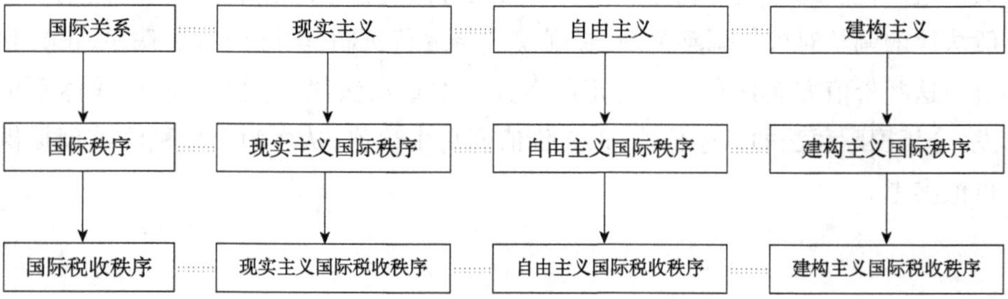


**图3 全球税收治理秩序分析框架**

## 一、现实主义国际税收秩序

如前所述,国际税收关系既是国际经济关系的组成部分,又是国际关系的组成部分。同理,国际税收秩序既是国际经济秩序的组成部分,又是国际秩序的组成部分。因此,现实主义理论的原理也适用于对国际税收秩序的分析。更确切地说,现实主义国际税收秩序源于现实主义理论对国际秩序的阐释。

### （一）现实主义国际秩序的分析框架

现实主义理论从修昔底德到马基雅维里，再从汉斯·摩根索到肯尼思·沃尔兹，虽然不断调整变异，陆续衍生出新现实主义、新古典现实主义、进攻性现实主义和防御性现实主义等多种流派，但是他们的理论核心观点与基本理念是一致的。一是国际政治就是民族国家为权力或安全而斗争；二是国际社会因缺乏与国内社会一样的权威而处于无政府状态；三是斗争与冲突在国际无政府状态下是不可避免的；四是国际道德、国际法等规范性因素的有限作用。[4] 简言之，现实主义理论共同要义为"权力是适者——国家——生存的关键"[5]。

因此，现实主义理论从权力的视角解读国际秩序，即认为国家间权力分配是国际体系的基本结构，均势或霸权是建构国际秩序的基本条件。

均势是指国际力量的分布大致相等便可防止任何国家变得无比强大从而把自己的意志强加于人，[6] 即把权力均势作为一种建立、改革和维护国际秩序的模式。权力在多个国家之间平均分配而建立起来的国际秩序属于多级均势模式，而权力在两个主要大国之间平均分配而建立起来的国际秩序属于两极均势模式。不论是权力多级均势模式还是两极均势模式，其核心内容都强调强国或强国集团之间力量均衡是国际秩序稳定的基础。然而，均势是一种相对静止的状态，它的平衡只是暂时的、相对的。它时常受到追求霸权的国家的冲击，在此种情况下，其他国家亦会加强自己的力量，或通过结盟增强力量，建立新的平衡、新的均势。均势有利于维持国际社会的相对稳定，但不能根本解决问题，其实质是"大国协调"。况且，某些大国并不真心诚意地维持均势，其实际上谋求力量博弈以有利于自己，力图操纵国际秩序天平，建立自己的优势或霸权。

霸权说明的是一个居于统治地位的强国如何以通用的词句确定与他希望的秩序相关的各种条件，并且把这种秩序说成是于所有人都有利的秩序。[7] 其以权力分配严重不平衡且集中在某个大国手里为主要特征，通常与单级稳定论或霸权稳定论联系在一起。单级稳定论者和霸权稳定论者认为，一个强大且具有霸权实力的行为体所创造的霸权体系不仅是国际秩序稳定的基础，还是国际体

---

〔4〕 参见白云真、李开盛：《国际关系理论流派概论》，浙江人民出版社 2009 年版，第 107 ~ 108 页。

〔5〕 [美]约翰·鲁尔克：《世界舞台上的政治》，白云真、雷建锋译，世界图书出版公司北京公司 2012 年版，第 24 页。

〔6〕 参见俞正樑：《国际关系与全球政治：21 世纪国际关系学导论》，复旦大学出版社 2007 年版，第 32 ~ 33 页。

〔7〕 参见[法]雅克·阿达：《经济全球化》，何竟、周晓幸译，中央编译出版社 2000 年版，第 56 页。

系稳定和公共利益实现的重要保障。这种单级霸权模式与国际秩序的建立、改革和维护成正相关关系。一方面,霸权行为体的实力越强,国际秩序就越稳定;另一方面,霸权实力的衰退会导致国际秩序的动荡,减损已有国际机制应有的效用。[8]

归根结底,现实主义国际秩序的建立、改革和维护皆因均势或霸权。所以,国际秩序大厦在极权和权力结构不稳定中始终处于倾斜状态,于平衡与崩塌之间周而复始。一旦权力的行使缺乏规则制约,那么国际秩序大厦就会倒塌。

### (二)现实主义国际税收秩序的特征分析

根据现实主义的国际秩序,可知现实主义国际税收秩序具有这样的前提条件:一是国家为国际税收秩序的主要行为体;二是国际税收制度的组织规则是无政府主义;三是国家间税收利益是不可调和的;四是国家的主要偏好是税收权力。也就是说,现实主义国际税收秩序的建立、改革和维护围绕税收权力和利益而展开。

第一,国际税收秩序形成因均势或霸权。在一个无政府状态的国际社会中,国家之间的税收权力和利益带有零和竞争之性质,某些国家税收权力与利益的增加意味着其他国家的税收权力与利益的减少。要想实现从混乱到有序,均势或霸权既是国际税收秩序的前提,又是国际税收秩序的指导原则。税收权力在国家之间的分配达到均势,国际税收秩序即宣告形成,不论是多级均势还是两极均势。这种情况下,国际税收权力配置在霸权国与小国之间是极其不对称的。随着国际税收权力结构中实力配置的变化,这种均衡可能会受到原来非强势国家或小国的挑战。因此,"均势是不稳定的, 是国际关系从无序、有序再到无序这一循环往复中短暂的一瞬"[9]。当国际税收权力完全配置于某个霸权国家时,霸权国家追求自身的税收利益,国际税收秩序的创建便可由其定于一尊。

第二,国际税收秩序变革系均势变化或霸权兴衰。均势或霸权造就了现实主义国际税收秩序,该秩序的变革与发展也依赖于均势变化和霸权兴衰。随着国际税收体系中国家税收权力的此消彼长,国际税收权力均势可能从多级转化

---

〔8〕 [美]罗伯特·吉尔平:《全球政治经济学:解读国际经济秩序》,杨宇光、杨炯译,上海人民出版社 2003 年版,第 99 ~ 103 页;[美]罗伯特·吉尔平:《国际关系政治经济学》,杨宇光等译,经济科学出版社 1989 年版,第 87 ~ 108 页。

〔9〕 王义桅、倪世雄:《均势与国际秩序:冷战后时代的思索》,载《世界经济与政治》2001 年第 2 期。

成两极,也可能从两极转化成多级。在此过程中,原先稳定的国际税收秩序将会被打破,直到强国或强国集团之间达成新的权力均势,国际税收秩序又会恢复稳定。同样,凭借实力配置的变化,国际税收新的霸权会挑战旧的霸权,或者说非霸权国家会合作对抗霸权国,从而导致霸权国家建立的国际税收秩序受到冲击,甚至遭受瓦解。当新兴国家与霸权国家的国际税收利益冲突越来越尖锐时,最后的结果往往是旧的国际税收秩序被打破,新的国际税收秩序逐渐构建。此外,当霸权国起初建立的国际税收秩序不符合其当下国际税收利益时,霸权国也可能放弃原先的国际税收秩序或者重新建立新的国际税收秩序。

第三,国际税收秩序维护在于权力。由于现实主义国际税收秩序强调权力因素在国际税收关系中的支配性地位,所以国际税收秩序的遵从力源自均势国或霸权国支配性权力的威慑。某个国家之所以遵守国际税收秩序,是因为它害怕因违反国际税收秩序而受到均势国家或霸权国家的惩处。于均势国或霸权国而言,国际税收秩序的维护与他们所享有的税收权力的合理分配息息相关。因为均势国或霸权国建立并维护国际税收秩序的根本目的在于维护自身税收利益或获取超过其他国家的税收利益。换言之,他们对于国际税收秩序的维护并非大公无私的,而是在追求自身税收利益时兼顾国际社会的公共税收利益部分。总之,现实主义国际税收秩序之所以能够维系:一方面是因为均势国或霸权国的威权能够克服国际税收合作中的"集体行动的逻辑"〔10〕,提高国际税收合作机制的效率;另一方面是因为均势国或霸权国凭借其国际税收权力支配地位,迫使其他国家分担维护成本,惩罚违反国际税收秩序的行为。

### (三)现实主义国际税收秩序的实践考察

可以说,在国际税收秩序建立、发展的历史当中,不论是国际联盟税收协定的起草,还是 OECD 国际税收规则的输出,或是美国的 FATCA 法案的落地,无不充满着现实主义色彩。

通常认为,现代国际税收秩序奠基于 20 世纪初国际联盟关于税收协定的研究、起草和讨论。学界探讨此历史,或者借助这段历史材料所要表达的几乎都是

〔10〕"集体行动的逻辑"指的是在追求集体利益的过程中,除非一个集团中人数很少,或者存在某种强制的或特殊手段使得个人按照他们共同的利益来行事,否则那些具有理性的、寻求自我利益的个人是不会采取共同的行动以实现他们共同或集团的利益的。[美]曼瑟尔·奥尔森:《集体行动的逻辑》,陈郁、郭宇峰、李崇新译,格致出版社、上海人民出版社 2014 年版,第 2 页。

税收协定的起源与发展。[11] 事实上，现代国际税收协定的源头即现实主义国际税收秩序形成的地方。在国际联盟存续期间，其对于国际税收秩序的创建做出了以下努力：一是1921年委托美国、荷兰、意大利和英国4国的税务专家组研究国际重复征税问题；二是1922年成立了由比利时、英国、意大利、捷克斯洛伐克、法国、荷兰和瑞士等七国税务官员组成的工作组，并于1925年增加了德国、阿根廷、波兰、日本和委内瑞拉的代表，于1927年吸收了美国代表，起草了4个有关双边税收协定；三是1929年成立财政委员会，起草关于国家间所得分配的协定草案，经过多次讨论后形成1935年协定范本、墨西哥草案和伦敦草案。[12]

所有这些努力最后随着1946年国际联盟的解散而付之东流，其根本原因在于参与税收协定草案制定和讨论国家的税收权力和税收利益始终处于变化之中。1920年国际联盟成立之初，它的常任理事国分别是美国、英国、法国、意大利和日本。美国因为与英国、法国争夺领导权失败，最终未加入国际联盟。德国、苏联先后于1926年和1936年成为常任理事国。德国、日本在1933年退出，意大利于1937年退出，苏联在1939年被开除。[13] 由此可见，国际权力在诸强国之间的分配始终处于调整过程中。虽然最终为英国和法国所控制，但是并没有形成两极均势或多级均势模式。事实上，资本主义各国间相互投资较少，如作为当时最大的资本输出国的英国在1938年对美国、日本和欧洲各国的投资仅占当年对外投资总额的14.13%，[14] 再加上经济大萧条的影响，他们之间在税收分配问题上的矛盾并不尖锐。因而在既缺乏权力均势或霸权，又没有巨大税收利益驱动的情况下，早期的国际税收秩序自然宣告流产。

OECD在国际税收秩序中扮演重要的角色。其因为代表的是发达国家而被称为“富国俱乐部”。OECD在规制国际税收竞争方面，处理国家之间税收关系始终以“权力”和“利益”为轴心。一方面，OECD将低税负国家和地区列入黑名单，如果这些黑名单国家不放弃部分财政主权并签署承诺书保证协助其他国家维护高税收，OECD便以金融保护主义的手段来威胁他们。[15] 另一方面，OECD对成员国与非成员方实行双重标准。OECD当时30个成员方中有15个EU成

---

〔11〕 葛惟熹主编：《国际税收学》（第4版），中国财政经济出版社2007年版，第267～269页；高尔森等撰：《国际税法》，法律出版社1988年版，第135～136页。

〔12〕 参见葛惟熹主编：《国际税收学》（第4版），中国财政经济出版社2007年版，第267～269页。

〔13〕 参见周仁主编：《国际法》，中国政法大学出版社1988年版，第282页。

〔14〕 法学教材编辑部编审、高尔森主编：《国际税法》（第2版），法律出版社1993年版，第16页。

〔15〕 [美]克里斯·爱德华兹、[美]丹尼尔·米切尔：《全球税收革命：税收竞争的兴起及其反对者》，黄凯平、李得源译，中国发展出版社2015年版，第204页。

员方,EU 是反有害税收竞争的主导力量,但 EU 成员方本身(如卢森堡)的有害税收竞争行为却十分严重,但未见宣传对其有什么制裁。[16] 一开始,有 6 个"税收天堂"在黑名单尚未公布之前就作出了妥协并签署了承诺书。但是,美国的反对声音在自由与繁荣中心的组织与领导下,使 OECD 没有取得新的胜利。而且,2001 年布什政府上台之后,对 OECD 的这些行动也没有兴趣,这使原来提出反有害税收竞争的 19 项要求削减为税收情报交换和税务透明度。

同样,美国 FATCA 法案的实施尽显现实主义国际税收秩序的权力特征。FATCA 法案于 2010 年获得美国国会通过,其要求外国金融机构自动报告美国账户持有人的资本收入,否则将会对其来源于美国的收入征收 30 % 的预提税。美国为打击本国人的海外逃避税行为,把本国人海外金融账户信息的提供义务强加给非美国金融实体,其获得本国国际税收利益是建立在增加非美金融实体巨大的合规成本之上的。表面上,FATCA 法案赋予了非美金融实体报告或缴纳预提税、不报告或撤出美国市场的权利。然而,就股票市场估值、银行间交易以及期权和期货交易而言,美国已多次被认定为世界上最大的金融市场,美国资本市场在世界范围内具有不可替代性。[17] 在国际金融深度全球化和一体化的既成事实下,非美国金融实体撤出美国金融市场既不太可能也不符合其发展利益,而满足客户保密需要缴纳预提税不申报,极大地增加了运营成本。因此,非美国金融实体只能按照 FATCA 法案的要求,提供美国人海外金融账户信息。其他国家为维护本国金融机构的公平市场地位,亦不得不与美国达成政府间协议以实施 FATCA 法案。同时,美国借助"G20 + OECD"通道把 FATCA 法案的税收情报自动交换变成了全球标准,促成了 MAC 和 MCAA 的出台。但是,美国至今没有签署这两份多边公约,而是寻求与他国的双边协议来解决税收情报交换问题。这意味着在越来越多国家实施税收情报全球标准之时,美国可以在获取所需海外金融账户信息的同时,而不需要承担相应的提供其他国家居民在美国的金融账户信息的义务,这无疑使美国成为全球最大的避税地。[18] 美国这种凭借其在国际社会中享有的权力地位,为了本国税收利益,推动国际税收秩序的形成而又不加入该国际税收秩序的行径,是典型的现实主义做法。

---

〔16〕 蔡庆辉:《有害国际税收竞争的规制问题研究》,科学出版社 2010 年版,第 80 页。

〔17〕 Peter Dietsch & Thomas Rixen, eds. , *Global Tax Governance: What is Wrong with It and How to Fix It*, ECPR Press, 2016, p. 126.

〔18〕 葛辉:《美国单边主义税收措施域外管辖的运行机理及其启示——以 FATCA 法案为例》,载《南京大学法律评论》2018 年第 1 期。

## 二、自由主义国际税收秩序

自由主义国际税收秩序与自由主义的国际秩序观息息相关,是自由主义国际关系理论在国际税收领域的具体呈现。自由主义国际税收秩序者诉诸理性寻求建设性国际税收合作的审慎性尝试,他们强调源于自然法的道德义务,也强调在限制权力方面的道德紧张状态与困境。

### (一)自由主义国际秩序观的逻辑结构

自由主义理论可回溯至格老修斯、洛克、康德等思想家。现代意义上的自由主义主要包括理想主义、新旧功能主义、跨国主义,其随着新自由制度主义、跨国民主研究的拓展达到了一个新的发展阶段。然而,不同分支名称的差异掩盖不了实质内容之基本学术理念的一致性。"自由主义是一种涉及国家政府与善治的理论,自由主义寻求在国际关系领域构建秩序、自由、正义与宽容的价值观,而不像现实主义者的国际关系为无政府状态的假定。"〔19〕申言之,一是本质上善的或利他的人性观,即人类会运用理性达到相互之间的合作,合作是国际关系的主旋律。二是行为体的多元化视角,他们不仅关注国家,还关注个体、私人组织、社会团体和公司等非国家行为体,倾向于把多种类型的行为体作为分析和研究的对象。三是国际合作形式可以缓解国际无政府状态的情况,以确保和平、繁荣和政治的制度安排与国家合作能促进人类的自由。四是崇尚个人理性,认为个人理性的运用有助于社会的进步。五是坚信各种相互依赖的体系性力量的作用,认为国际政治经济关系的基础是民主、和平、相互依赖、制度合作以及自由贸易。〔20〕

自由主义国际秩序与强调国家间权力分配的现实主义国际秩序不同,它注重国际组织、国际制度、国际规范等发挥作用的结果,强调制度约束是国际秩序的建构原则。自由主义致力于通过集体安全、超国家组织、国际制度以及相互依赖等途径改变国际政治经济的无政府状态,以寻求国际秩序的规范模式。由此形成了几种最基本的自由主义范式的国际秩序模式,如集体安全模式、世界政府模式、国际制度模式和相互依赖模式等。〔21〕

---

〔19〕 John Bayiis & Steve Smith, eds., *The Globalization of World Politics: An Introduction to International Relations*, Oxford University Press, 2001, p. 88.

〔20〕 白云真、李开盛:《国际关系理论流派概论》,浙江人民出版社 2009 年版,第 39 ~ 42 页。

〔21〕 潘忠岐:《世界秩序:结构、机制与模式》,上海人民出版社 2004 年版,第 43 ~ 46 页。

集体安全模式是一种普遍化的秩序模式，其强调他助、国际合作与集体行动。基于集体力量大于个人力量的逻辑，其使用集体力量来威慑或制止国际社会中可能的侵略或扩张行为，并维护每个国家的安全。世界政府模式是一种超国家的组织秩序模式。其将国际社会状况与国内社会状况进行类比，重视超越所有主权国家的世界政府组织在国际税收秩序建立、改革与维护过程中的作用。国际制度模式在认可国家行为体是国际秩序的主要行为者的基础上，更加注重非国家行为体，尤其是非政府间国际组织对于国际秩序的影响。该模式认为传统的低政治客体（如经济、社会和环境）在某些历史时期也可能优先于高政治客体（如军事和安全），成为国际社会首要应对的问题，集体安全模式和世界政府模式并不是创建世界和平、安全、秩序的主要因素和根本保障。[22] 相互依赖模式突出非国家行为者和低政治目标在国际秩序中的地位和作用。与集体安全模式、世界政府模式和国际制度模式不同，其并不主张通过建立超国家组织来维护世界和平、安全与稳定。相反，其认为国际体系的当代特征是相互依赖和国际合作，其中相互依赖的促进和平与减少冲突的功能使国际制度模式成为建立、改革与维护国际秩序的有效模式。

总而言之，自由主义国际秩序注重非国家行为体在国际秩序中的主要作用，强调低政治事务在国际秩序中的主要客体地位，认为国际体系的当代特征是相互依赖和国际合作。因此，为实现人类平等、自由、富裕和进步等总体目标，需要以国际组织、国际制度和国际规范等为中心安排国际秩序的基本结构。[23]

### （二）自由主义国际税收秩序的要义总结

与自由主义国际秩序一脉相承，自由主义国际税收秩序也遵循自由主义理论的基本学术理念。根据自由主义国际秩序观，自由主义的国际税收秩序至少包括以下要义：一是国家在国际税收方面发生冲突的原因不是国家税收主权的冲突或失衡，而是一种国家间税收利益的冲突或失衡。因此，把发生税收冲突国家的基本税收利益结合起来，是解决国际税收冲突、促进国际税收合作以及达到共同目标的最佳途径。二是从国际合作的角度建构国际税收公共权力，以应对国家之间与国家之上的共同税收问题。自由主义国际税收秩序认为传统以领土为中心的秩序存在根本缺陷，其强调建构具有强制实施能力的国际税收制度来确保超国家税收公共问题得到有效解决。这种强制实施能力的形成可能源自集

---

〔22〕 吴锡标：《国际法与国际秩序》，山东大学2006年博士学位论文，第32～33页。

〔23〕 潘忠岐：《世界秩序：结构、机制与模式》，上海人民出版社2004年版，第215页。

体力量、超国际组织、制度规范作用和相互依赖性。三是强调非国家行为体,特别是政府间国际组织对于国际税收秩序建立、改革和维护的巨大影响力。虽然国际税收规则和制度仍然以国家为主体,但是那些旨在达到具体国际结果的税收法律以国家代表的个体和团体为客体。四是认为国家行为体之间的交往不一定只是税收冲突,也可能通过国际税收合作实现互利,而国际税法是促进和发展无政府状态之下国家之间税收合作的主要途径。

与现实主义国际税收秩序形成于均势或霸权不同,自由主义国际税收秩序创制于国际税收合作。自由主义以博弈论为分析工具,认为以权力与利益为轴心的国际税收秩序存在"囚徒困境",每个国家都从自身税收利益最大化出发选择行为,既没有实现国家间总体的最大税收利益,也没有真正实现单个国家的最大税收利益。虽然均势或霸权可以通过"以牙还牙"实现国际税收合作的结果,但是这种合作在本质上是一种不平等的权力威慑,其存在不确定性、不现实性和功能不足的弱点。[24] 为解决各国在无政府状态下追求自己最大的税收利益而不顾及其他国家的税收利益的不合作状态,自由主义主张通过国际税收制度把国家联合起来,达成一个具有约束力的机制。国际税收制度之所以能够解决税收秩序中"囚徒困境"的问题,是因为其从制度、信息、成本、效益等方面改善了国际社会的税收契约环境,使欺诈的成本上升而守信的收益增加,同时国际税收合作对于自私自利的国家来说更有利可图、更有吸引力。

自由主义国际税收秩序的变迁与国际税收制度的变化紧密联系。应当说,国际税收制度的形式、要素、内容等决定国际税收秩序的结构,后者会随前者的变化而变化。实际上,自由主义国际税收秩序形成之后,各国的偏好可以在相当长一段时间内保持基本稳定。即使是国际税收秩序所依赖的利益模式发生变化,国际税收秩序也可在某些条件下维持。[25] 这是因为在各个国家互动过程中产生的国际税收制度反映了国际社会在税收方面的需求。国际税收制度一旦形成就具有相对独立性,其不受某个大国或某些国家的控制。相反,国际税收制度还是影响国家行为的独立变量。也就是说,国际税收制度在某种意义上改变了各国的动机和选择。如果国家税收利益变化不大,各国就不会主张推翻当前的国际税收制度。更何况,国际税收制度建立的成本往往很高,不可能时时从各国

---

〔24〕 杨成:《国际秩序的三大选择与国际制度理论——在霸权和均势之后》,载《社会科学》2002年第5期。

〔25〕 徐崇利:《国际经济法律秩序与中国的"和平崛起"战略——以国际关系理论分析的视角》,载《比较法研究》2005年第6期。

税收利益变化的角度进行调整，而且推翻重建的成本比起初建立的成本还要高。

各国遵守自由主义国际税收秩序的动力是，换取其他国家也遵守国际税收秩序，由此在相互受益的机制中实现集体税收利益最大化和个体税收利益最大化的高度统一。然而，各国不可能不关心本国相对税收收益与其他国家的差距。某些国家一旦认为他的相对税收收益与其他国家存在较大差异，以致本国在国际竞争中处于不利地位，而且遵守国际税收秩序的成本大于收益时，他们往往会选择违反国际税收秩序。当出现这种情况时，自由主义国际税收秩序提倡者往往不是调整国际税收制度，而是更多地强调借助集体力量、超国际组织威慑或制止集体内部可能出现的损害共同税收利益的行为。从根本上来讲，自由主义国际税收秩序并不是自发形成的，而是人为的，因而它的维持有赖于一系列主客观条件和国际组织的保障。当然，国际税法是维护自由主义国际税收秩序的最重要的工具。

### （三）自由主义国际税收秩序的实例分析

如果说20世纪末OECD规制税收竞争的努力是现实主义国际税收秩序之反映，那么21世纪OECD借助G20政治背书推行的BEPS行动计划所形成的秩序则凸显了自由主义国际税收秩序的特点。

首先，BEPS行动计划主张通过国际税收合作解决因国家间税法不同而产生的双重不征税，双重征税收入小于单独征税收入，以及利润从经营活动发生地转移从而少缴税或者不缴税的问题。国际税收问题很多都与来源国与居民国之间税收权力的分配有关，然而OECD成功地绕开了改变现行跨境收入税权分配的国际准则的议程，把问题聚焦在BEPS。可见，其背后的逻辑并不是国家间税收权力的冲突，而是国家之间的税收利益问题。OECD认为，由于许多BEPS策略是利用不同国家的税法规则之间的差异，因此任何一个国家采取单独行动都难以完全解决问题。此外，各国单边和不协调的行动可能导致更多交易的双重和多重征税。所以，其从一开始就强调国际税收合作的重要性。正如其在应对BEPS行动计划报告中指出的："尽管各国政府有可能提供单边解决方案，但是一个国际协同的方案也是有价值和必要性的。共同合作和共同协调不但促进和加强了在国内采取的税基保护措施，还提供了一个令人满意的综合性和国际性的措施。这方面的共同协调也会减少单一主权国家采取单边措施的需求。"[26]

---

〔26〕 OECD, *Addressing Base Erosion and Profit Shifting*, OECD Publishing, 2013, p. 9.

其次,BEPS 行动计划强调国际税收制度建构对新的国际税收秩序形成、发展和落地的重要作用。与以往不同的是,OECD 除了借助范本、解释、标准、报告等国际税收软法来引导国际税收秩序的建立、维护国际秩序的运转之外,还在分析税收和国际公法问题的基础上,于 2017 年制定了一个多边文书——MLI。通过国际公约的方式以同步、高效地在现有避免双重征税协定网络中,作出关于混合错配安排、防止协定滥用、解决人为规避常设机构构成问题并改进争议解决机制等方面已经达成共识的修改。事实上,在这之前,OECD 于 2010 年应 G20 的号召还修订推出了向所有国家开放的 MAC。该公约开宗明义:“考虑到人员、资本、货物和服务跨国流动的发展,本身虽益处颇多,但也增加了避税与逃税的可能性,因此税务机关之间需加强合作。”为配合该公约的实施,OECD 还于 2014 年发布了 MACC。这些多边公约作为 BEPS 行动计划最终成果的国际税法确认,是新国际税收秩序形成的根本保障。

再次,BEPS 行动计划突出了国际组织,尤其是 OECD 在国际税收秩序中的作用,实际上促使 OECD 成为非正式的“世界税务组织”。[27] 从历史来看,国际税收秩序的形成始终离不开国际联盟、OEEC、OECD 等国际组织的作用,BEPS 行动计划也一样。该计划最早由 OECD 研究并提出,在得到 G20 的政治背书后,UN、IMF、WB 等国际组织以及 EU、ATAT、IOTA、CIAT 等区域性组织都参与了相关规则的磋商。其中,OECD 扮演着举足轻重的角色,不论是行动计划报告及最终成果的起草,还是相关议程的确定,或是行动计划的具体实施,OECD 实际上都承担了领导者的角色。[28] 可以说,OECD 通过 BEPS 行动计划获得了非正式世界税务组织的事实地位,成功地推进了其国际税收改革主张。

最后,BEPS 行动计划既注重国家之间的合作,又注重国家行为体与非国家行为体的互动。正如 BEPS 行动计划报告宣称:“一个综合性解决方案的产生需要所有利益相关者的贡献。”[29] OECD 成员方和非成员方都可以参与到行动方案当中。截至 2021 年 11 月,已有 141 个国家或地区加入了 BEPS 包容性框架。

---

〔27〕 阿瑟·科克菲尔德(Arthur J. Cockfield)教授在 2006 年撰文称,OECD 通过对电子商务税收挑战的回应获得了非正式的“世界税务组织”的地位。See Arthur J. Cockfield, *The Rise of the OECD as Informal "World Tax Organization" Through National Responses to E – Commerce Tax Challenges*, 8 Yale Journal of Law & Technology 136 (2006). 事实上,这种非正式的世界税务组织地位是在 BEPS 行动计划中获得的。

〔28〕 Allison Christians, *BEPS and the New International Tax Order*, 6 Brigham Young University Law Review 1603 (2016).

〔29〕 OECD, *Addressing Base Erosion and Profit Shifting*, OECD Publishing, 2013, p. 9.

此外,商界[如国际商会(International Chamber of Commerce,ICC)、工商咨询委员会(Business and Industry Advisory Committee,BIAC)、工会咨询委员会(Trade Union Advisory Committee,TUAC)]、民间团体(如税收正义网络、行政援助组织、基督教援助会)等非国家行为体也受邀为BEPS工作提供咨询意见。

## 三、建构主义国际税收秩序

建构主义国际税收秩序的理论基础是建构主义,所以关于它的理解应遵循建构主义关于共有观念认识的基本主旨。

### (一)建构主义国际秩序的理论阐释

建构主义脱胎于反思主义阵营,经由尼科拉斯·奥努弗、亚历山大·温特等人的努力,在大量吸收社会学、语言学等其他学科养分的基础上,形成了自己的理论特征。[30] 一是坚持社会本位论,认为社会世界是一种主体间集体知识或共同知识存在的世界。二是施动者与结构之间的互构,施动者之间的互动建构社会世界,反过来社会结构又建构和制约了施动者。三是在认识论上坚持科学实在论,强调建立严格的科学议程,提出能够证伪的科学假设。四是在方法论上的整体主义,主张从整体的性质来理解个体的行为。

一言以蔽之,"观念以及相关因素建构了国际行为体乃至整个国际关系"[31]。

建构主义非常注重共有观念,即共有知识。其强调在共有观念或共有知识的基础上建构起来的集体认同对国际秩序的建立、改革和维护方面的作用。

共有观念或共有知识也可被称为文化,其是个体之间共有的相互联系的观念和知识,既包括信念,又包括意愿。[32] 在建构主义者看来,我们思考和谈论世界的方式——观念和话语,在很大程度上决定实践。所以,在建构主义国际秩序中,共有观念基础有两层含义:一是指国际秩序的主要客体是低政治中的文化与观念,而非高政治中的安全与军事,国家的身份和利益是由观念和话语构建的;二是指"国际生活的特征取决于国家与国家之间相互共有信念和期望,这种信念和期望在很

---

〔30〕 白云真、李开盛:《国际关系理论流派概论》,浙江人民出版社2009年版,第224~226页。

〔31〕 刘志云:《国际法研究的建构主义路径》,载《厦门大学学报(哲学社会科学版)》2009年第4期。

〔32〕 潘忠岐:《世界秩序:结构、机制与模式》,上海人民出版社2004年版,第305页。

大程度上是由社会结构而不是物质结构构造的”[33]。因而，世界社会秩序的形成，依赖的是各国共同文化观念的培养以及国际集体认同的建立。

集体认同是一种由行为体之间的共有知识、观念或话语建构起来的关系，而非先天具有的关系。知识、观念或话语的可变性，决定了以这为基础建构的集体认同具有灵活和柔性的特点，确保了改变国家行为的前提是客观的。故而，集体认同能够形成国际秩序，一是能够通过国家利益的界定来塑造国家行为，二是能够通过国际制度和国际规范的制定来约束国家行为，三是借助安全共同体的构建来营造持久的和平与安全，四是能够解决安全困境问题。

建构主义国际秩序意在把国际体系改造为世界社会，使国家的行为在世界社会内以信任规范和共有规范为指导，将权力竞争和冲突扫进历史的垃圾堆，代之以真正的和谐、稳定的秩序。然而，实现这种和谐秩序的关键是从根本上改变国家的身份认同，或者更具体地讲，改变国家思考自身和相互的方式。

概言之，建构主义国际秩序是国家间共有观念的分配，可阐释为以共有观念为基础形成的集体认同。

### （二）建构主义国际税收秩序的主旨概括

建构主义秩序的主旨在于共有观念和集体认同。同理，建构主义国际税收秩序的主旨在一定意义上也在共有观念和集体认同。一是国际税收秩序由国家税收权力、税收利益分配等组成的物质结构和国际税收文化、观念以及规范等构成的社会结构共同影响而创制、变革与发展。其中，前者是国际税收秩序的表层结构，后者是国际税收秩序的根本性结构，后者只有在前者的框架内才具有意义。二是社会结构的集体认同是国际税收利益的基础，通过国家税收利益的界定来塑造国家税收行为，并且凭借国际税收制度和规范来约束国家税收行为。也就是说，国际社会中共有之税收文化、税收观念等是形成并维系国际税收秩序的根本。三是与现实主义和自由主义把国际税收秩序解释为个体协商和选择的结果之理解不一样，建构主义国际税收秩序把国家在国际社会中的角色比拟为人的社会性，国际税收合作只能依赖于认同以及行为体观念的重塑。因此，实现和谐稳定国际税收秩序的关键是培养国家间的共同文化观念和集体认同。

建构主义国际税收秩序并不否认国家是创建、变革和维护国际税收秩序的核心力量，而是赋予国家行为体更多的人文特征，关注国家的税收文化、税收规

---

〔33〕［美］亚历山大·温特：《国际政治的社会理论》，秦亚青译，上海人民出版社2000年版，第24页。

范和税收认同。这些共有知识决定着国家是否有付诸国际税收合作的意愿和意志,往往比权力结构更具本体论上的决定意义。小国或者小国集团不需要依赖于大国的领导或者借助大国的权势资源,同样可以在国际税收议程设定、国际税收规范建构与形成国际税收集体认同方面发挥关键性作用。[34] 因为国家在国际税收秩序中的身份建构,以及国家税收利益和行为偏好的决定,源于国际税收观念。

国际税收观念表现为国际税法基本原则、国际税收习惯和国际税收惯例。国际税收原则是普遍适用于国际税法的各个方面和整个过程,构成国际税法的基础,并对国际税法的立法、守法、执法等均有指导意义的基本信念,其包括国家税收主权,以及国际税收公平、中性和效率等内容。[35] 国际税收习惯是在国际税收实践中各国普遍采用的且承认具有法律约束力的惯常做法,是国际税收关系不成文的行为规范,如税收无差别待遇、外交税收豁免和非居民承担有限纳税责任等。国际税收惯例虽然也是国际税收实践中大多数国家通常采用的行为方法,但这些惯常行为方法尚未达到各国承认具有法律约束力的程度。国际税收惯例主要集中在 OECD 范本和 UN 范本建议的有关协调居民税收管辖权和来源税收管辖权冲突的规则中,如来源国对非居民营业所得课税的常设机构原则,有关非居民劳务所得课税的固定基地原则,有关 183 天规则。[36] 当然,这些反映的是能够建构国际税收秩序的国际税法原则,即所谓的"构建性规则",而非反映国际税收秩序因果关系的"管理性规则"。

当特定的国际税收观念形成后,在其中的国家行为体便会被这种观念所建构,同时作为国际税收观念中的原则、习惯和惯例也会在国家行为体的互动中不断得到加强,这使得国际税收秩序达至"结构性稳定",从而形成强烈的"路径依赖"。[37] 因而,要变革国际税收秩序,就必须先改变国家行为体的国际税收观念的集体认同,而国际税收观念集体认同的改变需要通过逐步升级的多种步骤,其中最为关键的一环是集体认同意识的培养和建设。同理,某国遵守国际税收秩序,可能是其国际税收观念或更为广泛的价值观在起作用。换言之,国际税法的效力并非来自权力和霸权以及国际组织的威慑,而是源自对国际税收观念的集体认同。

---

〔34〕 参见韩爱勇:《在权力政治与自由主义之间:冷战后东亚秩序的理论范式研究》,中央编译出版社 2015 年版,第 180 ~ 181 页。

〔35〕 刘永伟:《国际税法基本原则之探讨》,载《法制与社会发展》2002 年第 1 期。

〔36〕 廖益新主编:《国际税法学》,高等教育出版社 2008 年版,第 6 页。

〔37〕 参见徐崇利:《国际经济法律秩序与中国的"和平崛起"战略——以国际关系理论分析的视角》,载《比较法研究》2005 年第 6 期。

### (三)建构主义国际税收秩序案例解读

从世界范围内来看,国际税收领域并没有形成建构主义国际税收秩序。其原因主要在于税收与政府的财政收入有关,各国在税收领域一直保持强烈的主权独立感,很难形成得到所有国家普遍承认和接受的原则、习惯和惯例。然而,从区域范围来看,欧盟的税收一体化体现了国际税收观念和集体认同在欧盟成员国之间建立、改革和维持税收秩序的重要作用。因此,建构主义国际税收秩序可以从欧盟税收一体化案例中得到解读。

欧盟国家从欧洲煤钢联营历欧洲经济共同体到欧洲联盟,重要的原因是彼此逐步形成了共同的观念。这种共同观念从最初之建立共同市场、取消各种关税限制,推展至促进和平、和平价值观及其公民福祉,提供没有内部边界的自由、安全和正义,维持可持续发展和高度竞争性市场经济,打击排斥与歧视,促进科技进步,加强欧盟国家之间经济、社会、领土的凝聚力,尊重丰富的文化和语言多样性以及建立一个以欧元为货币的经济和货币联盟等8个方面的内容。在此过程中形成了以“人类尊严、自由、民主、平等、法治、人权”为核心的欧盟价值观。而且,他们一脉相承的基督教文明和共同的历史文化背景构建了彼此的认同,进一步维护了这一地区的共同价值观。正如欧盟网站上所描述的,如今的欧盟是27个民主欧洲国家之间独特的经济和政治伙伴关系,旨在促进其公民的和平、繁荣和自由。[38] 更具体地说,这是一套共同的机构,成员方将其一些主权委托给这些机构,以便能在欧洲层级民主地就共同关心的具体问题作出决定。

正是在共同价值观的影响下,欧盟及其成员方之间形成了如下的税收秩序。欧盟在征税或设定税率方面没有直接作用。每个公民缴纳的税款及其如何使用都由公民所属的成员方政府决定。然而,为了确保货物、服务、人员和资本的自由流动,欧盟在某些领域特别是商业和消费政策方面有权监督成员方的税收规则。

目前这种监督大致有消极和积极两个层面。就消极层面而言,虽然欧盟的成立并不意味着征收直接税的权限从欧盟成员国转移到欧盟,但是欧盟成员方必须按照自由流动的原则行使其直接征税的权限,因为欧盟法院有权审查成员方的国际税收制度是否符合基本自由。[39] 就积极层面而言,欧盟实施了一系列

---

〔38〕 Diane M. Ring, *What's at Stake in the Sovereignty Debate: International Tax and the Nation-State*, 49 Virginia Journal of International Law 156 (2008).

〔39〕 Maarten F. De Wilde, *Some Thoughts on a Fair Allocation of Corporate Tax in a Globalizing Economy*, 38 Intertax 305 (2010).

措施以实现更高的透明度、更好的信息交流、公平的税收竞争和协调。在流转税方面,欧盟取消了成员方之间的进出口关税,统一了成员国与非欧盟成员方之间的关税及税率;规定了酒类产品(烈酒、葡萄酒和啤酒)、烟草产品和矿物油产品消费税最低税率和目标税率;统一了增值税的征税范围,明确了增值税标准税率及低税率征收范围。因此可以说,欧盟基本实现了成员方流转税的趋同。[40] 在所得税方面,欧盟借助《公司兼并指令》《母子公司指令》等促进了成员方在公司合并资产重组和母子公司之间的利益分配待遇方面税制的协调一致。值得一提的是,欧盟已经启动且正在研究企业所得税税基统一(CCCTB)议案。在税收征管方面,欧盟通过《利息税指令》《税收仲裁公约》《税收行政互助公约》等强化了成员方之间的税收行政合作,促进了税收情报交换制度的快速发展。欧盟税法影响着成员方各自的国内税收法律秩序,而欧盟成员方国内税收法律秩序交互就形成了欧盟区域内的国际税收秩序。

欧盟税收秩序是在共有价值观基础上建构起来的集体认同,由此形成了其税收秩序建立、改革与维护的决策机制(见图4)。税收属于欧盟成员方保留事项,这意味着其一体化需要成员方代表的一致表决方可推进。

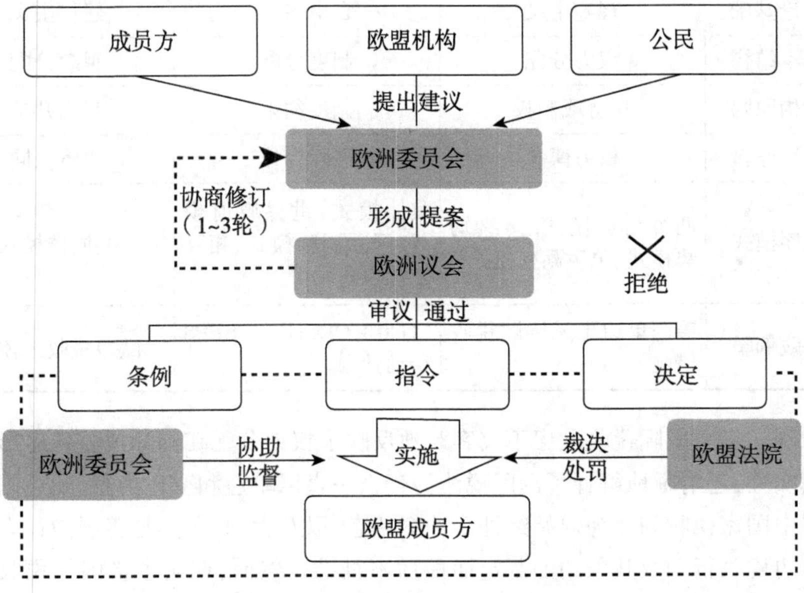


**图4　欧盟税收秩序建立、改革与维护流程**

---

〔40〕 李娜:《欧盟税法的新发展:利用 BEPS 项目推进税收一体化》,载《欧洲研究》2017 年第 1 期。

## 四、全球税收治理秩序图景

比较以上三种国际税收秩序模式可以发现，不同的国际税收秩序模式因其理论基础不同而表现出不同的特征、要义与主旨，从而在基本结构、建构原则、运行机制、运行逻辑和秩序模式等方面见仁见智（见表4）。作为国际税收秩序内在结构的外在表现，国际税收秩序的现实主义、自由主义和建构主义模式既是主流国际关系理论对国际税收秩序内在结构的一种解读，也是其对国际税收秩序结构变迁之理想状态的一种追求。但是，只有准确反映其实然状态、符合其客观发展应然状态的国际税收秩序才是有解释力、指导力和生命力的。在国际税法迈向全球治理范式的历史节点，国际税收秩序必然会超越单一的现实主义、自由主义和建构主义，借助更加综合的理论基础把国际税收的现实与理想结合起来。

**表4　三种国际税收秩序的区别**

| 项目 | 现实主义<br>国际税收秩序 | 自由主义<br>国际税收秩序 | 建构主义<br>国际税收秩序 |
|---|---|---|---|
| 理论基础 | 现实主义 | 自由主义 | 建构主义 |
| 基本结构 | 权力分配 | 制度分配 | 观念分配 |
| 建构原则 | 均势或霸权 | 制度约束 | 观念共享 |
| 运行逻辑 | 权力博弈 | 国际合作 | 集体认同 |
| 秩序模式 | 两级均势模式、多级均势模式、单级霸权模式 | 集体模式、世界政府模式、国际制度模式、相互依赖模式 | 共同体模式 |
| 实践例举 | 美国单边主义国际税收措施 | “G20 + OECD”的 BEPS 行动计划 | 欧盟税收一体化 |

现实主义国际税收秩序不仅客观地反映了权力分配在国际税收秩序形成中的真实性，还清晰地解释了国际税法为什么一直以单边和双边为主，发达国家和发展中国家税收利益为何始终处于冲突状态，以及大国，尤其是美国为什么会参加多边税收行动及其条约的制定而最后不批准。然而，现实主义国际税收秩序只看到了国际税收制度的供给问题，却忽视了其需求问题。“实际上，对国际

(税收)制度的需求来自各国对国际合作的共同利益。"〔41〕在国际社会追求法治的当下,均势国或霸权国并不能视自己税收利益的变化而随意塑造国际税收秩序,国际税收秩序建立的前提是有共同的税收利益;否则,国际税收秩序是无法为其他国家所接受的,国际联盟税收条约的流产便是佐证。而且,即使是美国基于经济等物质方面的实力而享有权力地位所推行的FATCA法案及其所包含的自动情报交换制度对整个国际社会并不都有好处。相反,它们以拥有保密条款的较不强大的司法管辖区为代价,使美国受益。〔42〕无论是单级霸权模式,还是两极均势和多级均势模式,都无法提供国际税收秩序的未来图景。

自由主义国际税收秩序认识到了共同税收利益对于国际税收制度和国际税收合作的重要性,阐释了无政府状态下国家之间税收合作的可能性。然而,它淡化了权力在国际税收秩序创制、变革和维持中的作用和地位,否定了国家对相对税收利益的考虑。与此同时,它还忽视了国际税收制度的规范意义,未能充分考虑国际税收制度的分配和正义问题。面对各国之间争夺居民和投资的竞争,政策制定者和学者经常倡导合作,声称只有合作多边解决方案能够提供一种克服国际税收"疾病"的方法。然而,国际税收合作不应与共同税收利益混淆。国际税收合作本身并不是良性的,它的性质取决于这种合作的目标。毕竟"合作是一种工具,而不是目标"〔43〕。事实上,"G20 + OECD"推动的BEPS行动计划是为了延续OECD在国际税收政策制定中的主导地位,其本质上带有深刻的阶级性。BEPS进程在全球一级提供的变革潜力相对有限,因为它不是为了重新思考公平原则,以便为发展中国家和发达国家的生产活动和市场赋予更多价值。〔44〕BEPS项目的最终成果报告只是重申了共识立场,以此证明"富国俱乐部"仍然是所有全球税收政策问题的框架。由此可知,自由主义国际税收秩序很难对国际税收合作的模式、国际税收制度的建构过程予以充分的说明。

建构主义国际税收秩序倡导国际税收观念塑造身份认同,以及国际税收规范形成社会环境的重要性,其指出共有观念和集体认同等社会机制对国家的约

---

〔41〕 徐崇利:《国际经济法律秩序与中国的"和平崛起"战略——以国际关系理论分析的视角》,载《比较法研究》2005年第6期。

〔42〕 Peter Dietsch & Thomas Rixen, eds., *Global Tax Governance: What is Wrong with It and How to Fix It*, ECPR Press, 2016, p. 125.

〔43〕 Tsilly Dagan, *Community Obligations in International Taxation*, SSRN (Feb. 23, 2016), https://ssrn.com/abstract=2736923.

〔44〕 Jinyan Li, *China and BEPS: From Norm - Taker to Norm - Shaker*, 69 Bulletin for International Taxation 355 (2015).

束作用,在一定意义上消弭了现实主义国际税收秩序造成的缺憾。然而,过于强调共有观念和集体认同既无法揭示信仰、规范、观念和知识等文化因素形成的原因,又难以跨越发展中国家和发达国家关于国际税收利益分配的鸿沟。而且,强大的国家或经济集团很可能给社会结构的组成要素带来一种国内风味,从而导致更多的不确定性、可变的标准设定和侵蚀性的税收竞争。这可能会阻碍现有的协同作用,并对发展中国家产生不利影响,这些国家最初被视为全球制定良好税收治理标准的主要受益者。[45] 此外,集体认同往往意味着合格多数投票规则或一致同意投票规则,尤其是税收构成的实体要素事项必然要求一致同意投票规则,这很容易导致税收问题的久拖不决,此点在欧盟中得到印证。欧盟的议事规则要求税收政策须征得成员方全体一致同意,这意味着流转税和所得税一体化仍旧掣肘于成员方税收主权。实际上,这反映了建构主义国际税收秩序面临解释权力的核心意义之障碍。

由此可见,三种国际税收秩序之间存在一定的分歧,它们关于国际税收秩序的设计既有一定的合理性,又存在些许解释力不足的问题。综合运用三种国际税收秩序的理论基础,可以在一定意义上克服各自模式的缺点,并充分协同各自之于国际税收秩序的建构意义。因此,国际税收秩序模式的选择既要认清"大国"和"不对称性"的现实,又要坚定地设置国际税收共同的价值,通过国际税收共同价值目标去分析、评价、指引、改革现实,从而形成可以约束"大国"及舒缓"不对称性"的国际税收制度。

具体而言,符合全球税收治理属性的国际税收秩序应具有如下特点:

一是变革特点体现为渐进式,即应当采取温和、渐进式的方式纠正现行国际税收体系、国际税收秩序与正义偏离的地方。因为小步调改进更有利于国际社会的发展,也更容易达到国际税收目标。

二是变革动力以权力、大国为核心,但是注重借助国际税收制度的力量约束大国强权,而实现这种约束也可以借助中小型国家的联合力量。形式上与全球税收治理的多元主体和多种方式变革相左,但实际上反映了国家行为是全球税收治理主要行为者的客观现实。

三是注重国际税收基本价值设定下的实体规范和程序规范的合力,尤为重视程序规范。因为在无政府状态下,国际税收规范缺乏强制力,倚重明晰的程序规范,才可能形成法治社会。否则,再好的国际税收规范也会因操作规程的缺乏

---

〔45〕 Christiana Panayi, *The Globalisation of Tax Good Governance*, 6 Singapore Management University School of Accountancy Research Paper Series 442 (2018).

而被吞噬。

四是注重法治手段与政治方式的统一，且更应借助法治手段。国际税收秩序的创制、变革和维护应当充分重视国际税法规则的确立，使更多的行为体遵守、尊重、信仰国际税法规则。当然，国际税收秩序问题并不能都由法治手段解决，有些问题的解决还有赖于政治方式。

## 第二节　全球税收治理的正义探讨

诚如"正义有着一张普洛透斯似的脸（A Protean Face）"[46]之经典论述，不同学派从不同层面给正义下了不同的定义。在法理上，"正义是一个涉及个人行为和人际关系安排的范畴"，"正义就是合适地、正当地、合理地将事物分配给人"。[47] 随着经济全球化，正义观念早已超越个人行为和人际安排的范畴，在国家行为和国际关系上得到拓展，成为国际税法不可或缺的价值。国际税法的正义价值涉及的国际税法主体行为和国际税收关系安排的范畴，主要表现为国际税收正义。

"正义和（国际）税收正义是不言而喻的政治概念，它们不是植根于任何神权主义的确定性，而是植根于人类语言的集体结构，其用法多种多样，往往非常微妙，但其意义在所有社会形态中都是可以识别的。"[48]国际税收正义之于国际税法的理念更新、地位提高、结构完善、实效增强等具有重要意义。国际税收正义具体包括三个方面：一是正当性，即国家税收管辖权行使符合税收的内在规律；二是公平性，即国际税法主体权利、义务和责任配置合乎公平性要求；三是合法性，即国际税收应信守"无代表即不纳税"的原则，满足税收法定的基本要义。以上三个方面分别代表了作为正当的国际税收正义、作为公平的国际税收正义以及作为合法的国际税收正义，体现了国际税收的实质正义与形式正义之统一。

作为国际税法新范式的全球税收治理，理应把国际税收正义作为其正义价值的内涵与标准。除此之外，全球税收治理因区别于传统国际税收协调范式，其

---

〔46〕［美］E. 博登海默：《法理学：法律哲学与法律方法》，邓正来译，中国政法大学出版社1999年版，第252页。

〔47〕周永坤：《法理学：全球视野》（第4版），法律出版社2016年版，第186页。

〔48〕Jeremy Leaman & Attiya Waris, *Tax Justice and the Political Economy of Global Capitalism, 1945 to the Present*, Oxford: Berghahn, 2013, p. 2.

是否仍延续传统范式下国家主义正义观成为全球税收治理正义探索中难以回避的理论问题。鉴于此,本节从国际税收正义的适用逻辑着手,对比分析世界主义正义观与国家主义正义观的差异;在明确国际税收正义的理论依据之后,逐一分析国际税收正义的正当层面、公平层面与合法层面的问题。

## 一、全球税收治理正义逻辑

国际税收正义就是合适地、正当地、合理地将税收相关事务分配[49]给国际税法主体。关于国际分配正义存在诸多争议,主要焦点是其适用范围仅在国家一级还是应该超越国家界限。世界主义正义者认为正义原则是普遍的,因此不受国界限制;国家主义正义者特别关注国家作为分配正义适用的主要场域,认为对正义的理解必受本地的各种环境和经验的限制,因而没有普遍适用的正义原则。

### (一)世界主义或国家主义正义

世界主义正义观者,如布莱恩·巴里(Brian Barry)、查尔斯·贝茨(Charles Beitz)和托马斯·波格(Thomas Pogge)等认为分配正义的原则应该普遍适用:适用于全球所有的人。[50] 正如西蒙·卡尼(Simon Caney)总结到,他们的推理是:"鉴于我们为捍卫资源分配所给出的理由,以及我们对人们的文化身份与其权利无关的信念,分配正义的范围应该是全球性的。"[51]遵循罗尔斯正义概念的世界主义者倾向于批评他对国内和国际正义义务的区分。例如,托马斯·波格认为国籍只是另一个"从出生起就不可避免"的深层偶然性(类似于种族、社会阶层和性别)。因此他认为按照罗尔斯的观点,只有当出现了不平等,在可行的替代性全球制度的背景下优化了最糟糕的社会地位,国际机构才是合理的。[52]

相反地,国家主义正义观者主张正义制度的双重性,并明确区分国家层面和全球层面。在这种观点下,正义是社会机构提供的一种善。正如托马斯·纳格尔(Thomas Nagel)解释的那样,在政治概念上,主权国家不仅仅是实现人类正义的前制度价值的工具。相反地,它们的存在恰恰赋予了正义的应用价值,将一个

---

〔49〕 要注意的是,这里的分配当作广义解,不是财富意义上的分配,它包括对国际税法主体行为的社会结果。

〔50〕 Tsilly Dagan, *International Tax and Global Justice*, 18 Theoretical Inquiries in Law 1 (2017).

〔51〕 Simon Caney, *Review Article: International Distributive Justice*, 49 Political Studies 977 (2001).

〔52〕 Thomas Pogge, *Realizing Rawls*, Cornell University Press, 1989, p. 247.

主权国家的公民同胞置于一种与其他人没有的制度关系之中,这种制度关系必须用构成正义内容的公平和平等的特殊标准来评价。[53] 像托马斯·纳格尔这样的国家主义正义观者不仅坚持国家内部存在特殊的正义义务,而且认为"正义是我们通过共享制度所欠的东西,只有那些与我们处于强大政治关系中的人才有。在标准术语中,它是一种结社义务"[54]。在国家框架之外,在没有这种独特关系的情况下,特别是在没有国家强制力的情况下,正义不会强加分配义务,因为"仅仅经济互动不会触发提高社会经济正义的标准"[55]。托马斯·纳格尔认为在国际舞台上,只有源于简单人道主义的责任才具有约束力。

与经典世界主义的支持者不同,当代左派制度主义者(left institutionalists)普遍认为,国家之于分配正义的要求特别严格。在此基础上,他们反对国家机构和国际机构之间的分歧,主张在国际一级承担比人道主义强加得更为强有力的分配义务。他们也反对国家主义者强调以强制力来激活分配正义的主张,并列出了不支持全球正义二分法的各种理由。例如,乔舒亚·科恩(Joshua Cohen)和查尔斯·萨贝尔(Charles Sabel)认为,"政治道德可以是广义上的政治道德,即对环境和关联条件敏感,对它所代表的不同情况或关系类型敏感,而不是国家主义者"[56]。与托马斯·纳格尔的国家主义立场不同,乔舒亚·科恩和查尔斯·萨贝尔倡导一种更灵活的正义概念。他们解释道,全球政治确实包含更苛刻的规范,其理由是多种因素的混合。而这些因素包括相互依赖性、合作主义、制度主义以及在全球范围内参与的程度比托马斯·纳格尔的论证所表明的更为广泛。[57]

安德里亚·桑戈瓦里尼(Andrea Sangiovanni)淡化了托马斯·纳格尔对强制力的依赖。他认为,与其关注国家如何"参与、约束或改变意志",还不如关注"我们授权的对象——国家做什么"。作为正义要求的平等是相互提供公共物品中心阶级的互惠要求,即发展和实施生活计划所必需的公共物品。因为各国

---

〔53〕 Nagel Thomas, *The Problem of Global Justice*, 33 Philosophy & Public Affairs 113 (2005).

〔54〕 Nagel Thomas, *The Problem of Global Justice*, 33 Philosophy & Public Affairs 113 (2005).

〔55〕 Nagel Thomas, *The Problem of Global Justice*, 33 Philosophy & Public Affairs 113 (2005).

〔56〕 Joshua Cohen & Charles Sabel, *Extram Republicam Nulla Justitia*? 34 Philosophy & Public Affairs 149 (2006).

〔57〕 Joshua Cohen & Charles Sabel, *Extram Republicam Nulla Justitia*? 34 Philosophy & Public Affairs 149 (2006).

提供的是这些公共物品而不是全球秩序,我们对共同维持国家的公民和居民〔58〕负有平等公正的特殊义务,而对非公民和非居民没有这种义务。这并不意味着在全球一级没有分配正义的义务,只是这些义务在形式和内容上都不同于在国内的义务。〔59〕

达雷尔·莫兰多夫(Darrel Moellendorf)同意正义的义务只属于机构的共同成员,而不是属于所有人,但不同意公民是产生社会正义义务的唯一一种共同成员的说法。他认为,“人的固有尊严限制了制度权力。只有生活在这些机构内的人能够合理地认可的情况下,机构才会尊重他人”〔60〕。因此,与早期世界主义者的立场相比,这些左派制度主义者在全球层面的立场不那么平等,从“互惠”到“包容”,再到只支持平等分享国际体系提供的公共产品。

但是,竞争极大地改变了国家维持正义所需背景条件的能力。更有甚者,全球化时代的国家竞争剥夺了国家作为正义责任的独特论坛的地位。竞争越来越多地将各国转变为向潜在“客户”提供商品和服务的市场参与者。在这个主权商品的市场上,国家争夺资本和居民,而(至少有一些)个人“四处购买”主权提供的特权、公共商品以及社会和文化商品。这场竞争似乎也渗透到了主权国家和他们的国民之间的互动中。〔61〕具体来说,国家不能再单方面实施促进正义的合作,也不是公民独立合作的独特场所。因此,国家(无论贫富)维持其合法性所必需的国内背景条件,并使其成为促进正义的杰出候选人的能力逐渐受到削弱。

就税收而言,传统上的规则既适用于领土基础也适用于个人基础,国家能够对当地居民、公民、外国投资者以及与征税管辖区有商业关系的人行使强制征税权。可以说,国家税法的这种广泛适用性使各国有权征收再分配税,而纳税人没有权利选择退出。

但是在全球化时代,不同税收管辖区适用(或不适用)国际税法的条件差异很大,这造成了一个分散的国际税收格局。〔62〕最终结果是,公民和居民不一定

---

〔58〕 在税法上,两者是交叉但不包含的关系。税法上使用的是居民概念。一国的税收居民可能是本国公民也可能是非本国公民。——笔者注

〔59〕 Andrea Sangiovanni, *Global Justice, Reciprocity, and the State*, 35 Philosophy & Public Affairs 3 (2007).

〔60〕 Darrel Moellendorf, *Cosmopolitanism and Compatriot Duties*, 91 Monist 535 (2011).

〔61〕 Tsilly Dagan, *International Tax and Global Justice*, 18 Theoretical Inquiries in Law 1 (2017).

〔62〕 Wolfgang Schoen, *Playing Different Games? Regulatory Competition in Tax and Company Law Compared*, 42 Common Market Law Review 331 (2005).

离开了他们的国家就能避免缴纳税款。同时,税收竞争的事实是所得税,而不再是一个国家行使强制力的论坛的典型例子。取而代之的是,它更像一份供(大多数是富有和明智的)纳税人选择的选项菜单。当税收政策具有了竞争性和可选择性而不是由国家权力强制进行的政治审议的产物时,它们代表了一种与政治哲学家传统观点(国家是正义义务的中心)截然不同的观点。[63]

由此可见,全球化及其促进的国家间税收竞争改变了分配正义讨论的场景。鉴于国家在税收方面的强制力正在减弱,而由于全球竞争,其公民共同表达集体意愿的能力正在减弱,我们不能再假设正义可以在国家范围内实现。为了维护正义,国际税收政策往往选择合作作为支持分配正义的手段。但是国家间的合作不仅仅是他们通过讨价还价来促进目标实现的一种方式。相反地,这是各国恢复合法性的一种方式,保持其确保公民集体行动的能力,并以同样的尊重和关切对待他们。无论是世界主义正义还是国家主义正义,都要求一个合理的合作制度必须改善(或至少不恶化)所有合作国家中最不富裕公民的福利。

### (二)参与对等与国际税收正义

究其哪种国际分配是"合适的""合理的""公道的",完全取决于观察和评价的标准,而不同标准的观察和评价之结果会产生差异甚至冲突。

罗尔斯论证了两个非常著名的原则——一个原则保护平等的基本自由,另一个原则允许社会经济的不平等,条件是当(且仅当)这种不平等在有利于最弱势群体的最大利益("差别原则"),并且确保各种职位在机会平等的条件下向所有人开放("机会平等原则")时。其中,第一个原则(平等)优先于第二个原则(不平等),第二个原则中"机会平等原则"优先于"差别原则"。[64] 尽管罗尔斯论述的是用来约束封闭共同体(最典型的是民族国家)的原则,但是世界主义正义者(如查尔斯·贝茨、托马斯·波格)认为这两个原则应当适用于全球领域。在他们看来,那些证明正义原则在国内层面获得接受的理由同样适用于全球范围。毕竟,如果"无知之幕"的目的是要使我们排除道德上偶然因素,那么从道德角度论,人出生地点(或国籍)就是一个典型的偶然因素。[65] 对此,罗尔斯坚持认为尽管正义原则适用于自由社会内部,但是不适用于自由社会之间。甚至,

---

〔63〕 Tsilly Dagan, *International Tax and Global Justice*, 18 Theoretical Inquiries in Law 1 (2017).

〔64〕 [美]约翰·罗尔斯:《正义论》,何怀宏等译,中国社会科学出版社 1988 年版,第 60~61 页。

〔65〕 [新西兰]吉莉安·布洛克:《全球正义:世界主义的视角》,王珀、丁祎译,重庆出版社 2014 年版,第 20 页。

罗尔斯还提出国际社会应当选择不同的正义原则,包括:承认人民的独立地位和平等,人民拥有自卫的权利,人民负有不受干预、遵守协议、遵守条目有限的一系列人权、在战争中恰当地约束自己和援助其他生活于不利条件中的人民的义务。[66]

查尔斯·贝茨、托马斯·波格在阐释罗尔斯正义原则可适用全球领域时,并没有注意到全球和本地制度的不同之处:我们不能逃出全球制度但是可以离开本地。那么,是否如罗尔斯所言国际社会应当采取不同的正义原则呢?事实上,国际贸易、资本、劳工的流动无不反映了国界的渗透性,而且脱离某国公民身份而成为别国公民的现象已成为国际社会的常态。如果我们仍然坚持把平等只放在国家和次国家层次是不太妥当的,这是因为如何判别什么样的全球制度值得我们接纳才是一个最重要的问题。此外,全球制度亦会影响到本地层次的平等。因此在全球领域,我们仍要确定罗尔斯的正义第一原则所提倡之所有人都有平等的自由的权利。对于正义第二原则,尤其是差异原则,是指用一种彼此都受益的方式,去调节偶然的自然分配和社会机会,它更应该被形容为彼此受惠的原则,而非平等原则。正义第二原则背后的支持力量是民主社会中的互动性和互相尊重,这些元素并不能在全球社会中找到。[67] 因此,不能轻易地将罗尔斯的正义第二原则,尤其是差异原则适用于全球社会。

基于上述认识,曾瑞明提出参与对等原则是度量全球正义的良好指标,而正义就是维持和追求参与对等,让每个人都可以运用其自由追求有价值的东西或生活。要符合参与对等,需要满足两个条件:一个是客观条件,物质资源的分配必须保障参与者的独立性和让他们能够发声;另一个是交互主体性条件,即文化价值必须表达对所有参与者的平等尊重。如果某种不平等的分配损害了每个合格的人都有相同机会去追求某个领域的物品的原则,那么这种不平等便是不可接受的。[68] 根据参与对等原则,为了使公民能够以平等的伙伴的身份去展开互动,我们必须消除一些阻碍人们参与的结构性不平等,这种不平等可以是来自政治上的、经济上的和文化上的差距。也就是说,只有当社会的不平等不影响公民的参与对等,或者参与某特定领域的行为时,他才可以接受。

---

〔66〕 [美]约翰·罗尔斯:《万民法》,陈肖生译,吉林出版集团有限责任公司2013年版,第78~79页。

〔67〕 Freeman Samuel, *Justice and the Social Contract*, Oxford University Press, 2007, p. 14.

〔68〕 曾瑞明:《参与对等与全球正义》,台北,联经出版事业股份有限公司2014年版,第119、121~122页。

具体至国际税收正义,参与对等是达到平等理想的必要和充足条件。一方面,如果税收管辖区及其纳税人能够根据他们的资质去参与税收领域的活动,而没有不相干的障碍,不平等是可以接受的。另一方面,国际税收领域的参与对等是必要的,即使有不同的理由去支持不平等,但仍要受到参与对等原则的限制。

## 二、国际税收正当性的考察

从法学角度来看,税收正当性问题即指国家为什么可以征税,以及国家该如何行使征税权。每当谈及国际税收的正当性,学界往往诉诸国家主权。其中,"国家行使税收管辖权的依据在于国家主权"是其重要的论据。[69] "国家根据其主权可以征税,然而税收主权不是无限的,国家不能对所有场合都征税,纳税人和国家之间必须存在属人的或物上的连接或联系。"[70]一国在国际法上享有主权地位并不是其行使税收管辖权的充分且必要条件,税收管辖权的行使只有符合税收内在规律方可满足正当性之要求。国际税收管辖权通常分为属人性质税收管辖权和属地性质税收管辖权。因两者所依理论基础不同,故下文分而论之。

### (一)属人性质税收管辖权的理论依据

所谓属人性质税收管辖权是指征税国依据纳税人与该国之间存在某种人身隶属关系(居民身份与公民身份)性质的法律事实而主张行使的征税权。在此种情况下,征税权行使的理论基础,与国内税收征税权无异。在国内法层面对这一问题的探讨始于税收起源之初,围绕税收正当性的讨论出现了一系列的学说。概括而论主要有 6 种理论:(1)公需说;(2)交换说;(3)保险说;(4)义务说;(5)新利益说;(6)经济调节说。[71]

公需说是封建主义走向资本主义背景下的税收的基础理论,与现代税收论类似,故而往往被称为义务说之先驱。然而,由于其不明了不彻底之点,随着 18 世纪交换说的出现,公需说逐渐为学者所废弃。而交换说及其衍生的保险说,均忽视了税收强制征收的性质,与国家之根本观念不相容。即使是把税收理解为

---

〔69〕 廖益新主编:《国际税法学》,高等教育出版社 2008 年版,第 25 页;刘剑文主编:《国际税法学》,北京大学出版社 2013 年版,第 50 页。

〔70〕 [奥]迈克尔·朗:《避免双重征税协定导论》(第 2 版),朱炎生译,法律出版社 2017 年版,第 1 页。

〔71〕 张守文:《税法原理》(第 6 版),北京大学出版社 2012 年版,第 10 页。

强制保险亦不妥当,因为国民在国权下所受保护之程度与负担税额相当,无论是在理论上还是实践中都是不可能的。[72] 同时,义务说过分地强调了国民的纳税义务,而忽视了纳税人享有的权利。新利益说与税收价格论无异,将税收理解为公共物品的价格,主张纳税人是为自己纳税,而不是为政府纳税。经济调节说基于市场机制的缺陷,提出税收是修正市场机制缺陷的重要手段。总体而论,新利益说和经济调节说较好地把握了税收的本质属性,因而在现代市场国家中得到普遍赞成。也就是说,国家税收的依据是市场失灵的存在和公民对公共产品的需要。

在明确了国家为什么可以行使属人性质税收管辖权之后,需要解决的是国家该如何行使属人性质税收管辖权。一般而言,税法关于属人性质税收管辖权的行使之规定,只需要征税对象满足居民身份即可。对于个人来说依据的是其在征税国境内是否拥有住所、居所或具有征税国的国籍;对法律实体来说依据的是其是否在征税国注册成立或者总机构、实际管理机构是否设在征税国境内等。

就个人而言,各国税法实践关于税收居民身份的确认主要有国籍标准(citizen criterion)、住所标准(domicile criterion)、居所标准(residence criterion)、居住时间标准(criterion of residence period)和主观意愿标准(the criterion of intention)。就法律实体而言,各国税法实践中通常采用的标准主要有注册成立地标准(criterion of the place of incorporation)、实际管理和控制中心所在地标准(criterion of effective management and control)、总机构所在地标准(criterion of head office)和控股权标准(criterion of holding)。[73]

由于在纳税人居民身份确认问题上,国际税法没有形成统一的国际规范,各国都是从本国实际情况出发,往往同时兼用两种以上的标准;除主张居民税收管辖权之外,还兼行国籍税收管辖权。这就经常可能出现某个自然人或法律实体,由于同时符合两个国际税法上规定的居民身份标准,从而分别被两个国家确认为其居民纳税人,并要求承担无限纳税义务的情形。同时,也可能出现某个自然人或法律实体既不符合甲国的居民身份标准也不符合乙国的居民身份标准的情况,这种情形下这个自然人或法律实体对甲乙两国而言,都是非居民,仅承担有限的纳税义务。当然,这属于国家之间属人性质税收管辖权冲突问题,并不是本节论述的重点,在此不再赘述。

---

〔72〕 陈启修:《财政学总论》,商务印书馆 2015 年版,第 209 页。

〔73〕 廖益新主编:《国际税法学》,高等教育出版社 2008 年版,第 30 页;刘剑文主编:《国际税法学》(第 3 版),北京大学出版社 2013 年版,第 61 ~ 64 页。

### (二)属地性质税收管辖权的理论依据

所谓属地性质税收管辖权,是指征税国基于征税对象与本国领土存在某种地域上的连结因素而主张行使的征税权。属地性质税收管辖权的触发须满足部分交易或活动涉及该国或该行为标的以某种方式与该国发生联系之条件。属地性质税收管辖权的理论依据有受益负担说(benefits provided)、国家租金说(national rental)和领土主权与互惠说(territorial sovereignty and reciprocity)。[74]

受益负担说,简言之就是政府提供了生产资本的一部分,有理由通过税收来回收。每个税收管辖区应该对其提供的公共服务收费,这就要求税收在纳税人之生产过程中产生和获得利益的税收管辖区缴纳。而这些受益可以从两个层面来理解:一方面,受益可能被视为中间产品,可以降低生产成本。另一方面,受益可能被视为来自政府提供的生产资本(例如,以运输设施和其他基础设施的形式)。这些资本与纳税人自由资本一起产生利润。在此情况下,税收被视为政府分享纳税人利润的一种手段,与其提供的部分生产资本相对应。当然,这里有个复杂的问题,那就是如何区分并度量可能来自居民地税收管辖区和来源地税收管辖区的受益。

国家租金说则是从经济学的角度为属地性质税收管辖权的正当性提供支持,该学说认为税收是其他税收管辖区居民使用本地区投资环境和自然资源的使用费或租金。跨境投资导致居住地税收管辖区利润增加,劳动收入减少;而来源地管辖区利润减少,劳动收入增加;居住地税收管辖区和来源地管辖区的总体净收益增加。因此,来源地管辖区可能会争辩说,它应该能够通过作为租金或特许权使用费的税收来参与分享居民税收管辖区增加的利润。

作为一个历史先例,基于来源的税收有一个普遍被接受的基础,那就是它只是源于领土主权的概念。在没有进一步理由的情况下,这一概念仅仅是主张对本国境内产生的非居民征税的权利,并未解决此类收入应以何种税率征税的问题。由于公司税一般不符合东道国政府提供的福利,也不能视为租赁费用的形式,因此税率必须基于双方同意的公平理念并通过税收管辖区之间的协议来确定。在这种情况下,似乎有理由得出结论,为了解决冲突,应该适用互惠原则。互惠原则表明,税收管辖区应以相同的税率向对方居民所赚取的利润征税,并与更普遍适用的非歧视规则形成对比。不歧视规则要求每一个税收管辖区对投资

---

〔74〕 Michael J. Graetz, *Foundations of International Income Taxation*, Foundation Press, 2003, p. 6 – 7.

者从国外赚取的收入征税的税率与国内投资者应得的收入征税的税率相同。

总之,征税国对纳税人主张属地性质税收管辖权的依据,在于所得来源于该征税国或财产位于该征税国境内。根据相应所得税法的规定,纳税人的各项所得或收益一般被划分为营业所得、劳务所得、投资所得、财产收益和其他所得等五类。对不同性质所得来源的判定,各国税法所采用的标准并不一致。

关于营业所得来源地的认定,以营业活动的发生地作为营业所得来源地的标志,但存在交易合同的签订地、货物的交付地、营业机构或固定产所之所在地等多种解释。关于营业所得来源地的认定有劳务发生地、劳务所得的支付地和劳务报酬支付人居住地等标准。关于投资所得来源地的认定,采用投资权利发生地原则和投资权利使用地原则。前者以这类权利的拥有人的居住地为所得的来源地,后者以权利或资产的使用或实际负担投资所得的义务人居住地为所得来源地。关于财产收益的来源地的认定,视转让财产的属性是不动产还是动产而有所不同。前者是不动产所在地,后者是转让人居住地、转让标的所在地或转让行为发生地。对于上述四类以外的所得来源地的认定,通常是以收款人的居住地为所得来源地,或者授权由主管税务机关根据有关所得的具体情况确定其来源地。[75] 此外,关于财产所在地或财产价值存在地的认定,土地、房屋等不动产以其实际坐落地为标准,不动产以其实际存在地为标准。但是,交通运输工具动产,如船舶、飞机、汽车等,以其注册登记地为标准。

这些来源地的认定规则较好地解决了如何行使属地性质税收管辖权的问题。然而,数字经济及其商业模式对其适用的正当性带来巨大的冲击。[76] 为此,国际税法理论与实践拓展了属地性质税收管辖权行使的途径,包括:(1)保守微调方案,即修改现行常设机构例外条款和代理人型常设机构定义;(2)折中改革方案,即通过显著数字存在概念,构建虚拟常设机构;(3)激进应对方案,即放弃对数字经济课征所得税,改为针对其开征新税种。

上述第一类方案是建立在维持现行非居民纳税人来源地课税连结点制度的基础上,显然符合上述关于属地性质税收管辖权的理论依据。但是,它始终围绕机构场所和代理人这类有形的物理存在,无法从根本上解决数字产品或服务进口国属地管辖权不足的问题。第二类方案将显著经济的物理存在拓展至数字存在,在原理上采用的仍旧是常设机构原则,也符合前述属地性质税收管辖权正当性的要求。然而,何为显著数字存在是一个难以判断的问题,更为困难的是在肯

---

〔75〕 廖益新主编:《国际税法学》,高等教育出版社 2008 年版,第 37 ~ 38 页。
〔76〕 廖益新:《应对数字经济对国际税收法律秩序的挑战》,载《国际税收》2015 年第 3 期。

定数字产品或服务进口国属地管辖权之后,无法确保它的有效行使。因为现行的确定方法可归属于常设机构利润份额的规则,显然不可能适用于认定属于显著数字存在的利润份额,而是需要采用替代方式。但寻找一种国际普遍认同的替代方式几乎不可能,这就容易引发虚拟常设机构认定的争议。第三类方案中有特定数字企业的特殊税、衡平税和预提税等措施。在特定税层面,主要有美国的税基侵蚀和反滥用税(base erosion and anti - abuse tax,BEAT)、英国和澳大利亚的利润转移税(diverted profit tax,DPT)。此种情况下,属地税收管辖权的行使往往借助的是反避税之名义实施的。BEAT 并不影响纳税人正常缴纳企业所得税的义务,而 DPT 往往高于实施国的企业所得税税率,因此特定税表现出更多的惩罚性。在不符合现行税法连结点的情况下,以反避税之名行使属地性质税收管辖权征税之实的做法值得商榷。在衡平税方面,英国的数字服务税(digital services tax,DST)最为典型。该税对于非居民纳税人从事特定的数字业务活动征税,理由是英国用户参与形成了非居民数字化企业的价值。也就是说,英国对特定非居民数字化企业的税收管辖权行使的理论基础是用户参与形成数字化企业的价值。这种借助模糊概念价值创造,并以结果为导向的临时税改方案的正当性和可行性遭到学者们质疑。[77] 在预提税方面,马来西亚、希腊、巴西等国家把一些特定的收入,如使用软件或使用软件权利的付款,纳入预提所得税的范围。此种情况下,属地性质税收管辖权的行使以"负担或支付所得的客户所在地或住所地"为课税连结点,具体实施采用计算机税收遵从软件辅助支持的源泉扣缴预提税方案,是相对公平合理且具有实际可行性的解决问题方案。[78]

这些理论和实践虽然为应对经济数字化税收挑战奠定了扎实的工作基础,但是并没有形成各方认可的制度模式,反而助推了数字经济税收规则的冲突与竞争。为此,国际社会融合英国"用户参与提案"、美国"营销无形资产提案"和印度"显著经济存在提案",提出了应对数字经济税收挑战的"统一方法"。核心内容是向市场管辖区(market jurisdiction)划分更大份额征税权,以体现用户参与在市场地的价值创造。经过各国的不懈努力和广泛磋商,"统一方法"最终形成了"支柱一"有关金额 A 的共识。根据金额 A 的设计思路,跨国企业即使不在

---

〔77〕［德］约翰内斯·贝克尔、［德］约阿希姆·恩利施、刘奇超:《在价值创造地征税:"用户参与"与它有什么关系》,载《海关与经贸研究》2019 年第 4 期;廖益新、宫廷:《英国数字服务税:规则分析与制度反思》,载《税务研究》2019 年第 5 期。

〔78〕廖益新:《数字经济环境下税基侵蚀与利润转移的应对方案——建立在信息技术基础上的预提税方案》,载《国际经济法学刊》2018 年第 1 期。

市场地设立任何机构、场所，也要将其部分利润以金额A的形式分配给市场管辖区。换言之，市场地行使属地性质管辖权并不依赖物理存在的定性标准，而主要会依赖于定量标准，即把若干阀值（如跨国企业集团总体收入、业务适用范围及营业收入、业务线利润水平、默认剩余利润最低限度、各市场管辖区新联结度的最低限度）作为是否构成新联结度的门槛。尽管特殊联结度规则仅适用于确定某管辖区是否可参与金额A的分配，意味着改革后的国际税收规则将执行属地性质税收管辖权规则的“双轨制”，但是仍应把握这种新规则的积极意义。一是新联结度以对市场的经济构成显著且持续参与作为衡量是否构成联结度的标准，替代物理存在。二是新联结度突破物理存在的定性判断，转而探索定量判断，以分析衡量纳税人对市场地经济的“显著且持续参与”程度。三是新联结度的设计是征税权划分思路的根本性转变，以纳税人源自市场地销售收入在数值上达到某种程度为判断基准，而无论取得收入是通过物理存在方式还是数字化方式。〔79〕当然，新联结度规则的有效行使不仅要根据经济数字化的特点设定明确、清晰和科学的阈值门槛，还要落实收入源于产品或者消费的最终市场辖区原则，尤其是为特定数字化交易提供确定其收入来源地规则。同时，还要避免现行联结度规则与新联结度规则的错配，防止纳税人在两者之间进行极端避税筹划。

## 三、国际税收公平性的反思

国际税收公平是国际税收正义不可或缺的内容，受到国内外许多学者的普遍关注。国内学者更多地把国际税收公平作为国际税法的基本原则加以研究，主要聚焦在国际税收分配公平、跨国纳税人税负公平和非歧视税收待遇；〔80〕国外学者更加注重国际税收制度公平的理论基础以及其在国际税收制度中如何体现公平性的问题。〔81〕之所以存在这种差异可能是因为前者继受了经济关联理

---

〔79〕 励贺林：《应对经济数字化税收挑战的技术理性和利益抉择：对第一支柱“统一方法”的研究》，中国税务出版社2021年版，第86～87页。

〔80〕 刘永伟：《国际税法基本原则之探讨》，载《法制与社会发展》2002年第1期；蔡连增：《论国际税法中的公平》，载《国际经济法学刊》2005年第1期；廖益新主编：《国际税法学》，高等教育出版社2008年版，第18～20、30页；刘剑文主编：《国际税法学》（第3版），北京大学出版社2013年版，第39～42页；郑琳：《国际税法学》，北京大学出版社2012年版，第36～38页。

〔81〕 John G. Head, *Tax Fairness Principles: A Conceptual, Historical and Practical Review*, 65 Australian Tax Forum 65 (1992); J. Clifton Jr. Fleming, Robert J. Peroni & Stephen E. Shay, *Fairness in International Taxation: The Ability - to - Pay Case for Taxing Worldwide Income*, 5 Florida Tax Review 299 (2001); Maarten F. De Wilde, *Some Thoughts on a Fair Allocation of Corporate Tax in a Globalizing Economy*, 38 Intertax 218 (2010).

论,自觉或不自觉地认为符合经济关联理论的国际税收制度符合公平性要求;而后者侧重从经济关联理论所依赖的原初基础出发,探讨何种理论指导国际税收制度的建构符合税收公平之一般规律;两者研究的逻辑前提不同。实际上,"学术文献中关于税收公平的分析有着悠久的历史,可以区分两种广泛而鲜明对比的传统:根据受益征税和根据支付能力征税。"[82] 这分别对应着税收公平的主要衡量标准:受益原则(benefit principle)和支付能力原则(ability – to – pay principle)。

### (一)受益原则及其局限性分析

作为税收公平衡量标准之一的受益原则隐含了一个交换正义的逻辑,即个人所缴纳的税额应与他们从政府计划中获取的利益成正比。[83] 具体到国际税收领域,纳税人应该在享受公共产品与服务的国家缴纳税款,而且缴纳的税款应与享受的公共产品与服务成正比。换言之,为纳税人提供了公共物品与服务的国家就享有相应的征税权,而且提供的公共物品与服务与享有的征税权成正比。

然而,这种方法被证明是行不通的,因为我们不可能准确地将重要且普遍的利益(如国防、保护财产权的法律系统和环境保护),尤其是纯公共物品与服务分配给特定的个人。[84] 而且,现代政府支出的大部分是用于向那些贫穷且无力支付税款的受援者提供再分配给付。正是意识到这些缺陷,克劳斯·沃格尔(Klaus Vogel)、杰斐逊·范德沃克(Jefferson VanderWolk)、朱莉·罗恩(Julie Roin)等对受益原则提出了一些改进建议,即将总受益分配给三大类收入而不要求追溯到众多特定的纳税人。[85] 此三大类收入:一是居民在征税国获得的收入;二是居民在征税国以外获得的收入;三是非居民在征税国获得的收入。第一类是纯粹的单一国家收入,第二、三类包括所有类别的跨国收入且总是涉及一对

---

〔82〕 John G. Head, *Tax Fairness Principles: A Conceptual, Historical and Practical Review*, 65 Australian Tax Forum 70 (1992).

〔83〕 [美]保罗·萨缪尔森、[美]威廉·诺德豪斯:《经济学》(第 19 版),于健译,人民邮电出版社 2013 年版,第 362 页。

〔84〕 Robert L. Palmer, *Toward Unilateral Coherence in Determining Jurisdiction to Tax Income*, 30 Harvard International Law Journal 25 (1989); J. Clifton Jr. Fleming, Robert J. Peroni & Stephen E. Shay, *Fairness in International Taxation: The Ability – to – Pay Case for Taxing Worldwide Income*, 5 Florida Tax Review 299 (2001).

〔85〕 Klaus Vogel, *Worldwide vs. Source Taxation of Income: A Review and Reevaluation of Arguments (Parts I)*, 16 Intertax 216 (1998); Jefferson Vanderwolk, *The Deferral Debate and the Benefits Theory*, 20 Tax Notes International 1469 (2000); Julie Roin, *Competition and Evasion: Another Perspective on International Tax Competition*, 89 Georgetown Law Journal 543 (2001).

潜在的税收竞争国家——收入者居住国和收入来源国。对这三类群体公平征税的方法就是对每类群体分别适用一种税率或一组税率,计算得出每类群体的总税收,以补偿政府为帮助每一个群体获得和享受总收入而提供的利益成本。因为政府提供给第一类收入群体的公共产品和服务多于第二、三类收入群体,所以居住国和来源国应该把第二、三类的税率设定为低于第一类收入的标准税率。

对跨国收入课征低于标准税率税收的后果是,每一组国家都有效地实行了部分豁免制度。假如甲国对其居民在乙国获得的收入适用标准税率的20%,而乙国对这项收入适用本国标准税率的80%。那么相当于甲国对其居民适用了标准税率且免除了其居民80%来自乙国的收入,乙国对此收入适用了本国标准税率且免除了甲国居民源自乙国收入的20%。这种制度的有效前提是第二、三类收入从居住国或来源国的受益少于第一类收入,而后者应全额缴纳标准税率税收。换言之,改进后的受益原则要求比较每个征税国为获得收入提供的服务成本与为第一类收入提供的服务成本,来确定第二、三类收入各自的豁免范围。

但是,提供给这三类收入中每一类的政府公共产品与服务的大致成本,并不比改进前的受益原则分配给众多个人中每一个人的政府公共产品与服务的成本更容易衡量。[86] 实际上,其中的不足也可以通过受益原则改进者迥异的主张来说明。关于跨国收入豁免的比例,有人主张居住国和来源国各自为50%;[87]有人建议来源国为25%,居住国为75%;[88]有人认为由居住国和来源国独自决定比例,但没有就这些决定提供实际指导。[89] 受益原则仍旧存在明确性缺乏的问题,许多国家的很大一部分预算为无法支付税收对价的低收入人群提供再分配利益。似乎在倡导者看来,征税国之福利预算的任何部分都不应由第三类收入或第二类收入承担。[90] 就第三类收入而言,这一立场部分合理,因为对此类收入征税被视为是以受益为基础的;但即便如此,福利待遇也有助于稳定的社会秩序,从而促进第三类收入的获取。倘若居民的支付能力是以第一类收入为基础,

---

〔86〕 J. Clifton Jr. Fleming, Robert J. Peroni & Stephen E. Shay, *Fairness in International Taxation: The Ability - to - Pay Case for Taxing Worldwide Income*, 5 Florida Tax Review 299 (2001).

〔87〕 Jefferson Vanderwolk, *The Deferral Debate and the Benefits Theory*, 20 Tax Notes International 1469 (2000).

〔88〕 Klaus Vogel, *Worldwide vs. Source Taxation of Income: A Review and Reevaluation of Arguments*, 16 Intertax 216 (1998).

〔89〕 Julie Roin, *Competition and Evasion: Another Perspective on International Tax Competition*, 89 Georgetown Law Journal 543 (2001).

〔90〕 Klaus Vogel, *Worldwide vs. Source Taxation of Income: A Review and Reevaluation of Arguments*, 1998 Intertax 216 (1998).

而不是以第二类收入为基础，那么要求居民按照支付能力为福利提供资金是完全不可信的。可见，受益原则改进倡导者似乎并不知道在试图将税收负担与政府福利分配相关联的计划下，难以计算福利援助的成本。因此，他们没有解释如何解决这个问题。

总之，改进后的受益原则仍难以作为国际税收公平的指南，主要原因在于其与改进前的受益原则面临的困境相同。即该理论所要求的利益分配方案是不可行的，并且不清楚它如何解释大部分国家预算为穷人提供资金的事实。[91] 此外，受益原则也无法为避免双重征税提供可靠的制度安排。通常情况下，借助税收协定在居住国和来源国之间按比例分摊跨国收入可以减轻双重征税。然而，这种比例并不是建立在政府提供的与获取跨国收入有关的服务成本之上，而是每对谈判国家自身利益和相对议价能力的产物。同时，世界上还有很多国家之间没有签订双边税收协定。所以，当税收协定不适用时，这些没签订税收协定的国家需要采取单方面措施来减轻该国居民跨国收入的双重征税。作为单方面措施，比例分配制度将会面临很大的问题，因为只有在另一个国家单方面采取了与该国制度完全互补的比例分配制度的情况下，比例分配制度才会达到较为理想的结果。但在大多数情况下，双重征税可能会过度减少或减少不足。

### （二）支付能力原则及其适用性分析

支付能力原则是根据纳税人支付能力的大小来分配税收负担的原则，要求人们缴纳的数额应与其收入或财富相对应。[92] 该原则经常被居住国用作征税的理由，它不受地理或政治边界的限制，而是与全球税收相关联。“在其理想形式中，税基是全面的，包括所有形式的收入。”[93] 这一概念不区分不同的收入来源，包括国内收入和国外收入。尽管再分配的程度超出了本部分的范围，但重要的是要考虑到人们普遍认为支付能力原则应该在国际税收中发挥作用。[94] 在不同国家之间划分税收权利时，需要考虑到这一点，因为居住国可能更有能力权衡支付能力。

---

〔91〕 J. Clifton Jr. Fleming, Robert J. Peroni & Stephen E. Shay, Fairness in International Taxation: The Ability - to - Pay Case for Taxing Worldwide Income, 5 Florida Tax Review 299 (2001).

〔92〕 [美]保罗·萨缪尔森、[美]威廉诺德豪斯：《经济学》(第 19 版)，于健译，人民邮电出版社 2013 年版，第 362 页。

〔93〕 F. Vanistendael, *Is Fiscal Justice Progressing*?, 64 Bulletin for International Taxation 538 (2010).

〔94〕 Luuk Bosch, *Fairness in Allocating Taxation Right between Source and Residence States: The Dutch Perspective, Comparative Research and a Rethinking of Models*, Tilburg University, 2014, p. 25.

谁的支付能力与国际背景相关?哪些人应当承担由所得税资助的政府成本部分?如果纳税人与甲国社会的联系如此紧密,以至于基本公平性要求将他们的净收入与其他甲国居民的净收入进行比较,以便在支付能力制度下公平分配税收负担,那么就应该考虑这些人。那些常年生活在征税国的人很容易满足这一标准,但当与征税国的联系不那么广泛时,这个清晰度就会降低。为此,各国税法区分了居民纳税人和非居民纳税人。

与支付能力原则相匹配的制度是对居民纳税人全球收入征税,而非将来源于外国的收入排除在税基之外的免税制度或属地制度。试想,A 和 B 常年生活在甲国;A 作为超市的全职员工,每年净收入是 8 万元;B 是一名律师,每年在甲国的净收入为 8 万元,从低税收国家乙国获得的净收入为 100 万元。在纯粹的属地制度下,税收只考虑 A、B 的 8 万元的甲国收入。属地制度把甲国政府的税收负担在 A、B 之间分配,就好像他们有同等的支付能力,并且双方都将缴纳相同的税款。显然,这不符合支付能力原则。在基于支付能力的税收制度下,税收负担在 A 和 B 之间分配时,所有源于外国的收入都需要考虑。因为只有把 B 源于外国的净收入包括在内,才能恰当地衡量 A 和 B 的相对支付能力。

有人会辩称,若 C 是乙国居民,每年源自乙国的收入也为 8 万元,并支付较低的乙国税率;税收公平则要求 B – C 比较代替 A – B 的比较,并要求甲国从其税基中免除 B 来源于乙国的 100 万元,以便使该收入只适用 C 支付的乙国较低的税率。然而这忽略了一个事实,那就是每个国家都有权决定对其社会成员普遍适用的税收公平概念。[95] 也就是说,如果甲国决定对其居民的全部应税收入征收高税率,而乙国决定对其居民和来自境内的收入征收低税率,那么就没有基于公平的理由说明为什么乙国基于来源的税收水平应该决定甲国对甲国居民的公平概念。同理,如果乙国对 B 和 C 源于该国的收入的税率高于甲国对 B 来源于乙国收入的税率,那么很难使 B – C 的比较成为甲国提高税率至乙国水平的理由。

需要注意的是,实施完全的支付能力原则也会造成双重征税,不利于生产要素的跨国流动。因为甲乙两国对于 B 源于乙国的收入都享有税收管辖权,所以具体应用时不得不通过抵免制度来实现支付能力原则和消除双重征税之间的平衡。与受益原则强调通过豁免来防止国际重复征税不同的是,支付能力原则主

---

〔95〕 Alvin C. Warren, *Alternatives for International Corporate Tax Reform*, 49 Tax Law Review 612 (1994); Reuven S. Avi – Yonah, *Globalization, Tax Competition, and the Fiscal Crisis of the Welfare State*, 113 Harvard Law Review 1629 (2000).

张采用抵免制度，即居民国按照居民纳税人的全球收入计算其应纳税额，在此基础上扣除居民纳税人在来源国缴纳的税款。除此之外，支付能力原则在国际税收中的适用也面临着其他问题。例如，这一原则很难纳入一个基于单一来源国税收的体系。[96] 又如，由于全球化和新的通信技术的应用，资本收入的税基变得更加灵活，因此在综合税基中更难理解。而且在许多情况下，根本没有对资本收入征税。[97] 再如，究竟是按照居民的收入、财产和消费支出，还是按照居民承担政府支出成本而在主观上感受的牺牲程度大小来测度其支付能力？

实践中，国际税收负担分配既有受益原则也有支付能力原则，尽管它们有这样或那样的缺陷或矛盾，但是将它们巧妙地组合起来，使之互为补充、彼此衔接，由此产生的国际税收制度，便不仅是国家税收管辖权的表现形式和实现手段，而且可能成为公平分摊公共支出成本并实现特定公共政策目标的依托和工具。

## 四、国际税收合法性的审查

论及税收的合法性，学者们不约而同地将其局限在国内税收领域，国内几乎无人阐释国际税收的合法性问题。[98] 这主要是因为税收被认为是主权的核心内容，各国可以据此制定规范国内和国际交易的税收法律规则，国际税收合法性问题被涵摄于国内税收合法性之中。的确，国际税收合法性问题与国内税收合法性问题，在国家层面具有同一性。然而，前者的讨论并不能代替后者。因为国际税收合法性问题具有国内和国际的双重面向，而且国际面向随着多边性税收公约的出台、签订、批准和实施而日益凸显并逐步影响国内税收的合法性。因此，有必要按照税收合法性的一般原理审查国际税收的合法性。

### （一）国际税收合法性的双面向

根据王鸿貌和陈寿灿的论述，税收合法性源于对一般合法性的研究。因此，他们从一般合法性问题出发指出，合法性所要解决的是政治权力或政治制度能否存在的问题，税收合法性就是要落实国家课税权的合法性。其中，税收合法性的前提是国家对税收的依赖性，这是由国家的职能和税收的本质及作用所决定

---

〔96〕 Luuk Bosch, *Fairness in Allocating Taxation Right between Source and Residence States: The Dutch Perspective, Comparative Research and a Rethinking of Models*, Tilburg University, 2014, p. 33.

〔97〕 F. Vanistendael, *Is fiscal justice progressing*?, 64 Bulletin for International Taxation 526 (2010).

〔98〕 笔者借助中国知网、超星发现等检索工具，以“国际税收”和“合法性”为主题词进行检索发现，有关国际税收合法问题散落在国际税收组织（如 OECD）合法性讨论之中，与国内税收合法性问题相比缺乏系统、全面的阐释。

的;税收合法性的核心是税收民主化,税收设立和纳税义务的成立必须经由国民同意或者国民所推选的代表组成的国家立法机构的同意;税收合法性的形式是税收法律化,即一切税收的课征都必须以国家立法机关制定的法律为依据。[99]

显然,这是立足于税收的国内层面所论述的国内税收合法性,它无法囊括国际层面的税收合法性问题。

之所以如此,是因为国际税收体系的双层结构。在鲁文·S.阿维-约纳看来,这种双层结构是贸易国家的税收条约网络和国内税法。[100] 在国内学者的论述中,这种双层结构表现为国际税法的国内法渊源和国际法渊源,前者以国内税法的涉外税收规范为主要内容,后者包括国际条约(专门的税收条约,以及非专门税收条约中的税收条款)、国际税收惯例。[101]

归纳而言,国际税收体系的双层结构就是国家税收的国内层面与国际层面的体现。

就国内层面而言,国际税收的合法性完全可以借助上述税收合法性的分析框架和逻辑结构予以审查。可以说,国际税收在国内层面的合法性问题与国内税法的合法性问题是等同的。

就国际层面而言,倘若仍旧遵循前述税收合法性的分析框架,那么国际税收的合法性则有了区别于国内层面的内容。首先是税收合法性的前提,尽管两者都是国家对税收的依赖,但后者无论是属地性质税收管辖权还是属人性质税收管辖权的行使,都具有区别于前者的理论依据。本节第二部分"国际税收正当性的考察"对此予以了说明。其次是税收合法性的核心,虽然都遵循"无代表不纳税"的精神,但是后者不再是经国民同意而是表现为国家同意和立法机关批准。国家同意是形式与实质的统一,在形式上必须以明示的方式表达,体现为签署、批准、接受、赞同及加入等程序和形式;在实质上,体现为国家具有缔约能力和真实的意思表示。也就是说,国际税收民主化在国际层面上体现为国家同意和在国内层面上体现为最高立法机关批准。最后是税收合法性的形式,后者并不全然依靠法律,还包括税收协定范本及其注释等具有软法性质的规范。即使

---

[99] 王鸿貌、陈寿灿:《税法问题研究》,浙江大学出版社2004年版,第1~6、9~10、14~17页。

[100] [美]鲁文·S.阿维-约纳:《国际法视角下的跨国征税——国际税收体系分析》,熊伟译,法律出版社2008年版,第1~2页;Reuven S. Avi-Yonah, *International Tax as International Law: An Analysis of the International Tax Regime*, Cambridge University Press, 2007, p. 1.

[101] 廖益新主编:《国际税法学》,高等教育出版社2008年版,第5~6页;刘剑文主编:《国际税法学》(第3版),北京大学出版社2013年版,第23~25页。

是国际税收硬法,其制定并不在国家立法机关而在涉税国际组织,或国际会议组成的专门委员会,或谈判国、缔约方的代表。

总之,国际税收体系的双重结构决定了国际税法合法性的双重面向,从而要求基于国际层面和国内层面的不同层次对国际税收的合法性进行审查。

### (二)国际税收合法性的双层审查

由于前述已证成了国际税收的正当性,也就是国际税收合法性的前提。所以,关于国际税收合法性在国际层面和国内层面的审查主要基于税收合法性的核心——税收民主化,以及税收合法性的形式——税收法律化两个要素予以展开。

21世纪之前,国际税收领域还没有全球性的多边税收公约,国际税法的国际法源以双边税收协定为主。税收协定是有关国家在平等协商的基础上就彼此间税收权益分配关系和国际税务行政合作达成的书面协议。[102] 因此,国际税收的合法性往往诉诸国家政治权力正当性和最高立法机关的批准程序。国家政治权力的正当性被认为是一种理所当然,这意味着国际税收合法性的判断仅基于是否经由最高立法机关批准。然而,在经济全球化和数字化交融中,国际社会先后出现了一些多边税收公约,以应对全球性的国际税收问题。此时,国际税收合法性的判断不再局限于是否由最高立法机关批准,而且还要满足国际同意的形式层面和实质层 面的要求。此外,还要考察在税收公约的起草、审议和修订过程中是否落实了对等参与;否则,该税收公约即使经过缔约国最高立法机关的批准程序,也可能会导致国际税收存在合法性瑕疵。

以此为标准审查,承载税收征管互助的MAC和合作落实BEPS行动计划的MLI都存在合法性问题。前者起初由欧洲委员会内部根据欧盟法律合作委员会的授权,在OECD财政事务委员会准备草案初稿的基础上制定的。一些来自OECD成员方但非欧洲委员会成员方的专家以观察者的身份参加了公约的制定工作。后来,OECD与欧洲委员会按照税收情报交换的国际标准,通过议定书的形式对其进行了修订,修订后的公约对OECD与欧洲委员会成员方以外的国家开放。[103] 对于OECD与欧洲委员会成员方而言,多边公约经过他们的同意及其国内最高立法机关的批准即获得民主化和法律化基础,符合国际税收合法性的

---

〔102〕 廖益新主编:《国际税法学》,高等教育出版社2008年版,第60页。

〔103〕 经济合作与发展组织:《OECD税收透明度和信息交换文集》(下册),国家税务总局国际税务司译,中国税务出版社2016年版,第805、811页。

要求。然而,对于两个组织的非成员方而言,即使它们同意签署并获得其国内最高立法机关的批准,该公约对它们及其居民的适用亦欠缺民主化基础。因为国际层面上的同意签署只是形式上的国家同意,并不意味着国家同意实质层面的要求得到了满足。与OECD与欧洲委员会成员方不同的是,其他国家鲜有强大的国际税收专业能力和资源。[104] 专业能力与资源的匮乏导致的是缔约能力不足,使它们无法预判公约所涉税收事项对本国的影响,甚至可能会作出错误的意思表示。同时,有些国家受到国际大环境的影响,尤其是大国、强国的压力,而作出加入公约的决定,意思表示的真实性值得怀疑。同理,后者也是如此,只不过该公约的制定主体在前者的基础上有所增加,并没有从根本上转变发展中国家由于缺乏适当的技术知识而不断被疏远的事实。

国际税收合法性的国内层面,大致可分为两个方面:一方面是国际税法的国际法渊源的国内适用,是否符合税收合法性;另一方面是国内税法中的涉外税收规范制定时,是否符合税收合法性。后者与国内税法紧密相关,它的合法性取决于所在国家的税收法治水平和程度。这个问题受到各方的广泛关注,也形成了诸多共识,因而没有展开的必要。反而是前者,因为国际法渊源,尤其是国际税收公约或协定适用于国内有直接适用和转化适用的模式,所以在分析了国际层面的合法性之后,还需要区别具体的模式分析其合法性。在直接适用的情形下,国内层面与国际层面的国际税收的合法性判断是一致的;在转换适用的情形下,国内层面的国际税收合法性与国内税收的合法性判断是相同的。

综上所述,国际税收合法性是国际合法性和国内合法性的有机统一。只有既满足国际合法性要求又满足国内合法性要求的国际税收方可能具有税收正义的特质。

## 第三节 全球税收治理的自由解构

自由乃人类永恒的终极追求,现代法律就是以自由观念为核心而建构起来的。这意味着包括国际税法在内的法律应当以实现和保障人的自由为基本内容和终极目标。

从文献综述来看,国内外学者在论述国际税法宗旨或国际税收规则(体系)

---

[104] Tarcisio Diniz Magalhaes, *What is Really Wrong with Global Tax Governance and How to Properly Fix It*, 10 World Tax Journal 499 (2018).

目标时,或多或少关注到了自由价值目标。[105] 这些表述虽然有所差异,但是都不否认国际税收规则的最终目标是促进国际经济交往活动的自由发展。既是如此,那么作为国际税法新范式的全球税收治理的价值目标是否也是如此呢?毋庸置疑,自由是全球税收治理最基本的价值取向,只是这种自由因所依附之理论范式的转化而有了不同的内涵。“全球治理理论脱胎于传统国际关系理论”[106],“自由,是一个完整的整体,是层次性的统一”[107]。鉴于此,本节将立足自由的层次性特点,借助国际关系层次分析方法,解构全球税收治理的自由价值体系。

## 一、全球税收治理自由层析

全球税收治理使国际关系层次分析方法和自由层次论的交融成为可能,而这种交互为其自由价值的分析提供了可以参考的有益方法,由此也衍生出了全球税收治理自由的不同层次。

### (一)国际关系层次分析法与自由层次论

全球税收治理源于治理理论在国际税收领域的范围拓展与具体应用,与全球治理息息相关。全球治理的理论是对传统国际关系理论的扬弃,在某种程度上可以说是对后者的继承与发展。正如学者指出的,全球治理理论是一种视野更为宽广的国际关系理论。[108] 因此,国际关系分析方法原则上可以适用于全球治理,但前提是这种分析方法与全球治理理论不冲突。层次分析方法是国际关系研究中一种常用的方法,旨在从分析层次上把国际政治与对外政策加以区分。[109] 大多数人都倾向于把国际关系简化成这样三个层次:个人层次、国家层次和国际层次。[110] 据此,全球税收治理亦可从个人层次、国家层次和国际层次

---

[105] [美]Brian J. Arnold、[美] Michael J. Mclntyre:《国际税收基础》(第2版),张志勇等译,中国税务出版社2005年版,第7~11页;Roy Rohatgi, *Basic International Taxation*, Richmond: Richmond Law & Tax Ltd. ,2005, p. 1;廖益新主编:《国际税法学》,高等教育出版社2008年版,第18页;刘剑文主编:《国际税法学》(第3版),北京大学出版社2013年版,第16~18页。

[106] 徐步华:《全球治理理论与传统国际关系理论范式的比较分析》,载《马克思主义与现实》2016年第4期。

[107] 沈晓阳:《自由层次论》,安徽大学出版社1999年版,第2页。

[108] 徐崇利:《晚近国际投资争端解决实践之评判:“全球治理”理论的引入》,载《法学家》2010年第3期。

[109] 陈金桂主编:《简明新方法辞典》,福建人民出版社1990年版,第147页。

[110] 尚劝余:《国际关系层次分析法:起源、流变、内涵和应用》,载《国际论坛》2011年第4期;李小圣:《青年学者看世界——欧洲一体化理论与实践分析》,世界知识出版社2007年版,第52页;秦亚青:《层次分析法与国际关系研究》,载《欧洲》1998年第3期。

进行分析,这与国际税法的主体层次纳税人、国家和涉税国际组织等相呼应。

自由,这个“斯芬克斯之谜”,不仅摆在每一个哲学家和思想家的面前,而且也摆在每一个人面前:你不能解开这个谜,你就要被它所吞灭。回顾历史,伯利克里、霍布斯、洛克、以赛亚·伯林等先哲因其历史相位和意识形态的不同而使自由的论释呈现流质易变的品性。究其内容,虽然有城邦自治的自由,臣民的自由,消极自由与积极自由,无支配的自由,先验自由、实践自由与至善自由等区别,但是落脚于宪法和法律层面讨论不外乎证成“自由是制度的某种结构”〔111〕。如此意味着对自由的理解不应寄希望于一个包罗万象的公式,而应置身于具体的历史相位及叙事背景中揭示其内在要素及其结构。毕竟,“自由是一个多层次的整体”〔112〕。也就是说,自由的解构可以通过层次性分析来完成。

正因如此,国际关系层次分析方法和自由层次论在方法论上具有共同性。全球税收治理自由价值的理解与表达,关键在于分析自由之于全球税收治理的个人层次、国家层次和国际层次的价值,并通过自由价值的统一性来统摄不同层次自由价值的多样性。因此,可以完成全球税收治理价值的初步解构。

### (二)全球税收治理自由价值的三个层次

由于全球税收治理系国际关系理论之扬弃而沿用层次分析法以及自由本身具有层次性的特点,其自由价值的理解区别于把国际税法自由解读为国际经济活动自由发展的普遍认识。

具言之,全球税收治理自由价值可以从三个层次进行解构(见图5):一是个人层次的自由;二是国家层次的自由;三是国际层次的自由。根据自由的一般表述——“这个或那个人(或一些人)自由地(或者不自由地)免除这种或那种限制(或一组限制)而这样做(或不这样做)”〔113〕,这三个层次的自由的大致表述如下:个人层次的自由是指公民(包括自然人和法人,居民纳税人和非居民纳税人)自由地从事经济活动而不受国际税法的阻碍;国家层次的自由指的是一个国家有权根据自身的经济发展目标制定本国的税收法律制度(如税收管辖权的确定,税基税率的确定以及避免双重征税、防止逃避税的措施等),对国家的税收活动进行有效管理,以及自主、独立地参与国际税收利益分配关系,维护自己的税收权益;国际层面的自由是指国际贸易与投资不受国际税收政策的影响,可

〔111〕[美]约翰·罗尔斯:《正义论》,何怀宏等译,中国社会科学出版社1988年版,第200页。

〔112〕沈晓阳:《自由层次论》,安徽大学出版社1999年版,第4页。

〔113〕[美]约翰·罗尔斯:《正义论》,何怀宏等译,中国社会科学出版社1988年版,第200页。

以在全球范围内实现资源的最佳配置和商品及服务的自由流动。与这三个层次自由对应的衡量指标分别是经营自由度、主权自主性和税收中性化。

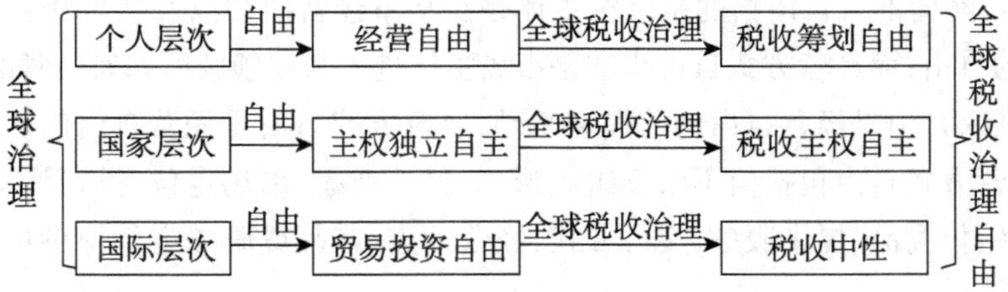


**图5　全球税收治理自由的解构**

尽管自由的权利要求植根于人的自然倾向,但是不能将其视为绝对和不受限制的权利。[114] 任何自由都容易被肆无忌惮的个人和群体滥用,因此为了公共利益(可能是国家内部的公共利益,也可能是国际社会的公共利益),它必须受到某种范围或程度上的限制。否则,任何人都会成为滥用自由的潜在受害者。所以,在分析全球税收治理自由价值时,必须遵循自由社会的经验,既要探讨三个层次自由的内涵,还要明晰三个层次自由之边界。

## 二、个人层次:经营自由度

全球税收治理自由的个人层次可能涉及两个方面的问题,一方面是国际税收与公民在普遍意义上的自由,另一方面是国际税收与公民作为纳税人享有的自由。前者往往是税收的根据或正当性讨论的问题,强调税收是维护和保障人民自由权利的对价,可以说是"先税收自由"。后者为税收之于纳税人及其经营行为的评价,包括无税法明确规定不得干预纳税人经营行为和税法必须促进纳税人自由地从事经营活动,可谓之"后税收自由"。"先税收自由"是个长青议题,有关其的研究成果也是汗牛充栋,而且本章第二节关于正义探讨的部分对此有所回应,因此它并不在本节的讨论当中。"后税收自由"最为核心的内容是公民经营自由度高低问题。所以,全球税收治理自由的个人层次将围绕"经营自由"予以展开。

### (一)经营自由的基本面向

经营自由虽有营业自由、经营自主、从商自由等多种表述,但归根结底是自

〔114〕［美］E·博登海默:《法理学:法律哲学与法律方法》,邓正来译,中国政法大学出版社1998年版,第281页。

由价值在民商事领域的具体体现。[115] 究其内涵,经营自由指的是市场主体依法享有的根据自己的意志从事营利事业的权利,包括经营准入自由和经营方式自由。[116] 经营准入自由指的是市场主体是否从事经营活动以及从事哪一类经营活动的自由,而经营方式自由指的是市场主体进入某一领域后如何经营的自由。经营准入自由是经营自由的前提和基础,经营方式自由是经营自由的核心。其中,经营方式自由包括但不限于组织形式、经营业态、市场定位、投资活动、员工雇佣、销售商品、提供服务、交易方式、经营地点、产品或服务定价等事项的自主决定。

经营的自主决定通常是基于商业、经济、社会和政治等因素的综合考量,包括基础性要素(商业活动、资源的可获得性、市场准入和市场潜力等)和辅助性要素(政治和经济是否稳定、政府给予的税收优惠和鼓励、地理位置、商业基础设施、是否可以获得技术熟练而又成本低廉的劳动力、货币是否坚挺等)。在这些因素当中,税收并不总是一个主要或决定性因素,然而一旦作出最初的决定,税收就成为重要的商业考量因素。[117] 其实,“契约形式及其内容形成之规划,其中许多系为税捐之考虑,是以税捐规划自由权为契约自由之重要部分”。[118] 换言之,经营自由在税法领域基本面向的是税收筹划自由。

税收筹划是“为实现纳税人义务(tax liability)最小化而对一个人的经营行为和/或私人事务进行的安排”。[119] 任何人都有权通过其经营行为以尽可能地减少纳税,这既是纳税人权之基础,又是税收法定与私法自治的共同要求。正如学者所言:“税收筹划的合法性不仅直接源于税法规范的明文规定,而且内在地根植于法律特别是税收理念、税法原则、立税精神等更广泛意义上的正当性。”[120] 事实上,税收筹划自由及其权利属性为各国司法实践所确认。例如,美国在 1935 年的“Gregory vs. Helverlng”案中,英国在 1936 年的“Duck of Westminster”案中都有类似的确认或宣告,即每个人都可以安排自己的经营活动以达

---

[115] 王建文:《我国商法的核心价值:逻辑展开与实践应用》,载《法学杂志》2012 年第 1 期。

[116] 王红霞、周建平:《经营自由的价值意蕴与制度逻辑》,载《人民法治》2016 年第 5 期。

[117] [美]罗伊·罗哈吉:《国际税收基础》,林海宁、范文祥译,北京大学出版社 2006 年版,第 479 页。

[118] 葛克昌:《税捐行政法——纳税人基本权视野下之税捐稽征法》,厦门大学出版社 2016 年版,第 32 页;葛克昌:《欧盟税捐调适及其对一带一路之启发》,载《现代法治研究》2017 年第 1 期。

[119] 荷兰国际财政文献局:《IBFD 国际税收辞汇》,IBFD 国际税收辞汇翻译组译,中国税务出版社 2016 年版,第 440 页。

[120] 刘培俊:《企业税收筹划正当性的税法学简析》,载《法学评论》2007 年第 3 期。

到降低税负的目的。[121] 又如，1959 年德国联邦法院在 BVerfGE 9,737ff(249f)判决中也确认了相应的原则，后来德国联邦财务法院的判决，如 BStBL. II2008,253ff(255)、BStBL. 502ff、BStBL. II2008,789f 等亦有所体现。[122]

具体至实践，纳税人主要是通过合法避税、降低税率、降低税基、推迟纳税等原则来减少税负。这些措施可能有：[123] 审查国内税法征税条款和税收遵从规则；通过费用扣除减少税前利润；利用给予外国资本、技术等的特殊税收减让；利用税收损失结转；对符合规定的股息给予特殊的税收扣除或免税；通过来源分摊法将税前利润在各个不同的受益国之间进行分割；通过合法的税前费用扣除降低高税基国的税基；对外国利润延期纳税；最大可能地使用外国税收抵免；仔细审查跨国交易中的汇兑损益；利用恰当的法律机构以实现营业和税收目标；最大限度地利用融资形式使税收最小化；适用税收协定减少或避免纳税；使用税收协定减少纳税；利用预先税收裁决；选择有利于自己税收的交易形式或交易方式重新进行分类；审核本国和东道国的跨国交易；有效使用不同国家的税收优惠；遵守不同国家的国内税法和反避税措施。

### （二）税收筹划自由的边界

诚如没有绝对自由行使的权利，亦没有绝对自由的税收筹划。假如经营自由没有任何限制，税收筹划将异化为与税法目的相左的逃避税等税收违法行为和事实；假如经营自由被过分限制，那么税收筹划所彰显的私法自治和契约自由将被僭越。[124] 因此，纳税人基于经营自由以期减少税负的税收筹划，应在税收法定与私法自治之间寻求平衡，而这种平衡即税收筹划自由的边界。

税收筹划之目的是减少或者延期履行纳税义务，然达至此目的之方式还有逃税、避税。逃税是纳税人权利滥用以及违法行为的表现，与税收筹划在行为的性质、方式、效果等方面的区分十分明显。但是，何为可接受的税收筹划和不可接受的避税，通常受各国政治和经济政策因素的影响，因此往往在实践中很难界定。在税收主权的驱使与支配下，每个国家都关注并保护其在全球的税收收入。如果立法机关不打算或者在同等条件下不会给予纳税人欲通过税收筹划实现的

---

〔121〕 刘剑文：《国际所得税法研究》，中国政法大学出版社 2000 年版，第 145～146 页。

〔122〕 葛克昌：《税捐行政法——纳税人基本权视野下之税捐稽征法》，厦门大学出版社 2016 年版，第 33 页。

〔123〕 [美]罗伊·罗哈吉：《国际税收基础》，林海宁、范文祥译，北京大学出版社 2006 年版，第 481～486 页。

〔124〕 刘淼：《契约精神与税收筹划的合理界限》，载《河北法学》2008 年第 12 期。

税收利益,那么这种税收筹划很可能会在许多国家被认定是不被接受的。由此可见,税收筹划不应隐含或鼓励逃税或进行不可接受的避税,其中与避税的关系尤为紧密。换言之,“避税所在区域即是税收筹划的禁区,纳税人税收筹划权的边界是由避税认定标准确定的”[125]。

避税行为构成是认定避税的法律标准。关于避税行为构成的二要件说、三要件说和四要件说,不外乎是滥用法律形成可能、获得税收利益和具有避税意图三个要素在主客观方面的排列与增减。[126] 由于构成要件要素之间的逻辑关系不明,因而无法确保实践中从客观到主观认定避税,同时易使国民经济自由面临受侵害的危险。为克服此缺陷,笔者借鉴刑法学中犯罪构成的阶层论提出,避税是脱法要件——纳税人实施了税法上的脱法行为和责任要件——行为中所展现的被否定的行为的非难可能性的有机整体。避税行为的认定应当从客观到主观,从脱法到责任。[127] 申言之,先从脱法层面判断纳行人是否实施了符合税法文义且违背税法目的的行为,造成税款的少交或不交,然后从责任层面判断个别、具体的情况(具体流程见图6)。当我们明确了避税之所在时,亦明确了税收筹划的边界之所在。

---

[125] 陈仕远:《税收筹划权研究》,西南政法大学2017年博士学位论文,第93页。

[126] 关于避税行为构成要件理论的阐释多源自德国学者布鲁门修坦因和蒂普克(Tipke)的论述。布鲁门修坦因提出,避税构成要件包括主观要素、客观要素及效果要素三方面,主观要素是指存在避税的意图,客观要素是指存在交易形式或处置的异常性,效果要素是指达到税收负担减轻的效果。此谓之“三要件说”。蒂普克认为,避税行为构成要件包括为把握某一个经济上事实关系,税法与法的形成可能相连接,法的形成可能之滥用,税法之规避以及规避意图。学界称之“四要件说”。有学者认为三要件说之客观要素和四要件说之法的形成可能之滥用都对纳税人主观意图进行了考量,因而没有必要将避税意图单独作为避税行为构成要件的要素。因此,避税行为构成要件简化为行为要素和效果要素,即滥用法律的形成可能性和规避税负的经济效果。此为“两要件说”。

[127] 余鹏峰:《避税行为构成理论的反思与改造——从“儿童投资主基金案”说起》,载《经济法论坛》2018年第2期。

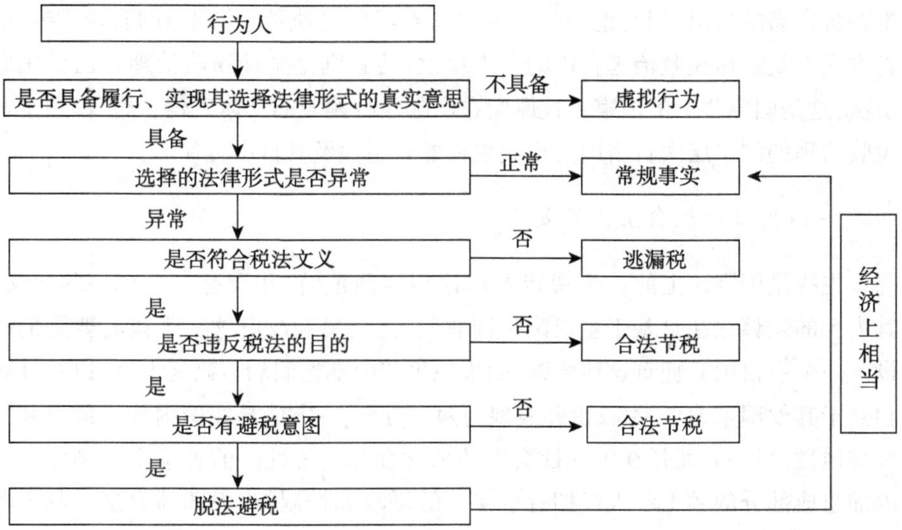


**图6　阶层体系下避税行为认定流程**

值得注意的是，过激的或恶意的税收筹划（aggressive or abusive tax planning）极易转化为避税。对此，一些国家已经引入了披露规则，如裁决制度、自愿披露减轻处罚制度、合作遵从筹划安排、附加报告义务制度、强制披露规则，使他们能够及时了解纳税人的行为信息，并及早发现政策层面出现的问题，以此缓解税收筹划自由与国家征税权的紧张关系。其中，强制披露规则是专门针对潜在的恶意或滥用性税收筹划而设计的，他规定如果某一方符合该制度下需要披露安排的定义，那么纳税人以及方案筹划方应当尽早向税务机关披露那些潜在的恶意或滥用税务筹划安排。[128] 显然，这增加了纳税人的前期税收遵从成本。同时，也提高了纳税人税收筹划自由的确定性。在推行的过程中必须在纳税人额外的遵从成本和税务机关所获效益之间寻求平衡。否则，很有可造成对纳税人税收筹划自由的过度限制。

## 三、国家层次：主权自主性

一般而论，在国际经济法（国际税法）领域，自由主要指国家赋予公民的从

---

〔128〕 OECD, *Mandatory Disclosure Rules*, *Action* 12 – 2015 *Final Report*, *OECD/G20 Base Erosion and Profit Shifting Project*, OECD Publishing, 2015, p. 13.

事经济贸易的自由,同时也包括国家本身对经济之决策、管理等的自由。[129] 前者本质上是全球税收治理自由的个人层次;后者则是全球税收治理自由的国家层次,这是国际法上的国家主权原则在国际税收领域的具体表现。简言之,全球税收治理的国家层次自由即为税收主权的自主性及其自由行使。

### (一)税收主权自主性的要义

主权是国际法上的一个特定的理论与实践范畴,并没有一个单一的定义。其内涵的阐释往往是基于主权国家拥有领土、人民和政府这三个核心要素的假设。一个主权国家拥有这些要素,则表现出其内部控制和至高无上性,以及外部独立于其他国家。[130] 主权由此表现为两个方面:一方面是在国内社会的最高性和排他性,另一方面是在国际社会中的独立性和平等性。前者系主权国家对其内部组成部分的领土和人民拥有事实上的霸权和控制权,强调国家是内部事务的最高权力来源;后者指主权国家表现出某种事实上的外部独立,强调一个国家独立于其他国家而非凌驾于其他国家之上。

正是因为"税收主权是国家的基本权力(利)"[131],关于税收主权的分析亦源自国家主权的二元结构——对内的最高性和排他性、对外的独立性和平等性。[132] 故在他们的论述中,税收主权被解读为两层含义:一层是对内制定本国的税收法律法规、管理本国的税收事务的最高权力,另一层是对外独立自主、不受他国干涉的权利。然而在展开研究的时候,学者们更愿意把国家主权在税收领域的体现谓之为"税收管辖权"。[133] 的确,税收管辖权具有主权属性,但它并不能囊括全球税收治理中税收主权的全部内涵。当然,这并不影响他们达成的共识,即每个国家都有充分的权力对在其领土内进行的交易或对其国民在世界

---

[129] 参见何志鹏:《国际经济法的价值追寻与价值选择》,载《河南省政法干部管理学院学报》2004年第3期。

[130] Diane M. Ring, *What's at Stake in the Sovereignty Debate: International Tax and the Nation – State*, 49 Virginia Journal of International Law 160 (2008).

[131] 刘永伟:《税收主权与税收专约的解释依据》,载《中国社会科学》2013年第6期。

[132] 张守文:《税法原理》(第6版),北京大学出版社2012年版,第63页;郑琳:《国际税法学》,北京师范大学出版社2012年版,第34页;崔晓静:《论国际税收协调法律机制之构建——以负责任税收主权为基础》,载《法学评论》2010年第5期;侯茜:《经济全球化背景下的税收主权问题研究》,重庆大学2007年博士学位论文,第12页。

[133] 廖益新主编:《国际税法学》,高等教育出版社2008年版,第20页;刘剑文主编:《国际税法学》(第3版),北京大学出版社2013年版,第50页;张泽平主编:《国际税法》(第2版),北京大学出版社2016年版,第43页。

任何地方进行的交易制定自己的税法。[134] 而这代表着国家在处理本国税收事务的完全自主性,以及不受外来干涉或控制,即税收主权自主性。

税收主权自主性植根于税收是"实现民主国家重要使命的工具:一个有效政府(基于收入和可持续财税政策)的持续和存在,支撑该民主国家的问责制和合法性"[135]。也正是因为税收之于国家的重要性,所以充分拥有和自主行使税收主权权力成为全球税收治理不可或缺的价值追求,毕竟在全球税收治理中国家仍然是最主要的行为体。具体而论,这种税收主权自主性涵盖以下内容:

一是主权国家独立自主地行使其征税权。[136] 这点包括完全自主地通过制定法律,确定自己行使征税权的对象、范围、程度和方式,并对一切属于其管辖范围内的人和物进行征税,以及决定自己行使什么样的税收管辖权,是单独行使属人管辖权或单独行使属地管辖权,还是同时行使属人管辖权和属地管辖权。凡属于该国税收管辖权范围内的纳税人,都必须服从该国的税法规定,依法履行纳税义务。

二是主权国家在税收领域不受任何外来的干预。这点体现在独立自主决定是否缔结国际税收协定或参与认可含有税收条款的国际公约,按照自主意愿与他国协商确定税收条款的内容,在国内救济途径中自主解决国际税收纠纷,自主决定是否将国际税法的内容转化为国内税法的内容,以及独立依法执行国际税法并依据国际税法进行国际税收司法活动等方面。[137] 对此,任何人、国家和国际组织都不得干预。

三是除遵守国际法关于国家主权的一般原则外,不受其他限制。国家税收主权的所有状态和行使行为,除了国际税收关系的基本准则和强行法规范之外,不再有任何的限制或约束。即使在税收利益协调方面有相应的公约和协定义务或习惯法义务,也是主权国家自愿接受的或在国家实践中所普遍认可的。[138] 换言之,税收主权的限制只能按照国际税法或通过国家相互间自愿达成的税收协议来实现。

---

[134] Peggy B. Musgrave, *Sovereignty, Entitlement, and Cooperation in International Taxation*, 26 Brooklyn Journal of International Law 1335 (2001).

[135] Diane M. Ring, *Democracy, Sovereignty and Tax Competition: The Role of Tax Sovereignty in Shaping Tax Cooperation*, 9 Florida Tax Review 560 (2009).

[136] 廖益新主编:《国际税法学》,高等教育出版社2008年版,第20页。

[137] 郑琳:《国际税法学》,北京师范大学出版社2012年版,第35页。

[138] 崔晓静:《国际税收行政合作的新发展及其法律问题研究》,中国社会科学出版社2014年版,第8~9页。

### （二）税收主权自主性的限制

“就目前的目的而言，将国家税收主权定义为一个国家不受外部影响而奉行其选择的任何税收政策的能力是有益的。当然，完全的主权是不可能的，除了一个完全不受外部影响的国家。”〔139〕这是因为：（1）税收主权被日益增多与职能拓展的国际行为体（如OECD、G20）所限制或替代；（2）税收主权在经济全球化和数字化的世界中面临失灵，跨境税收问题的解决要求国家让渡部分税收主权；（3）居民和资本的流动性扩大了市场力量，既侵蚀了国家力量的界限又削弱了税收主权赖以存在的理念基础。〔140〕

实际上，由于市场力量、务实考虑、条约谈判、监管模仿和外部影响，有许多国家限制其税收主权的例子。例如，由于资本流动性很强，各国通常将投资组合所得税和企业所得税税率设定在具有竞争力的水平。〔141〕同样地，各国自愿将其管辖权主张限制在位于该国的经济活动或居住在该国的人。〔142〕又如，双边税收协定的谈签对税收主权自主性产生了约束。事实上，基于OECD范本的广泛条约网络的存在意味着各国同意一套共同的国际税收规则，而不管国内税法之间的差异如何。当谈到常设机构的含义、股息、利息和特许权使用费的预扣税以及税收条约涵盖的其他问题，几乎没有什么主权可言。更重要的是，关于多国企业赚取的国际商业利润的分配，OECD范本第9条已在双边税收条约中得到广泛采用，对这一条款的解释主要受OECD制定的准则〔143〕的约束。再如，在维护国家税收主权的同时，许多国家改变了他们的税收规则，以确保他们不会给与其他国家不同的流动因素带来负担，或者它们的反避税规则与其他国家的规则一样有效。在北美自由贸易协定国家中，有证据表明加拿大和墨西哥效仿了美国。〔144〕

---

〔139〕 Charles E. Mclure Jr., *Globalization, Tax Rules and National Tax Sovereignty*, 55 Bulletin for International Fiscal Documentation 328 (2001).

〔140〕 刘志云：《国家主权的特征分析与全球化背景下主权理论的创新》，载《世界经济与政治》2003年第8期。

〔141〕 Jack M. Mintz, *Is National Tax Policy Viable in the Face of Global Competition?*, 19 Tax Notes International 101 (1999).

〔142〕 Walter Hellerstein, *Jurisdiction to Tax Income and Consumption in the New Economy: A Theoretical and Comparative Perspective*, 38 Georgia Law Review 1 (2003).

〔143〕 《跨国企业与税务机关转让定价指南》(Transfer Pricing Guidelines for Multinational Enterprises and Tax Administrations)。

〔144〕 Arthur J. Cockfield, *Tax Integration Under NAFTA: Resolving the Conflict between Economic and Sovereignty Interests*, 34 Stanford Journal of International Law 45 (1998).

加拿大和其他经合组织国家的受控外国公司规则也基本上是仿照美国的规则制定的。[145]

此外,外部力量也对税收主权自主性造成了限制。历史上最具代表性的例子是 OECD 领导的反对有害税收竞争运动。"围剿避税天堂的运动侵犯了这些地区财政自主的权利,特别是他们有利于经济增长的税收政策被干涉了。"[146]当前"G20 + OECD"推行的 BEPS 行动计划,OECD 始终是政策制定者和引导者,这一定意义上约束并弱化了 G20 和 OECD 成员方和非成员国的税收主权自主性。[147]

在新经济中,国家之间的联系比旧经济中要紧密得多。虽然在法律理论上,各国完全能够确定自己的内部税收政策,但实际上,这些内部政策的影响远远超出了该国的边界,也表达了对其他主权国家的合理关切。因此,应该说服各国通过谈判、通融或政策模拟来协调其税收政策,并在税收管理方面进行合作。"否则,每个国家的税收系统将被纳税人'玩弄',因为交易通过互联网在几毫秒内环绕全球,税务稽查员仍然被束缚在每个国家的边界上。有趣的是,国际合作将有助于各国保持对税收政策的国家控制,从而加强其财政主权。"[148]

总之,"在全球化时代,任何国家试图偏离国际税收制度而自由地确定其税收法规将会面临巨大的实际困难。"[149]因此,要想实现国家税收主权的自主性,就必须在全球税收治理中秉承平等参与、协同合作的理念。任何国家实施任何国内法都不能以牺牲其他国家的国家税收主权为代价,国际税收合作将促进国家税收主权的行使,而国家税收主权将得到扩张和税收利益将增加。

## 四、国际层次:税收中性化

税收制度是中性的,既代表着在资本输入与资本输出方面,也意味纳税人在跨国交易中的经济选择不受税收政策的影响。毋庸置疑,税收制度的中性化可

---

〔145〕 Jinyan Li, *Tax Sovereignty and International Tax Reform: The Author' s Response*, 52 Canadian Tax Journal 146 (2004).

〔146〕 [美]克里斯·爱德华兹、[美]丹尼尔·米切尔:《全球税收革命:税收竞争的兴起及其反对者》,黄凯平、李得源译,中国发展出版社 2015 年版,第 227 页。

〔147〕 Laurens Van Apeldoorn, *BEPS, Tax Sovereignty and Global Justice*, 21Critical Review of International Social and Political Philosophy 478 (2018).

〔148〕 Jinyan Li, *International Taxation in the Age of Electronic Commerce: A Comparative Study*, Canadian Tax Foundation, 2003, p. 590.

〔149〕 王遥:《税收竞争和税收套利对国际税收制度的挑战》,载《涉外税务》2010 年第 6 期。

以极大地促进国际贸易自由化和国际投资自由化。[150] 这正是国际税法所要努力争取实现的最终目标,亦是全球税收治理在国际层次追求的自由价值。正如学者所言:“要实现自由的目的与价值追求,就必须尽可能地恪守‘税收中性’原则,税收不产生或少产生额外负担,使自由竞争的环境得以维持。”[151]

## (一)税收中性化的两种表达

税收中性是基于这样的假设:当经济决策制定以及市场机制不受财政税收因素干扰时,效率和生产率得到最好的提升。[152] 具体至国际税收领域,它是指国际税收法律制度不应影响跨国纳税人的跨国经营决策,既不会影响跨国纳税人资本、技术和劳动的境外投资与否的决策,也不会影响跨国纳税人的具体投资经营活动选择,如投资区域选择、投资产业选择等。传统的被普遍接受的中立概念是资本输出中性(Capital Export Neutrality,CEN)和资本输入中性(Capital Import Neutrality,CIN),此也是税收中性化的两种常见表达。

CEN 涉及与对外资本流动有关的居住地或来源国。CEN 下的税收与营业收入接受者的居住地(或有效管理地)相联系。CEN 的基本假设是,纳税人在其居住国收入的税收负担应该相同,而不管收入产生的地理位置(本地或国外)。无论收入来自何处,税收负担都应该相同。支付能力原则是平等原则的一种体现,可以在这种方法中得到认可。CEN 通常与居住国的全球税收以及来源国征收的税收抵免相结合。

根据 CEN 的相关规定,投资者将其资本投资于国内或国际税收领域,情况是相同的。假设投资 100 万元,有以下两个选择(见表 5)。选项 A 更好地利用生产要素,从而实现更高的回报率(20% 对 15%)。如果没有税收因素,一般会选择选项 A,因为选项 A 中的投资回报率较高。考虑到税后回报,有可能会选择选项 B。这清楚地表明税收不是中性的,他在经济决策过程中起着决定性的作用。如果居住国不对居民来源于国外的收入实施抵免,那么就无法实现投资和生产要素的最佳分配。

---

[150] 所谓国际贸易自由化就是在国际贸易领域内各民族国家之间普遍出现的全面减少或消除国际贸易障碍的趋势。而国际投资自由化就是要逐步在世界范围内消除歧视性的外资政策,抑制与取消市场扭曲行为,为国际投资跨国界的自由流动扫除各种障碍的趋势和现象。徐泉:《国际贸易投资自由化法律规制研究》,中国检察出版社 2004 年版,第 30、257 页。

[151] 赵芳春:《论我国税法的价值选择》,载《安徽大学法律评论》2007 年第 2 期。

[152] Luuk Bosch, *Fairness in Allocating Taxation Right between Source and Residence States: The Dutch Perspe - ctive, Comparative Research and a Rethinking of Models*, Tilburg University, 2014, p. 14.

表 5　CEN 案例说明

| 项目 | A(国内投资) | B(国外投资) |
| --- | --- | --- |
| 税前回报 | 20 万元 | 15 万元 |
| 来源国税率 | 50% | 20% |
| 来源国税额 | 10 万元 | 3 万元 |
| 居民国税额 | 无 | 7.5 万元 |
| 居民国税收抵免 | 无 | 3 万元 |
| 总税收(实际税率) | 10 万元(50%) | 7.5 万元(50%) |
| 税后回报 | 10 万元 | 7.5 万元 |

CIN 处理与入境资本流动有关的来源国或东道国的关系。CIN 下的税收与纳税人收入的产生地相关联(对象法)。CIN 的基本假设是,来源国领土内产生的收入的税收负担应该相同,而与收入接受者(纳税人)的居住地(或有效管理地)无关。纳税人的居住地无关紧要。受益原则是平等原则的一种表达,可以在这种方法中得到认可。CIN 通常与基于来源的属地制度相关联或者与居住国的全球税收系统相关联,并与来源国实现的收入基本免税相结合。

根据 CIN 的相关规定,来自不同税收管辖区的资本应在投资所在国的同一水平上竞争。这创造了一个公平的竞争环境,因为国内投资者不具有比外国投资者更大的优势。同样地,假设投资 100 万元,有以下两个选择(见表 6)。如果没有税收因素,A 和 B 的投资回报率相同,在国内投资和国外投资相同,符合 CIN。考虑税收因素,有可能会选择选项 A。税收在此时影响了经济决策,要想实现 CIN 就需要居住国必须对其来自国外的所得免税。

表 6　CIN 案例说明

| 项目 | A(国内投资) | B(国外投资) |
| --- | --- | --- |
| 税前回报 | 20 万元 | 20 万元 |
| 来源国税率 | 20% | 20% |
| 来源国税额 | 4 万元 | 4 万元 |
| 居民国税额 | 不适用万元 | 10 万元(50%) |
| 居民国税收抵免 | 不适用万元 | 4 万元 |
| 总税收(实际税率) | 4 万元(20%) | 10 万元(50%) |
| 税后回报 | 16 万元 | 10 万元 |

## (二)CEN 和 CIN 的统合

克劳斯·沃格尔的研究表明,当实现全球经济效率成为共同的根本目标时,相反地,*CEN* 和 *CIN* 中立概念不可能同时存在。[153] CEN 和 CIN 仅仅解决输入或输出的单边资本流动,而不是跨境资本输入和输出的总和。CEN 无视入境资本流动,CIN 则忽视出境资本流动。这是因为 CEN 和 CIN 只处理平等的一个方面,分别对应的是支付能力原则和受益原则。

CEN 区别对待仅在居住国从事经济活动的经济经营者和在居住国且在国外从事经济活动的经济经营者。如果居住国对两者都征收相同的国内税收负担,居住国就会对经济经营者在国外投资设置障碍。在国外,即在来源国,税收负担和作为回报给予的公共物品在另一个层面上,而不是在居住国。因此,根据 CEN,在国外的经营者需要在居住国层面对其外国来源收入纳税;但是他们从来源国层面提供的公共产品中受益。这符合支付能力原则,而不符合受益原则。居住国对赴境外经营的居民经营者实施 CEN 政策,忽略了税收水平和作为回报提供的公共产品之间的联系。相反地,仅在居住国开展活动的经济经营者并非如此。这导致了由居民国引起的来源国税收的不平等。如果居住国的税收水平超过来源国并且居住国征收超额(属于一般抵免),那么与当地活跃的经济经营者相比,出国的经济经营者在来源国处于竞争劣势。在这种情况下,出国的经济经营者比其本地竞争对手支付更高水平的税收,但却从相同(较低水平)的公共产品中受益。当来源国的税收水平超过居住国并且居住国支付差额(全额抵免)时,出国的经济经营者与当地活跃的经济经营者相比,其受益于来源国的竞争优势。

在这种情况下,出国的经济经营者的纳税水平低于其本地竞争对手,但却受益于相同(更高水平)的公共产品。这两种结果都扭曲了来源国的入境资本流动。这些扭曲是居住国单方面强加的。因此,CEN 会导致障碍。

CIN 也有一些缺点。与仅在来源国境内开展经济活动的经营者相比,CIN 区别对待在来源国境内和境外开展经济活动的经营者。如果来源国给两者相同的国内税收负担,那么就会对投资海外的经济者设置障碍。在确定来源国的税收负担时,不属于来源国的收入(外国收入)将不予考虑。这符合受益原则,但是不符合支付能力原则。在确定国内税收负担时,来源国忽略了投资海外的经营者纳税的能力。相反地,经营者在来源国的投资的情况并非如此。他们的支付能力被考虑在内。这导致了由来源国造成的不平等。境外资本流动被税收来源国单方面扭曲。

---

[153] Klaus Vogel, *Worldwide vs. Source Taxation of Income: A Review and Reevaluation of Arguments* (*Parts* II), 16 Intertax 310 (1998).

作为 CEN 和 CIN 的替代方案,克劳斯·沃格尔引入了国际中性(inter - nations neutrality)。[154] 克劳斯·沃格尔认为,当各国不利用其主权征税权力来影响其他国家的相对价格时,全球经济效率得到最好的提升。而全球经济效率要求在一个国家或国内市场内从事经济活动并利用该国提供的公共产品的经济经营者,应确保其税收负担与在类似情况下并在同等程度上利用该国提供的公共产品的任何其他人相同。[155] 在他看来,国际中性只能通过将来自跨境商业活动的利润分配到经济活动实际发生的地理位置和产生商业收入的地理位置(经济存在)来实现。[156] 对于克劳斯·沃格尔的国际中性概念,马顿·F. 德·王尔德认为基本上以类似于 CIN 的方式运作。克劳斯·沃格尔提出的国际中性概念仅考虑利益原则,没有考虑支付能力原则,同样存在上述扭曲问题。[157]

综上所述,CEN 和 CIN(或国际中性)在同等情况下都会导致不同的税收待遇。在国际税收体系中采取其中任何一个中立概念都不可避免地会导致单方面施加障碍。因此,必须综合 CEN 和 CIN(或国际中性),将其作为一个整体中性概念。

这种统合的税收中性概念具有这样的前提条件:一是国家的税收主权需要被尊重;二是中性概念要提供跨境和非跨境商业活动之间的平等,无论资本流动的方向如何(流入/流出);三是受益原则和支付能力原则都需要得到承认。由此可得出这样的规范,即对纳税人跨国界商业活动所得的国内税收负担应等于对纳税人非跨国界(纯国内)商业活动所得的国内税收负担。[158] 当纳税人跨国界商业活动所得的国内税收负担与纳税人非跨国界(纯国内)商业活动所得的国内税收负担不相等时,国家就设置了障碍。消除各国国际税收制度中所有障碍的一个基本步骤是消除居民和非居民纳税人之间的税收待遇不平等。也就是说,在这种情况下,税收负担的差异只能由纳税人的居住地或纳税人在不同国家经营其商业活动的事实造成。

---

〔154〕 Klaus Vogel, *Worldwide vs. Source Taxation of Income: A Review and Reevaluation of Arguments* (*Parts* Ⅱ), 16 Intertax 313 (1998).

〔155〕 Klaus Vogel, *Worldwide vs. Source Taxation of Income: A Review and Reevaluation of Arguments* (*Parts* Ⅱ), 16 Intertax 314 (1998).

〔156〕 Klaus Vogel, "*State of Residence*" *May as well be* "*State of Source*" *- there is No Contradiction*, 59 Bulletin for International Taxation 420 (2005).

〔157〕 Maarten F. De Wilde, *Some Thoughts on a Fair Allocation of Corporate Tax in a Globalizing E-conomy*, 38 Intertax 297 (2010).

〔158〕 Maarten F. De Wilde, *Some Thoughts on a Fair Allocation of Corporate Tax in a Globalizing E-conomy*, 38 Intertax 297 (2010).

# 本章小结

探讨全球税收治理价值的目的在于指引、评价和统率国际税收法律规范与法律行为,建立健全国际税收制度以满足不同行为体的利益诉求与价值需求。国内税收制度的评价大体上是基于效率、简化和公平这三种价值,即便人们对于其内涵、权重关系和优先地位有不同的争议。然而,关于如何才能更好地构建一种国际税收制度存在诸多分歧,部分原因在于评价国际税收制度的适当标准未统一。[159]

为此,本书选取了秩序、正义和自由等法之一般价值作为评判指标,试图寻找全球税收治理范式下国际税收制度的适当性标准。其中,秩序是国际税收制度的工具性价值,正义是对工具性价值评价的价值,自由是国际税收制度的最终价值。在分析的过程中,涉及了国际税收秩序的类型及特点、国际税收正义的适用范围及原则、国际税收正当性、国际税收公平性、国际税收合法性、国际税收筹划自由、国家税收主权自主、国际税收中性等诸多关于价值的基础性问题。

当然,国际税收制度价值绝对不仅只包含上面提到的秩序、正义和自由等方面,还有很多未能包括的价值因素,如效率、利益、法治、民主。诚如杰里米·莱曼(Jeremy Leaman)和阿提亚·瓦里斯(Attiya Waris)论述之税收正义作为政策改革和经济发展目标的中心地位,植根于一系列共识。[160] 同样地,国际税收制度价值的追寻也离不开这些共识:(1)从历史上看,对税收不公正或不公平的看法一直是反对政治精英的民众起义或政治精英为避免革命或社会动荡而采取先发制人行动的主要驱动力;(2)一个国家的政治合法性与其符合公平、负责和透明准则的程度密切相关;(3)成功的现代国家的特点通常是税收与国内生产总值的比率较高,收入和财富分配的差距相对较小,部分是通过财政再分配措施实现的;(4)由于全球资本市场放松管制以及公司和富人有机会规避特定国家的税法,同时享受这些国家提供的商业利益,经合组织国家集团内部凯恩斯福利主义的部分逆转,促进税收正义的任务变得更加困难;(5)公众对税收问题的理解

---

〔159〕 Michael J. Graetz, *Foundations of International Income Taxation*, Foundation Press, 2003, p. 5.

〔160〕 Jeremy Leaman & Attiya Waris, *Tax Justice and the Political Economy of Global Capitalism, 1945 to the Present*, Oxford: Berghahn, 2013, p. 8 – 9.

是国际税收公正的前提，为了保持、恢复或发展税收政策的合法性，民间社会必须不断重新讨论财政国家在确保公民总体福利方面的作用，以及社会正义和相对平等对和平和人类未来的好处。

# 第四章　全球税收治理的权义分析

在法理上，几乎所有的法律领域尤其是公法的体制、机制和制度，均涉及权力、权利和义务等中心范畴和逻辑中介。正所谓“全部法律行为和活动都是围绕权利（力）和义务而进行的，权利（力）和义务通贯法律运行和操作的全部过程”[1]，全球税收治理亦概莫能外。权力、权利和义务[2]上承全球税收治理的价值追求，下启全球税收治理的规范构建，是全球税收治理的核心命题。

权力、权利和义务三者间的关系可排列组合为权力与权力的关系、权力与权利的关系、权力与义务的关系、权利与权利关系、权利与义务的关系、义务与义务的关系。[3] 但是，如此抽象的六组关系之于全球税收治理的分析并不具有实质性意义。毕竟，抽象的权力、权利和义务只有赋予给明确的主体才有具体的内涵。根据前文所论，全球税收治理的主体可以类型化为主权国家、涉税国际组织和纳税人。其中，涉税国际组织可以区分为政府间国际组织（IGO）和非政府间国际组织（NGO）。所以，全球税收治理的权义关系可以转化为：①主权国家之间的权义关系；②主权国家与涉税国际组织（IGO、NGO）之间的权义关系；③主权国家与纳税人之间的权义关系；④涉税国际组织（IGO、NGO）之间的权义关系；⑤涉税国际组织（IGO、NGO）与纳税人之间的权义关系；⑥纳税人与纳税人之间的权义关系（见图7）。图中，关于①的分析是本章第一节的内容，关于②④的分析是本章第二节的内容，关于③⑤⑥的分析是本章第三节的内容。

---

〔1〕 张文显：《法哲学范畴研究》（修订版），中国政法大学出版社2001年版，第327页。

〔2〕 为行文方便，下文将“权力、权利和义务”统称为“权义”。在分析具体问题时，仍分开使用了权力、权利和义务。

〔3〕 参见周永坤：《法理学——全球视野》（第4版），法律出版社2016年版，第211~216页。

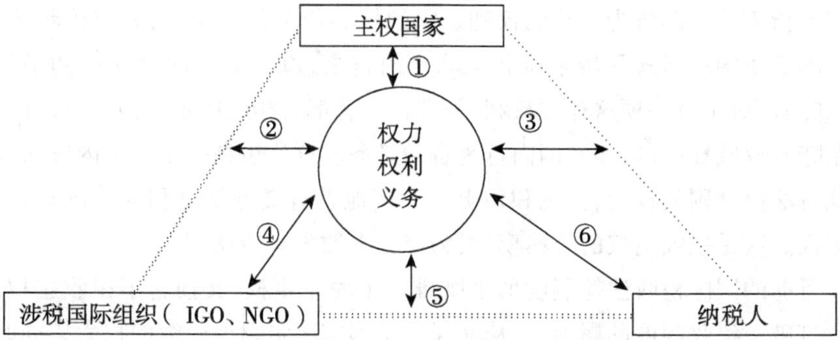


**图7　全球税收治理权义关系**

# 第一节　主权国家税收主权的审视

主权国家是全球税收治理的主要行为者。全球税收治理不会以国家为代价，而是国家利益的体现。作为秩序的源泉和治理的基础，国家在未来将一如既往地保持有效和至关重要的地位。[4] 由此，全球税收治理的权义分析首选在主权国家之间的权力、权利和义务，而集中概括主权国家之间权义关系的概念是税收主权。然而，税收主权的经典模型——对内的最高性、排他性和对外的独立性、平等性诱发且助长了BEPS等全球性税收问题，以维护税收主权为使命的制度安排反而导致了各个国家税收主权的整体减损。这是因为各国竭力维护自己的威斯特伐利亚主权，套利才成为可能，并导致国内主权被侵蚀。[5] 因此，在全球税收治理中不得不重新审视税收主权的概念及由此建构的权义模型。

## 一、税收主权及其模型重构

税收主权是威斯特伐利亚主权和国内主权的有机统一。[6] 威斯特伐利亚

---

〔4〕 Pak Insop, *International Finance and State Sovereignty: Global Governance in the International Tax Regime*, 10 Annual Survey of International & Comparative Law 206 (2004).

〔5〕 Peter Dietsch, *Rethinking Sovereignty in International Fiscal Policy*, 37 Review of International Studies 2110 (2011).

〔6〕 Laurens Van Apeldoorn, *International Taxation and the Erosion of Sovereignty*, In Peter Dietsch & Thomas Rixen, eds., Global Tax Governance: What is Wrong with It and How to Fix It, ECPR Press, 2016, p. 217 – 222.

主权是指不受外部行为干涉的权利。它的核心价值是不干涉,并与国际关系中公认的赋予国家形式平等地位相关联。简言之,就是对外的独立性和平等性。这意味着,对于每一项这样的权利,外部行为者都有相应的不干涉义务。国内主权意味着权威和控制,涉及国内行为者的义务。这代表在一个领土内颁布、裁决和执行法律规则的权力,公民和领土内的其他人有义务促进和支持国家行使这些职权。这是税收主权的经典模型,为绝大多数学者所认同。

目前的国际税收法律制度似乎既维护了税收主权,又损害了税收主权。因为它打破了税收制度的属地性,从而保护了国家决定财税政策的权力。同时,由此产生的税收竞争减少了国家财税政策的自由裁量权。这反映了税收主权经典模型的困境,表现为威斯特伐利亚主权与国内主权之间的冲突。

根据经典模型,主权国家有权颁布、裁决和执行税收法律规则,这转化为公民支持国家财税政策的相关义务。当国家因公民未能履行其义务而无法实现其财税政策目标时,国内主权受到侵蚀。然而,国家有效推行预期财税政策的能力下降并不是由于内部行为者忽视履行其义务(如纳税义务),而是因为不同主权国家之间的竞争。[7] 一方面,经济全球化以及减少资本管制等监管改革,极大地提高了资本的跨境流动。另一方面,各国在财税上是相互依存的,单一国家的财税政策选择会影响整个税收基础的分配。各国通过降低税率,或者发展有吸引力的投资环境,可以吸引以私人财富、跨国公司利润和外国直接投资为形式的应税流动资本。由此产生的竞争限制了各国推行其理想财政政策的自由。毕竟,如果他们将自己"定价"在市场之外,可能会失去税基。

正是基于上述认识,托马斯·里克斯把税收主权划分为法律上的税收主权(de jure tax sovereignty)和事实上的税收主权(de facto tax sovereignty)。[8] 所谓法律上的税收主权是指征税的法律行动自由,只涉及决定、实施和执行税收政策的形式法律权威。所谓事实上的税收主权是指有效实现效率、公平等税收政策预期目标的能力,关系到现实世界追求税收政策目标的实际能力。[9]

法律上的税收主权和事实上的税收主权之间相互联系、相互制约和相互促

---

[7] Thomas Rixen, *Tax Competition and Inequality: The Case for Global Tax Governance*, 17 Global Governance 447 (2011).

[8] Thomas Rixen, *The Political Economy of International Tax Governance*, Palgrave Macmillan, 2008, p. 27.

[9] Thomas Rixen, *Institutional Reform of Global Tax Governance: A Proposal*, In Peter Dietsch & Thomas Rixen, eds., Global Tax Governance: What is Wrong with It and How to Fix It, ECPR Press, 2016, p. 329.

进。一方面,事实上的税收主权取决于法律上的税收主权。国家只有在享有对其领土、公民和居民征税权力的前提下,它才能真正实现其财税政策目标。换言之,一个国家没有法律上的税收主权也就没有任何事实上的税收主权。另一方面,法律上的税收主权只能受正式法律措施的限制,而事实上的税收主权也可能受到社会、物质或其他因素的限制,如全球化和税收竞争。

重要的是,国家可能拥有完全的法律上的税收主权,但是缺乏事实上的税收主权。此亦威斯特伐利亚主权与国内主权之间冲突的具体表现。例如,国际税收竞争可能是国家无法获得所需要税收的原因,也可能导致税收结构发生变化,如税收负担从流动资本转移到流动性较差的劳动力。此种情况下,虽然国家拥有法律上的税收主权,可以按照自己的意愿设计税法,但它已经失去了事实上的税收主权。其他国家实施的税收政策具有负外部性,阻碍了预期税收政策目标的实现。

这表明法律上的税收主权和事实上的税收主权可能不同。一般而论,国家有意实现公平、效率等财税政策目标。也就是说,它们意图能够实现事实上的税收主权。由此可见,国家原则上愿意在必要时分享其法律上的税收主权,以发挥事实上的税收主权之影响力。当然,若能在政策偏好方面取得令人满意的结果,那么它们更愿意自己保留法律上的税收主权。如果必须解决的特定问题需要某种集体行动,它们也会分享法律上的税收主权。在法律意义上拥有税收主权不是政府的最终目标。相反地,政府的最终目标应该是实施它们的首选政策。

因此,要实现全球税收治理的价值目标就要促进事实上的税收主权的实现。其中,包括放弃部分法律上的税收主权。当然,这种放弃是尽可能必要的而不是越多越好。[10] 理由在于它符合民主的要求。之所以强调国家的税收主权,是因为他的运行是以民主的方式进行的。尽管有不民主的国家或者基本形式的国际民主,但迄今为止具有丰富意义的民主确实只存在于民族国家内部。而国内民主只有在公民拥有决定税收问题的正式权力(法律上的税收主权),且这些选择对实现预期的税收政策目标(事实上的税收主权)实际上很重要的情况下才有意义。此外,不管人们如何评价一个世界性的政府或者区域性的政府的可取性,主权国家既不可能很快消失,也不可能将其全部征税权力委托给一个超国家实体。

---

〔10〕 Thomas Rixen, *Institutional Reform of Global Tax Governance: A Proposal*, In Peter Dietsch & Thomas Rixen, eds., Global Tax Governance: What is Wrong with It and How to Fix It, ECPR Press, 2016, p. 330.

更具体地说,在国际一体化市场的条件下,一国想要实现其税收政策,很可能无法独自有效地确定税收政策的所有方面。为了解决国际相互依存所产生的问题,需要根据具体问题结构确定法律上的税收主权多少或哪些部分需要联合或授权来重新获取事实上的税收主权。

总之,“在一个资本和人口流动的世界中,领土边界在全球化和交易成本下降的压力下变得漏洞百出,意味着法律上的主权在事实主权权力层面不如五十年前,税收政策即是这种权力”[11]。遗憾的是,由威斯特伐利亚主权和国内主权建构的经典模型,不仅不能捕捉税收主权在这段时间内行使方式的变化,而且无法为税收主权在哪个层面是否国际化以及国际化程度提供指导。税收主权在法律上和事实上的界分,有力地回应了这些问题,亦证成并说明了为实现主权国家事实上的税收主权,各国法律上的税收主权具有可共享性。例如,全球化经济的条件要求不同国家的税务当局集中税收主权,如主权国家间税收情报交换、税收征收协助,以便有效执行国家税法。换言之,全球税收治理呼唤税收主权模型从威斯特伐利亚主权和国内主权到法律上的主权和事实上的主权的转化(见图8)。

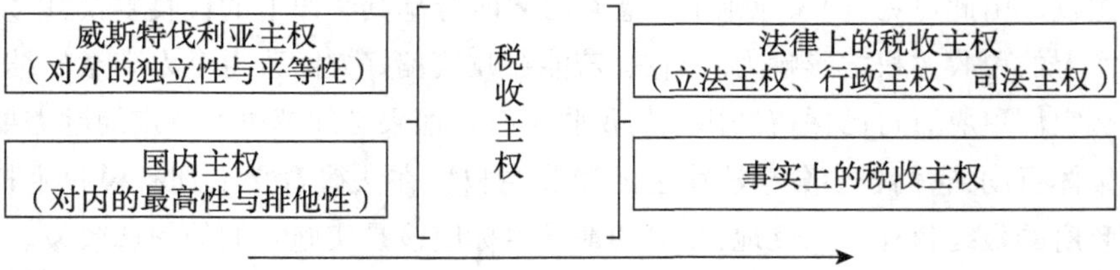


**图8 税收主权模型变化**

## 二、税收主权的运行与限制

按照背景正义(background justice)理论,一个主权国家的世界足以符合背景正义的要求,前提是各国能够对其领土行使主权,规范与正义相关的社会经济动态,以及以自由和平等的方式相互作用。[12] 在税收方面,如果一个国家能够根据其公民的偏好,就其公共预算的规模(收入和支出水平)以及相对利益和负担问题(再分配的程度)做出并执行决定,那么该国对其税收事务拥有有效主权。

---

〔11〕 Andrew P. Morriss & Lotta Moberg, *Cartelizing Taxes: Understanding the OECD's Campaign against Harmful Tax Competition*, 4 Columbia Journal of Tax Law 60 (2012).

〔12〕 Miriam Ronzoni, *The Global Order: A Case of Background Injustice? A Practice – Dependent Account*, 37 Philosophy & Public Affairs 247 (2009).

然而,实际情况是各国虽然拥有制定税收政策之权力(法律上的税收主权),但它们无法有效地追求所期望的政策目标(事实上的税收主权)。发达国家能够维持预算的规模,但这只能通过牺牲期望的再分配程度来实现。相比之下,发展中国家无法防止收入损失,因此既无法维持预算规模也无法实现再分配目标。此外,以税收竞争为形式的全球化削弱了主权国家民主选择税收水平、结构和分配的能力。在经济全球化和资本流动之下,如何界定一个国家的税收主权,使所有国家都能够在税收相互依存的情况下有效行使其权力?如何限制它,使之符合所有国家的平等自由?这些问题是全球税收治理中国家间权义分析的关键。

彼得·迪茨奇和托马斯·里克森认为可以借助成员资格(membership)和财政约束(fiscal constraint)两项原则来回答并解决上述问题。[13] 成员资格原则基于资本流动使主权国家税收政策的集体选择自由变得脆弱,因此需要得到保护;财政约束原则认为这种自由可能被滥用,因此要求对其加以限制。虽然有学者对成员资格和财政约束原则提出了挑战,[14]但是这并不能否认他们的可能性。因为不同的论者基于文化、历史、传统和世界观等因素的差异,会对这些问题提出不同的解决方案,甚至是对于相同的原则有着不同的理解。事实上,这两项原则的提出一定意义上能够确保各国拥有有效的税收主权,同时也反映了其政治对公共预算规模和期望再分配程度的选择。故而,下文将从这两个原则入手探讨税收主权的运行及其限制。

### (一)成员资格:税收主权的运行

所谓成员资格原则是指"自然人和法人应该在其所属国家纳税","个人和企业应被视为受益于公共服务和基础设施的国家的成员"[15]。换言之,个人应被视为他们(主要)居住的国家的应税成员,企业应被视为在他们从事实际经济活动的地方的应税成员。

关于成员资格概念的理解可以基于两个方面。一方面,成员资格概念不同于公民身份。此定义项下,永久性非居民公民(permanently non - resident citi-

---

〔13〕 Peter Dietsch & Thomas Rixen, *Tax Competition and Global Background Justice*, 22 The Journal of Political Philosophy 150 (2014).

〔14〕 Douglas Bamford, *Realising International Justice: To Constrain or to Counter - Incentivise?*, 1 Moral Philosophy and Politics 127 (2014).

〔15〕 Peter Dietsch & Thomas Rixen, *Tax Competition and Global Background Justice*, 22 The Journal of Political Philosophy 158 (2014).

zens)不应在其国籍国纳税。相反地，临时居留的外国人，即使他们在居住国家决策中通常没有民主发言权，但是他们也应该承担在居留国纳税的义务。另一方面，成员资格概念与财政等价(fiscal equivalence)相一致。财政等价指的是受益于集体利益的人和为集体利益付费的人之间的匹配，[16] 即要求人们应参与所消费的公共物品的融资，公民群体的集体利益应与缴纳的税额成比例。

与现行国际税收规则一样，成员资格原则也在于寻求纳税人和国家之间的某种联系来证明税收的正当性。可以说，现代国际税收的框架基础即起源于此。只不过是在不同学者的眼中，这种联系可能是经济、社会、政治或地域效忠，也可能是他们的结合，分歧并没有在原则层面得到完全解决而已。这并不奇怪，因为每个纯粹的解决方案都具有优先考虑某些国家集团物质收入利益的分配结果。对此，国际社会形成了一个折中的办法，即将居住地与来源地相结合以实施税收管辖权。[17] 个人在居住地的基础上进行评估，原因在于居住地既决定了他们从公共服务中受益的地方，也决定了他们在那里应该被算作成员。公司受益于其实质性活动所在国的公共服务和基础设施。因此，超过一定的经济活动门槛，它们就要在来源国纳税，即在产生收入的国家纳税。对于跨国公司来说，其活动跨越国界，成员资格是有活动范围的，应该符合其经济活动在各国之间的分布。不可否认，成员资格的定义还不够精细，不足以解决所有模糊的成员分配情况。但是，征税权的分配大致上遵循了这一模式，这符合前述成员资格原则的要求。

虽是如此，但是仍然存在两个实际问题。一方面，由国内税法、双边税收协定和国际组织不具有约束力的示范公约组成的国际税收规则在国家征税权力方面造成了某些双重征税和双重不征税。经验丰富的纳税人可以利用这些"灰色地带"来最大限度地降低他们的税收负担，从而不在所属国家纳税或者在所属国家缴纳更少的税款。另一方面，由于监督国家遵守国际税收规则的国际机构的缺失和国家间行政援助和信息交流还不够发达，导致现行的国际税收规则执行不力，纳税人可以绕过所属国家税务行政部门的监管。

纳税人的这两种行为都违反了成员资格原则，由此也就引发了另一个问题，即成员资格原则如何确保税收主权有效地运行。事实上，成员资格原则之于税收主权的有效运行有三个层面的影响。

---

〔16〕 Mancur Olson Jr., *The Principle of "Fiscal Equivalence": The Division of Responsibilities among Different Levels of Government*, 59 The American Economic Review 484 (1969).

〔17〕 Klaus Vogel, *Worldwide vs. Source Taxation of Income: A Review and Reevaluation of Arguments (Parts* Ⅰ*)*, 16 Intertax 216 (1998).

第一，成员资格原则能够确保税收竞争更接近“用脚投票”。[18] “用脚投票”系查尔斯·M. 蒂伯特（Charles M. Tiebout）最早提出的理论，指在人口流动不受限制、存在大量辖区政府、信息完备等假设条件下，各地居民可以根据各地方政府提供的公共产品和税负的组合，来自由选择那些最能满足自己偏好的地方定居。[19] 据此，丹尼斯·C. 穆勒（Dennis C. Mueller）认为国家之间的竞争导致公共资金的有效分配。[20] 此推论的假设前提是国家在提供本区域公共产品时，对其他国家而言既没有正外部性也没有负外部性。然而在经济全球化和数字化的当下，这种假设是不成立的。当公共产品被更现实地建模为产生外部性时，如果任由市场支配，他们将会被低估。在此情况下，汉斯-维尔纳·辛恩（Hans-Werner Sinn）已经证明税收竞争只不过是“通过后门”引入市场机制，而不能产生有效的公共资金分配。[21]

第二，成员资格原则可以缩小政府行动的成本和收益之间的差距。[22] 如果成员资格原则得以实施，纳税人“搭便车”的情形将不再可能存在，政府虚拟税收竞争（virtual tax competition）也将会减少甚至消失。虚拟税收竞争指一国从其他国家“偷猎”税基。大致是这样的情形：当个人财富或企业利润转移时，资本所有者或相关经济活动保持不变，即财政状况无实质变化，而只是表面上的改变。[23] 在成员资格原则下，几乎不可能发生这样的情况。因为成员资格原则之于个人而言，意味着他们不可能居住在一个国家，并将其部分税基转移到其他国家，而无须在其居住国纳税；对于企业而言，他们在为其生产和贸易提供公共产品的所有国家都要纳税。当然，个人改变住所或企业转移经济活动至另一个税收管辖区并不会受到限制。成员资格原则遵循基本的法治和民主理论观点，即赋予公民权利的同时总是伴随着公民义务。根据现行税法纳税是这些义务

---

[18] Peter Dietsch & Thomas Rixen, *Tax Competition and Global Background Justice*, 22 The Journal of Political Philosophy 160 (2014).

[19] Charles M. Tiebout, *A Pure Theory of Local Expenditures*, 64 Journal of Political Economy 416 (1956).

[20] Dennis C. Mueller, *Redistribution and Allocative Efficiency in a Mobile World Economy*, 1998 Jahrbuch für Neue Politische Öknonomie 172 (1998).

[21] Hans-Werner Sinn, *The Selection Principle and Market Failure in Systems Competition*, 66 Journal of Public Economics 247 (1997).

[22] Peter Dietsch & Thomas Rixen, *Tax Competition and Global Background Justice*, 22 The Journal of Political Philosophy 160 (2014).

[23] Peter Dietsch, *Whose Tax Base? The Ethics of Global Tax Governance*, In Peter Dietsch & Thomas Rixen, eds., Global Tax Governance: What is Wrong with It and How to Fix It. ECPR Press, 2016, p. 232-233.

之一。

第三,成员资格原则可能加剧真实税收竞争(real tax competition)。[24] 相比之下,真正的税收竞争会分别引发居住地的改变或对经济活动的重新定位。从参与真正税收竞争的政府的角度来看,所涉税基被引诱成为竞争政府税基的合法组成部分,即使这并不意味着实际上将征收任何税收。如果适用成员原则,将鼓励纳税人将生产资本实际转移到低税收国家。防止虚拟税收竞争会导致真实税收竞争加剧。真实税收竞争也可能在规范上有问题。甲国的资本减税也会迫使乙国(违背其公民和公民的偏好)减税,否则他无法把资本维持在本国内。然而,甲国的减税可能只是其税收民主决定的结果。换句话说,出现的问题是如何在不同国家税收主权发生冲突时作出决定,涉及税收主权运行的第二项原则——财政约束。

### (二)财政约束:税收主权的限制

彼得·迪茨奇和托马斯·里克森没有界定财政约束原则,而是基于权利的构成特征(权利必须受到限制才能在各种权利持有人之间有效)指出,国家的财政政策设计需要在某些方面受到限制。[25] 为此,他们着重分析了评估吸引外国直接投资的财政措施的合法性工具。在他们看来,人们之所以反对真实的税收竞争是因为他会产生不好的结果,或者因为他背后的意图令人反感。因此,他们将这种工具划分为基于结果的约束(an outcome - based constraint)、基于意图的约束(an intention - based constraint)和混合约束(a mixed constraint)。

所谓基于结果的约束,是指一国税收政策如果产生了集体的次优结果,那么其税收政策就应该受到限制。集体次优结果是指国家事实上税收主权的总体程度降低的结果。换言之,税收政策如果没有产生国家事实上税收主权的总体程度降低的结果,那么他就是合法的。所谓基于意图的约束,是指考究国家税收政策背后的意图是否仅在吸引外国公司及其资本来确定他是否应当受到限制。如果税收政策措施仅旨在吸引外国资本而不遵循相应纳税人的基本税收政策理念,则该政策措施被视为是具有战略性的。一个战略意图可以通过一个相反的事实检验来确定:如果税收的变化没有导致外国资本流入(或防止资本外流),

---

〔24〕 Peter Dietsch & Thomas Rixen, *Tax Competition and Global Background Justice*, 22 The Journal of Political Philosophy 160 (2014).

〔25〕 Peter Dietsch & Thomas Rixen, *Tax Competition and Global Background Justice*, 22 The Journal of Political Philosophy 161 (2014).

国家是否也会这样做？如果是的话，这项政策显然不是出于战略考虑；如果不是，则是出于战略动机。所谓混合约束，是指财政约束基于意图和结果的双重标准，以便能够在发生冲突时作出决定。如果税收政策纯粹是战略性的，同时导致所有国家的总体税收主权下降，那么必须限制该税收政策措施。

基于结果的约束不仅可以排除所有实际上成功吸引外国直接投资的税收竞争，而且会对财政政策施加更加严厉的限制。基于意图的约束是对基于结果约束的改进。毕竟，前者无法区分单纯的财政相互依赖与税收竞争，而基于意图的约束标准恰恰可以。当然，基于意图的约束也有其自身的缺陷。因为全面排除战略意图不仅会剥夺政府的实质性政策工具，而且在某些情况下还可能产生负面后果。

也正因如此，他们认为对国家财政政策设计的一个适当限制是权衡财政主权的必要保护和他给其他国家带来的代价。而且，这种限制应该能够及时有效地影响有关税收政策背后的意图以及对事实上的税收主权总量的后果。据此，他们分析了四种不同的混合情况（见表7）：[26]（1）自主制定的影响国际资本流动且产生积极结果的财政政策；（2）自主制定的但产生不好结果的财政政策；（3）战略性制定的但有积极结果的财政政策；（4）战略性制定的并产生负面结果的财政政策。其中，第（1）类财政政策是合法的。第（2）类存在一定的问题，但是排除他们会对财政政策的设计施加太大的限制。第（3）类起初可能侵犯其他国家税收主权，但是细究就会发现他们并没有侵犯其他国家税收主权，因为由此产生的经济增长和税收收入将使其他国家能够实现其在税收主权方面的长期偏好。第（4）类意图上是具有战略性的而且产生负面结果，因此应该禁止。

**表7 财政政策的混合约束**

| 意图 | 结果 | |
|---|---|---|
| | 好 | 坏 |
| 自主的 | （1）<br>√ | （2）<br>√ |
| 战略的 | （3）<br>√ | （4）<br>× |

---

〔26〕 Peter Dietsch & Thomas Rixen, *Tax Competition and Global Background Justice*, 22 The Journal of Political Philosophy 161（2014）.

基于上述分析,他们指出税收主权的限制应采用混合约束的方式,其中主要针对的是第(4)类财政政策。财政约束的战略意图和集体负面结果的两个标准同样重要。必须同时满足这两个条件,才能通过这一原则排除一项税收政策。具体而言,如果从其他国家吸引资本只是税收改革的副作用,但主要目标是落实公民的税收偏好,相应的税收政策是允许的。其他国家则必须克服随之而来的对本国税收政策空间的限制。反之,税收政策也被允许。虽然其后果具有战略性,但他甚至可以为其他国家提供额外的税收政策空间。依据经验,这种组合可能很少,但在具有聚集和溢出效应的"星座"中,他并不被排除在外。

事实上,正如前文所述现行的税收主权概念坚持认为国家在其活动中有得到内部行为者支持的积极权利,而对外部行为者只有不干涉的消极权利是一致的。然而,这是否能最好地体现国家拥有的权利,是一个悬而未决的问题。特别是,不干涉原则可能无法最好地体现国家对其他国家的义务。正是意识到这个问题,学者们发展了"主权即责任"的概念。[27] 这种观点认为,要成为一个主权国家,不仅需要拥有某些权利,还需要承担一些责任。如果一个国家不履行这些责任,他就会失去权威、统治权利,从而失去主权。这本身就符合国内主权的概念。彼得·迪茨奇把这种观点应用至税收主权领域,认为国家凭借其主权有义务在不干涉之外促进国家外部个人的根本利益。[28] 换言之,如果其他国家不履行其支持国家统治的义务,对国家的控制及其主权可能会受到侵蚀。如果公民不履行遵守法律的义务,国家的有效权威可能会受到损害;同样地,如果其他国家不履行其支持该国实现其政策目标的义务,他也可能受到损害。

因此,彼得·迪茨奇和托马斯·里克森提出对国家财政政策设计进行限制具有充分的理论基础。综合战略意图(吸引外国资本)和集体负面结果的两个标准,可以有效地排除具有战略意图且损害事实上税收主权的财政安排,从而将合法的财政相互依赖与非法的税收竞争区别开来。同时,可以确保各国拥有有效的税收主权,以反映其政治对国家预算规模和期望的再分配程度的选择。此外,他与成员资格原则一道,亦能够较好地维持法律上的税收主权和事实上的税收主权的平衡。这就意味着在全球税收治理中可以借助这两个原则处理国家间的权义关系。当然,抽象的原则只有转化为具体的制度方能发挥效用。所以,第

---

〔27〕 Francis M. Deng et al., *Sovereignty as Responsibility: Conflict Management in Africa*, Brookings Institution Press. 1996, p. 211 – 224;赵洲:《主权责任论》,法律出版社 2010 年版,第 15 ~ 20 页。

〔28〕 Peter Dietsch, *Rethinking Sovereignty in International Fiscal Policy*, 37 Review of International Studies 2216 (2011).

三部分将探讨如何将成员资格和财政约束原则通过制度设计来进行固定。

## 三、税收主权原则的制度化

正如对国际税收制度的构建有不同见解，对于国际税收制度的哪些改革有助于税收主权的成员资格和财政约束原则实施亦是见仁见智。是以本部分所谓之制度化仅限于证明有一种体制上的解决办法能够满足成员资格原则和财政约束原则的实施条件。更确切地说，是在判别现行国际税收制度哪些部分不利于事实上税收主权实现的基础之上，改革现行国际税收制度以适用成员资格原则和财政约束原则，从而确保税收主权的有效行使。需要指出的是，这种努力并不在于处理国际税收中所有复杂问题，而只是期望遵循成员资格原则和财政约束原则处理主权国家在税收领域的权义关系。

### (一)成员资格原则制度化

如前所论，成员资格原则要求每个自然人或法人在其所在的国家纳税。然而，现行的国际税收制度产生了两个实际问题，一个是套利，另一个是执行不力。因此，成员资格原则的制度化可以从消除套利和提高执行力方面着手。

一方面，国家必须废除所有让其他国家无法执行成员资格原则的规则。当前，在个人和企业的投资组合的资本领域，所谓的"避税天堂"通常税率很低或为零。更重要的是，它们提供严格的银行保密规则以及某些法律结构，如信托，使个人能够向居住国的税务机关隐瞒其所有权。纳税人在这些案件中的行为构成非法逃税。由于其非法性，很难得出可靠的数字，然而现有证据表明这些政策产生了真正的影响。一项报告显示，全球国库收入损失高达 2550 亿美元。[29] "一国的税收当局对其居民纳税人在境外活动情报的掌握，是防止、纠正国际逃避税的基础。"[30] 然而，在课税事实涉及国外信息的情形时，依据一般国际法之原则，行政机关即使经过当事人同意，亦不得在其他国家领域从事职务行为。国家无法在缺乏国际税收合作的情况下按照成员资格原则行使征税权。因此，必须排除严格的银行保密、提供其他故意不透明的法律结构以及拒绝与其他税务部门交换信息的规定。

令人欣喜的是，国际社会长期致力于推动各类信息交换，包括专项交换、自

---

〔29〕 Tax Justice Network, *Tax Us If You Can: The True Story of a Global Failure*, Tax Justice Network International Secretariat, 2005, p. 1.

〔30〕 廖益新主编：《国际税法学》，高等教育出版社 2008 年版，第 301 页。

发交换及自动交换。特别是自2009年以来,OECD、EU及税收透明度与信息交换全球论坛,在提高国际税收透明度与专项信息交换方面取得了显著进步。各国开始关注自动情报交换所带来的机遇,确定了税收信息交换的CRS。截至2022年7月28日,已有117个税收管辖区签署实施金融账户涉税信息自动交换标准的多边主管当局协议。[31] 百慕大、英属维尔京群岛、开曼群岛、卢森堡等"避税天堂"亦位列其中。这种越来越多国家参与的多边信息交换系统极大地提高了税收透明度,他的全面实施必将为成员资格原则的落实提供重要保障。必须强调的是,多边信息交换还必须满足法律保留原则、正当法律程序以及保密义务。[32]

另一方面,在国家之间合理配置跨国公司利润的征税权。成员资格原则意味着跨国公司利润必须在实际经济活动发生的地方征税。跨国公司经营活动常常存在于两个以上的国家,因而属于多个国家应税成员,它们均有对其利润征税的权利。实证研究显示:跨国企业往往借助各种技术,如操纵转让价格(特别是无形资产)和资本弱化,将在高税收国家获得的利润分配给他们在低税收国家的子公司,而无须转移实际的商业活动,从而降低企业的整体税负。[33] 尤其是,提供数字化服务的数字化企业无须在市场地设立实体即可跨境经营并获取收入,再通过无形资产所有权筹划等方式将巨额利润囤积在低税地,使其全球税负处于极低水平。如何在国家之间公平分配对跨国公司利润的征税权成为国际税收实践最棘手的问题。

目前,解决这个问题的主要方法是通过所谓的独立实体会计和独立交易原则(arm's length principle, ALP)。ALP规定在共同控制下的一组公司中的每家公司都应被视为独立的纳税人,而这些公司之间的交易与成员不关联时的交易相同。但是,ALP的核心假设与现实情况不符,在诸多案例中无法得出合理的结果。美国审计总署的一项研究表明:在超过90%的案例中可比受控价格、成

---

〔31〕 OECD, *Signatories of the Multilateral Competent Authority Agreement on Automatic Exchange of Financial Account Information and Intended First Information Exchange Date*, http://www.oecd.org/tax/automatic-exchange/international-framework-for-the-crs/crs-mcaa-signatories.pdf.

〔32〕 陈清秀:《国际税法》,法律出版社2017年版,第463~466页。

〔33〕 See Ruud A. De Mooij & Sjef Ederveen, *Corporate Tax Elasticities: A Reader's Guide to Empirical Findings*, 24 Oxford Review of Economic Policy 680 (2008); Michael P. Devereux, *The Impact of Taxation on the Location of Capital, Firms and Profit: A Survey of Empirical Evidence*, University of Warwick, 2006.

本加成和转售价格这三种传统方法无法适用，因为找不到可比的不受控制的交易。[34] 其实，ALP 不仅忽略了关联企业一体化经营和规模经济的优势，而且被用来进行比较的可比交易往往难以找到。[35] 针对跨国公司利用 ALP 的不确定性及其执行上的困难来降低其税收，有学者提出单一税制和公式分摊（unitary taxation and formulary apportionment，UT + FA）的解决方法。[36] UT + FA 将整个集团视为单个实体，忽略它们之间的交易，并根据公式分配它们的合并收入。这意味着跨国公司需要根据国际上统一的规则合并所有的利润和损失。在确定税收评估基础之后，按照基于实际经济因素的分配公式将其分配给参与国。这至少需要三方面的支持：一是各国政府就共同和合并的公司税基达成一致；二是跨国公司必须在一份报告中确定其全球利润，并被允许合并不同国家实体的损益；三是分配公式应该反映跨国公司在每个国家的实际经济活动。就第一方面而言，由于跨国公司已经为了全球财务报告目的使用了统一会计，因此税基的共同定义似乎可以实现。同时，第二个方面的问题可以借助全球财务报告予以解决。至于第三个方面的问题，目前可靠的做法是参照工资、有形资产和销售等因素予以解决。[37] 就长远而言，从 ALP 转向 UT + FA 更符合现代跨国公司的运作方式。但是，全面推广且实施 UT + FA 不是一蹴而就的。鉴于此，有学者建议短期之内可在 ALP 的语境中采用 UT + FA。[38] 无论是全面实施 UT + FA，还是在 ALP 的语境中采用 UT + FA 都将限制企业转移账面利润，因此将是实施成员原则的一大进步。

---

〔34〕 GAO, *International Taxation Problems Persist in Determining Tax Effects of Intercompany Prices*, https://www.gao.gov/assets/160/151994.pdf.

〔35〕 廖益新主编：《国际税法学》，高等教育出版社 2008 年版，第 289 页；刘永伟：《转让定价法律问题研究》，法律出版社 2004 年版，第 30 页；Reuven S. Avi – Yonah, *The Rise and Fall of Arm' s Length: A Study in the Evolution of US International Taxation*, 15 Virginia Tax Review 89 (1995); Mich – Ael C. Durst & Robert E. Culbertson, *Clearing Away the Sand: Retrospective Methods and Prospective Documentation in Transfer – Pricing Today*, 57 Tax Law Review 37 (2003)。

〔36〕 Stanley I. Langbein, *The Unitary Method and the Myth of Arm' s Length*, 30 Tax Notes 625 (1986); Reuven S. Avi – Yonah, Kimberly A. Clausing & Michael C. Durst, *Allocating Business Profits for Tax Purposes: A Proposal to Adopt a Formulary Profit Split*, 9 Florida Tax Review 497 (2009).

〔37〕 Reuven S. Avi – Yonah, *A Proposal for Unitary Taxation and Formulary Apportionment (UT + FA) to Tax Multinational Enterprises*, In Peter Dietsch & Thomas Rixen, eds., Global Tax Governance: What is Wrong with It and How to Fix It, ECPR Press, 2016, p. 299, 303.

〔38〕 Reuven S. Avi – Yonah, *A Proposal for Unitary Taxation and Formulary Apportionment (UT + FA) to Tax Multinational Enterprises*, In Peter Dietsch & Thomas Rixen, eds., Global Tax Governance: What is Wrong with It and How to Fix It, ECPR Press, 2016, p. 299, 301.

然而,上述讨论聚焦于传统跨国企业,而对经济数字化下的跨国企业关注不足。为探求经济数字化下跨国公司利润公平分配之法,国际社会在以"G20 + OECD"为核心的全球税收治理机制牵引下,BEPS 包容性框架的 137 个国家和地区达成了新的共识。[39] 根据共识性的框架方案,跨国公司利润公平分配方法主要包括三个层次:一是突破 ALP。在金额 A 规则下,市场地征税的利润数额,将不再参考可比独立企业公开市场交易的价格来确定,而是直接采取公式化的分配方法。具体而言,市场地新征税权的税基分为两个步骤:先确定分配给所有市场地的利润总额,即跨国企业全部利润中超过收入 10% 的剩余利润的 25%,再以收入为分配因子,将其分配给跨国企业在其境内取得销售收入的各个市场管辖区。二是优化 ALP。在金额 B 规则下,对市场管辖区内的基础营销和分销活动给予固定的利润回报,并在市场管辖区征税。该规则仍处于现行转让定价规则的框架之内,只是通过明确固定回报比例简化了现行规则中 ALP 的执行。三是延用 ALP。对不符合金额 A 和金额 B 规则适用范围的情形,将继续适用现行规则框架的 ALP。

跨国公司利润分配框架方案,既充分考虑了数字经济给企业运营模式带来的改变,如市场国拥有的用户和数据等营销型无形资产应如何被分配相应利润,也关注到了传统转让定价分析其中问题可能带来的争议,这为数字经济环境下如何判断市场管辖区征税权的不确定性提供了确定性的量化依据。其中,如何准确识别企业非常规活动并合理归集属于与市场管辖区征税权相关的非常规活动,以及定义适用于固定补偿的活动及其比例是该方案落地的关键。当然,共识性的框架方案仅表达声明国的意向,最终的规则细节仍待各国磋商,但就规则整体而言,该方案体现了国际社会较为务实的态度和兼顾各方利益的妥协。倘若能按照既定计划推进实施,那么将更加有利于成员原则的实现。

### (二)财政约束原则制度化

财政约束既不授予具体国家利益又不免除其义务,而且还为具体国家的财

---

[39] OECD, *Members of the OECD/G20 Inclusive Framework on BEPS Joining the October* 2021 *Statement on a Two – Pillar Solution to Address the Tax Challenges Arising from the Digitalisation of the Economy as of* 4 *November* 2021, https://www. oecd. org/tax/beps/oecd – g20 – inclusive – framework – members – joining – statement – on – two – pillar – solution – to – address – tax – challenges – arising – from – digitalisation – october – 2021. pdf.

政政策行使设定了界限,属于典型意义上的负担行为。负担行为是一方负担义务,他方取得请求。因此,财政约束必须在促进整体上税收主权之目的与限制某些税收主权的方式之间匹配。

首先,实施财政约束要求制定确定的战略意图和税收主权减损的精准标准。如前所述,评判一国的税收政策需要满足战略意图和集体负面结果。这两个标准都很难操作,因为它们包含很强的主观成分,前者的标准甚至是主观上的。在确定一项财政政策是否肯定会对其他国家产生不利影响时,可能会遇到实际困难。[40] 战略意图是不可察觉到的,这一事实导致了虚伪的意图表示。一国政府可能会歪曲他的意图,即将任何税收改革归因于公民对预算规模和再分配程度的偏好,即使实际上他追求的是吸引他国税收基础的战略目标。为了避免虚伪的政治话语和长期徒劳的区分真实和不真实意图的尝试,财政约束原则的制度化需要尽可能地求助于经验上可观察到的事实。除了外国税收基础的流入,是否有科学证据表明所采取的税收政策对国内的经济效率和公平方面产生了影响。显然,可以根据资本流动、经济增长和分配结果等经济数据来推导。因为各国资本流动、经济增长和分配结果的数据不仅易监测、易获取,而且还与一国税收基础息息相关。基于这些经验证据,一国政府可以主张其因为其他国家税收政策改革或施行而丧失了本国税收基础。

其次,实施财政约束"必须废除对外国人的所有形式的税收优惠制度"[41]。这种税收优惠制度的排除是国际社会规制有害税收竞争的工作重点之一,也是BEPS 第 5 项行动计划关于考虑透明度与实质性因素更有效地打击有害税收实践的重要内容。要使一项制度被认定为税收优惠制度,该制度必须是提供了比该国普遍税收原则更优的某种形式的税收优惠。一项制度所提供的税收优惠可能有很多种形式,包括降低税率或税基,或者在缴税或退税方面提供优惠政策。即使提供的优惠幅度很小,也足以使该制度被认为是优惠制度。判断的重点在于该制度与本国普遍税收原则相比,是否更为优惠,而不是与其他国家相关适用原则相比。[42] 这样的税收政策唯一合理的目的是吸引外国资本。至于其后果,

---

〔40〕 Douglas Bamford, *Realising International Justice: To Constrain or to Counter - Incentivise?*, 1 Moral Philosophy and Politics 134 (2014).

〔41〕 Peter Dietsch & Thomas Rixen, *Tax Competition and Global Background Justice*, 22 The Journal of Political Philosophy 165 (2014).

〔42〕 OECD, *Countering Harmrful Tax Practices More Effectively, Taking into Account Transparency and Substance, Action5 - 2015Final Report, OECD/G20 Base Erosion and Profit Shifting Project*, OECD Publishing, 2015, Chapter 3.

优惠税收制度一般不会对事实上税收主权的总量产生积极影响,而是会产生消极影响。

最后,实施财政约束需要建立相配套的程序规则。一国实施的某些税收政策是否受到财政约束原则的规制,最为关键的是证明该项政策是否符合战略意图和集体负面结果。由于战略意图具有主观性,因此证明较为困难,除非该国明确表示其税收政策具有某种战略性意图,否则就需要借助客观事实来推导。对此,受该项税收政策影响的国家就需要依据资本流动、经济增长和分配结果等经济数据来证明其税收基础受到侵蚀;而实施该税收政策的国家就需要证明其实际上已经产生了对集体有益的影响。当然,影响经济结果的有许多因素,各个因素之间关系复杂,且对资本流动、经济增长和分配结果等经济数据的解释亦可能有争议。如果一国认为另一国的税收政策违反了财政约束原则,他们可以通过协商解决冲突。如果协商不成功,就需要一个公认的独立第三方通过对事实的权威解释来解决争议。在这个问题上,彼得·迪茨奇和托马斯·里克森主张构建一个类似世界贸易争端解决的争端解决程序。[43] 这项建议非常具有启示意义,可以作为对税收政策意图和结果判断争议的解决方案。具体而言,任何国家如果认为其事实上的税收主权受到另一国税收政策的侵犯,在协商不成的情况下,都可以向争端解决机构提出控诉,该机构必须根据事实并在审理案件后对案件作出裁决。如果争端解决机构发现该税收政策违反财政约束原则,该政府将不得不改变税收政策。各国只有一致拒绝争议解决机构的裁决,才能推翻该裁决。

令人欣喜的是,国际社会在求索应对经济数字化税收挑战之道的过程中,自觉或不自觉地在践行财政约束原则,尤其是"支柱二"——全球最低企业税共识的形成,将极大地遏制甚至结束全球税率的逐底竞争。"支柱二"建立了一个协调性的税收制度,能够确保大型跨国企业集团就其在每个辖区经营产生的所得支付最低水平的税款。当某一辖区的有效税率低于最低税率时,对在该辖区内

---

〔43〕 彼得·迪茨奇和托马斯·里克森建议的前提是建立一个国际税务组织,而这种类似世界贸易争端解决机构就设置在国际税收组织中[ See Peter Dietsch & Thomas Rixen, *Tax Competition and Global Background Justice*, 22 The Journal of Political Philosophy 170 (2014) ]。本节的重点并不讨论是否要建立国际税务组织,而且类似世界贸易争端解决机构的设置并不一定需要建立国际税收组织,至少在联合国框架内是可以实现的。因此,此处论述只讨论争议解决程序问题,并不涉及如何组成争议解决机构。

产生的利润征收补足税。[44] 这样的全球最低税的政策目标，必将迫使低税地或"避税天堂"放弃不合理的过度低税政策。

同时，跨国企业将丧失在收入来源国（发展中国家）追求低于全球最低税的低税待遇的兴趣，而收入（发展中国家）来源国为吸引外部投资而提供的低于全球最低税的税收优惠也丧失吸引力，所有税收管辖区不得不重新考虑和调整税收优惠政策。"支柱二"包括全球反税基侵蚀（Glohal anti - Bace Erosion，GloBE）规则和应税规则（Sttbject to Tax Rule，STTR）两部分内容。其中，GloBE规则是其核心和灵魂，包括收入纳入规则（Income Inclusion Rule，IIR）和低税支付规则（Undertaxed Payment Rule，UTPR）。[45] 依据IIR所采用由上而下的方法确定征税主体的逻辑，跨国企业某一收入来源国的有效税率低于全球最低税率时，由跨国企业的最终控股母公司或次级控股公司将补足税缴纳给所在辖区，而这里的所在辖区往往是跨国企业的居民国。在此逻辑下，收入来源国（发展中国家）采用税收优惠吸引外部投资所让渡的税收利益，会转移至跨国企业最终控股母公司所在居民国（资本和技术输出国）。即使发展中国家（收入来源国）愿意补贴发达国家（居民国），由于跨国企业在全球范围内得不到低于最低税的优惠待遇，而不会因此将投资转移到发展中国家（收入来源国）。于此，有学者提出要警惕"支柱二"挤压处于发展中国家地位的收入来源国制定税收优惠政策主权、税收利益、税收优惠技术处理和税收行政主权的空间。[46]

当然，"支柱二"的实施尚待进一步完善相关细节，如明确包括申报义务和多边审议机制在内的GloBE规则的征管程序，开发安全港以简化跨国企业遵从和税务机关管理；需要各税收管辖区修订税收协定或国内税法。但是，一旦全面实施必将是财政约束原则制度化最好的贯彻落实。

综上所述，成员资格和财政约束原则及其制度化旨在最大限度地实现国家事实上的税收主权。根据丹尼·罗德里克（Dani Rodrik）提出的"世界经济的政

---

〔44〕 OECD, *Tax Challenges Arising from the Digitalisation of the Economy – Global Anti – Base Erosion Model Rules（Pillar Two）: Inclusive Framework on BEPS*, https://www.oecd.org/tax/beps/tax - challenges - arising - from - the - digitalisation - of - the - economy - global - anti - base - erosion - model - rules - pillar - two.pdf.

〔45〕 OECD, *Statement on a Two – Pillar Solution to Address the Tax Challenges Arising from the Digitalisation of the Economy, OECD/G20 Base Erosion and Profit Shifting Project*,（Oct. 8, 2021）, https://www.oecd.org/tax/beps/statement - on - a - two - pillar - solution - to - address - the - tax - challenges - arising - from - the - digitalisation - of - the - economy - october - 2021.pdf.

〔46〕 励贺林、于红、姚丽：《支柱二全球最低税的规则竞争性认识》，载《税务研究》2022年第3期。

治三元悖论”可知,如果想要维持民主税收国家的统一,就必须成功地保护税收政策不受超全球化和税收竞争的限制。[47] 原则上,有两种极端的解决方案:其一,人们可以扭转经济全球化,即回到国家封闭的经济;其二,可以将主权转移到全球层面。

第一种方案直接体现的是当前的逆全球化现象,强调通过强调国家主权限制多边主义和全球化。此种表现,虽然在形式上表现为多边主义向“小多边主义”的转向,[48]但是在内容上并没有偏离全球化的“航道”。其实,此方案是不可取的,因为它会导致相当大的福利损失。[49] 第二种方案可能在金融交易税或全球资源税等方面可行,但是在所得税和增值税等方面缺乏可行性且存在使经济政策同质化的风险。即使是税收一体化程度较高的欧盟,亦没有将成员方主权转移到共同体层面。

本书根据彼得·迪茨奇和托马斯·里克森之论述,提出的解决方法介于以上两个极端方案之间。他旨在通过国际税收合作保护民主合法化的国家税收主权,使各国重新获得实现其预期分配目标的自由。

这种解决方法有两个层面的内涵:一方面,即使适用了这两项原则,对个别国家资本也没有绝对的财政约束。由于资本的流动性,一个国家内关于税收制度的民主决策总是会对其他国家产生影响。然而,这两项原则及由此产生的措施将这些影响减小到理论上有正当理由的程度。在全球化世界的条件下,资本征税的条件将尽可能有效,使所有人都受益。另一方面,虽然提出的解决办法只是为了事实上税收主权的有效行使,但是显而易见的是这需要大量的国际税收合作和体制建设。为了防止破坏国家组成的财政民主,更多形式的国际税收合作需要推进。只有这样,公民才能不仅在形式上而且在实质上进行民主地纳税。

---

[47] 世界经济的政治三元悖论是指不可能同时保证(1)超全球化,包括无限制的国际资本流动,(2)国家作为政治决策的中心,以及(3)对这些决策的有效民主控制。See Dani Rodrik, *The Globalization Paradox: Democracy and the Future of the World Economy*, W. W. Norton & Company, 2011, p. 372.

[48] 沈伟:《驯服全球化的药方是否适合逆全球化?——再读〈驯服全球化:国际法、美国宪法和新的全球秩序〉》,载《人民论坛·学术前沿》2020年第12期。

[49] 杨靖旼、杨雪冬:《外国学者对逆全球化的担忧和批评》,载《人民日报》2018年10月22日,第16版。

## 第二节 涉税国际组织的权义结构

毋庸置疑,在国际交往日益紧密、相互依存不断加强、全球化逐渐深入的今天,国际组织已经成为当今世界各国开展国际合作和参与国际事务的重要平台,对于全球治理与国际法发展具有不可或缺的作用。正如所言:"全球治理主要是通过国际组织来实现的。国际组织是全球治理的核心组成部分,对全球发展具有积极影响。"[50]具体至国际税收领域,涉税国际组织是全球税收治理的重要参与者。

目前关于涉税国际组织的研究集中在是否需要建立专门的国际税务组织、如何建立专门的国际税务组织以及个别涉税国际组织合法性等问题,鲜有学者关注涉税国际组织的类型及其权义结构。由于研究的不深入,致使涉税国际组织在国际税收法治进程中的作用难以彰显,国际税法由国际协调迈向全球治理的内在规律亦无法揭示。鉴于此,本书试图在国际组织的历史中呈现涉税国际组织的发展,拟借助国际组织分类的一般标准与权义的分析框架对涉税国际组织的类型化和权义结构进行分析,以此回应全球税收治理中涉税国际组织的功能与地位。

### 一、涉税国际组织的类型化

国际组织自 19 世纪初出现以来,也已经过 200 余年的发展。在此过程中,他们的宗旨、活动领域及职权范围虽拓展至政治、经济、社会和文化的方方面面,但以税收问题为唯一或者主要议题的国际组织的出现还是晚近之事。借助经济全球化的发展与深化,涉税国际组织如今形成了以 G20 为主导,OECD 提供技术支持和政策制定,联合国、世界银行等积极参与的体系。而按照某一标准,将这些组织划分为某些类型,从某一类型组织的共性出发,去理解他们的权义结构,有助于透过林林总总的涉税国际组织,揭示其中权义配置的一般逻辑。

#### (一)涉税国际组织的发展

1919 年 10 月,国际贸易会议发起成立的国际商会(ICC)是第一个创立跨国

---

[50] Dr. Sangit Sarita Dwivedi, *International Organizations and Global Governance*, 1 International Journal of Social Science & Interdisciplinary Research 188 (2012).

空间来讨论税收政策的国际组织。ICC 汇集了来自美、英等国家的商业领袖,围绕双重征税等共同关心的问题进行合作,并就税收管辖权优先的分歧问题达成共识。[51] 随着商业领袖在 ICC 内的动员以及第一次世界大战导致国际关系的重大转变,国际联盟应运而生。与 ICC 是由企业高管组成的非政府利益集团不同,国际联盟是一个政府间网络。国际联盟成立不久便将税收政策作为其主要关注点,并以 ICC 先前的工作为其初步讨论的基础。[52] 随后,国际联盟成立了财政委员会,合作编写了一份关于解决双重征税技术问题的最佳解决方法的报告。直至 1946 年解散,国际联盟一直是跨国税收政策交流、讨论和制定的主要场所。其间,国际财政文献局和国际财政协会均于 1938 年在荷兰宣告成立。IBFD 是为全球提供国际税收信息和教育的专业组织;IFA 是组织国际财政税收学术研究与交流的非政府间国际组织。

1945 年联合国成立之后,国际联盟财政委员会的工作原本应由联合国经济及社会理事会的金融与财政事务委员会承接。然而,联合国成员的广泛性反而使其丧失了成为国际税收政策主导的国际组织的机会。这促使同期成立的欧洲经济合作组织(Organization for European Economic Cooperation, OEEC)事实上获得了国际联盟关于国际税收政策交流、讨论和制定的主导地位。1960 年 12 月,OEEC 拓展为 OECD,前述角色与地位便由 OECD 继承。但是,OECD 制定的税收政策始终以维持其"富国俱乐部"税收利益为己任,非 OECD 成员方因无法参与而税收利益受损。[53] 于是,广大发展中国家借助在联合国的多数地位呼吁联合国采取措施应对此问题。联合国经济及社会理事会为此成立了国际税收合作特设专家小组。这象征着联合国正式进入国际税收领域,成为国际税收政策的又一供给者。而为解决参与性不足的问题,OECD 于 2002 年牵头成立了税收征管论坛(Forum on Tax Administration, FTA)。此后,联合国国际税收合作特设专家小组于 2003 年升级为常设委员会。这意味着国际社会形成了两个具有竞争性且代表不同利益群体的国际税收政策供给组织。

与联合国同期成立的世界银行、国际货币基金组织和关税与贸易总协定

[51] Allison Christians, *Networks, Norms, and National Tax Policy*, 9 Washington Global Studies Law Review 7 (2010).

[52] Michael J. Graetz & Michael M. O'Hear, *The "Original Intent" of U. S. International Taxation*, 46 Duke Law Journal 1067 (1997).

[53] Timothy Lyons, *International Taxation and the BEPS Action Plan: Challenged by Modernity?*, 5 British Tax Review 528 (2014).

(General Agreement on Tariffs and Trade,GATT)[54]亦涉及税收议题。WB 的宗旨本与税收无关,然而从 20 世纪 70 年代起,WB 把其发展中成员的国内税收问题作为关注的焦点。[55] IMF 的职责在于监察货币汇率和各国贸易情况,提供技术和资金协助,确保全球金融制度运行正常。但是,IMF 往往借助《国际货币基金组织协定》第 4 条磋商条款向成员方提出税收政策建议。[56] GATT 出台之初的目标就包括协调签约国关税政策,随后在 1994 年被世界贸易组织所取代。与此相对应,世界海关组织(World Customs Organization,WCO)取代了 1952 年成立的海关合作理事会(Customs Co - operation Council,CCC)。

在此过程中,一些涉税非政府间国际组织亦逐渐增多。例如,世界纳税人联盟——国际纳税人协会(International Taxpayers Association)于 1988 年在华盛顿成立,2000 年更名为世界纳税人协会(World Taxpayers Associations,WTA)。税收正义网络(Tax Justice Network,TJN)于 2002 年设立,并很快成为民间社会处理国际逃税、税收欺诈、资本外逃和税收竞争问题的主要平台。[57] 行动援助组织(action aid)、基督教援助会(christian aid)、国际石油营销组织(somo)等国际组织也开始关注跨境税收丑闻,并对激进的税收规划进行跟踪报道。[58] 此外,美洲税收管理中心(CIAT)、亚洲税收管理与研究组织(SGATAR)、欧洲税收管理组织(IOTA)等区域性的涉税国际组织先后成立。

2008 年经济危机的爆发改变了涉税国际组织的格局,尤其是 G20 财长和央

---

〔54〕 尽管从法律意义上讲,GATT 只是一个协议,但是从其发挥的作用来看,缔约方组成的大会已经构成了一个事实上的贸易组织,不仅提供了一套调整国际贸易关系的规则和秩序,对其缔约方权利、义务进行了具体规定,而且在近半个世纪组织进行了八轮多边贸易谈判,并最终促成了世界贸易组织的产生。参见陈琍:《全球视野下的税收协调理论与实践》,中国税务出版社 2010 年版,第 23 页。

〔55〕 Uyanga Berkel - Dorlig, *Legality of the World Bank's Informal Decisions to Expand into the Tax Field, and Implications of These Decisions for Its Legitimacy*, 10 Erasmus Law Review 125 (2017).

〔56〕 Sophia Murillo López, *Legal Legitimacy of Tax Recommendations Delivered by the IMF in the Context of "Article IV Consultations"*, 10 Erasmus Law Review 106 (2017).

〔57〕 Thomas Rixen, *Politicization and Institutional (Non - ) Change in International Taxation*, Wissenschaftszentrum Berlin Für Sozialforschung, Social Science Research Center Berlin, 2008, p. 12.

〔58〕 Hans J. L. M. Gribnau & Ave - Geidi Jallai, *Good Tax Governance: A Matter of Moral Responsibility and Transparency*, 1 Nordic Tax Journal 70 (2017).

行行长会议升级为领导人峰会,促使其成为全球经济治理的首要平台。[59] 在G20 的推动下,OECD、UN、WB 和 IMF 等活跃在税收领域的主要政府间国际组织开始把税收政策与可持续发展议程相联系,发展中国家的税收能力建设成为可持续发展的内容之一。同时,G20 委托 OECD 研究并开发了 BEPS 行动计划。为落实相关目标,OECD 于 2009 年重组了建立在其规制有害税收竞争框架内的全球税收论坛,并命名为税收透明度和信息交流全球论坛(global forum on transparency and exchange of information for tax purposes)。为实施 BEPS“一揽子”计划,BEPS 包容性框架于 2016 年建立,目前汇集了 141 个税收管辖区。[60] 正是通过 BEPS 行动计划的推动与实施,G20 成为国际税收问题的全球议程制定者和政治共识建设者。[61] 由此,涉税国际组织形成了以 G20 为主导,OECD 提供技术支持和政策制定,UN、IMF、WB 等积极参与的体系。

透过上述组织的发展可以发现,涉税国际组织议题从避免双重征税到避免双重不征税,从所得税协调到流转税协调,从税收管辖权到税收国际合作逐渐拓展。虽然涉税国际组织源于 NGO,但是其主要形式以 IGO 为主,尤以 OECD 为多。这也造就了在税收领域 NGO 的不发达,以致其功能和作用远远落后于全球公民社会的需求。截至目前,仍旧没有可以供所有国家共商、共建和共享国际税收政策的平台。

### (二)涉税国际组织的类型

涉税国际组织类型化的关键是寻找科学的组织分类标准。关于 IO 的分类标准主要有:(1)三标准说,即按照成员的构成标准、组织管辖权范围、组织程度或组织宗旨的差异;[62](2)四标准说,代表性的表述有组织的宗旨或者职权范

---

[59] 关于国际组织的概念,传统的定义多是从其构成要素出发,认为国际组织是跨国国界的一种多国机构,是国家间为了实现特定的目的和任务,根据共同同意的国际条约而成立的常设性组织。这种定义从特征和构成的角度描述了国际组织的标准形态。但是应当看到,随着国际组织的快速发展,并非所有国际组织都应完全满足该定位,特别是 G20 等论坛性国际机制的大量涌现,是否一定存在常设性机构已经不是国际组织构成的必要条件,国际组织的形态也随着国际合作的发展而不断变化,呈现复杂多样的特点。参见《国际组织》编写组主编:《国际组织》(第 2 版),高等教育出版社 2018 年版,第 11 页。

[60] OECD, *Members of the OECD/G20 Inclusive Framework on BEPS*, https://www.oecd.org/tax/automatic-exchange/international-framework-for-the-crs/crs-mcaa-signatories.pdf.

[61] Sieb Kingma & Marcel Gh Schaper, *The G20 as the Global Agenda - Setter and Political Consensus Builder in Global Tax Governance*, Maastricht: Maastricht Centre for Taxation, 2017, p. 1.

[62] [韩]柳炳华:《国际法》(上卷),朴国哲、朴永姬译,中国政法大学出版社 1997 年版,第 420 ~ 421 页。

围、组织成员的构成、成员构成的地域范围、与联合国的关系,[63]组织的基本特性、主体构成、地域特点、主导作用;[64](3)五标准说,代表性的表述有组织同政府间关系、组织成员的构成范围、组织宗旨与职能、组织的权力性质、组织成员同主权国家的关系,[65]主体构成情况和成员的法律地位、组织成员的构成范围、组织的形态、成员的地理范围、组织的约束力;[66](4)七标准说,即组织的基本性质和职能范围、组织成员的地域特点、组织是封闭还是开放、组织权力作用范围、组织成员性质、组织的持续性、组织与联合国的关系。[67]

提取公因式并合并同类项可以得出,国际组织的通常的区分标准有组织宗旨职能、组织成员构成性质、组织成员地域特点。换言之,这些标准可谓之常用的国际组织分类法。因此,涉税国际组织的类型化可以基于这些标准进行分析。

从组织宗旨职能来看,涉税国际组织可以分为一般性国际组织和专门性国际组织。前者的职权范围比较广泛,涉及政治、经济、文化和社会等多个方面。其中,税收是其职权活动范围之一,如UN、OECD、WB、IMF、WTO。后者只具有专业技术性职能,主要进行税收专业技术性活动,如WTA、TJN、CIAT、SGATAR、IOTA。

从组织成员构成性质来看,涉税国际组织可以分为政府间国际组织和非政府间国际组织。前者是两个以上的主权国家组成的一种国家联盟或国家联合体,其成立与运行得到成员方的支持与授权,典型的代表有UN、OECD、WB、IMF。后者往往是民间的社会、宗教、经济等组织的国际联合,成员的非官方性是其主要特点,如ICC、WTA、TJN。

从组织成员地域特点来看,涉税国际组织可以分为全球性(世界性、普遍性)的和区域性的。全球性涉税国际组织是指那些向全世界所有成员开放,不论其地理位置及其他因素如何,都可以依照组织原则组合起来,以求合作解决国际社会有关税收问题的组织。全球性涉税国际组织的成员具有广泛性,主要代表有UN、WTO、WCO、WTA。地域性的涉税国际组织是指由某一地区的成员组成,职能范围也常常局限于本组织所在地区的组织,如CIAT、SGATAR、IOTA。

可以说,国际组织分类标准的多样性决定了涉税国际组织类型的多元化。

---

[63] 张丽华主编:《国际组织概论》,科学出版社2015年版,第36~37页。
[64] 姜宪明、何苗:《国际关系与大国战略》,东南大学出版社2009年版,第116~117页。
[65] 王铁崖主编:《国际法》,法律出版社1995年版,第383~384页。
[66] 《国际组织》编写组主编:《国际组织》(第2版),高等教育出版社2018年版,第17~19页。
[67] 梁西:《国际组织法(总论)》,武汉大学出版社2002年版,第25~27页。

当然,依据不同标准进行分类时,会出现重叠交叉的现象。比如,CIAT、SGATAR、IOTA 是专门性国际组织,也是政府间国际组织,还是区域性国际组织;WTA、TJN 是专门性的国际组织,也是非政府间国际组织,还是全球性国际组织。这是因为上述标准不是相互排斥的,而是相互容纳的。同时,涉税国际组织本身也不是一成不变的,他总是处于一种动态发展过程中。例如,在 2000 年以前,涉税国际组织主要是由成员依据一定的协议,设置承担一系列职能的常设机构,以谋求符合成员间共同利益。2000 年以后出现了类似 G20、TFA、税收透明度和信息交流全球论坛、BEPS 包容性框架等论坛性质的涉税国际组织。

显然,借助组织宗旨职能、组织成员构成性质、组织成员地域特点三个标准对涉税国际组织的划分,使种类繁多的涉税国际组织有了具体的类型,有助于对涉税国际组织的整体把握。然而,要窥探每个涉税国际组织的权义结构,最理想的分类标准非组成成员构成性质标准莫属。因为组织宗旨职能标准和组织成员地域特点标准都与权义逻辑无关,而组织成员构成性质标准能够直观地呈现成员之间的权义特点。毕竟,IGO 和 NGO 最大的区别就是他们与主权国家的权义关系。而且,这种分类便于全球税收治理中国际组织与国家行为体之间权力(利)、义务的相互作用、相互影响的分析。所以,下文将基于组织成员构成性质标准对涉税国际组织进行分类的前提下(见表 8),探讨全球税收治理中 IGO 和 NGO 的权义结构。

**表 8　涉税国际组织的分类**

| 政府间国际组织(IGO) | 非政府间国际组织(NGO) |
|---|---|
| 经济合作与发展组织(OECD) | |
| 联合国(UN) | 国际商会(ICC) |
| 世界银行(WB) | 国际财政文献局(IBFD) |
| 国际货币基金组织(IMF) | 国际财政协会(IFA) |
| 世界贸易组织(WTO) | 国际税收筹划协会(ITPA) |
| 世界海关组织(WCC) | 世界纳税人协会(WTA) |
| 二十国集团(G20) | 金融交易税援助公民协会(ATTAC) |
| 欧盟(EU) | 工商咨询委员会(BIAC) |
| 税收征管论坛(TFA) | 工会咨询委员会(TUAC) |
| 美洲税收管理中心(CIAT) | 税收正义网络(TJN) |
| 亚洲税收管理与研究组织(SGATAR) | 全球税收正义联盟(GATJ) |
| 欧洲税收管理组织(IOTA) | 自由与繁荣中心(CFP) |
| 非洲税收管理论坛(ATAF) | 行动援助组织(ActionAid) |
| 税收透明度和信息交流全球论坛 | 基督教援助会(Christian Aid) |
| BEPS 包容性框架 | …… |
| …… | |

## 二、政府间国际组织的内外部权义结构

在全球税收治理中，涉税 IGO 权义的基本结构可以区分外部结构和内部结构。[68] 外部结构指的是涉税 IGO 决策机制与主权国家联系的外部特征，内部结构指的是涉税 IGO 内设权义的基本属性。

### （一）涉税 IGO 外部权义结构

涉税 IGO 权义的外部结构实质上是由 IGO 的法律地位所决定的。根据国际法原理，关于 IGO 的法律人格存在两种学说，一种是授权说，另一种是暗含权力说。[69] 前者主张 IGO 的法律人格源于并限于组织章程的有关明文规定，后者则认为 IGO 的法律人格不仅源于基本文件的明示规定，而且可以源于 IGO 为实现其宗旨所必需的职能。无论是授权说还是暗含权力说，两者都承认 IGO 参与国际法律关系的范围和程度是有限的，权利能力和行为能力也是有限的。IGO 的这种对外的权利能力和行为能力体现在：缔约权、对外交往权（使节权）、承认与被承认的权力、国际索赔和国际责任、继承权、召集国际会议的能力，以及承受国际法主体的其他权利和义务。[70] 由此可知，作为 IGO 的特殊类型的涉税 IGO 理所当然具有这些权利能力和行为能力。

换言之，涉税 IGO 的法律人格是派生的，是成员方通过基本文件而授予的，或是从基本文件引申出来的，其权义与活动范围都不得超越组织章程的规定。涉税 IGO 的权力源自主权国家的授权，与其源权力国家主权之间是一种委托代理关系。简单地说，涉税 IGO 的外部权力本质上是一种代理权。当然，这种代理是代理多个的集合代理。这决定了涉税 IGO 的权力从一开始就不同程度地受制于源权力——国家主权。相对于国家主权的独立完整性，涉税 IGO 权力具有派生性、不完整性、非独立性等特点。这些就是涉税 IGO 权力的外部结构。

然而，随着国际经济政治形势的快速发展，涉税 IGO 被全球化潮流所裹挟，他们的权义基本结构发生了变化。尤其是，国际社会的变化使得涉税 IGO 对国家主权造成了更深的影响和更大的冲击。一方面，随着涉税 IGO 作用的增强，涉税 IGO 的数量及涉及的税收领域也迅速增加。涉税 IGO 的职能越来越多、管

---

〔68〕 刘东方：《全球经济治理制度性权力国际法视角分析》，华东政法大学 2017 年博士学位论文，第 75 页。

〔69〕 王铁崖主编：《国际法》，法律出版社 1995 年版，第 388 页。

〔70〕 王铁崖主编：《国际法》，法律出版社 1995 年版，第 389 ~ 391 页。

辖范围越来越大,国家税收主权保留的范围就会越来越小。另一方面,国际政治、经济的不断发展,国家间财政相互依存关系进一步加深。同时,全球性税收问题,如双重征税或不征税、BEPS等问题仍然十分严峻。因此,涉税IGO促进国家间税收合作的作用更不可或缺,这呼唤更大管辖范围和权力的涉税IGO。

实际上,涉税IGO的权力变得更加强大,更加独立于国家的偏好。一些涉税IGO的发展远远超出了最初的预期,新形式的跨国权力出现在正式授权结构之外。如WB成立之初的工作与国际税收问题无关,但2016年在其全球治理实践(bank's governance global practice)中成立了一个全球税收小组(global tax team)的部门,负责协调WB的国际税收工作。[71] 为了加强与涉税IGO在税收方面的合作,WB还创建了税收合作平台(platform for collaboration on tax)。[72]

尽管上述变化提高了相互依存世界中集体解决税收问题的能力,但由此形成的全球税收治理因代表性不足、话语权不平衡、执行力不够而广受发展中国家诟病。基于缔约国同意的授权方法,涉税IGO行动与最初授权的距离越来越远,甚至根本不是基于授权,因此效用进一步下降。同时,他未能解决协商一致程序过于缓慢和烦琐的问题,无法使涉税IGO的权力适应不断变化的情况。而且,税收领域一直是国家主权固守的区域,涉税IGO税收权力的不断扩大必然遭到主权国家的反对。

如此事态的发展促使人们呼吁对涉税IGO的外部权义结构的建构采取更有原则的办法。这种原则性的方法需要平衡对涉税IGO权威的强烈需求与对政治化、民主和法治以及西方主导地位的担忧。辅助性原则(Subsidiarity Principle)反映了对地方决策的普遍偏好,是许多全球治理领域的一个适当的默认规则。[73] 如果得到适当的规定和加以制度化,有助于将涉税IGO的活动引导到原则上有正当理由的税收领域。

辅助性原则通常被理解为对地方一级决策的一种假设,这种假设只允许出于特定的、充分的理由进行权力集中。该原则被广泛视为思考和设计多级系统

---

〔71〕 Uyanga Berkel - Dorlig, *Legality of the World Bank's Informal Decisions to Expand into the Tax Field, and Implications of These Decisions for Its Legitimacy*, 10 Erasmus Law Review 126 (2017).

〔72〕 IMF, OECD, UN & WB, *Concept Note: The Platform for Collaboration on Tax*, OECD (Apr. 19, 2006), http://www.oecd.org/tax/concept-note-platform-for-collaboration-on-tax.pdf.

〔73〕 Markus Jachtenfuchs & Nico Krisch, *Subsidiarity in Global Governance*, 79 Law and Contemporary Problems 2 (2016).

中权力垂直分配的一个有吸引力的起点,因为他反映了自治在较小规模上通常更有意义。他强调较低层级的权力不应为较高层级的权力所剥夺,较高层级的权力只能从事较低层级权力所不能从事或难以完成的事务。从这一意义上看,辅助性原则可以视为一种由下而上的权力分配。

具体至涉税 IGO,税收主权应当在较低层次也就是国家层面进行,除非有充分的理由将其向上转移。这意味着,如果在国家层面采取税收行动可以取得同样或更好的效果,那么涉税 IGO 就不能取而代之。就涉税 IGO 的权限而言,辅助性原则包含了限定性的含义,它既涉及明确属于涉税 IGO 的对外权力,也涉及属于涉税 IGO 内部的隐含权力。因此,为了符合所谓的适当层面的要求,涉税 IGO 必须能证明其采取的行为较国家层面能产生更好的结果。

### (二)涉税 IGO 内部权义结构

涉税 IGO 权义的内部结构是由该 IGO 的基本表现形态所决定的。对此,黛安·M. 瑞英(Diane M. Ring)认为,需要考察其成员资格、结构、议程设置以及输出等四个基本组成部分。[74] 这四个组成部分是分析任何国际组织内部权义结构的起点,但是要进行全面的分析,还需要考虑其他变量。在芭芭拉·科雷莫(Barbara Koremenos)、查尔斯·利普森(Charles Lipson)和邓肯·斯奈德(Duncan Snidal)看来,这些变量包括会员资格、所涉问题的范围、任务集中化、控制机构的规则、安排的灵活性等五个方面。[75] 不可否认,他们提出的五个方面都很重要,尤其是控制机构规则的变量在一定程度上反映了涉税 IGO 内部的权力关系,但是无法全景展示涉税 IGO 的内部权义结构。

为此,J. 塞缪尔·巴金(J. Samuel Barkin)特别强调,作为成员的国家在涉税 IGO 中至少有四种表达权力的方式:其一,谈判权是国家在管理国际组织时直接使用的权力;其二,议程设置中的谈判权力;其三,塑造人们思考问题的权力;其四,国家通过建立官僚机构和程序表达的权力。[76] 实际上,黛安·M. 瑞英的议程设置部分已经涵盖了 J. 塞缪尔·巴金所论述的议程谈判权力。对于国家在涉税 IGO 以适当方式表达权力,沃尔克·里特伯格(Volker Rittberger)、

---

〔74〕 Diane M. Ring, *Who is Making International Tax Policy? International Organizations as Power Players in a High Stakes World*, 33 Fordham International Law Journal 659 (2011).

〔75〕 Barbara Koremenos, Charles Lipson & Duncan Snidal, *The Rational Design of International Institutions*, 55 International Organization 763 (2001).

〔76〕 J. Samuel Barkin, *International Organization: Theories and Institutions*, Palgrave Macmillan, 2013, p. 20 – 21.

伯恩哈德·赞格尔(Bernhard Zangl)和安德列亚斯·克鲁克(Andreas Kruck)认为还有构成和体制结构、输入纬度、转换过程和输出纬度等分析框架。[77] 其中,分析构成和体制结构有助于通过建立官僚机构和程序来解决国家所表达的权力。分析财政贡献、信息提供和人员提供等输入纬度和决策的转换过程有助于将谈判权力作为一个国家直接使用权力来管理涉税IGO,以及提升人们思考问题的能力。

综合他们的观点,可以借助(1)成员资格;(2)所涉问题的范围;(3)组织结构;(4)授权;(5)输入;(6)决策过程;(7)输出等框架来分析涉税IGO的权义结构。

具体而言,第(1)方面,要考虑成员资格是排他性、限制性的还是包容性的,是区域性的还是普遍性的,是仅限于国家还是NGO也可以加入。第(2)方面指的是涉税IGO所处理的主题涉及税收的哪些方面。第(3)方面一般涉及6个具有代表性的机制:一是代表所有成员国的全体机关;二是管理和监督日常事务的执行委员会或董事会;三是由秘书长等领导的负责政策建议、政策执行和行政任务的行政人员;四是类似法庭的机构;五是辩论、审查和批准该组织政策的议会;六是代表NGO、跨国公司和其他行为者的机构。[78] 第(4)方面是指两个或更多国家授予涉税IGO决策或采取行动的权力,包括立法授权、裁决授权、监督授权、议程设置、研究和建议、政策执行和重新授权。第(5)方面是考察涉税IGO的财政贡献、信息提供和人员供应,以及议程设置过程。第(6)方面决策包括政府间谈判、多数投票、集中理性选择、标准操作程序和官僚政治等模型,涵盖旨在指导行为者行为规则的方案决定和与执行现有方案的规则有关的业务决定。第(7)方面主要考察涉税IGO在税收方面的主要成果。

根据这一分析框架,本书注重分析了UN、G20、OECD、EU、SGATAR等涉税IGO的内部结构(见表9)。所选择的基本上涵盖了全球性和区域性、专业性和非专业性的涉税IGO。当然,这种分析是基于现有涉税IGO体系,并不涉及全球性且专业性的涉税IGO。不管未来是否会设立国际税务组织,但从全球税收治理的发展来看,国际社会需要一个对等参与、对话协商的平台或组织供所有治理主体,尤其是主权国家就全球性税收问题进行充分讨论与沟通交流。鉴于国

---

〔77〕 Volker Rittberger, Bernhard Zangl & Andreas Kruck, *International Organization*, Palgrave Macmillan, 2012, p. 85 – 99.

〔78〕 Volker Rittberger, Bernhard Zangl & Andreas Kruck, *International Organization*, Palgrave Macmillan, 2012, p. 75 – 76.

家行为资源的充足性以及治理的主导地位,这种平台或组织必定是政府间的。

**表 9　典型涉税 IGO 权义内部结构分析**

| 项目 | UN | OECD | G20 | EU | SGATAR |
| --- | --- | --- | --- | --- | --- |
| 成员资格 | 普遍性的 | 排他性的 | 排他性的 | 区域性的 | 区域性的 |
| 问题范围 | 税收与发展,税收协定,税收争议解决,转让定价 | 激进的税收筹划,BEPS,消费税,争议解决,信息交换,财政关系网络,税收管理,税收与犯罪,税收政策分析,税收协定,转让定价 | 税收透明度和信息交换,BEPS,税收与发展 | 实现公平、高效和有利于增长的税收,包括关税、消费税、增值税、公司税等 | BEPS,跨国企业风险,信息共享,税收透明度,中小企业合规,纳税人服务 |
| 组织结构 | 大会、安理会、经济及社会理事会、秘书处等 | 理事会,委员会,秘书处,与税收直接相关的是财政事务委员会、税收政策和管理中心 | 领导人峰会,三驾马车会议,①夏尔巴人会议,②财政部长会议,非金融专题部长会议,外联会议 | 欧洲理事会,欧盟委员会,欧盟理事会,欧洲议会,欧洲法院 | 年会,团长论坛,工作组,工作级别会议,培训机构负责人会议 |
| 授权 | 成员方授权,经济及社会理事会关于研究、报告、提案、草拟税收政策的权力 | 成员方授权,处理成员方间税收问题,税收政策和管理中心为财政事务委员会、税收透明度和情报交换全球论坛、税收和发展特别小组和国际税收对话提供技术支持 | 成员方没有授权,对 IGO 拥有某种议程制定权,向 IGO 授予政策研究、咨询和执行的权力 | 成员方授权,欧盟相关机构享有税收政策提议、咨询、制定、实施、监督的权力 | 成员方授权,旨在通过分享有关具体税收问题的信息和见解来协助行政改革 |
| 输入 | 费用由各成员方依照大会分配限额负担;国际税收合作专家委员会③向 ECOSOC 提交并发表税收问题报告 | 费用按照成员方国民生产总值的一定比例缴纳,最高的是美国;财政事务委员会在理事会的最高政策方针下设置议程 | 费用由与会者负担,诸如安全安排、基础设施需求等费用由东道国承担;轮值主席、欧盟具有一定的议程设置影响力 | 费用由欧盟关税以及成员方增值税和国民收入按比例负担;欧洲理事会设置包括税收政策在内的议程 | 成立之初,东南亚经济发展部长级会议予以了资助,目前日本是主要经费贡献者 |

续表

| 项目 | UN | OECD | G20 | EU | SGATAR |
| --- | --- | --- | --- | --- | --- |
| 决策过程 | 到会及投票成员方半数 | 成员方协商一制,允许弃权 | 成员方协商一致,依赖大国支持 | 成员方协商一致 | 成员方协商一致 |
| 输出 | 税收相关的范本、手册、指南等 | 主要是税收相关的劝告、宣言、决定、共同声明、结论等,也包括多边税收公约 | G20领导人公报,无约束力的政治承诺 | 税收相关的条例、指令和决定 | 年会公报,出版书籍,研究项目,培训项目 |

①为了防止轮值主席导致失去动力、机构知识和效率,G20成立了一个管理三驾马车,由前任、现任和即将上任的主席组成。

②"夏尔巴人"一词指的是那些通过参加临时代表会议协助领导人参加年度峰会,为G20主要会议进行筹备工作以及向G20成员和外展参与者提供实质性援助的人员。一般而言,夏尔巴人是国家部委的高级公务员或国际组织的官员。

③联合国税收专家委员会负责国际税务合作,下设专门负责转移定价、情报交换、发展中国家的税基侵蚀和利润转移、税收条约谈判等分委员会,并设立了一个能力发展顾问小组。该委员会由25位成员组成,成员以个人能力提供服务而不是作为其本国政府的代表工作,服务期为4年,由秘书长指派,成员方被邀请名人选,由秘书长从被提名人中选择。

全球性的税收专业IGO,关于其权义内部结构的几点是可以明确的。一是成员资格是普遍的,既包括发展中国家和发达国家,也包括国家行为体和非国家行为体。二是问题范围涉及国家层面无法解决的税收问题。三是包括但不限于成员大会、秘书处和争端解决机构等组织机构。四是该组织的权力源自成员方的授权,并在一定的条件下享有国际税收政策提议、咨询、制定、实施、监督的权力。五是每个成员方都有权提出项目,在获得全体成员一定比例的支持后可列入议程,但这种比例不应过高,以免少数群体的权利得不到保护。六是组织运行的费用可以参照UN的分摊方式,而成员方协商一致仍旧适用于决策程序。

### 三、非政府间国际组织权义结构及其分析

与涉税IGO相比,涉税NGO权义结构的分析既有相似之处,亦有不同之处。说他们相似,是因为后者也需要借助其与主权国家在全球税收治理中的关系来界明权义边界。说他们不同,是因为后者的成立主要受国内法规制,他的内部结构并不是涉税NGO在全球税收治理中权义的关键。除与主权国家的关系之外,涉税NGO与前者的关系是其权义分析的又一重要层面。

## (一)NGO与国家的权义关系

涉税NGO的活动范围超越了国家界限,具有国际性。当他们开展工作时,自然会对税收领域的国际事务产生或大或小的影响,从而与在国际税收事务中占据主导地位的主权国家形成复杂的互动关系。

有学者从NGO与本国的关系出发,认为两者之间可能存在合作与互补、对立与零和、依赖和制约以及各行其道等四种关系,而NGO与其他国家的关系较为复杂。具体而言,北方国家与NGO是一种授权与代理的关系,南方国家与NGO是一种合作关系,北方国家NGO与南方国家之间存在合作关系、对立关系和竞争关系等多种可能。[79] 显然,他们论述的前提是南北国家的界限泾渭分明。实则,世界经济已浑然一体,在此问题上严格区分南北国家只会徒增复杂性而已。但是,他们的研究为认识两者之间的关系提供了有益的参考。在此基础上,有学者把NGO与国家的关系归纳为互助合作关系、制约和管制关系、对立和各行其道三个方面。[80] 也有学者将此概括为互补合作关系、矛盾与对抗关系以及平行线状态。[81] 前后对比可以发现,后面两种论述是对第一种论述的四种关系的排列组合,并没有反映涉税NGO在全球税收治理中的地位。

涉税NGO在全球税收治理中的地位取决于其法律性质。在全球税收治理中,相较于主权国家和IGO组成的政府体系和跨国公司等组成的市场体系,NGO属于政府体系和市场体系之外的"第三体系"。涉税NGO履行着全球税收治理和发展的重要职能,是政府体系和市场体系所无法取代的,他的职能优势根本上在于他的民间性。他的治理职能是自下而上、民间自主或互助的,所以不同于政府统治和私人企业的经营战略与目标。然而,由于资源和权威的欠缺,涉税NGO往往在国家、市场和社会之间,在一国与另一国之间,在国内问题与国际事务之间扮演一种中介性的角色。正是这种地位决定了他与国家关系的复杂性。当然,以上分析涉税NGO与国家的关系是将涉税NGO作为一个整体来研究的,具体至某一个涉税NGO与国家的关系,可能会更为细致。下文将以具体

---

〔79〕 王杰、张海滨、张志洲主编:《全球治理中的国际非政府组织》,北京大学出版社2004年版,第36~38页。

〔80〕 刘海江:《国际法治视野内国际非政府组织问责机制研究》,中国社会科学出版社2015年版,第53~55页。

〔81〕 《国际组织》编写组主编:《国际组织》(第2版),高等教育出版社2018年版,第216~217页。

的涉税 NGO 为例，对比涉税 NGO 的宗旨与国家税收目标，分析他们之间的合作与对立。

首先，当涉税 NGO 的宗旨与国家在税收方面的目标一致时，涉税 NGO 与国家的关系更多地体现为互补合作。例如，ICC 成立之初就以促进国际贸易和投资为目标，通过在宣传、标准制定活动和全球服务方面的独特专业知识来促成目标的实现。[82] ICC 最先就避免双重征税的部分问题达成共识，这不仅为国家之间处理双重征税的问题提供了专业意见，而且在他的宣传与推动下促进国际经济交往活动的正常发展并逐渐成为国家制定国际税法的宗旨。公允地说，在国家尚未意识或者无暇顾及国际双重征税问题时，ICC 作为关注该问题的先驱，一定意义上弥补了国家资源的不足。

当然，这种互补合作也可以在 TJN 的活动中得到体现。面对跨国企业和高净值群体的国际逃避税问题，国家长期以来呈现出有心无力的尴尬。然而，TJN 通过向各种著名报纸的商业板块提交并报道私人和跨国企业逃避税战略的事实、数字和故事以及发表系列税收报告等形式，激发了国内民众的关注，促进并改善了国家对于国际逃避税的监管。[83] 可以说，TJN 正在通过扮演智囊团、孵化器和推动者的角色来影响和鼓励人们，致力于国家打击逃避税。

需要指出的是，同其他 NGO 一样，涉税 NGO 一般不具有国际法主体资格。他们拥有的权利能力和行为能力或来自各个成员的授权或意愿，或来自其拥有的技术与信息等方面的特长，其物质基础和法律基础具有一定的局限性。所以，涉税 NGO 需要借助国家的力量来实现自己的组织目标。换言之，他们也会通过各种途径，主动与国家政府进行合作，取得政府的信任和认可，并利用国家权威及其符号使自己合法化，从而拓宽自身的活动范围，扩大自身的影响力。

其次，当涉税 NGO 的宗旨与国家在税收方面的目标不一致时，涉税 NGO 与国家的关系更多地体现为矛盾与对抗。众所周知，“国库主义”是国家税收目标最直接的体现，因此国家往往基于税收收入的角度考量税收问题，这无形中会忽视甚至压缩纳税人的权利诉求与空间。因而就会有一些 NGO 常常对一些国家税收政策发出响亮的呛声，对一些国家税收行为进行激烈的抨击，并力图参与和影响政府的税收政策制定，甚至不惜与政府税收政策相抗争，他们希望成为制

---

〔82〕 ICC, *Our Mission*, https://iccwbo.org/about-us/who-we-are/our-mission/.

〔83〕 TJN, *Our Goals and Methods*, https://www.taxjustice.net/about/who-we-are/goals/.

约政府施政,防范由于政府施政不当而对部分纳税人利益或人类共同利益造成损害。

例如,WTA 活动目的即在于支持立法限制税收负担,防止税务人员不公正的骚扰,并提供有关政府税收和支出的明确信息。[84] 国际税收筹划协会(International Tax Planning Association,ITPA)从纳税人的角度来审视国际税收筹划,并通过会议、出版物和互联网等传播和交流有关国际税务规划的信息。[85] 全球税收正义联盟(Global Alliance for Tax Justice,GATJ)旨在确认政府在实施累进和分配税收政策方面的作用和义务,调动国内资源用于公共服务和其他重要的政府职能,加强国家问责制和社会契约,减少国家对援助和债务融资的依赖以及纠正公民与跨国公司之间的权力不平衡。[86]

这些只说明了涉税 NGO 与国家的矛盾关系,而自由与繁荣中心则在国际税收竞争领域与国家发生了激烈的对抗。新世纪左右,主权国家在 OECD 制度框架内研究、讨论和规制国家税收竞争。但是,对于 OECD 主要成员方推动的围剿税收竞争的运动,CFP 的成立即宣告其胎死腹中。因为 CFP 是一个为税收竞争而辩护的机构,他在成立之后就发动美国国会议员和各种公共政策研究机构向布什政府施难,以此对围剿税收竞争的行为发起了攻势。[87] CFP 的抗争,成为布什政府在此问题上的"最后一根稻草",最终导致 OECD 主要成员方规制税收竞争运动的"流产"。

最后,当涉税 NGO 的宗旨与国家在税收方面的目标不存在重叠或冲突时,涉税 NGO 与国家在各自的领域中各行其是、和平相处。此时,涉税 NGO 与国家间的关系可以理解为一种平行线状态。主要是涉税 NGO 开展的活动与国家没有太大的交集,同时也不会挑战政府的权威。最典型涉税 NGO 当属 1938 年同时成立的 IFA 和 IBFD。

IFA 是一个非游说组织,提供了所有专业和利益的代表在最高层面会面并讨论国际税收问题的中立和独立的平台。IFA 的成就归功于来自私营和公共部门,包括法院,大学以及国际政府和非政府组织的大量高级别代表,他们以自己的知识和努力积极参与并在全世界范围内为研究、出版物、大会、研讨会等作出

[84] WTA, *History*, http://worldtaxpayers. org/about - us/history/.

[85] ITPA, *About Itpa*, https://www. itpa. org/about - itpa/.

[86] GATJ, *About Us*, https://www. globaltaxjustice. org/en/about.

[87] [美]克里斯・爱德华兹、[美]丹尼尔・米切尔:《全球税收革命:税收竞争的兴起及其反对者》,黄凯平、李得源译,中国发展出版社 2015 年版,第 202 ~ 203 页。

贡献。多年来,协会在其辩论和结论中保持了高标准。通过这种方式,IFA 为社会不同部门的专家提供了独立和中立的平台。在这个平台上,可以就国际税收问题交换意见,同时尊重彼此的背景和职责。〔88〕

而 IBFD 是一个独特的专业中心,提供高素质的国际税务资讯和教育。IBFD 强大的研究平台允许世界各地的税务从业者访问这些有价值的内容,他们可以依靠这些内容更快、更有效地开展工作。IBFD 是卓越的独立(非营利)基金会,最终目标是在最高层面促进和传播对跨境税收的理解。〔89〕

### (二)NGO 与 IGO 的权义关系

涉税 NGO 与 IGO 的关系,不同于涉税 NGO 与国家之间的关系,比较而言前者的关系会更简单一些,毕竟 IGO 不同于主权国家,他们不拥有主权,也无国际法意义上的领土,他们无法迫使 NGO 犹如遵守国家法律规范一样去服从本组织的规章制度。涉税 NGO 不想接受 IGO 的约束,只需要不与其进行合作、产生关系即可。

涉税 NGO 与 IGO 都是全球税收治理的参与主体,他们之间的协商合作是国际税收法治的重要途径。借鉴 UN 框架内经济及社会理事会与 NGO 的合作制度安排,〔90〕涉税 NGO 与 IGO 的权义关系可以通过咨商地位进行区分。这种咨商地位可以分为普遍咨商地位、特殊咨商地位和注册咨商地位。其中,普遍咨商地位往往赋予与该涉税 IGO 大部分活动有关的 NGO;特殊咨商地位往往赋予与该涉税 IGO 部分活动有关的 NGO;注册咨商地位是未获得普遍咨商地位和特殊咨商地位但纳入涉税 IGO 名册的涉税 NGO。

具体而言,涉税 NGO 在 IGO 中具有的权义有以下四个方面:一是可否对涉税 IGO 的议程提出建议;二是可否列席涉税 IGO 及其组成部门会议;三是可否向涉税 IGO 提交书面申明;四是可否在涉税 IGO 及组成部门会议中口头陈述意见。普遍咨商地位的涉税 NGO 具有这四个方面的权义,特殊咨商地位的涉税 NGO 拥有第二、三和第四项权义,而注册咨商地位可能只有第二项的权义。

---

〔88〕 IFA, *History of IFA*, https://www.ifa.nl/about-ifa/history-of-ifa.

〔89〕 IBFD, *Organization*, https://www.ibfd.org/About-IBFD/Organization.

〔90〕 有关 UN 与 NGO 之间关系,可参见《国际组织》编写组主编:《国际组织》(第 2 版),高等教育出版社 2018 年版,第 218~219 页;王杰、张海滨、张志洲主编:《全球治理中的国际非政府组织》,北京大学出版社 2004 年版,第 183~189 页;李宝俊、金彪:《全球治理中联合国与非政府组织的关系》,载《现代国际关系》2008 年第 3 期;黄德明、匡为为:《论非政府组织与联合国关系的现状及改革前景》,载《当代法学》2006 年第 3 期。

事实上,涉税 NGO 在 IGO 的参与十分有限,目前在涉税 IGO 中的地位可能相当于注册咨商地位。试以涉税 NGO 在国际税收领域两大竞争性主体 OECD 和 UN 中的地位予以说明。

OECD 致力于收集和传播信息、专业知识和不具约束力的政策建议。就 OECD 对于税收政策而言,他的影响力是基于其作为客观专业知识来源的权威。他自成立以来,就允许民间社会力量的介入。然而,这仅限于被授予正式咨询地位的 BIAC 和 TUAC。在 OECD 财政事务委员会中,只有 BIAC 具有代表资格且积极参与谈判,而其他涉税 NGO 并没有被允许参与。也许有人关注到,OECD 与一些涉税 NGO 保持非正式的关系和个人接触。如 OECD 的 CTPA 主任杰弗里·欧文斯(Jeffrey Owens)接受了 TJN 指导委员会会议的邀请,并在会议上与 TJN 积极分子进行讨论。杰弗里·欧文斯和其他 OECD 工作人员甚至还定期以个人名义和非正式的方式与 TJN 的代表会面,交流和讨论他们的立场。[91] 尽管如此,但是 OECD 在税收领域始终认为他是一个由政府组成并为政府服务的组织,因此涉税 NGO 在其中的参与仍然有限。

与 OECD 不同,UN 愿意让涉税 NGO 参与其在国际税收政策领域的活动。例如,涉税 NGO 参与了 UN 的发展筹资倡议,而国际税收政策是该倡议的重要组成。涉税 NGO 一直密切参与发展筹资会议议程,即使是高级别政府间会议,他们也可以接触政府代表。涉税 NGO 被允许接触 UN 国际税收合作专家委会,并参加国际税收合作专家委会的会议。借助这个机会,TJN 便开始在 UN 游说,特别是与发展中国家的代表接触,共同努力提高后者对逃税和税收竞争问题的认识,并提出解决这些问题的可能办法。[92] 此外,TJN 建议 UN 经济及社会理事会制定一项合作打击资本外逃和避税行为守则。[93] 须知,在 TJN 被允许国际税收合作专家委会的会议之前,除了 ICC 之外,并没有涉税 NGO 的代表出席该会议。

由此可见,涉税 NGO 对于政府间税收政策制定的影响仍然有限。虽然涉税 NGO 可以接触 UN,但是这种渠道的影响并不十分显著。因为 UN 有限的资源就决定了其不可能向其宣称的那样——在国际税收问题上是 OECD 的有效制

---

〔91〕 Thomas Rixen, *Politicization and Institutional (Non-) Change in International Taxation*, Wissenschaftszentrum Berlin Für Sozialforschung, Social Science Research Center Berlin, 2008, p. 21.

〔92〕 Prem Sikka, *TJN/South Centre Meeting on Tax Avoidance and Development*, 2 Tax Justice Focus: The Quarterly Newsletter of the Tax Justice Network 11 (2006).

〔93〕 Bruno Gurtner & Sol Picciotto, *UN Tax Experts Support the Strengthening of Information Exchange*, 2 Tax Justice Focus: The Quarterly Newsletter of the Tax Justice Network 11 (2006).

衡机制,至少 UN 不会很快成为 OECD 的一个严重竞争对手。[94] 同时,OECD 各国政府认为没有任何职能需要给予涉税 NGO 的咨商地位。也就是说,只要决策建立在政府间共识的基础上,OECD 就不必让涉税 NGO 参与来弥补任何合法性缺陷。

鉴于这种情况,可以说涉税 IGO 既不能也不想完全无视涉税 NGO 的抗议,但与此同时,他们并不默认涉税 NGO 的诉求。相反,他们利用涉税 NGO 的抗议达到自己的目的,只要这种方式对他们有用。然而,每当涉税 NGO 的这种抗议与他们各自的主要利益冲突时,他们就会把涉税 NGO 排除在政策进程之外。显然,现实中的这种涉税 NGO 与 IGO 的尴尬关系,并不利于全球税收治理的发展。

综上所述,应该畅通涉税 NGO 在全球税收治理中的参与渠道,充分发挥涉税 NGO 在全球税收治理中的主体地位。唯有充分认可涉税 NGO 在全球税收治理中的作用,发挥它们专业意见和信息服务提供、对各国履行税收条约国际承诺监督以及对 IGO 决议、计划和项目落实情况约束等方面的功能,才有可能更好地实现全球税收治理的价值。

## 第三节　纳税人与其他主体的权义

纳税人及其资本的流动性、跨境性与税收执行管辖权的领土性的紧张关系是大部分跨境税收问题产生的主要原因,是国际社会合作应对单边不可治理性的直接动因。纳税人,尤其是跨国公司是国际经济交往的主要参与者和推动者,国际税法的诸多内容都与其利益相关。纳税人比其他主体更加关注跨境税收问题,并在全球化和主权国家之间发挥积极性和平衡作用。纳税人不仅是国际税法的规制对象,更是全球税收治理的重要参与者。

可以说,纳税人是全球税收治理的起点,也是全球税收治理的归宿。如何明晰纳税人在全球税收治理中的这种地位?如何客观评价纳税人在全球税收治理中的功能?这些都直接影响着其与主权国家、国际组织权义的配置与关系的构建。关于纳税人与其他主体在全球税收治理中的权义的分析,首先在纳税人全球税收治理地位与功能中阐释,其次在纳税人与主权国家的权义关系中探究,最

---

〔94〕 Bruce Zagaris, *The United Nation's Role in International Tax Cooperation*, 38 Tax Notes International 338 (2005).

后在纳税人与涉税国际组织的权义关系中形塑。

当然,纳税人概念是抽象和具象的统一。具象的纳税人在国际税法中最具有典型意义的分类是跨境个人纳税人和跨境企业纳税人。按照“国家—市场—社会”三维分析框架,抽象的跨境个人纳税人表现出公民社会的属性,跨境企业纳税人则显现市场主体的特征,两者分别对应着全球税收治理的不同层次。所以,前述分析是在这样的前提下进行的。

## 一、纳税人地位与功能简论

纳税人在全球税收治理中的地位与功能与两方面有关:一方面是纳税人在国际税法中的法律地位;另一方面是纳税人作为市场、社会的组成部分在全球治理中的作用。前者是纳税人参与全球税收治理的理论支撑,而后者是纳税人参与全球税收治理的实践映射,两者共同诠释了纳税人在全球税收治理中的权义关系。

### (一)纳税人治理地位的明晰

理论上关于纳税人的法律地位往往是基于社会契约论,按照类似于“最初的约定”的方式理解,[95]即纳税人缴纳税款是为了获得政府供给的公共产品与公共服务。具体而言,纳税人一方面承担归属于其特定的事实符合法定税收构成要件时的纳税义务,另一方面享受纳税义务履行完毕后获得公共产品与公共服务的权利。然而,这种理解的前提是遵守主权国家内的社会契约。

也就是说,这是纳税人在国内税法中法律地位的体现。跨境纳税人在国际税法中的法律地位是否局限于此呢?

一般而论,跨国纳税人与国家产生税收法律关系仍旧是基于国内税法。即便是国际税收协定或国际税收公约赋予纳税人的权利和义务,也需要通过国内法的转化和认可后才能享有,因而实质上与国内税收法律关系无异。[96]事实上,也并非如此。因为“跨国纳税人不存在以及没有对跨国纳税人的征税制度,

---

〔95〕 杨小强:《税法总论》,湖南大学出版社 2002 年版,第 146 ~ 147 页;杨萍:《纳税人法律地位之探析》,载《税务研究》2004 年第 7 期;王福友:《纳税人法律地位的转变与税法理念的更新》,载《税务研究》2004 年第 3 期;陈少英:《中国税收守法基本问题》,中国税务出版社 2006 年版,第 73 ~ 74 页;祁志钢:《纳税人诉讼公法之债下的公权力与私权利》,中央广播电视大学出版社 2016 年版,第 7 页。

〔96〕 郑琳:《国际税法学》,北京师范大学出版社 2012 年版,第 28 页。

国际税收分配关系以及国际税收法律关系就失去了它们赖以生存的基础”[97]。国际税法的主要内容是关于缔约国纳税人的纳税问题,国际税法中规定的避免双重征税的主要权利和义务必须通过政府对跨国纳税人的具体征纳行为实现,而不是通过国家政府之间的行为予以实现。有关防止国际避税的规定虽然是政府职能机构实施的行为,但也都必须落实到具体的跨境纳税人身上。这些足以说明跨境纳税人在国际税法中的法律地位区别于纳税人在国内税法的法律地位。

由此产生了第二个问题,既然跨境纳税人有区别于国内纳税人的法律地位,那么他是否具有国际税法上的主体资格?

传统理论认为,个人(包括公司)不是国际法主体,不具备国际法主体资格。[98] 不同的是,大部分国际经济法学者将个人(包括公司)列为国际经济法的主体。[99] 其实,区别于其他国际法领域,国际税收法律关系并不是单一的国家间的关系,而是“有关国家之间的财权利益分配关系和他们各自与跨境纳税人之间的税收征纳关系的统一体”[100]。作为国际税收法律关系的主体,跨国纳税人当然具有国际税法上的主体资格。倘若将跨境纳税人进一步细分为跨境个人纳税人和跨境企业纳税人,那么跨境纳税人的国际税法主体地位愈加凸显。作为跨境纳税人的典型代表,“跨国公司的生产经营全球化衍生、引发了众多的国际税收问题”;[101]“跨国公司在国际经济法(国际税法)规范创制和实施过程中的作用日益突出,在某种程度上影响甚至主导了部分国际经济法(国际税法)规范的创制过程”[102]。

正是如此决定了他们在全球税收治理中的主体地位。这就引发了第三个问题,纳税人究竟在全球税收治理中处于什么样的地位?

要解决这个问题,首先需要探讨全球税收治理多元主体权力彼此间的影响

---

〔97〕 罗晓林、谭楚玲:《国际税收与国际税法》,中山大学出版社 1995 年版,第 168 ~ 169 页。

〔98〕 王铁崖主编:《国际法》,法律出版社 1995 年版,第 55 页。

〔99〕 余劲松、吴志攀主编:《国际经济法》(第 4 版),北京大学出版社、高等教育出版社 2014 年版,第 28 页;沈四宝主编:《国际经济法》,中国对外经济贸易出版社 2000 年版,第 9 页;车丕照:《国际经济法原理》,吉林大学出版社 1999 年版,第 70 页。

〔100〕 廖益新主编:《国际税法学》,高等教育出版社 2008 年版,第 7 页。

〔101〕 叶莉娜:《跨国公司转移定价对国际税法规则的催生、挑战、改变、发展》,吉林大学 2014 年博士学位论文,第 15 页。

〔102〕 赵红梅:《跨国公司对国际经济法创制和实施的参与》,北京邮电大学出版社 2014 年版,第 9 页。

力大小。[103] 按照“国家—市场—社会”的层次对全球税收治理的多元主体进行划分,大致可分为主权国家、市场机制和公民社会。跨境个人纳税人与公民社会息息相关,跨境企业纳税人属于市场机制的主要组成部分。

从权力影响来看,主权国家仍处于权力金字塔顶部,其权力理性是全球税收治理最强的助推力。主权国家的认同和推动,是全球税收治理在全球金融危机之后得到实质性发展的主要原因。即便是市场机制和公民社会形成了众多“权威场域”,也需要通过国家税收政策偏好的影响来落实具体的治理目标。全球税收治理离不开主权国家的直接或间接参与,主权国家是全球税收治理不可或缺的主体。可以说,市场机制和公民社会是全球税收治理的补充性角色。换言之,纳税人在全球税收治理中处于非主导性地位。

当然,纳税人在全球税收治理中的地位会随着市场机制和公民社会相对于国家的变化而变化。事实上,作为市场机制的跨国公司因其强大的经济实力对国家税收政策的影响力越来越大,而涵盖纳税人的公民社会总体上处于发展之中。这些发展态势将会促使原来由国家支配的一部分权力转移或回归到市场机制和公民社会。由国家统治变成国家、市场和社会互相合作、互相补充的全球税收治理必是大势所趋。这三个不同层次的理性可以在全球税收治理的过程中实现一定程度的互补性,从而实现全球税收治理的内在稳定性和均衡性。就未来发展而言,必须坚定地推动以跨国公司为代表的市场机制和以纳税人为代表的公民社会的治理,同时统筹协调全球税收治理体系中“国家—市场—社会”三者间的关系。

综上所述,可以对纳税人在全球税收治理中的地位作这样的理解:一是纳税人具有全球税收治理的主体地位;二是跨境个人纳税人对应的是全球税收治理中的公民社会,跨境企业纳税人对应的是全球税收治理中的市场机制;三是纳税人在全球税收治理中扮演的是有益补充的角色;四是这种补充地位正在不断上升与强化。

### (二)纳税人治理功能的归纳

如前所述,跨境个人纳税人、跨境企业纳税人分别属于公民社会和市场机制。公民社会和市场机制在全球治理中具有不同的功能。因此,纳税人在全球税收治理中的功能亦可以从公民社会和市场机制两个层面归纳。

---

[103] 张亚中:《全球治理:主体与权力的解析》,载《问题与研究》2001 年第 4 期。

1. 从公民社会层面

就公民社会而言,简 · 阿尔特 · 斯科尔特(Jan Aart Scholte)将其在全球治理中的作用归纳为七个方面,[104]也可作为公民社会对全球税收治理功能的归纳。毕竟,全球税收治理是全球治理在国际税收领域的拓展。

具体而言,民间社会提供了许多机会来实现国际税收关系治理的民主化。

(1)民间社会通过让税收利益攸关方发表意见,为民主的全球税收治理作出贡献。民间团体可以为相关方提供向治理机构传达信息、证明和分析的机会,赋予利益相关者权力,并确实将全球政治转向更大的参与式民主。

(2)民间社会可以通过公共教育活动加强全球税收治理中的民主。有效的民主取决于知情的公民,公民协会可以提高公众对跨国法律和监管机构的认识和理解。为此,民间社会团体可以编写手册和资料袋,制作视听演示文稿,组织研讨会,传播新闻通信,提供信息并吸引大众媒体的注意,在互联网上维护列表服务器和网站,以及为学校和高等教育机构开发课程材料。

(3)民间社会可以推动关于全球税收治理的辩论。民间社会的投入可以将各种观点、方法和建议纳入税收政策领域。

(4)公民动员可以增加全球税收治理的公共透明度。来自民间社会的压力有助于将监管框架和运作公之于众,使其容易受到公众的监督。公民往往不知道在全球税收治理中作出了什么决定,由谁、基于什么理由作出的决定,由什么预期结果以及用什么资源来支持实施决定。公民团体可以通过询问什么是透明度,在什么时候、以什么形式、通过什么渠道、根据谁的决定、为了什么目的以及为了谁的利益等质疑官方流行的透明度言论。

(5)民间社会可以通过加强有关监管机构的公共问责制来促进全球税收治理中的民主。民间团体可以监测全球税收政策的实施和效果,并在后果不利时敦促采取纠正措施。

(6)民间社会可以提高全球税收治理的合法性。当人们承认一个权力机构有权管理,他们有义务服从他的指令时,合法的统治就占了上风。作为这种同意的结果,合法的治理往往比非法的权力更容易、更有效、更非暴力地执行。

(7)民间社会参与全球税收治理也可能对领土治理的民主化产生积极影响。公民身份可能会在民族国家内部找到允许公民参与全球政治的制度基础。

---

[104] Jan Aart Scholte, *Civil Society and Democracy in Global Governance*, 8 Global Governance 293 (2002).

2. 从市场机制层面

就市场机制而言,市场机制尤其是代表全球资本力量的跨国公司已经成为全球税收治理中的一个重要群体和权威来源机构,[105]而这种权威源自其强大的经济实力和有利的政治资源。由此促成了跨境企业纳税人在全球税收治理中的积极角色与重要作用。具体而言,集聚角色与作用的跨境纳税人在全球税收治理中的功能主要体现在以下几个方面:

(1)深化国际税收关系的发展,加速全球税收治理的形成。熟悉国际税法历史的人都知道,国际经济交往活动是国际税法产生的基础条件。跨境企业纳税人是跨国投资与贸易的主要力量。这些投资与贸易使得货物、资本、技术和劳动力等经济要素在国家间频繁流动,催生了收入和财产的国际化。该现象的普遍存在和不断发展,要求国家协调重复征税。此后,跨境纳税人"借助"全球化的"东风",尤其是在全球化和数字化的交互作用下,不断地拓展并深化国际税收关系,诱发并激化了税务局在国内运行与跨国企业在全球运行的矛盾。[106] 由此,全球性的税收问题层出不穷,亟待在全球一级合作以应对,无疑加速了全球税收治理的形成。

(2)推动国际税收规则的创制,促进全球税收治理制度化。与国际公法不同,国际税法的主体更加多样化,从而决定了其规则创制与实施离不开私人部门。其中,跨境纳税人,尤其是跨国公司,是国际经济交往的主要主体,在国际税法的创制方面具有重要作用。事实上,跨国公司正在摆脱单一的被规制对象的角色,并努力谋求与其经济地位相匹配的创建规则及间断影响规则实施的地位和力量。[107] 在此过程中,他们或通过立法游说、政治捐款影响主权国家,或与涉税国际组织合作,或通过行业协会、联盟等途径促成国际税法规则有利于自己的目标实现。他们在与主权国家、涉税国际组织的交互中,无形中促进了全球税收治理的制度化。

(3)打破国际税收秩序旧格局,平衡全球税收治理的权力。传统的国际税收秩序具有两个鲜明的特点:以物理经济为规则建构基础和以主权国家为主导。然而,经过近百年的发展,跨国纳税人尤其是跨国公司不断地冲击着传统税收格

[105] 邵鹏:《全球治理:理论与实践》,吉林出版集团有限责任公司2010年版,第95页。

[106] Jinyan Li, *International Taxation in the Age of Electronic Commerce: A Comparative Study*, Canadian Tax Foundation, 2003, p. 556.

[107] 赵红梅:《跨国公司对国际经济法创制和实施的参与》,北京邮电大学出版社2014年版,第26页。

局。一方面,在通信与科学技术的帮助下,他们不再局限于物理经济而是更多地倚重技术广泛应用于各种产业经济活动和商业交往方式的数字经济。数字经济对以物理经济为基础建构的国际税收规则带来了巨大挑战。[108] 另一方面,得益于巨大的经济实力,他们在经济功能之外拓展了越来越多的政治功能和社会功能,在国际政治经济关系发展、变革中起着举足轻重的作用。许多跨国公司拥有的经济实力与政治影响力不亚于甚至超过许多主权国家。[109] 这些促使跨境纳税人成为打破国际税收秩序旧秩序的"一股清流",同时为主权国家与公民社会的互动提供了契机,对全球税收治理权力的平衡也大有裨益。

(4)直接参与全球税收治理,解决全球性税收问题。从目前来看,许多全球性税收问题,如对跨境纳税人产生的跨国所得、财产、价值、商品与劳务等产生的国际重复征税,因国家税法差异而导致的国际逃避税,BEPS 等都与跨国纳税人的逐利性息息相关。[110] 一定意义上可以说,跨国纳税人既是国际税收问题的制造者,又是国际税收问题的应对者。他们希望在更大范围内统一现行国际税收立法,减少因法律制度不同而引起的交往障碍和交易成本增加,同时也希望能够减少对其活动的税收规制和监管。如此纠结的心理必然会促使他们直接参与全球税收治理,与主权国家、国际组织等共同一道解决全球性税收问题。

除此之外,回到纳税人身份本身,其在全球税收治理中最为显著和直接的功能就是提升国际税收效率,包括国际税收行政效率和国际税收经济效率。在税收协调范式下,纳税人往往因缺乏相应的法律地位而被排除在税收征管之外。税收征管过程中的对抗与服从,既增加了税务行政部门的征管成本,也导致了纳税人适用税法的不确定性及合规成本的居高不下。[111] 全球税收治理强调纳税人的积极有效参与,以及基于相互理解与信任的合作遵从,这使他们之间的关系

---

[108] OECD, *Addressing the Tax Challenges of the Digital Economy*, *Action 1 – 2015 Final Report*, *OECD/G20 Base Erosion and Profit Shifting Project*, OECD Publishing, 2015, p. 168 – 184; Aaran Fronda, *BEPS and the Digital Economy: Why is It so Taxing to Tax*, 25 International Tax Review 13 (2014); Tamer Budak, *The Transformation of International Tax Regime: Digital Economy*, 8 Inonu University Law Review 297 (2017); 廖益新:《应对数字经济对国际税收法律秩序的挑战》,载《国际税收》2015 年第 3 期;张泽平:《全球治理背景下国际税收秩序的挑战与变革》,载《中国法学》2017 年第 3 期。

[109] 赵红梅:《跨国公司对国际经济法创制和实施的参与》,北京邮电大学出版社 2014 年版,第 26 页。

[110] 叶莉娜:《跨国公司与国际税收征管合作:地位和态度的嬗变》,载《国际商务研究》2015 年第 6 期。

[111] 叶莉娜:《跨国公司税收遵从治理及我国法律保障制度之架构》,载《经济法论丛》2019 年第 1 期。

转变为相互依存与合作。纳税人在税收征管过程中的自愿服从与配合,能够降低税收行政部门因信息不对称、信息不准确获取课税资料、核实涉税信息而支付的额外成本,并优化配置后者的税收征管资源。反之,税收行政部门借助真实、有效、及时的涉税信息,可以为纳税人提供尽早的确定性,消除因沟通不足而带来的税务风险,极大地降低纳税人的合规成本,从而使纳税人获得显著的财务优势。这种良性循环,不仅最大限度地减轻了税收对纳税人的影响,而且最大限度地降低了征纳双方在税收征管过程中的行政成本。

总之,纳税人或促进全球税收治理的民主化,或提高全球税收治理的合法性,或增强全球税收治理的互动性,或提升国际税收的效率,在全球税收治理中的功能是其他主体所不可替代的。

## 二、与国家权义关系的调整

纳税人在全球税收治理中具有主体地位,纳税人与国家之间的权义关系理应表现为相称性。然而现实情况是,无论在国际税法理论还是在国际税收实践中,纳税人与国家之间都表现出一种强烈的对抗关系,权利或多或少被国际税法的实体或程序规则限制,也鲜有渠道参与到国家的全球税收治理议程中。要有效地回应跨境税收问题,就需要调整纳税人与国家在全球税收治理中权义关系的不相称性。

### (一)与国家权义关系的失衡

纳税人与国家权义关系在全球税收治理中失衡的原因是多层次的,既包括现行国际税收法律制度设计中纳税人权利地位的缺失,也包括纳税人参与国家的国际事务渠道的有限性。这种失衡,或者说不相称性,表现在多个方面。

1. 国际税收法律关系呈“倒三角”形式

法律关系是法律价值得以表现和实现的形式,国际税收法律关系是其理念、价值、目标、原则等静态追求作用于国际税收行为等动态活动的过程和结果。关于何为国际税收法律关系,学界主要存在两种观点:一种是指国际税法在调整国际税收分配关系时,所形成的具有权利义务内容的社会关系;[112] 另一种是国际

---

[112] 陈大钢:《国际税法原理》,上海财经大学出版社 1997 年版,第 17 页。

税法在调整涉税征纳关系和国际税收分配关系的过程中形成的权利义务关系。[113] 学者们的分歧在于国际税收法律关系是否包括涉外征纳关系,而并没有对此权利义务关系的性质进行探讨。有学者在阐释国际税收关系内容的时候,尝试区分国际税收关系与国内税收关系,指出这种权利义务的性质在国家之间表现为对等互惠,而在国家与纳税人之间依旧反映出非对等的强制无偿性。[114] 此语道破了国际税收法律关系的"天机",即纳税人与国家之间权义的非相称性(见图9)。

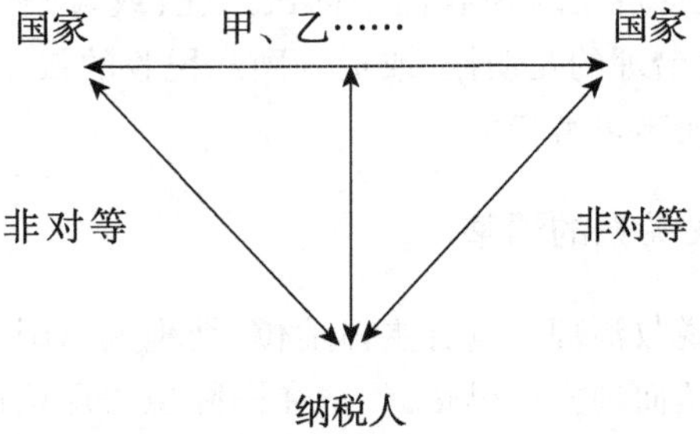


**图9 纳税人与国家权义的"倒三角"**

图9清晰地显示,在国家层面甲、乙等国家的地位是对等互惠的,它们之间的权义是对等的。在国家与纳税人层面,二者的权利义务在总体上是不对等的。跨境纳税人A与甲国的权义关系是不对等的,其与乙国的权义关系也是不对等的;跨境纳税人B与甲国的权义关系是不对等的,其与乙国的权义关系也是不对等的。这些具体层面的不对等关系不断累积形成了抽象层面的纳税人与国家的不对等关系。在一些学者看来,这种抽象的不对等性直接体现为纳税人不具有国际税收法律关系主体地位。例如,有学者指出国际税收法律关系是国家与国家之间发生的具有权利和义务为内容的国际税收关系。[115] 当然,绝大部分学者还是认可纳税人是国际税收法律关系的主体的。然而,这无法改变国际税收法律关系"倒三角"的理论事实。

2. 国际税收实体法规范的义务性

国际税收实体法是一系列规范国家与国家,国家与纳税人之间权利义务及

---

〔113〕 金晓晨、谢海霞主编:《国际税法》,首都经济贸易大学出版社2008年版,第22页;陈少英主编:《国际税法学》,格致出版社2009年版,第9页;刘剑文主编:《国际税法学》(第3版),北京大学出版社2013年版,第26页。

〔114〕 廖益新主编:《国际税法学》,高等教育出版2008年版,第9页。

〔115〕 郑琳:《国际税法学》,北京师范大学出版社2012年版,第26页。

其如何实现的法律总和,可以说是国际税收法律关系的映射。这些法律的表现形式有国际法源和国内法源,共同勾勒着国家与纳税人之间的权义关系。遗憾的是,这些法律之于纳税人而言其权利与义务处于失衡状态,具有强烈的义务性。

例如,在税收公约层面,国际社会先后形成了三个多边税收公约:一是MAC;二是MCAA;三是MLI。对于纳税人与国家之间的权义关系而言,这三个多边税收公约表现出较强的义务性。首先,这些公约权利义务的主体均是国家及其税收行政主管当局。其次,在第一个公约的23个条款中,仅有第21条对人的保护和提供协助义务限制的条款给予了纳税人权利关照。然而,一个条款不足以充分保障纳税人权利,更何况为保护纳税人权利而设计的国家保密义务却被"打包"给了缔约国国内法。再次,作为规制国家在金融账户涉税信息领域自动情报交换的第二个公约,在赋予国家可以获取并交换纳税人金融账户涉税信息权力的时候,并没有对纳税人权利给予特别的关照。其第5条关于保密与数据保护的条款亦缺乏可操作性。这些条款实际上规定了国家及其主管当局的对等义务,且仅是为了国家及其主管当局的利益,纳税人无权反对这项请求。[116]最后,第三个公约并没有改变而是维持现行双边税收协定的性质及其实施方式,与下文阐释的税收协定一样都没有直接承认纳税人的权利。

又如,在税收协定层面,虽然不同国家之间缔结了成千上万的税收协定,但是主要参考UN范本和OECD范本。两者最大的差异是国家之间的权利义务,而非纳税人与国家之间的权义关系。因此,可以通过范本的文本分析国家与纳税人之间的权义关系。在范本协定30个条款中,第一章协定范围、第二章规定了定义以及第七章最后规定等一般性条款占7个。在剩下23个条款中,有17个是关于国家征税权的规定,没有一个条款规定了纳税人权利。有人会注意到外交代表和领事官员条款赋予他们税收特权,但是他们并不是普遍意义上的纳税人。其实,消除双重征税方法、非歧视待遇、相互协商程序等条款规定了国家的义务,可以在一定意义上视为对纳税人权利的保障。然而,细究这些条款内容并不是真正意义上的纳税人权利及对其的保护,甚至最有可能防止国家侵害纳税人权利的信息交换条款亦是轻描淡写国家保密义务。

---

〔116〕 Alicja Brodzka & Sebastiano Garufi, *The Era of Exchange of Information and Fiscal Transparency: The Use of Soft Law Instruments and the Enhancement of Good Governance in Tax Matters*, 52 European Taxation 394 (2012).

3. 国际税收程序法规范的排他性

国际税收程序法是规定国家及其税务行政部门、纳税人在国际税收活动中行使国际税收权利和履行国际税收义务方面的程序性法律法规。国家及其税务行政部门的活动必然与纳税人权义息息相关,纳税人理应在国际税收程序法律规范中拥有参与的权利。遗憾的是,纳税人参与国际税收事务的渠道并不畅通,被有意或无意地排除在国际税收程序之外。这种排他性集中体现在国际税法创制程序和国际税收争议解决程序当中。

根据无代表不纳税的程序要求,国际税法的创制也需要有纳税人的同意。目前,纳税人在国际税法规则方面的同意是由国家同意和议会审批程序代为履行。纳税人无法直接参与到国家的国际税法规则商谈当中,实践中议会审批也只是形式审批,并不涉及国际税法规则本身。国际税收领域的国内行政行动往往基于法律面前人人平等、民主和尊重纳税人权利等宪法原则。然而,在国际层面并非如此。

例如,国际税收信息交流的法律来源主要是 OECD、税收透明度和信息交流全球论坛等非立法机构制定的规则。在规则创制过程中,国内和国际因素交织在一起,通过国内宪法权利来交换规则的普遍性。换言之,有效的信息交流系统的普遍性已经优先于受宪法保护的辩护权。[117] 这就意味着,国家税收利益与纳税人利益目标不一致时,纳税人往往会因为缺乏辩护的程序与机会而陷入不利的地位。

国际税收争议解决的是处理纳税人与征税国税务机关之间以及征税国税务主管机关相互间在国际税收法律关系中产生的各种争议的程序性制度方法。现行国际税收争议的解决程序包括国内法性质的争议解决程序和国际法性质的争议解决程序。就国内法性质的争议解决程序而言,往往是建立在征税国单方主权意志基础上,在征纳双方间的权利义务地位制度设计上往往有失合理均衡。就国际法性质的争议解决程序而言,目前实践的主要形式是建立在税收协定基础上的相互协商程序(mutual agreement procedure, MAP)。而相互协商程序遭致诟病的原因之一就是纳税人被排除参与 MAP。[118] 即纳税人不能参与缔约国

---

〔117〕 Leo E. C. Neve, *The Peer Review Process of the Global Forum on Transparency and Exchange of Information for Tax Purposes: A Critical Assessment on Authority and Legitimacy*, 10 Erasmus Law Review 103 (2017).

〔118〕 廖益新主编:《国际税法学》,高等教育出版 2008 年版,第 335 页;刘剑文主编:《国际税法学》(第 3 版),北京大学出版社 2013 年版,第 457 页。

间的 MAP 的过程,就有关问题发表意见,因此纳税人只能处于被动地接受协商结果的地位。

### (二)与国家权义关系的矫正

纳税人与国家之间权义关系的不相称,必然会加深纳税人与国家之间的矛盾与对抗,同时也会阻碍全球税收治理价值目标的实现。秉承对等参与的正义价值,亟须矫正纳税人与国家在全球税收治理中权义关系的不相称性。

伊娃·安德烈斯·奥科霍(Eva Andres Aucejo)认为造成纳税人与国家权义失衡的原因是国际税务合作缺乏国际法典与国际税法的一般原则,以及该领域发展速度过快。正是这样的事实催生了问题的演变,导致了重大的差距出现,时常的重大矛盾以及经常性的重大功能障碍。因此,他建议通过一部包含各国税务行政合作义务实质性和程序性的内容的《国际税务行政合作法典》(international administrative cooperation code in tax matters)来解决。[119]

具体而言,这部法典包括税务机关之间的合作,税务机关、纳税人和中介机构之间的合作和纠纷解决机制三个部分。第一部分包括法律基础、合作原则、国际税务合作的概念与活动、税收互助、国际会计与简化会计系统、简化税收制度、制定良好税收治理的一般理论、交换税务信息和其他合作活动的标准行政程序、实施信息交流的成本等九个方面的内容。第二部分涵盖法律基础、促进税收遵从、纳税人权利一般理论和中介代理人四个方面。第三部分规定解决税务争议的传统方法和跨境替代税务争议解决机制(如仲裁、监察、调解)。其中,伊娃·安德烈斯·奥科霍在纳税人权利一般理论的注解中主张,应当建立为所有国家接受的纳税人权利和保护的国际最低标准。在跨境替代税务争议解决机制注解中强调,把替代性争议解决机制纳入规定税务行政合作的法律文书,通过法律与体制改革寻求最适合的程序工具,特别是将调解扩大到税务问题上,可以更直接地保护有关纳税人的权利。

与此不同的是,欧洲税务联合会(Confédération Fiscale Européenne,CFE)建议通过《纳税人宪章范本》(Model Taxpayer Charter)来调整纳税人与国家之间的权义关系。该范本系 CFE 与亚洲—太平洋税务顾问协会(Asia - Oceania Tax Consultants' Association,AOTCA)、信托和遗产从业者协会(Society of Trust and Estate Practitioners,STEP)在合作审查 41 个国家纳税人权利章程基础上共同起

---

〔119〕 Eva Andres Aucejo, *Towards an International Code for Administrative Cooperation in Tax Matter and International Tax Governance*, 40 Revista Derecho del Estado 73 (2018).

草发布的。[120] 《纳税人宪章范本》涵盖了运行良好的税收制度的许多特征,并列出了十项被视为支撑纳税人权利的基本原则,包括平等、确定、效率和有效性、上诉权和争议解决权、适当的协助、保密和隐私、支付正确的税款、代表、比例以及诚实。同时也规定了纳税人的十项责任,即在合理要求的情况下提供信息、合作、付款、遵守法律、保持准确的记录、小心谨慎、保留备案信息、表现出礼貌、遵守跨境协议。[121] CFE 制定该范本的目标很简单,即通过澄清纳税人的义务与应维护的纳税人权利,促进纳税人和税务管理部门之间的相互信任、尊重和责任关系。

在实践中,欧盟正在尝试采取纳税人宪章的方式来确保纳税人和税务管理部门之间权义的平衡。欧洲委员会于 2012 年 12 月 6 日通过了包括欧洲纳税人法典在内的 34 项加强打击税务欺诈和逃税的举措;于 2013 年 2 月 25 日就国家纳税人守则或类似文书的经验以及欧洲纳税人守则的可能内容与欧洲公民和其他相关方进行了磋商;于 2016 年 11 月发布了《欧洲纳税人法典范本指南》(Guidelines for a Model for a European Taxpayers' Code)。[122] 该指南以欧盟成员国税收的主要一般原则和最佳做法为基础。这些原则和做法被认为有助于加强税务管理部门和纳税人之间的合作、信任和信心,确保双方权利和义务更加透明,并鼓励税务管理部门采取更加面向服务的做法。欧盟鼓励税务部门和欧洲纳税人采纳和应用这些原则和做法,包括新的发展和进一步的想法。[123] 尽管该指南不具有强制性,但是对于税收一般原则和最佳做法的梳理与总结,可以为欧盟成员国乃至其他国家纳税人与税务部门关系的改善提供有益参考。

由此可知,无论是伊娃 · 安德烈斯 · 奥科霍的《国际税务行政合作法典》,还是 CFE 的《纳税人宪章范本》,抑或欧盟的《欧洲纳税人法典范本指南》,它们共同的目标在于明确纳税人与国家及其税务行政部门之间的权义关系来促进更有效的税收。这些措施对调整纳税人与国家在全球税收治理中的权义关系无疑

---

〔120〕 CFE, *Objectives of a Model Taxpayer Charter*, http://www.taxpayercharter.com/page.asp?id=10.

〔121〕 CFE, *Taxpayer Charter: Fundamental Principles*, http://www.taxpayercharter.com/charter.asp?id=15.

〔122〕 European Commission, *Guidelines for a Model for a European Taxpayers' Code*, https://ec.europa.eu/taxation_customs/sites/taxation/files/guidelines_for_a_model_for_a_european_taxpayers_code_en.pdf.

〔123〕 European Commission, *Guidelines for a Model for a European Taxpayers' Code*, https://ec.europa.eu/taxation_customs/sites/taxation/files/guidelines_for_a_model_for_a_european_taxpayers_code_en.pdf.

具有重要的参考价值与启示意义。

笔者认为,纳税人权利和纳税人宪章问题值得更多的关注和考虑,特别是国际社会在全球范围内针对避税和逃税采取措施的背景下。国际社会消除有害税收的措施是值得欢迎的,但增加对纳税人和税务顾问的报告要求,以及披露这些措施产生的纳税人信息,有可能侵蚀纳税人的隐私和数据保护权利。回望税收透明度与信息交换的历史,公众对过去十年媒体揭露的逃税行为感到不安,再加上人们认为数字和技术公司缺乏税收,这激发了人们对税收政策、税收立法和税收管理前所未有的兴趣。正是在公平税收概念至关重要的这一背景下,最近的措施在国际上取得了一致。这些措施增强了税务机关的调查权力,增加了纳税人向税务机关提供纳税人信息的数量。

在如此短的时间内,从税收信息交流十分有限的环境转变为很快在各国及其税务当局之间进行大量的税收信息交流的环境。立法者和决策者在采取措施消除逃税和追求公平公正税收目标时,应考虑对纳税人权利的影响。保护纳税人基本权利的有效保障措施是至关重要的,尤其是考虑到以电子方式交换税收信息。[124] 从更深层次考量打击避税和逃税的措施,目前避税和逃税之间明显缺乏法律确定性。可接受和不可接受的税收计划之间的区别不是法律上的,而是道德上的区别,这种区别会随着公众舆论的变化而变化。由于这些原因,加上目前的公众舆论状态以及确保法律强制执行的持续性,保护纳税人的合法权利显得更为重要。

当然,纳税人权利提升不仅需要国家及其税务管理部门的作为,而且还需要自身为权利而斗争。毕竟,期待国家及其税务管理部门主动维护纳税人权利是不切实际的。这"斗争"的关键是纳税人能够发出自己的声音。就全球税收治理而言,更好的办法是重新加强对合法利益的保护,将纳税人权利纳入全球税收治理规则范围,而无论国家宪法权利的多元性或缺乏这种权利。[125] 具体而言,为了克服丹尼·罗德里克的政治三重困境,应该将民族国家宪法权利的相关内容,如透明度、协商、参与、合理性和合法性、规则和决定的有效审查等内容纳入全球税收治理规则范围。

---

〔124〕 Cfe Tax Advisers Europe, *Opinion Statement CFE* 1/2018 *on the Importance of Taxpayer Rights, Codes and Charters on Good Governance*, 58 European Taxation 2 (2018).

〔125〕 Leo E. C. Neve, *The Peer Review Process of the Global Forum on Transparency and Exchange of Information for Tax Purposes: A Critical Assessment on Authority and Legitimacy*, 10 Erasmus Law Review 103 (2017).

## 三、与国际组织权义关系的强化

相较于纳税人与国家的权义关系,纳税人与涉税国际组织的权义关系较为复杂。不仅在于涉税国际组织有 IGO 与 NGO 之别,还在于纳税人有抽象与具体之分,尤其是作为跨境纳税人特殊类型的跨国公司在全球税收治理中的独特地位。

### (一)纳税人与涉税 IGO

一般而言,跨境纳税人并不直接与涉税 IGO 产生关系。因为涉税 IGO 成员是各国政府以及政府间国际组织,而隶属于某个税收管辖区的跨境纳税人并不具有成员资格和代表资格。

然而,作为跨境纳税人的跨国公司则不一样,其因自身的经济实力而具有一定的国际政治经济影响力,是国际税收关系领域的活跃主体。众所周知,跨国公司的目标在于经济利益的最大化,而涉税 IGO 往往代表成员国的国家税收利益。两者的目标并不总是一致的,更确切地说在税收方面常常是冲突的。

跨国公司也意识到尽管自身强大的经济实力可以影响到国际政治决策,但是具有国家授权的涉税 IGO 在国际税收政策的创制方面毕竟具有相当的话语权。因此,跨国公司除了通过立法游说、政治献金等方式影响国家之外,也会借助与涉税 IGO 的合作,将自身追求的税收利益目标融入国际税收政策的制定当中。

其实,跨国公司与涉税 IGO 的合作是一种双向互动,跨国公司考虑到涉税国际组织在创建国际税法中的重要作用,积极寻求在涉税 IGO 决策中的参与。而涉税 IGO 为了实现决策的民主化和透明化,摆脱合法性危机,也在逐步开放非国家行为者尤其是跨国公司的决策参与权。

就目前而言,跨国公司与涉税 IGO 之间的权义存在一定的冲突。以 OECD 为例,一方面 OECD 认可跨国公司寻求国际税收政策合作的需求,另一方面始终以规制跨国公司为其税收政策的核心。这点在 BEPS 行动计划中体现的最为明显,该行动计划的 15 项中有 13 项直接与跨国公司有关。一定要意义上说,BEPS 行动计划规制的主要对象是跨国企业。正如 OECD 在该行动计划中阐释的那样:"虽然跨国公司强烈地要求在国际准则发展领域进行合作,以减轻由于各国税收制度差异造成的双重征税,但是他们经常利用各国税收制度和国际准则的差异来免除或显著减少税收。""一系列现象表明,一些跨国公司的税收操作伴随着时间推移变得更加激进,从而引发了严重的税收遵从和公平问题。”[126]

这种冲突还可以从 EU 对跨国公司,尤其是大型跨国科技公司的“税收围猎”中获得佐证。例如,2016 年 8 月,欧盟委员会根据其税收调查组的调查报告裁定,要求爱尔兰向苹果公司追缴 130 亿欧元的税款,以及 15 亿欧元的罚息。原因在于苹果公司在爱尔兰过去十年的平均税负为 2%,远低于爱尔兰12.5%的企业所得税标准税率。[127] 无独有偶,2017 年 5 月,谷歌公司向意大利补缴 2009 年至 2015 年该公司在意大利的税款 3.06 亿欧元。[128]

跨国公司与涉税 IGO 的对抗关系不利于国际税收问题的解决,也不利于全球税收治理价值目标的实现。OECD、EU 等涉税 IGO 既然意识到了跨国公司与它们以及主权国家之间加强关系可以提高税收遵从度且降低征管成本,[129] 那么涉税 IGO 就应该放下对纳税人尤其是跨国公司的“成见”,赋予并认可跨国公司国际税收政策制定的参与权。只要它们都有完全遵守国际税法的共同目标,把双方关系建立在相互理解、彼此信任、共同协商的基础上,那么彼此之间的协同合作将会取代矛盾对抗,互利共赢将会替代相互掣肘。

纳税人与涉税 IGO 同属全球税收治理主体,加强关系与合作符合彼此税收利益,也有利于国际税收问题的解决。因此,未来全球税收治理应在此方面着力。

### (二)纳税人与涉税 NGO

纳税人与涉税 NGO 的权义关系因为跨境纳税人角色的多元化而呈现出多样性。这种多样性可以概括为两个方面:一方面,跨境个人纳税人与涉税 NGO 具有同质性,两者都是公民社会的组成部分;另一方面,跨境企业纳税人属于市场力量,与涉税 NGO 分处于全球税收治理的不同层次,两者具有协调互补的关系。由此,甚至会发生跨境个人纳税人与跨境企业纳税人的冲突,因为后者容易

---

[126] OECD, *Addresssing Base Erosion and Profit Shifting*, OECD Publishing, 2013, p. 5 – 6.

[127] Nick Statt, *Apple Agrees to Pay Ireland $15.4 Billion in Back Taxes to Appease EU*, https://www.theverge.com/2017/12/4/16736114/apple – ireland – european – union – order – back – taxes – agreement.

[128] Alanna Petroff, *Italy Gets Google to Pay $335 Million in Tax Arrears*, https://money.cnn.com/2017/05/04/technology/google – italy – tax – payment/index.html.

[129] 欧盟委员会在其发布的《欧洲纳税人法典范本指南》中认可并强调了纳税人和税收管理部门之间加强关系的重要性。See European Commission, *Guidelines for a Model for a European Taxpayers' Code*, https://ec.europa.eu/taxation_customs/sites/taxation/files/guidelines_for_a_model_for_a_european_taxpayers_code_en.pdf.

通过全球价值链的布局破坏国际税收公平。

有些纳税人是涉税NGO的成员,在该组织目标指引下平等地处理与税收有关的事务。例如,WTA是一个活跃的组织,其将来自全球60多个国家的纳税人保护团体联系在一起,以便分享最佳做法和创造合作机会,从而将经济自由传播给全世界数以百万的公民。[130] 又如,ICC是由商业组织和企业组成,会员已扩展到全球100多个国家,拥有600多万位成员,是最大和最具代表性的私营部门组织。[131] 这些纳税人与涉税NGO之间的关系表现为社团成员与社团的关系。根据社团成员与社团关系的一般理论,[132] 纳税人群体或个体加入涉税NGO就享有对该组织事务的参与权利,同时需要承担自己作为该组织成员的义务责任。仍旧以ICC为例,ICC在制定用以规范国际商业规则方面具有不可匹敌的权威性。虽然其所制定的规则为任意性规则,但是这些规则在每天数以千计的交易中得到遵守,并已成为国际贸易中的一部分。[133]

若纳税人不是涉税NGO的成员,原则上其与后者之间没有法律上的关系,也就不存在权力、权利和义务的问题。但实际上,跨境纳税人尤其是跨国公司的利益、利润取向,促使一些涉税NGO成为它们税收活动的监督者。例如,TJN借助媒体报道、专门报告、出版物等方式揭露跨国纳税人的逃避税行为,向跨国公司施加压力与对其进行监督,并且游说国家及国家间政府组织来改变这种现状。对于一些高净值或者大型跨国企业基于利益考量形成的涉税NGO,普通纳税人也在寻求制衡力量。又如,GATJ的成立就是因为富人、银行和跨国公司建立了一个由大量会计师、律师和游说者支持的复杂的秘密国际金融中心或"避税天堂"系统,目的是有意减少对其利润和财富的税收。然而,这个精英群体完全依赖公共资助的基础设施和机构以及受过公共教育的劳动力来赚钱。这种系统性

---

[130] WTA, *About Us*, http://worldtaxpayers.org/about-us/.

[131] ICC, *Partnerships*, https://iccwbo.org/about-us/partnerships/.

[132] 社团成员的权利是每一个成员在其团体内享有的对本社团事务的参与权;社团的权利主要表现为法人的权利,其既是相对于国家权力、也是相对于其他社团权利和其他公民权利(以及人权)而存在的。社团的权力不同于社团的权利,是对内而非对外的,其来源主要是法律授权和结社者的构建。社团权力具有私权力的特点,其比国家权力距离个人更近,但其强制性相对淡化。社团的责任源于社团的权力,不行使权力或权力行使不到位都要承担相应的责任。社团权力应当保障其成员的权利而不应压制其权利,社团领导人应该有引领其成员的作用和能力,他们之间的关系主要是权力与权利的关系。马岭:《社团成员的权利与社团的权利和权力》,载《北方法学》2009年第2期。

[133] 国际商会:《国际商会国际销售示范合同(制成品)》(2013年修订版),中国国际商会、国际商会中国国家委员组织会译,对外经济贸易大学出版社2017年版,第72页。

避税(合法和非法的)导致普通人的财富在从公共部门向外流入少数人的私人手中时遭受损失。这扭曲了经济,破坏了民主,剥夺了人们生活所需的重要公共服务。所以,GATJ 要求在国家和全球税收系统中争取更大的透明度、民主监督和财富再分配。[134] 这必然与高净值的跨境个人纳税人以及跨国企业纳税人产生对抗与冲突。

跨境纳税人与涉税 NGO 是否可以协商与合作？答案是肯定的,跨境纳税人群体或个人成为涉税 NGO 的成员即是协商与合作的一种表现。问题在于,具有不同目标的涉税 NGO 与不同性质的跨境纳税人是否有协商合作的可能。比如 ICC 与普通纳税人之间,TJN、GATJ 与高净值纳税人或跨国公司之间。值得注意的是,单是对跨国公司等施行道德压力并不能取得好的结果,而只有与它们合作才能有效地解决问题。[135]

跨国公司对国家税收作用与影响是双重的,不能只看到其造成消极的一面。这些认识上的转变,可能会促使涉税 NGO 以积极的心态寻求与跨国公司的对话与合作。就跨国公司来说:一方面其对自身问题的认识难以回避;另一方面,涉税 NGO 作为崛起的新兴力量,其影响和作用是毋庸置疑,所以协商合作成了它们处理相互关系的选择。在全球化浪潮中,以跨国公司为主要代表的全球资本力量弱化了国家在税收方面的规制能力,加之国际社会尚未建立健全新的全球税收治理规则与机制。因此,涉税 NGO 与跨国公司可以从全球税收治理的观念出发,共同商讨并制定全球税收治理的规则,为全球化时代的全球税收治理框架和规则的建立作出充分贡献。

事实上,它们的合作具有重要的意义。跨国公司在与涉税 NGO 的协商、合作中,不仅可以获得更强的民主性和合法性基础,而且对全球税收治理的关注也可以产生一定的道德形象,从长远来看这些都有利于公司利润的增长。涉税 NGO 在与跨国公司的协商、合作中,也可以获得更强的民主性与道义性基础。而且,对于全球性税收问题的关注可以增强涉税 NGO 解决现实问题的责任感。当然,这种合作不能违背涉税 NGO 的初衷,也就是其设置组织的目标。

---

[134] GATJ, *About Us*, https://www.globaltaxjustice.org/en/about.

[135] 王杰、张海滨、张志洲主编:《全球治理中的国际非政府组织》,北京大学出版社 2004 年版,第 53 页。

## 本章小结

主体的多样性决定了全球税收治理权义结构的复杂性,要求合理配置不同层次主体之间的权力、权利和义务。

在主权国家层面,传统税收主权模型的固守是导致国家税收政策能力下降的主要原因。税收主权的法律上与事实上的划分可在某种意义上化解此种困境。法律上的税收主权是指征税的法律行动自由,只涉及决定、实施和执行税收政策的形式法律权威。事实上的税收主权是指有效实现效率、公平等税收政策预期目标的能力,关系到现实世界追求税收政策目标的实际能力。要想实现事实上的税收主权必须对法律上的税收主权进行一定程度的限制,而成员资格和财政约束是规范法律上税收主权的两项重要原则。

在涉税国际组织层面,如今形成了以G20为主导,OECD提供技术支持和政策制定,UN、WIF、WB等积极参与的体系。这个体系可以分为涉税IGO和涉税NGO。其中,涉税IGO的权义结构有内外之分,外部结构涉及该组织决策机制与主权国家的联系,内部结构涉及该组织的成员资格,问题范围,组织结构,授权、输入、决策过程和输出。在全球税收治理中,前者应遵循辅助性原则,后者应尤为注重成员的普遍性、决策过程的对等参与。涉税NGO权义结构有涉税NGO与国家和涉税IGO与NGO两方面。前者无固定权义关系模型,或互补合作,或矛盾对抗,或各行其是、和平共处,需要区分不同涉税NGO具体分析;后者协商合作关系的形成与深化有赖涉税NGO扩大咨商资格,畅通参与渠道。

在纳税人层面,要想发挥其在全球税收治理中独特的地位与功能,必须消除国际税收法律关系的"倒三角"、国际税收实体规范的义务性以及国际税收程序规范的排他性等制约纳税人与国家权义平衡的因素。而恢复并强化纳税人在全球税收治理中的主体地位是关键。跨境纳税人与涉税IGO并不直接发生关系,而是作为其典型的跨国公司因其经济实力可能与涉税IGO合作或者冲突。跨境纳税人或是涉税NGO的成员,或与涉税NGO没有直接联系,或有着共同或不同目标,因而他们之间可能呈现社团成员与社团的关系、协商合作关系、矛盾对抗关系。当然,冲突、矛盾、对抗都不利于全球税收治理价值目标的形成,需要在求同存异的基础上加强彼此的交流与沟通。

# 第五章　全球税收治理的规则选择

国际税法的外部表现形式，也称国际税法的渊源，具体体现为国内法与国际法两个层面。从广义规则的角度而言，这种外部表现形式总是与国际税法原则、国际税收规则、国际税收硬法规则、国际税收正式规则等息息相关。然而，基于传统国内法与国际法渊源理论之分析框架得出的结论，并不能揭示国际税法外部表现形式的最新发展。正如迪特尔·克维尔(Dieter Kerwer)所言，"全球监管越来越依赖法律规则的替代方法，这些替代规则被称为'软法'、'最佳实践规则'或'标准'"〔1〕。国际税收领域也概莫能外，除前述外部表现形式外，标准、软法、非正式规则已经发展成为国际税法外部表现的又一种形式。与全球治理的其他领域一样，标准、软法、非正式规则是全球税收治理的重要载体。也就是说，全球税收治理的规则体系包括原则、规则与标准，硬法规则与软法规则，正式规则与非正式规则。新形式规则具备什么样的特点与功能？与传统形式的规则又有哪些区别？新旧形式规则如何实现协同功能？这些是实现全球税收治理的价值、落实全球税收治理的权义关系必须思考的问题，也是本章所阐释的主要内容。

## 第一节　标准是原则、规则的补充

作为规则特殊形式的标准，因其制定多元性、遵守自愿性和实施灵活性而更能适应日益相互依赖的世界，逐渐成为全球治理的新兴规则形式。〔2〕在税收领域，无论是转让定价税制的设计，还是有害税收优惠与避税地的认定，抑或税收

---

〔1〕 Dieter Kerwer, *Rules that Many Use: Standards and Global Regulation*, 18 Governance: An International Journal of Policy, Administration, and Institutions 611 (2005).

〔2〕 参见吴永辉：《全球治理中国际标准的勃兴》，2006 年中国青年国际法学者暨博士生论坛论文集(国际公法卷)，2006 年 10 月于武汉。

透明度与信息交流的推进,都离不开相关标准的建立与推广。甚至是国际标准化三大组织之一的国际标准化组织(International Organization for Standardization,ISO)亦开始聚焦与税收有关的标准问题,发布了有关消费税发票内容、安全、发行和审查等方面的标准。[3] 这些标准促进了国际税法的发展与变革,与国际税法原则、国际税收规则共同形塑了全球税收治理的规范体系,并在全球税收治理中发挥着越来越大的独特治理功能。

## 一、标准与原则、规则的区分

著名国际法教授、前国际海洋法法庭法官吕迪格·沃尔夫鲁姆(Rüdiger Wolfrum)在论文《一般国际法(原则、规则和标准)》中系统阐释了作为国际法来源的原则、规则和标准的含义,并区分了它们的作用。[4] 国际税法是国际法的有机组成,其原则、规则与标准的界分固然可以借助国际法的一般性理论。

根据吕迪格·沃尔夫鲁姆的阐释,原则有两种不同的用法。一种是指元法律原则(metalegal principles),即在哲学或伦理话语中产生并从那里引入法律规范体系的原则。另一种是指特定法律或一般法律体系中固有或发展而来的原则。作为国际法来源的原则含义偏重后者,是一种描述行为义务或实现目标义务的具有约束力的法律声明。当然,这种义务是抽象的、描述性的,而非直接应用的、具体的术语。

与原则不同的是,规则可能是抽象的,但更多是具体的。简言之,规则是对义务的解释,国际规则是对国际义务的解释。这种义务可以命令或禁止国家处理国家的规定性,行政性或(通常是间接地)国家的裁决职能的特定行为,有如下类型:(1)结果义务;(2)行为义务;(3)面向目标的义务;(4)实际上针对自然人和法人的义务;(5)行为和结果的国际义务。他论述规则的载体是公约、议定书、国际法院裁决。

吕迪格·沃尔夫鲁姆认为,标准的含义虽然具有多层面性,其理解须结合上

[3] ISO, *ISO* 22382:2018 *Security and Resilience – Authenticity, Integrity and Trust for Products and Documents – Guidelines for the Content, Security, Issuance and Examination of Excise Tax Stamps*, https://www.iso.org/standard/73859.html.

[4] Rüdiger Wolfrum, *General International Law (Principles, Rules, and Standards)*, https://opil.ouplaw.com/view/10.1093/law:epil/9780199231690/law-9780199231690-e1408#law-9780199231690-e1408-div2-1.

下文的具体语境，但是最为常见的是广泛意义上的技术规则。[5] 因而他认可《技术性贸易壁垒协议》附件一对“标准”的定义，[6] 并将国际法来源意义上的标准置于此定义中进行分析。他指出，此类标准可以由根据国际协议设立并被赋予这种职能的专家机构制定，在其开发的过程中，专家以及利益相关者都参与其中。[7] 该程序的正当性在很大程度上取决于负责制定标准的有关机构的均衡组成。吕迪格·沃尔夫鲁姆论述的标准的效力有些是强制性的，有些是自愿性的。

具体至国际税法，原则、规则与标准的这种区分仍然具有重要的指导意义：

第一，需要明确的是原则、规则和标准是国际税法的渊源。也就是说，国际税收标准构成国际税法渊源中的一个新要素，它们是为了补充有关其技术性更强的国际税收公约或协定而发展起来的。例如，CRS 即在解决双边税收协定，双边情报交换协议以及 MAC 中关于金融账户涉税信息交换问题的基础上发展起来的国际税收标准。国际税收标准之所以能够拓展国际税法渊源，是因为：(1)一些国际税收标准可能由国际税收公约制定，也可能获得国际税收条约的承认，或者作为国际税收协定的参照，这些本来就属于《国际法院规约》第 38 条规定的国际法渊源。[8] (2)一些标准不足以构成国际税收公约或协定本身，也不满足国际税收习惯的构成要件，更不可能构成国际税法的一般原则，因而不符合《国际法院规约》第 38 条规定的法源类型。然而，国际税法并非静态的结构，而是包括原则、规则等持续的演进过程，这为标准成为国际税法新渊源提供了必

---

〔5〕 Rüdiger Wolfrum, *General International Law* (*Principles, Rules, and Standards*), https://opil.ouplaw.com/view/10.1093/law:epil/9780199231690/law - 9780199231690 - e1408 # law - 9780199231690 - e1408 - div2 - 1.

〔6〕《技术性贸易壁垒协议》附件一将“标准”定义为：“经公认机构批准的、规定非强制执行的、供通用或重复使用的产品或相关工艺和生产方法的规则、指南或特性的文件。该文件包括或专门关于适用于产品、工艺或生产方法的专门术语、符号、包装、标志或标签要求。” See WTO, *Agreement on Technical Barriers to Trade*, https://www.wto.org/english/docs_e/legal_e/17 - tbt_e.htm.

〔7〕 Rüdiger Wolfrum, *General International Law* (*Principles, Rules, and Standards*), https://opil.ouplaw.com/view/10.1093/law:epil/9780199231690/law - 9780199231690 - e1408 # law - 9780199231690 - e1408 - div2 - 1.

〔8〕《国际法院规约》第 38 条规定：“一、法院对于陈诉各项争端，应依国际法裁判之，裁判时应适用：(子)不论普通或特别国际协约，确立诉讼当事国明白承认之规条者。(丑)国际习惯，作为通例之证明而经接受为法律者。(寅)一般法律原则为文明各国所承认者。(卯)在第五十九条规定之下，司法判例及各国权威最高之公法学家学说，作为确定法律原则之补助资料者。二、前项规定不妨碍法院经当事国同意本‘公允及善良’原则裁判案件之权。”

要性与可行性。[9]

第二,原则不仅能促进国际税法规范的系统化,而且可以作为解释、适用,特别是逐渐发展国际税法的工具。当然,国际税法基本原则也可能直接产生法律上的权利和义务。尽管原则可以为国际税收规则或标准的解释或适用提供指导,但是其本身并不能像标准和规则一样为纳税人和税务机关提供解决法律纠纷中的特定税收问题。可以说,国际税法原则与规则、标准之间具有明显的差异性。在明确性上,国际税法原则比规则、标准都要弱。如果说规则与标准确定了裁决或决策的详尽考察因素,那么原则则确定了非详尽的考虑因素。在范围上,国际税法原则所涉范围更为广泛,而国际税收规则与标准一般都是针对特定的对象。在拘束力上,国际税收规则是最具约束性和刚性的,一旦一项规则被解释并且事实被发现,那么该规则对事实的适用就决定了该规则所涉及的问题。国际税收标准提供了中间级别的约束,定义了一些强制性考虑的因素。原则的约束性最小。

第三,虽然可以在广义层面上使用法律规则来指代所有法律规范,无论它们是以明线规则、平衡测试形式的标准,还是抽象原则的形式出现。但是,这并不能否定以狭义上的规则来区分原则、规则与标准。本节强调的标准与原则、规则的区分正是基于这种狭义上的规则含义,即"法律规则是指具体规定权利和义务以及具体法律后果的准则,或者说是对一个具体的事实状态赋予一种确定的具体后果的各种指示和规定,其是对人们行为进行指引的准则"。[10] 根据法理学者关于规则的优点与独特功能的阐释,[11] 国际税收规则相较于国际税法原则具有这样的特点:(1)微观的指导性;(2)可操行性强;(3)确定性程度较高。

第四,国际税收标准指导决策,提供了更大范围的选择权或酌处权。不同国际税收标准在指导和约束决策过程中的能力有所不同,一些标准通过指定决策者应该考虑的相对具体的因素以及这些因素的相对权重或重要性,给决策者提供了实质性的指导。例如,BEPS 行动计划所确定的防止税收协定滥用、防止有害税收竞争、实施转让定价国别报告和改善争端解决机制的四项最低标准,旨在解决某些国家因为不作为而给其他国家带来的负面溢出效应问题。[12] 另外一

---

〔9〕 周银玲:《标准在全球治理中的地位及与国际法的关系》,武汉大学 2015 年博士学位论文,第 85~89 页。

〔10〕 刘平:《法律解释:良法善治的新机制》,上海人民出版社 2015 年版,第 106 页。

〔11〕 周永坤:《法理学——全球视野》(第 4 版),法律出版社 2016 年版,第 165 页。

〔12〕 OECD, *Explanatory Statement*, 2015 *BEPS Deliverables*, OECD Publishing, 2015, Paragraph 11.

些标准更加开放,需要考虑一般性和抽象性的因素。比如关联企业中的独立交易标准,其具体应用依赖于可比性分析,而决定可比性时比较重要的交易资产或劳务特性、交易各方执行的功能、合同条款以及交易各方的经营策略等因素也并不十分具体,往往取决于各异的国家税收立法。提到"所有情况"、"正义利益"或"公平考虑"的标准,约束性和指导性都显得特别弱。

国际税收规则与标准之间的区别,可以基于国内法与国际法两个层面进行分析。从国内法角度来看,学者们指出规则与标准在制定、执法、实施、监督检查等方面存在明显的区别。〔13〕从国际法角度来看,关键是要把握国际税收标准与国际税收条约的关系。即使标准常常出现在国际税收条约中,也不能否定标准之于国际税收条约的独立地位。标准可以间接或通过纳入法律文书而具有法律意义。相对于国际税收条约的规则而言,国际税收标准的优点表现为采用和修正的形式灵活,这使得标准在一定意义上成为修改国际税收规则的机制。当然,国际税收条约中所载的规则仍然是国际税收标准的法律来源。

## 二、国际税收标准的基本样态

史蒂文·A.迪恩(Steven A. Dean)指出,当前国际税收领域正发生着这样的变化,即用国际税收规则取代标准以应对企业利润的转移和个人跨境逃避税的问题。〔14〕他得出此结论的前提是,在过去,标准在国际税收领域占据主导地位。事实也正是如此,受国家税收主权的影响,灵活的标准反而是国际税收发展不可或缺的动力,能够不断地推动并促进国际税法的建立、改革与完善。

### (一)国际税收标准的种类举要

回顾国际税法的百年历史,标准在国际税收规则形成、改革与完善的过程中扮演着重要的角色。其中,引人瞩目的国际税收标准有独立交易标准、〔15〕有害税收竞争标准以及税收透明度和信息交换标准。

---

〔13〕 柳经纬:《评标准法律属性论——兼论区分标准与法律的意义》,载《现代法学》2018 年第 5 期;白桦、洪生伟:《立法和制定标准的比较分析和研究——法律与标准生命周期过程比较分析研究之一》,载《标准科学》2009 年第 2 期;齐陵、齐格奇、洪生伟:《执法和实施标准的比较分析和研究——法律与标准生命周期的比较分析研究之二》,载《标准科学》2009 年第 7 期;白桦、洪生伟:《法律和标准实施监督的比较分析和研究——法律与标准生命周期的比较分析研究之三》,载《标准科学》2010 年第 3 期。

〔14〕 Steven A. Dean, *Neither Rules Nor Standards*, 87 Notre Dame Law Review 537 (2011).

〔15〕 独立交易标准有多种称谓,包括正常交易法、正常交易原则、独立交易原则。

1. 独立交易标准

独立交易标准已经成为评估关联企业之间转让定价问题的国际共识,并在许多双边税收协定以及国内立法中得到了确认。独立交易标准肇始于国际联盟 1933 年通过的《关于在国家间为税收目的分配营业所得的协定草案》关于常设机构之间利润按照相同或类似条件下从事相同或类似活动的独立企业进行分配之规定。[16] 独立交易标准首先在美国国内税收立法中得到确立。1935 年美国联邦税务局为了有效实施《战争税收法案》第 45 节"收入和扣除的分配"之规定,以条例(regulation)的形式将独立交易标准作为转让定价税制的基本原则。此内容在 1954 年被以非常相似的语言编入《美国联邦税法典》第 482 节。[17] 嗣后的 OECD 范本第 9 条和 UN 范本第 9 条也采纳了独立交易标准,绝大多数国家之间的税收协定以此为范本。为明确独立交易标准的适用,OECD 发布了《跨国企业与税务机关转让定价指南》,[18] UN 制定了《发展中国家转让定价操作手册》。在此影响下,独立交易标准成为绝大多数国家转让定价规则制定的基础。即使是不存在转让定价立法的国家,有些国家也在反避税条款当中嵌入了独立交易标准。

2. 有害税收竞争标准

有害税收竞争标准评判的是何种国际税收竞争属于有害行为,主要包括有害优惠税制标准和避税地标准。这些标准源于国际组织规制有害国际税收竞争的努力,最早出现在 OECD 于 1998 年发布的《有害税收竞争:一个正在出现的全球性问题》报告当中。该报告认为,这两个标准都有关键因素,包括没有或仅有名义上的税收、缺乏透明度和缺少有效情报交换,不同的是前者强调制度的围栏效应,后者要求没有实质性经济活动。[19] 根据这些标准,OECD 公布了其成员国中存在的有害优惠税制,以及全球范围内的避税地名单。与此同时,EU 也制定了相应的有害优惠税制标准。在此之后,各国开始效仿,纷纷在本国税法中

---

〔16〕 Mitchell B. Carroll, *Allocation of Business Income: The Draft Convention of the League of Nations*, 34 Columbia Law Review 473 (1934).

〔17〕 Reuven S. Avi – Yonah, *The Rise and Fall of Arm's Length: A Study in the Evolution of U. S. International Taxation*, https://repository. law. umich. edu/law_econ_archive/art73/.

〔18〕 1979 年 OECD 首次发布了《转让定价与跨国企业》,1995 年发布修订版《跨国企业与税务机关转让定价指南》,并于 2010 年、2017 年和 2022 年进行了更新,这些指南始终坚持独立交易标准。

〔19〕 参见蔡庆辉、廖益新:《有害国际税收竞争的规制问题研究》,科学出版社 2010 年版,第 28 ~ 31 页。

规定国际避税地的具体标准，并根据所制定的标准列出了国际避税地的名单。[20] 如今，这些标准被纳入 BEPS 第 5 项行动计划，是 BPES 行动计划四项最低标准之一，已经成为参与 BEPS 包容性框架 141 个税收管辖区的共识，并得到这些参与国的认可且会被纳入一致行动（包括对国内税法的修订）。

3. 税收透明度和信息交换标准

税收透明度和信息交换标准是 OECD 规制有害税收竞争运动的副产品，由 OECD 和部分非 OECD 成员国组建的全球税收论坛制定，先后被 2002 年《OECD 税收信息交换协定范本》、2004 年修订的 OECD 范本第 26 条所采纳。G20、UN 分别于 2004 年和 2008 年认可了这一标准。[21] 全球税收论坛在 2009 年改组为税收透明度与信息交换全球论坛，更是进一步提高了税收透明度和信息交换标准的拘束力。G20 领导人在 2013 年承诺将自动信息交换作为全球新标准，之后汇聚集团之力支持 OECD 的工作并在 2014 年公布了《金融账户涉税信息自动交换标准》。该标准明确了金融涉税账户信息申报、尽职调查及信息交换的统一标准。截至 2019 年 9 月，有 157 个管辖区承诺执行关于 EOIR 的国际标准；153 个税收管辖区承诺实施关于 AEOI 的新标准，其中 109 个管辖区已就该标准的实施商定了共同的时间表。[22] 税收透明度和信息交换标准现已经被国际社会广泛认可与采纳，正在深刻影响着各国国内税收立法。

### （二）国际税收标准的特点分析

与原则、规则相比，国际税收标准在创制、实施和遵守方面具有独特的特点。

1. 创制的多元性

国际税收标准创制的多元性表现在两方面，一方面是创制方式的多元化，另一方面是创制主体的多元化。一般而论，国际标准创制模式有私人标准化（private standardization）、委员会标准化（committee standardization）、网络标准化（standardization network）和组织标准化（standardization within organizations）四大类型。[23] 国际税收标准的创制囊括了这四种模式。一是国际税收的私人标准化创制模式。例如，美国税务基金会（tax foundation）依据竞争力和中立性衡量

---

〔20〕 朱青编著：《国际税收》（第 9 版），中国人民大学出版社 2018 年版，第 109 页。

〔21〕 汤贡亮主编：《2012 中国税收发展报告——中国国际税收发展战略研究》，中国税务出版社 2013 年版，第 238 页。

〔22〕 http://www.oecd.org/tax/transparency/about-the-global-forum/#d.en.341948.

〔23〕 Dieter Kerwer, *Rules that Many Use: Standards and Global Regulation*, 18 Governance: An International Journal of Policy, Administration, and Institutions 624 (2005).

OECD 成员国的国际税收竞争力,并从 2014 年开始制定并发布国际税收竞争力指数(International Tax Competitiveness Index,ITCI)。[24] 二是国际税收的委员会标准化创制模式。例如,ISO 发布的有关消费税发票内容、安全、发行和审查等方面的标准——ISO 22382:2018;世界银行发布的《全球营商环境报告》主要包括的纳税数目、纳税时间、总税率以及报税后等纳税指标。[25] 三是国际税收的网络标准化创制模式。例如,全球税收论坛制定的税收透明度和信息交换标准。四是国际税收的组织标准化创制模式。例如,欧盟通过《商业税行为准则》颁布有害优惠税制标准。总览这些不同的创制模式,国际税收标准制定的主体既有私人主体也有公共主体,既有国家行为体也有非国家行为体,既有全球性国际组织也有区域性国际组织。可见,国际税收标准无论是创制方式还是创制主体都存在多元性。

2. 实施的灵活性

国际税收的实施有自愿实施、附条件的方法、国际立法、国内法认可或转化为国内法、相互认可等机制。首先,大多数国际税收标准都是以任意法的形式存在,是一种自我选择约束的标准,国际税法主体可以自愿接受。OECD 范本和《跨国企业与税务机关转让定价指南》,UN 范本和《发展中国家转让定价操作手册》等确立的独立交易标准,均是建议国家与跨国企业选择适用。虽然没有法律强制力保证此类标准实施,但是国家如果意识到使用该标准的益处,仍旧能够以自助的方式履行。其次,所谓附条件的方法实施国际税收标准,是指给予接受者有利或不利条件以使其符合标准的要求。例如,起初的有害税收竞争标准就是通过黑名单或者合作承诺等附条件的方式予以实施。又如,IMF 往往借助《国际货币基金组织协定》第 4 条磋商条款向成员国提出税收政策建议,以实施某种税收标准。再次,国际立法是指国际税收条约部分吸收或整体移植国际税收标准,以国际法渊源的方式实施。其中,最为典型的是税收透明度和信息交换标准。其由不具约束力的国家税收标准变成了国际税收公约的内容,并借助 MCAA 的方式予以实施。又次,最具影响力的实施方式是国家把国际税收标准转化成国内税法或者国内税收标准,或者基于国家同意适用国际税收标准。显然,国家普遍实施独立交易标准就是采取前一种方式,而实施 CRS 则属于后一种国家同意的方式。最后,相互认可方式即国家相互尊重和承认税收标准的合

---

〔24〕 Tax Foundation, *International Tax Competitiveness Index* 2019, https://taxfoundation.org/publications/international-tax-competitiveness-index/.

〔25〕 罗秦:《税务营商环境的国际经验比较与借鉴》,载《税务研究》2017 年第 11 期。

法性。例如,全球论坛基于税收透明度和信息交换标准举行的同行评议。这些不同实施方式契合不同的国际税收标准,可以视为不同需要灵活选择一种或多种国际税收标准的实施方式。

3. 遵守的层次性

不同的标准具有不同的法律地位,其决定了国际税收标准义务性程度的高低,使国际税法主体遵守标准具有了一定的层次性。根据学者关于标准法律效力的一般阐释,〔26〕国际税收标准的法律地位可能有三种:一是国际税收硬法,二是国际税收软法,三是在软法与硬法之外。就第一种可能而言,国际税收标准表现为国际税收惯例、国际税收条约或国家税收立法,例如 CRS 和独立交易标准。就第二种可能而言,国际税收标准表现为某些国际组织所颁布的指南、示范法、准则等,如 OECD 范本和《跨国企业与税务机关转让定价指南》,UN 范本和《发展中国家转让定价操作手册》。就第三种可能而言,国际税收标准表现为某些不具约束力的文件,比如美国税务基金会的 ITCI,WB 发布的《全球营商环境报告》对税收的评价。此三者层面上的国际税收标准的约束力从强到弱,义务性由高到低。也正是如此,国际税法主体对国际税收标准的遵守具有层次性。

## 三、国际税收标准的补充功能

补充功能指的是国际税收标准补充和完善以国际税收规则为主体的全球税收治理规范体系的功能。这种补充性功能的前提是国际税收标准是国际税法外在表现形式的组成部分,植根于国际税收标准的特殊性以及国际税法原则与国际税收规则制定、实施的困境。

### (一)提倡国际税收标准的理由

有些学者指出,通过建立国际税收标准来应对全球性税收问题似乎不是最佳策略,落后于具有约束力的国际税法原则、国际税收条约和国际税收习惯。基于国际税收标准的全球税收治理通常得不到很好的协调,其有效性也得不到保障。〔27〕那么,为什么全球税收治理越来越基于标准?

---

〔26〕 朱景文:《略论全球治理和法治》,载《新视野》2008 年第 1 期。

〔27〕 Nils Brunsson & Bengt Jacobsson, *A World of Standards*, Oxford University Press, 2002, p. 16 – 21; Philipp Genschel, *How Fragmentation Can Improve Coordination: Setting Standards in International Telecommunications*, 18 Organization Studies 603 (1997).

第一,国际税收标准具有很大的优势。[28] 首先,国际税收标准比约束力强的国际税法原则、国际税收规则更能适应日益相互依赖的世界政治经济关系。一方面,由于国际税收专家小组、专业委员会和工作组制定国际税收标准的事实,因此国际税收标准更有可能为全球性税收问题提供相关的解决方案。另一方面,国际税收标准更容易跨越国界实施,因为其与国际税法原则、国际税收规则不同,其效力并不限于国家管辖范围内。只要国际税收标准所体现的专业知识被认为是适宜的,其就有更大的机会激发合规性。其次,国际税收标准的自愿性更符合国家税收主权原则,国际税收标准的使用者对如何使用标准拥有自主选择权。尊重国际税收政策自主选择权,有助于国际税收标准在全球税收治理中取得成功。这点在 BEPS 行动计划中有着充分的体现,该计划因绕开了跨境收入税权分配的问题,成功地将国际社会关于防止税收协定滥用、防止有害税收竞争、转让定价国别报告和争端解决的共识以最低标准的形式,推广至全球 135 个税收管辖区。最后,与制定国际条约相比,在国际一级制定国际税收标准不太可能会陷入决策僵局。各国没有理由抗拒国际税收标准,因为遵循标准是自愿的。即使是在僵局的情况下,有更多的可能性改变决策论坛,因为国际税收标准制定通常不如立法活动组织得井井有条,并且存在多个处理类似标准的论坛。

第二,国际税法原则缺乏共识性的理解。无论是理论研究还是制度实践,对国际税法原则构成及其具体内容的认识都缺乏共识。从理论研究来看,国际税法基本原则的构成有"一元说""二元说""三元说""四元说""五元说"等多种观点,而且在同一层次的学说中也有截然不同的表述(见表 10)。甚至有学者将国际税法原则视为国际税收规则,他认为国际税法原则蕴含于税收协定之中,包括来源地规则、分配规则和优惠规则。[29]

---

[28] Dieter Kerwer, *Rules that Many Use: Standards and Global Regulation*, 18 Governance: An International Journal of Policy, Administration, and Institutions 615 (2005).

[29] [美]罗伊·罗哈吉:《国际税收基础》,林海宁、范文祥译,北京大学出版社 2006 年版,第 15 ~ 16 页。

表 10　国际税法基本原则的构成

| 类型 | 原则 | 代表作 |
|---|---|---|
| 一元说 | 征税公平 | 高尔森主编:《国际税法》(第 2 版),法律出版社 1993 年版 |
| 二元说 | 国家税收管辖权独立,国际税收分配关系中的平等互利 | 陈安主编:《国际税法》(第 2 版),鹭江出版社 1988 年版 |
|  | 国家税收管辖权独立,国际税法公平 | 刘剑文:《国际税法的两项基本原则》,载《法学杂志》1998 年第 5 期 |
|  | 维护国家主权利益,平等互利 | 曲顺兰、程燕婷编著:《国际税收学》,山东人民大学出版社 2006 年版 |
|  | 国家税收主权,国际税收公平 | 陈少英主编:《国际税法学》,上海人民出版社 2009 年版 |
| 三元说 | 国家税收管辖权独立,国际税收分配的平等互利,税收无差别待遇 | 陈大钢:《国际税法原理》,上海财经大学出版社 1997 年版 |
|  | 国家税收主权,国际税收利益公平分配,无差别待遇 | 罗晓林、谭楚玲编著:《国际税收与国际税法》,中山大学出版社 1995 年版 |
|  | 税收主权,国际合作,公平 | 张泽平主编:《国际税法》(第 2 版),北京大学出版社 2016 年版 |
| 四元说 | 税收管辖权独立自主,避免国际双重征税、消除对外国人的税收歧视,防止国际逃税与避税 | 廖益新主编:《国际税法学》,高等教育出版社 2008 年版 |
|  | 国家税收管辖权独立,公平地避免国际双重征税,平等互利,税收无差别待遇 | 刘庆国:《论国际税法的基本原则》,载《西北第二民族学院学报(哲学社会科学版)》2000 年第 2 期 |
|  | 国家税收主权、国际税收分配公平、国际税收中性、跨国纳税人税负公平 | 刘永伟:《国际税法基本原则之探讨》,载《法制与社会发展》2002 年第 1 期 |
|  | 国际税收管辖权相对独立,国际税收公平,国际税收中性,国际税收效率 | 蒋新苗主编:《国际税法学》,湖南人民出版社 2010 年版 |

续表

| 类型 | 原则 | 代表作 |
| --- | --- | --- |
| 五元说 | 国家税收管辖权独立(国家课税主权原则)、国际税收分配公平、涉外纳税人税负公平、国际税收中立性、国际税捐效率 | 陈清秀:《国际税法》,台北,元照出版有限公司 2018 年版 |

从制度实践来看,国际社会一致认可通过价值创造原则来改革现行国际税收框架,并作为设计数字经济税收政策的理论依据。然而关于该原则的制度建构,出现了以英国为主要代表的国家强调用户参与、以美国为代表的国家主张营销无形资产和以印度为代表的发展中国家坚持显著经济存在等多种方案的主张。[30] 为弥合分歧,国际社会提取用户参与方案所主张的“非常规利润”和营销型无形资产方案所主张的“利润的超额部分”,形成了《关于应对经济数字化税收挑战“双支柱”方案的声明》中的“支柱一”方案。[31] 但是这种采用完全技术性的标准衡量方法,实际上放弃了对价值创造原则的规范界定。国际税法原则共识的缺失不仅对国际税收的立法造成混乱,而且还会增加国际税收规则适用的难度。毕竟,国际税法原则直接决定了国际税收制度的基本性质、内容和价值,是国际税法内部协调统一的重要保障,对国际税收制度改革具有导向作用。国际税法原则共识性理解的缺失将会破坏国际税收框架的相关性和可持续性,并损害全球投资和增长。

第三,国际税收规则存在分歧。现代国际税法的形成,从一开始就在理论依据方面寻求共识,以求建构符合各方利益的税收规则。经过相当长的历史发展过程,国际税法的概念体系与理论框架也趋于统一。但是,这种努力并没有从根本上解决国际税收规则方面存在的分歧,尤其体现在指导各国签订国际税收协定最有影响力的两个范本之间的不同。尽管两者的结构框架和条款基本一致,但是在指导思想上,OECD 范本强调居民税收管辖权,UN 范本侧重来源地税收管辖权。差异主要体现在常设机构概念的适用范围、对常设机构经营利润的征税,关于对船运和空运收入、股息、利息、特许权使用费、劳务所得、退休金的征

---

〔30〕 朱炎生:《经合组织数字经济税收规则最新提案国家间利益博弈分析》,载《国际税收》2019 年第 3 期。

〔31〕 OECD, *Statement on a Two – Pillar Solution to Address the Tax Challenges Arising from the Digitalisation of the Economy*, *OECD/G20 Base Erosion and Profit Shifting Project*, (Oct. 8, 2021), https://www.oecd.org/tax/beps/statement – on – a – two – pillar – solution – to – address – the – tax – challenges – arising – from – the – digitalisation – of – the – economy – october – 2021.pdf.

税。其中,分歧最大的是常设机构的范围、对常设机构经营利润的征税以及对特许权使用费的征税。[32] 由此也就导致了国际社会的一个"老大难"问题出现,即发达国家与发展中国家之间的国际税收利益分配。为了维护各自的利益,各税收管辖区制定了不一致的国际税收规则。各国国内税制的相互作用有时会导致税收管辖权重叠,有时也会留下管辖权空白。这些分歧进一步加大了原本就体系分散的国际税法的实施和征管难度。规则的强约束力,意味着在国际层面达成一套符合各方利益的国际税收规则需要耗费巨大的成本。稍有不慎,便可能前功尽弃。

总之,国际税收标准相较国际税法原则、国际税收规则的优势,如基于专业知识更容易适应不断变化的国际环境以及制定更加灵活,决定了前者的优势地位。标准的优势可以在一定范围和程度上缓解国际税法原则缺乏共识和国际税收规则存在分歧造成的治理僵局,为国际税法原则和规则的建立健全提供足够的时间缓冲,并促进了原则、规则和标准之于全球税收治理的协同功能。

### (二)国际税收标准补充功能的呈现

国际税收标准的补充功能体现在对国际税法原则、国际税收规则的配合功能和对国际税法创制、实施的促进功能。作为一种特殊规范,国际税收标准也具有一定的规范功能。

第一,国际税收标准的配合功能。配合功能是指标准在国际税收规则供给不足或不及时的补充作用,或者之于国际税收规则可适用性和可接受性的增强作用。在全球性税收问题日趋严重的情况下,国际税收规范的充分且及时的供给无疑是全球税收治理的基本路径。从国际税法产生的一般机理来看,国际税法原则和国际税收规则的形成需要各利益攸关方,尤其是国家行为体的合意。此种合意依系各参与主体税收利益的博弈,难以在短时间内达到相对均衡的状态。因此,经常会出现国际税收规则供给不足的情况。国际税收标准的灵活性和实施的自愿性,可以在一定程度上缓解国际税收规则供给不足。同时,基于专业知识形成的标准可以节约国际社会的交流成本和社会成本,并最大限度地激发国际税法主体的合规性。即使是在存在国际税法原则和国际税收规则的领域,国际税收标准作为原则或规则的实施细则、操作指南,也可以提高国际税法

〔32〕 朱青:《国际税收》(第9版),中国人民大学出版社2018年版,第277~282页。

原则和国际税收规则的可适用性和可接受性。其实，有些标准本身就是国际税收规则的一部分。

第二，国际税收标准的促进功能。促进功能是指国际税收标准对国际税法的创制与遵守的推动作用。在创制层面，国际税收标准的促进功能在于拓展了国际税法创制的主体、方式和范围。[33] 一是私人主体、国际组织和跨国公司等对国际税收标准的制定和实施的影响，导致了国际税收规则及其立法过程本身的多元化，它们之间的交互影响推动了国际税法外表表现形式的进一步发展。二是国际税收标准衔接了税收条约系统内部和外部的多样化立法过程，更加丰富了传统国际税收规范的形成机制。三是标准作为桥梁，促进了国际税收硬法规则与软法规则的共存与融合，从而产生了全新的国际税法领域。在遵守层面，国际税收标准的促进功能是激发了国际税法的遵守动机，提高了国际税法的遵守能力，进而加强了国际税法的实施。主体遵守能力的提高得益于国际税收标准基于专业权威而产生的说服力和基于多层次合作治理激发的积极性；遵守能力的提升得益于国际税收标准细化的规范内容和广泛的适用范围。

第三，国际税收标准的规范功能。同国际税收原则和规则一样，国际税收标准也具有一定的规范功能。国际税收标准的规范功能是指国际税收标准对全球税收治理主体行为的规范作用，体现为预测、评价和裁决三个方面。预测功能是指国际税收标准有预知国际税法主体行为的可能结果的作用。国际税收标准确定了国际税法主体行为与后果之间的联系，是人们预测国际税收行为后果的工具。借助这一工具，国际税法主体能够更好地应对具体细节，降低国际税收的复杂性，从而增强全球税收治理的质量和效率。评价功能是指国际税收标准作为人们评判的标尺，衡量其他国际税法主体行为善恶所起的作用。国际税法主体可以根据国际税收标准之于其他行为作出的评判，知晓哪些国际税收行为是适当的，从而谴责不符合标准的国际税收行为，褒扬符合国际税收标准的国际税收行为。裁决功能是指国际税收标准在预防和解决国际税收争议和纠纷方面所起的作用。国际税收标准的约定或引用是以低成本和平解决税收争议的重要选择。

---

〔33〕 周银玲：《标准在全球治理中的地位及与国际法的关系》，武汉大学 2015 年博士学位论文，第 110～111 页。

## 第二节 国际税收软法规则的运用

软法的使用在全球治理背景下,尤其是在诸如税收等需要超越国家界限的监管事项上变得越来越普遍。正如黛安·M. 瑞英所言,"尽管国家对国际税收政策拥有正式的硬法权力,但国际组织仍以各种方式影响国际税收政策和税收规则的实际设计,包括建立或行使软法权力"[34]。为什么国家会遵循这些国际税收规则?这种遵守是法律义务,还是非法律义务但同样具有说服力的义务,抑或是根本没有义务?为此,国际税法文献中的讨论越来越多地使用诸如"硬法""习惯法""软法"等术语来回答这些问题并提出政策建议。[35] 国际税收软法意味着什么?它与国际税收硬法、国际税收习惯法之间有怎样的关系?之于全球税收治理有怎样的作用?在实践中又是如何运行的?这些问题是确定国际税收软法规则是否为全球税收治理理想工具的关键。

### 一、国际税收软法规则的界定

软法问题在环境、金融、反垄断等国际监管领域已经被讨论了许多年,但是在国际税收领域的讨论相对滞后。税收文献中的分析是国际法学界关于软法研究的延伸,国际税收软法的界定也是基于国际软法概念。

阿维·诺夫(Avi Nov)在区分硬法与软法的基础上提出,"软法指的是不具有法律效力并且通常不涉及直接制裁的法律文书,包括声明、建议、章程、行为守则、通知、框架和准则等","国际软法是指在没有法律压力或执法机构的情况

---

[34] Diane M. Ring, *Who is Making International Tax Policy? International Organizations as Power Players in a High Stakes World*, 33 Fordham International Law Journal 652 (2010).

[35] *CHANTAL THOMAS, Customary International Law and State Taxation of Corporate Income: The Case for the Separate Accounting Method*, 14 Berkeley Journal of International Law 99 (19961); Brian Lepard, *Is the United States Obligated to Drive on the Right? A Multidisciplinary Inquiry into the Normative Authority of Contemporary International Law Using the Arm's Length Standard as a Case Study*, 10 Duke Journal of Comparative & International Law 43 (1999); David R. Tillinghast, *Commentaries to the OECD Model Convention: Ubiquitous Often Controversial, but Could They Possibly Be Legally Binding?*, 35 Tax Management International Journal 580 (2006); Alberto Vega, *International Governance Through Soft Law: The Case of the OECD Transfer Pricing Guidelines*, Max Planck Institute for Tax Law and Public Finance, 2012; Craig West, *References to the OECD Commentaries in Tax Treaties: A Steady March from "Soft" Law to "Hard" Law?*, 9 World Tax Journal 117 (2017).

下,在全球一级实现集体价值观的能力"[36]。在他的论述中,国际税收软法的内涵与软法、国际软法概念是一致的。艾莉森·克里斯蒂安斯认为硬法与非硬法之间的区别不是二元的,软法是介于将其描述为法律的不合适观点与将其描述为根本不是法律的不太现实立场之间的第三种类型。软法本身可能不构成法律,但似乎具有引发法律程序或形式的效果。由此,国际税收软法是一种本身并不被视为法律,但会迫使国家产生类似法律义务感的规范。[37] 帕斯夸莱·皮斯通(Pasquale Pistone)给国际税收软法下了一个相当宽泛的定义,即指任何缺乏实际约束力的但能够对接受者进行某种劝说使其自愿遵守的社会规则或原则。[38] 阿尔贝托·维加(Alberto Vega)将国际税收软法与不具有法律约束力的文书结合起来,认为"国际税收软法"一词是用来指那些过于模糊或不精确的文书,即使具有法律约束力,也可以指那些缺乏正式执行机制的文书。[39] 王丽华认为,国际税收软法是"由政府间组织、非政府组织、跨国公司等制定的、对当事人具有事实效力的原则、规范、标准、政策、协议和程序"[40]。

虽然学者们关于国际税收软法的表述各异,但是上述界定皆基于规范的形式和效果两个维度进行的。前者描述的是国际税收软法的形式特质,强调他与《国际法院规约》第 38 条中总结的经典国际法渊源——国际条约、国际习惯和国家认可的一般法律原则的差异;后者阐释的是国际税收软法的实质特质,即国际税收软法之于国家的义务感,而国家自愿接受这种不具有约束力的规范。需要注意的是,有些学者采取罗列外在表现形式的方法来阐释国际税收软法的做法有欠妥当,因为除国际法经典渊源之外,国际规范大家庭中的其他规范的载体难以类型化区分。在正向列举难以穷尽的情况下,可以考虑以反向排除的方式来明确其外在表现形式,即国际税收软法的外在表现形式是除国际税收条约、国际税收习惯、国家认可的一般税法原则之外的规范。因此,国际税收软法可以被界定为除国家税收条约、国际税收习惯以及国家认可的一般税法原则等形式之

---

〔36〕 Avi Nov, *The Bidding War to Attract Foreign Direct Investment*: *The Need for a Global Solution*, 25 Virginia Tax Review 871 (2006).

〔37〕 Allison Christians, *Hard Law and Soft Law in International Taxation*, University of Wisconsin Law School, 2007, p. 6 – 7.

〔38〕 Pasquale Pistone, *Soft Tax Coordination*: *A Suitable Path for the OECD and the EU to Address the Challenges of International Double* (*Non* – ) *Taxation in VAT/GST Systems*, In Michael Lang et al., Value Added Tax and Direct Taxation – Similarities and Differences, IBFD, 2009, p. 1165.

〔39〕 Alberto Vega, *International Governance Through Soft Law*: *The Case of the OECD Transfer Pricing Guidelines*, Max Planck Institute for Tax Law and Public Finance, 2012, p. 9.

〔40〕 王丽华:《全球税收治理及中国参与的法治进路》,载《环球法律评论》2017 年第 6 期。

外的并且能够对接受者进行某种劝说使其自愿遵守的国际税收规范。

鉴于有些学者把原本属于国际税收软法范围的规范认定为国际税收习惯,〔41〕因此有必要进一步明确两者之间的关系。一般而论,国际税收习惯有两个基本要素:一是客观层面的广泛国家实践,即国家统一遵守;二是主观层面的必要法律确信,即国家遵守是出于法律义务感。〔42〕与国际税收条约不同,国际税收习惯不是来自正式文件,而是来自国家实践、国际机构的声明和其他非正式进程。似乎在这点上与国际税收软法是一致的,而且根据国际税收软法的定义可知其确实具有主观上的法律确信。因此,国际税收软法很容易被认定为国际习惯法的范畴。但是事实并非如此,这充其量只是说明了两者之间存在某种联系,将国际税收习惯与国际税收软法混为一谈,不仅没有细致地区分两者在法律确信上的区别,而且还忽视了国际税收习惯的客观因素。

在法律确信上,国际税收软法的遵守只是因为国家认为其符合最佳国际税收实践或者有利于维护国家利益,而非因为"有必要这样做"的一般法律义务。国际税收习惯是一段时间内的反复遵守与行为符合遵守法律要求义务之意识的有机统一,具有内在的法律价值。必要确信不仅仅是在专家技术小组的框架内进行技术工作的结果,而且是稳定的且满足所有文明国家民主要求之法律价值的表达。〔43〕国际税收软法表现的向那些考虑是否将其纳入硬法律的国家进行劝说的逻辑,这显然达不到国际税收习惯内在法律价值层面的要求。在国家实践上,虽然有些国家遵守了国际税收软法,但是就整体而言这种遵守还是有限的,并没有达到国际税收习惯所强调的广泛性。当然,国际税收习惯本质上是动态的。如果有足够多的国家在未来将国际税收软法充分内部化,这些规范可能会演变成国际税收习惯。国际税收软法是否可以被认定为国际税收习惯,取决于国家惯例是否足够广泛,以及各国是否因为有必要这样做的一般法律义务而

---

〔41〕 Frank Engelen, *Some Observations on the Legal Status of the Commentaries on the OECD Model*, 60 Bulletin for International Taxation 103 (2006); Chantal Thomas, *Customary International Law and State Taxation of Corporate Income: The Case for the Separate Accounting Method*, 14 Berkeley Journal of International Law 99 (1996).

〔42〕 Michael Byers, *Introduction Power, Obligation, and Customary International Law*, 11 Duke Journal of Comparative & International Law 83 (2001).

〔43〕 Pasquale Pistone, *Soft Tax Law: Steering Legal Pluralism Towards International Tax Coordination*, In Dennis Weber, eds., Traditional and Alternative Routes to European Tax Integration: Primary Law, Secondary Law, Soft Law, Coordination, Comitology and their Relationship, IBFD, p. 109 – 110.

同意该规范,这两个方面缺一不可。[44] 由此可见,国际税收软法与国际税收习惯是两种不同的现象。

## 二、国际税收软法规则的作用

不同类型规范的作用与其本身的特质息息相关。考察国际税收软法规则之于全球税收治理的作用,应当客观辩证地认识软法规则的优势及其局限性。在此基础上,国际税收软法规则在全球税收治理中的应用才能更具理性,更有针对性。

### (一)国际税收软法规则的优劣势

相较于硬法规则,国际税收软法规则在全球税收治理中具有如下优势:

第一,国际税收软法规则有助于达成协议。主要体现在三个方面:其一,国际税收软法规则促进了不同法律文化、观点和价值观的共存,为国家之间的税务合作奠定了基础。[45] 其二,国际税收软法比具有约束力的协议更灵活,因而可以根据国际政治经济环境的变化进行补充或修改。其三,国际税收软法规则可以核验所建议的税收公约或协定是否有效。如果国际税收软法规则有效,那么它的创制与实施可能是达成具有约束力税收公约或协定的第一步。

第二,国际税收软法规则的谈判成本相对较低。一方面,由于违反国际税收软法规则的后果通常并不严重,因此各国不会在谈判进程中投入过多的资源。[46] 另一方面,由于国际税收软法规则批准过程相对简单,软法规则达成一致所需要的时间也相对较少。但根据各国宪法的规定,批准具有约束力的文书往往需要国家议会的审查,这需要耗费一定的时间。

第三,国际税收软法规则能缓解税收主权之间的紧张关系。税收主权的国家主权特性,使各国在税收事项上尤为强调国家税收政策的自主性。一国税收管辖权与他国税收管辖权时常发生重叠或冲突,因而达成具有共识性的硬法规则必须协调参与各方的利益冲突。面对正在全球蔓延的国际税收问题,需要更加及时有效的处理措施。采用非强制约束性的国际税收软法规则,可以在应对

---

〔44〕 Allison Christians, *Hard Law and Soft Law in International Taxation*, University of Wisconsin Law School, 2007, p. 5.

〔45〕 Steven A. Dean & Claire R. Kelly, *Introduction: Ruling the World*, 34 Brooklyn Journal of International Law 601 (2009).

〔46〕 See Kenneth W. Abbott & Duncan Snidal, *Hard and Soft Law in International Governance*, International Organization 434 (2000).

全球性税收问题时,不触碰国家税收主权的敏感神经,在某些情况下可能是最佳的选择。

在肯定国际税收软法规则优点的同时,也要注意其固有的缺陷。例如,国际税收软法规则可能无法满足透明度、公开辩论和民主合法性等创制硬法律的所有要求,因而在公众监督和问责方面存在相应的缺陷。有学者对此提出了警示,软法对法治可能是一种威胁。[47] 此外,国际税收软法规则还存在一个固有的问题,即在一个严重依赖广泛参与的项目中,缺乏执行力可能会使其完全无效。[48] 一些国家可能会通过不遵守并利用其他国家的遵守来"搭便车",并攫取国际税收软法规则所产生的国际税收利益。以有害税收竞争为例,如果一些国家决定遵守禁止给予有针对性的税收激励的行为准则,那么不遵守的国家可能会通过这些优惠措施来赢得国际资本的投资。

### (二)国际税收软法规则的具体作用

国际税收软法规则在全球税收治理中的作用涉及两个问题:一是国际税收软法规则在国际税收规则体系中的定位;二是国际税收软法规则之于国际税收法治的作用。

就第一个问题而言,首先需要明确国际税收软法规则是国际税收规则体系的重要组成部分与有益补充。全球性税收问题的普遍存在,要求国际社会形成统一的行为规则,但是完全依赖稳定的国际税收条约来应对这些问题易出现滞后性。国际税收软法规则相对于硬法规则的灵活性、适应性、低成本等特点,使其在一定程度上调和了国际税收领域规则供给与需求之间的矛盾,客观上形成了国际税收规则的作用场域。概言之,国际税收软法在规则层面上具有示范作用与补充作用。

国际税收软法规则的示范作用有两个方面:一是对国际税法主体的示范作用,二是对国际税收立法的示范作用。国际税收软法规则可能通过良好的实施效果对国际税法主体产生了示范作用。有些国际税收软法规则在创制之初,并没有太多的参与者,至少确定不具有普遍参与性。一旦这些规则在遵从者的实践中取得了良好的效果,便会吸引更多参与者将其纳入本国遵守的税收规范体

---

〔47〕 Jan Klabbers, *The Undesirability of Soft Law*, 67 Nordic Journal of International Law 391 (1998).

〔48〕 Avi Nov, *The Bidding War to Attract Foreign Direct Investment: The Need for a Global Solution*, 25 Virginia Tax Review 873 (2006).

系,从而促成统一的国际税收立法。[49] 例如,国际税收软法中的 OECD《跨国企业与税务机关转让定价指南》和 UN《发展中国家转让定价操作手册》,获得了许多国家的认同和遵守,它们所创制的一些规则与标准被一些国家硬化为国家税法。[50] 国际税收软法规则作为国际税收硬法规则的“前规则”形式,不仅可以起到拉开国际税收立法序幕的作用,而且还可以为国际税收硬法的框架设计奠定坚实的素材基础。例如,国际税收软法中的税收透明度和信息交换标准,即为 MAC 和 CRS 的颁布、实施起到了重要的铺垫作用。

国际税收软法规则的补充作用指的是其能够弥补国际税收硬法规则对全球税收治理规则供给的不足,同时协助现行国际税收硬法规则的实施。国际税收硬法没有甚至无法触及的国际税收领域还有很多,国际税收软法规则的创制可以弥补因前者缺乏造成规则供给不足所造成国际税收秩序的混乱。[51] 例如,在流转税的国际协调方面至今没有相应的国际税收硬法规则,国际税收软法中的 OECD《国际增值税/货物劳务税指南》(The International VAT/GST Guidelines)正在为越来越多的国家提供增值税立法指导,并促进跨境供应服务和无形资产的税收政策的国际统一。[52] 即使是存在国际税收硬法的领域,国际税收软法也可以为前者的适用提供更为具体的操作规程,为前者的解释提供必要的辅助资料,从而降低因国家税收文化差异所导致的税收争议。例如,国际税收软法中的 OECD 范本及其注释,为各国国际税收协定的谈签、理解与适用提供了重要参考与指导。越来越多的国家在条约或条约议定书中直接提及 OECD 范本注释,并将其作为解释双边税收条约的依据。[53]

就第二个问题而言,首先明确了国际税收法治的要求。根据法治的经典定义可知,良法和善治是国际税收法治的两项基本要求。国际税收软法规则之于国际税收法治的作用,恰恰体现在对这两方面的塑造和促进上。

一方面,国际税收软法规则有利于国际税收良法的塑造。尽管我们承认国际税收软法规则不具有内在的法律价值,但是内含在这些规则中的税收伦理在

---

〔49〕 朱文龙、鲍禄:《国际软法的理论探析》,载《天津大学学报(社会科学版)》2013 年第 4 期。

〔50〕 Alberto Vega, *International Governance Through Soft Law: The Case of the OECD Transfer Pricing Guidelines*, Max Planck Institute for Tax Law and Public Finance, 2012.

〔51〕 陈海明:《国际软法在国际法律秩序中的作用》,载《新疆社科论坛》2010 年第 1 期。

〔52〕 EY, *A look at OECD's International VAT Guidelines*, https://taxinsights.ey.com/archive/archive-articles/a-look-at-oecds-international-vat-guidelines.aspx.

〔53〕 Craig West, *References to the OECD Commentaries in Tax Treaties: A Steady March from "Soft" Law to "Hard" Law?*, 9 World Tax Journal 117 (2017).

某种程度上影响并形塑着国际税收惯例或习惯。国际税收软法规则具有的国际税收道德理性可能耦合国际税收法治的目标，这有助于国际税收良法的塑造。比如，独立交易标准从确立至今，在人们否定其法律地位到认可其国际税收惯例乃至习惯的法律地位过程中，极大地推动了转让定价的国际与国内立法。除此之外，国际税收软法规则的预立法功能对国际税收良法的塑造也具有重要的推动作用。在国际税收立法尚未启动时，国际税收软法规则可以为国际社会达成的共识提供表达空间，进而创造有利于国际税收硬法形成和产生的条件。例如，OECD 范本不仅对国际税法产生了巨大影响，也影响了其他税收协定，许多国家以该范本作为谈判缔结避免双重征税协定的基础。[54] 在国际税收立法准备阶段，相关的国际税收软法规则为制定良好的国际税收硬法规则提供示范及实践检验的机会，对于内容清晰的国际税收良法的形成大有裨益。例如，OECD 发布《关于国际税收协定下自动交换信息标准格式的建议》《关于税收信息自动交换的标准磁性格式的建议》《关于使用 OECD 税务信息自动交换示范谅解备忘录的建议》等软法性文件，无疑为《金融账户涉税信息自动交换标准》起草和出台提供了支撑。

另一方面，国际税收软法规则有利于国际税收善治的实现。[55] 首先，国际税收软法规则的内在理性有助于整体国际税收利益观与价值观的形成。内在理性植根于国际税收规则的道德理性，或是基于最佳国际税收实践的考虑，或是对国家税收利益的追求，强化了国际税收规范的遵从意识。这种部分遵从意识的强化，有助于塑造国际税收利益观与价值观，最终影响到国际社会整体的利益观和价值观。其次，国际税收软法的利导属性可以合理化国际税法主体的行为。国际税法主体的紧张关系归根结底是利益关系引起的，它们遵守国际税收软法规则也是因为利益。因此，可以借助国际税法软法规则实施所形成的利益，激励国际税法主体实施或改变相应的国内立法。最后，国际税收软法规则制定的多元主体可以更好地回应全球性税收问题。单纯依靠国家行为体施政往往掣肘税收主权而不能及时、有效地回应这些问题，非国家行为体参与并制定国际税收软法规则在解决这些问题上发挥了重要作用，尤其是具备税收专业能力的行为体能够实施精准的治理。

---

〔54〕 [奥]麦克尔 · 朗：《避免双重征税协定法导论》(第 2 版)，朱炎生译，法律出版社 2017 年版，第 9 页。

〔55〕 尚杰：《国际软法问题研究》，吉林大学 2015 年博士学位论文，第 74 ~ 77 页。

## 三、国际税收软法规则的实践

与全球税收治理涉税国际组织体系相适应,国际税收软法制定的主体也形成了以G20为主导,OECD提供技术支持和政策制定,UN、WIF、WB等积极参与的格局。毋庸置疑,OECD在其中占据主导地位。因此,我们可选择OECD制定的国际税收软法规则为素材,分析其在国际层面和国内层面的影响,从而为全球税收治理规则的选择提供实践理性。

### (一)OECD与国际税收软法规则的制定

作为国际组织的OECD显然有能力向其成员方提供具有约束力的规范。实践并非如此,OECD几乎只制定国际软法,尤其是在税收方面。在载有所有决定(decision)、声明(declaration)、建议(recommendation)、国际协议(internationanl agreement)和其他文书(others)的经合组织数据库〔56〕中以税收为主题词检索发现,目前有2项声明、38项建议(其中,有19项已经废止)和3项国际协议(见表11)。在这些规范性文件中,只有2项公约和1项议定书具有法律约束力。〔57〕显然,OECD在税收领域的工作不是制定精确和有约束力的国际税收硬法,而是制定并传播自愿遵守的国际税收软法规则。

**表11　OECD制定的国际税收软法文件**

| 项目 | 文件 |
|---|---|
| 声明(2项) | 《税务信息自动交换声明》(OECD/LEGAL/0404)<br>《税基侵蚀和利润转移声明》(OECD/LEGAL/0399) |
| 建议(38项) | 《理事会关于打击税收犯罪的十项全球原则的建议》(OECD/LEGAL/0469)<br>《关于对国际服务和无形资产贸易适用增值税/货物和服务税的建议》(OECD/LEGAL/0430)<br>《关于转让定价相关税基侵蚀和利润转移措施的建议》(OECD/LEGAL/0424)<br>《关于金融账户信息自动交换标准的建议》(OECD/LEGAL/0407)<br>《关于独立财政机构原则的建议》(OECD/LEGAL/0401)<br>《促进税务机关与其他执法机关合作打击严重犯罪的建议》(OECD/LEGAL/0384) |

〔56〕 OECD, *OECD Legal Instruments*, https://legalinstruments. oecd. org/en/instruments? mode = normal&themeIds = 14&dateType = adoption.

〔57〕 这3项国际协议是:(1)《实施税收协定相关措施以防止税基侵蚀和利润转移的多边公约》(OECD/LEGAL/0432);(2)《修订〈税收相互行政协助公约〉的议定书》(OECD/LEGAL/0382);(3)《多边税收行政互助公约》(OECD/LEGAL/0235)。

续表

| 项目 | 文件 |
|---|---|
| 建议<br>（38 项） | 《关于进一步打击国际商业交易中贿赂外国公职人员的税收措施的建议》（OECD/LEGAL/0371）<br>《关于将利润归属于常设机构的建议》（OECD/LEGAL/0368）<br>《关于使用 OECD 税务信息自动交换示范谅解备忘录的建议》（OECD/LEGAL/0309）<br>《关于实施 1998 年有害税收竞争报告中所载提案的建议》（OECD/LEGAL/0305）<br>《关于打击有害税收竞争的建议》（OECD/LEGAL/0297）<br>《关于税收协定中税收减免的授予和设计的建议》（OECD/LEGAL/0291）<br>《关于所得和财产税收协定范本的建议》（OECD/LEGAL/0292；OECD/LEGAL/0275；OECD/LEGAL/0267）<br>《关于在国际背景下使用税务识别号的建议》（OECD/LEGAL/0287）<br>《关于确定关联企业间转让定价的建议》（OECD/LEGAL/0279）<br>《关于 OECD 同时进行税务检查协议范本的建议》（OECD/LEGAL/0269）<br>《关于税收协定违反的建议》（OECD/LEGAL/0253）<br>《关于避免遗产与赠与税双重征税的建议》（OECD/LEGAL/0195）<br>《关于避税和逃税的建议》（OECD/LEGAL/0158）<br>《关于税收情报自动交换使用修订的 OECD 标准磁性格式的建议》（OECD/LEGAL/0288）<br>《关于对外国公职人员贿赂减税的建议》（OECD/LEGAL/0286）<br>《关于〈所得和财产税收协定范本〉将所得归属于常设机构的建议》（OECD/LEGAL/0274）<br>《关于税收信息自动交换的标准磁性格式的建议》（OECD/LEGAL/0270）<br>《关于适用和解释〈所得和财产税收协定范本〉规定的 183 天规则的建议》（OECD/LEGAL/0262）<br>《关于对国际劳务输出所得征税的建议》（OECD/LEGAL/0215）<br>《关于避免对租赁工业、商业或科学设备所得收入双重征税的建议》（OECD/LEGAL/0207）<br>《关于避免集装箱租赁所得双重征税的建议》（OECD/LEGAL/0206）<br>《关于国际税收协定下自动交换信息标准格式的建议》（OECD/LEGAL/0193）<br>《关于税款追索行政互助的建议》（OECD/LEGAL/0189）<br>《关于关联企业间转让价格确定的建议》（OECD/LEGAL/0174）<br>《关于避免所得税和财产税双重征税的建议》（OECD/LEGAL/0151）<br>《关于改变多国企业活动信息的建议》（OECD/LEGAL/0139）<br>《关于避免遗产与赠与税双重征税的建议》（OECD/LEGAL/0077）<br>《关于避免双重征税的建议》（OECD/LEGAL/0056；OECD/LEGAL/0030）<br>《关于核风险保险税收条例的建议》（OECD/LEGAL/0044） |

资料来源：OECD，*OECD Legal Instruments*，https://legalinstruments. oecd. org/en/instruments?mode = normal&themeIds = 14&dateType = adoption。

注：下画横线表示该规范性文件已经废除。

关于 OECD 范围内税收软法规则的立法过程,可以从下述方面进行把握。

第一,税务问题由财政事务委员会处理,该委员会由 OECD 不同成员方政府的高级官员以及阿根廷、中国、印度、俄罗斯和南非等一些非成员国的观察员组成。此外,财政事务委员会也会咨询商界代表,特别是通过 BIAC。由此,艾莉森·克里斯蒂安斯将 OECD 财政事务委员会视为一个公共/私人网络,[58]但在托马斯·里克森看来,民间社会利益获取非常有限,因此可以将 OECD 财政事务委员会称之为跨政府专家组织。[59]

第二,OECD 财政事务委员会得到税收政策与管理中心的支持,该中心是秘书处内的一个理事会,负责准备技术工作。税收政策与管理中心的工作人员根据他们的技术专长直接受雇于 OECD,形成了艾莉森·克里斯蒂安斯所称的"税务专家网络"[60]。从这个意义上说,托马斯·里克森认为 OECD 专业人员提供了一个独立于国家本身的组织领导类型的示例。[61]

第三,需经每个成员方的一名代表组成的理事会和所有成员的共同同意才能够采纳这些建议。如果某个国家对一项建议投弃权票,该建议将只适用于投赞成票的国家而不适用于弃权的国家。正如休·J. 奥尔特(Hugh J. Ault)所强调的那样,协商一致原则至关重要,鉴于谈判者定期会面,一个国家可能会牺牲其在特定情况下的立场,以便未来在更重要的问题上获得更多支持。[62]

当然,OECD 范围内制定税收软法的制定程序也存在局限,这也是其他范围内国际税收软法所面临的问题。例如,OECD 的成员仅限于发达国家,尽管最近努力促进与非成员方和其他国际组织的合作,但它们在 OECD 的影响力仍然非常有限。[63] 此外,OECD 国际税收软法规则立法过程缺乏透明度、公开讨论的可能性和民主控制,这与国家立法机构的活动并不相称。

---

[58] Allison Christians, *Networks, Norms and National Tax Policy*, 9 Washington University Global Studies Law Review 18 (2010).

[59] Thomas Rixen, *Politicization and Institutional (Non -) Change in International Taxation*, Wissenschaftszentrum Berlin Für Sozialforschung, Social Science Research Center Berlin, 2008, p. 6.

[60] Allison Christians, *Networks, Norms and National Tax Policy*, 9 Washington University Global Studies Law Review18 (2010).

[61] Thomas Rixen, *Politicization and Institutional (Non -) Change in International Taxation*, Wissenschaftszentrum Berlin Für Sozialforschung, Social Science Research Center Berlin, 2008, p. 6.

[62] Hugh J. Ault, *Reflections on the Role of the OECD in Developing International Tax Norms*, 34 Brooklyn Journal of International Law 763 (2009).

[63] Reuven Avi - Yonah & Haiyan Xu, *Evaluating BEPS: A Reconsideration of the Benefits Principle and Proposal for UN Oversight*, 6 Harvard Business Law Review 201 (2016).

（二）国际税收软法规则的实践列举

在 OECD 制定的国际税收软法规则中，OECD 范本及其注释和转让定价指南最为典型。在此，本书以 OECD《跨国企业与税务机关转让定价指南》为例，说明国际税收软法规则对国际与国内层面税收规则的影响，从而揭示国际税收软法规则的运行逻辑。

1. 国际税收软法规则对国际税法正式渊源的影响

第一，国际税收软法规则对国际税收条约的影响，主要表现在条约的制定和解释两个层面，即就制定而言，国际税收软法规则可能是达成具有约束的国际税收条约的第一步；就解释而言，国际税收软法规则作为现行税收条约的解释工具，以互补的方式发挥作用。

具体至 OECD《跨国企业与税务机关转让定价指南》，这种影响主要是解释层面的，即对现行税收条约的解释。在某些情况下，条约签署国可以在外交照会或条约议定书中明确指出，应根据转让定价准则对相关条款进行解释。例如，比利时和美国（2006 年）、保加利亚和美国（2007 年）以及冰岛和美国（2007 年）的税收条约议定书中都提到了 OECD《跨国企业与税务机关转让定价指南》。此外，就 2003 年日本和美国之间的税收条约而言，两国通过外交照会商定，应根据最新版本的转让定价指南来解释该条约。在这些案例中，OECD《跨国企业与税务机关转让定价指南》几乎是生效条约的一部分。[64] 即使在条约或其议定书中没有具体提及的情况下，转让定价指南也与 OECD 和 UN 范本的注释密切相关，后者将指南与协定范本以及几乎所有现行税收条约中所载的公平交易标准相联系。因此，转让定价指南可以视为注释的一部分。自 1992 年的 OECD 范本第 9 条注释增加了一个段落，指出转让定价指南适用独立交易交易原则，使前述观点变得更加明确。事实上，UN 专家组还建议遵循 OECD《跨国企业与税务机关转让定价指南》应用 UN 范本第 9 条确立的独立交易原则，明确将该指南的影响扩大至非 OECD 成员方。[65]

第二，国际税收软法规则对国际税收习惯的影响。在这方面，哈特穆特·希尔根伯格（Hartmut Hillgenberg）指出，不具约束力的协定不能直接产生国际习惯

〔64〕 Alberto Vega, *International Governance Through Soft Law: The Case of the OECD Transfer Pricing Guidelines*, Max Planck Institute for Tax Law and Public Finance, 2012, p. 17.

〔65〕 J. M. Calderón Carrero, *The OECD Transfer Pricing Guidelines as a Source of Tax Law: Is Globalization Reaching the Tax Law?*, 35 Intertax 14 (2007).

法,但它们有助于作为一种新兴的法律确信而产生国际习惯法。[66] 同样地,迈克尔·博特(Michael Bothe)认为,不具有法律约束力的文件可以用作习惯法的证据。[67] 其实,关于独立交易原则的使用已使其可能成为一种国际税收习惯。正如尚塔尔·托马斯(Chantal Thomas)所述,独立交易标准已成为一种普遍的国家惯例。美国一些州对跨国公司适用公式化分摊方法,国际社会对其的消极反应表明,公平原则通常被视为强制性的。[68]

第三,国际税收软法规则对国际法一般原则的影响。OECD《跨国企业与税务机关转让定价指南》所使用的公平标准可以视为这样的原则:一方面,如果我们遵循这些原则必须为许多国家的国内法律制度所共有的概念,那么独立交易标准显然满足这一条件;另一方面,如果我们承认一般原则可能具有国际渊源并侧重于人权、环境保护或税收等问题领域,那么独立交易标准也属于这一类。需要注意的是,OECD《跨国企业与税务机关转让定价指南》的详细程度和涵盖的专题不同,不能将它们作为一个整体视为一般法律原则。

2. 国际税收软法规则对国内税收法律制度的影响

国际税收软法规则除对国际税法正式渊源的影响外,其还在税收立法、税收行政和税收司法方面影响着国内税收法律制度。

在税收立法上,这种影响体现在国内税收立法对国际税收软法规则的参考。有些国家在其国内立法中提到国际税收软法规则,通常表示在解释相关规则时应充分考虑这些软法规则。例如,《爱尔兰税收合并法》第 835D(2)节规定,在计算关联方之间的相关交易转让价格时,应考虑参照 OECD《跨国企业与税务机关转让定价指南》。又如,《墨西哥所得税法》第 215 条,明确指出关联方之间业务估值的公平标准应根据 OECD《跨国企业与税务机关转让定价指南》进行解释。[69] 尽管有些国家国内税收立法没有与国际税收软法规则相对应的内容,但是国际税收软法规则也有可能在实践中被用来填补立法不空白,即使这将超出简单的解释性援助。这点在 OECD《跨国企业与税务机关转让定价指南》上体现

---

〔66〕 Hartmut Hillgenberg, *A Fresh Look at Soft Law*, 10 European Journal of International Law 514 (1999).

〔67〕 Michael Bothe, *Legal and Non - Legal Norms: A Meaningful Distinction in International Relations?*, 11 Netherlands Yearbook of International Law 87 (1980).

〔68〕 Chantal Thomas, *Customary International Law and State Taxation of Corporate Income: The Case for the Separate Accounting Method*, 14 Berkeley Journal of International Law 125 (1996).

〔69〕 Alberto Vega, *International Governance Through Soft Law: The Case of the OECD Transfer Pricing Guidelines*, Max Planck Institute for Tax Law and Public Finance, 2012, p. 19 - 20.

得很明显。

在税收行政上,国际税收软法规则经常出现在税务部门的行政通知或类似的其他文件中。一般而言,这些文件对税务部门具有约束力,但对纳税人和司法部门不具有约束力。然而,大多数纳税人会遵从这些文件中的表达意见,否则他们可能会承担税务机关的审计风险并面临长期诉讼。实践中,税务部门严重依赖国际税收软法规则来解释税收立法空白,甚至填补税收立法空白。以 OECD《跨国企业与税务机关转让定价指南》为例,其已经成为诸多国家税务部门行政通知或类似文件的参考。在澳大利亚,税务署的税务裁决正在尽可能多地遵循 OECD《跨国企业与税务机关转让定价指南》,这种现象在比利时和加拿大也可以看到。同样,在德国,联邦财政部关于转让定价问题的一些最相关的通函,也包括了对该指南的不断引用。英国税务署公布的业务声明、税务公告、指导手册等不同类型的非约束性文书也经常提及该指南。[70] 国际税收软法规则正在影响各国税务行政。

在税收司法上,国际税收软法规则可能是一些法院解释或补充硬法的重要工具,尤其是在国际税收立法尚未涵盖到前者所关注的问题时。OECD《跨国企业与税务机关转让定价指南》就是这样的国际税收软法规则,加拿大、奥地利、意大利、德国、西班牙等国家的法院高度关注 OECD《跨国企业与税务机关转让定价指南》,甚至会援引该指南来证明使用公平交易标准下某些方法计算的转让价格是合理的。当然,也有一些国家明确表示国际税收软法的不适用性。例如,澳大利亚法院明确拒绝遵循 OECD《跨国企业与税务机关转让定价指南》,或者仅在非常特殊的情况下才提及此指南。在美国的判例法中,几乎没有提到 OECD《跨国企业与税务机关转让定价指南》。[71]

总之,国际税收软法规则在相当程度和范围上影响了国际税法的正式渊源和国内税收法律制度的建立、健全,在此过程中它得到了似乎并不特别软的制度因应方法的支持。

---

〔70〕 Alberto Vega, *International Governance Through Soft Law: The Case of the OECD Transfer Pricing Guidelines*, Max Planck Institute for Tax Law and Public Finance, 2012, p. 21 – 24.

〔71〕 Alberto Vega, *International Governance Through Soft Law: The Case of the OECD Transfer Pricing Guidelines*, Max Planck Institute for Tax Law and Public Finance, 2012, p. 25 – 27.

## 第三节 正式与非正式规则的协同

全球税收治理理论与实践显示,国际税收公共权力不仅可以通过传统国际组织的正式决定来行使,而且可以通过非正式国际立法(informal international law – making)予以实施。诸如 BEPS 行动计划表明,各国可能有充分的理由转向或至少容忍非正式国际税收立法。该立法产生了从国际税收规则一致性到强调经济实质与价值贡献,再到税收透明度和确定性等方面的规则。这些规则不是为特定的具体情况而创建的,而是用于一般的抽象情况。否认此发展将把一些国际税收规则排除在对全球税收治理的分析之外,而承认此形式的国际税收立法必须细究其产生的规则的内涵与实践。

### 一、非正式国际税收规则的释义

因为非正式国际税收规则源于非正式国际立法,所以前者的解释可以从对后者的理解开始。何为非正式国际立法?其可解构为"非正式"、"国际"和"立法"三个主要词汇,其理解也可以依此为展开。

非正式国际立法是"非正式性"的。非正式是相对传统国际立法而言的,主要包括产出非正式性(output informality)、程序非正式性(process informality)和行为者非正式性(actor informality)。[72] 就产出而言,非正式性是指不会导致正式条约或任何其他传统的国家间法律来源的结果,而是导致指导方针、标准、宣言,甚至更非正式的政策协调或交流。产出的非正式性并非等同于不具有法律约束力,而是注重说明这些文件缺乏某种手续。就程序而言,非正式性是指活动发生在组织松散的网络或论坛中,而不是发生在传统的国际组织中。网络或论坛的非正式性并不妨碍详细程序规则的存在,也不排除在更正式组织背景下或更广泛的支持下的约束成员国的法律。就所涉行为者而言,非正式性是指不涉及传统的外交行为者(如国家元首、外交部长或大使馆),而涉及其他部委、国内监管机构、独立或半独立机构、次联邦实体(如省市)、立法或司法部门。在私行为体和国际组织的参与下,参与法律事务行为者的非正式性可能会进一步得到加强。相较于正式国际立法而言,非正式国际立法的承诺具有更大的灵活性,其

---

〔72〕 Joost Pauwelyn, *Informal International Lawmaking Framing the Concept and Research Questions*, https://papers.ssrn.com/sol3/papers.cfm?abstract_id=1738464.

降低主权成本、授权程度较低、国家保留更大自主性,国家可以小范围分享信息,类似于“炉边谈话”,具有降低短期的交易成本,加快行动速度,降低官僚化程度,管理危机事务较好等优势,具体适用条件差异详见表12。

**表12 正式国际立法与非正式国际立法及其适用差异**

| 项目 | 非正式国际立法 | 正式国际立法 | 适用差异 |
|---|---|---|---|
| 承诺效力 | 承诺更具灵活性 | 更具法律约束力 | 当国家面临高度不确定的外部环境时,灵活性对国家更有吸引力 |
| 授权程度 | 授权程度较低、更高的国家自主性 | 强有力的集体监督,但主权成本较高 | 当国家的机会主义行为风险成本较低时,倾向于牺牲更少的自主性、更低的主权成本 |
| 信息分享 | 严密的信息控制 | 较好的透明度机制 | 当国家倾向于在小范围内分享信息,会选择非正式立法 |
| 执行成本 | 更低的谈判成本、更快的协议速度 | 短期内行动较慢但可以降低长期性事务的执行成本 | 当国家倾向于快速达成协议、降低谈判成本时会选择非正式立法 |
| 集中程度 | 降低官僚化程度 | 集中程度高、官僚化水平高、稳定性好 | 非正式国际立法允许集体决策,更少考虑等级制的结构,而正式国际立法具有相对稳定的组织结构和行政设施 |
| 管理事务 | 管理危机事务较好 | 管理日常事务较好 | 当国家对其他国家偏好以及对合作后果高度不确定时,正式国际立法能提供强制力量来解决问题,而非正式国际立法能促进国家相互理解,协调彼此的立场 |

非正式国际立法是“国际性”的,必须包括两个或两个以上的国家行为体。凡是国际或跨国间的所有跨境合作都属于国际的范畴,而不论是否有私人行为或者国际组织的参与。

“立法”用语并不刻意指本来内涵性的(狭义的)立法。狭义的立法以赋予权限的机关的存在为前提,通过该机关单方面的行为实行对该机关管辖内的主体具有约束力的法律制定。国际立法与这种本来意义上的立法形态不同,并不一定以超国家的立法机关的存在为前提,主权国家可采取相对的国际性组织来进行法形成的起草（动议、草案起草、审议、采纳等）。[73]

综上所述，非正式国际立法指的是传统外交行为者以外的行为者在传统国际组织以外的论坛上，制定正式条约或其他传统国际法来源之外的规范性文件。非正式国际立法产生规范即为非正式规则。

在国际税收领域，非正式国际立法逐渐增多，尤其是"G20 + OECD"推动实施 BEPS 行动计划催生了大量的非正式国际税收规则，数字经济税收规则多边方案的研究制定就是其中的典型。"G20 + OECD"开展数字经济国际税收规则多边方案工作形成了如下非正式国际立法机制：一是通过 BEPS 包容性框架推进应对经济数字化税收挑战多边方案的研究与谈判。包容性框架目前共有 141 个成员辖区，主席由 OECD 财政事务委员会主席兼任。指导委员会由 24 位成员组成（12 位来自财政事务委员会，12 位来自 BEPS 行动计划合作伙伴国），集中谈判确定数字经济国际税收规则多边方案的政策方向和重要技术要素。[74] BEPS 包容性框架成员辖区的技术专家被分为若干个工作组，同 OECD 原进行国际税收规则研究的多个工作组（如 OECD 数字经济税收工作组）一道负责多边方案技术设计的研究与讨论。[75] 二是 OECD 税收政策和管理中心作为推进此项工作的秘书处，负责组织和协调多边谈判；提出方案设计政策选项并提供技术支持；通过台前幕后不同方式协调各辖区的立场，推动达成共识。三是 G20 是数字经济税收规则多边方案的全球指导委员会，在设定治理议程和建立政治共识方面发挥引领作用。G20 财政和央行行长会议以及 G20 领导人峰会核准相关文件。在这样的机制下，数字经济国际税收规则多边方案大致遵循如下立法过程：BEPS 包容性框架工作小组研究起草有关草案，交由 BEPS 包容性框架全体成员审议，一致同意后就草案内容向公众征求意见并召开政策讨论会议，BEPS 包容性框架根据意见建议再次修改完善并审议草案，一致同意后交由 OECD 秘书长呈送 G20 财长和央行行长会议，并由 G20 领导人峰会审议，核准后由 BEPS 包容性框架公布相关示范规则。GloBE 规则立法模板即是通过上述

---

〔73〕［日］村濑信也：《国际立法：国际法的法源论》，秦一禾译，中国人民公安大学出版社 2012 年版，第 92～93 页。

〔74〕国家税务总局国际税务司专项研究小组：《国家税务总局权威解答：数字经济税收"双支柱"问题》（上），载《中国税务报》2021 年 12 月 1 日，B1、B2 版。

〔75〕OECD, *Programme of Work to Develop a Consensus Solution to the Tax Challenges Arising from the Digitalisation of the Economy*, *OECD/G20 Inclusive Framework on BEPS*, https://www.oecd.org/tax/beps/programme-of-work-to-develop-a-consensus-solution-to-the-tax-challenges-arising-from-the-digitalisation-of-the-economy.pdf.

非正式国际立法机制产生的,虽然不具备法律效力,但是可以为制定法律协议铺平道路。

换言之,非正式国际税收规则就是非正式国际立法产生涉及税收问题的规范。这种规则有可能是本章第一节所论之国际税收标准,也有可能是本章第二节所阐释之国际税收软法;其可能具有约束力,也可能不具有约束力。

## 二、非正式国际税收规则的特点

非正式国际税收规则因遗传非正式国际立法的"基因"而具有了非正式规范的一般特点,同时又因税收事务的特殊性而具有自己独特的特点。

首先,非正式国际税收规则的一般特点,表现为灵活性和低成本性。

灵活性说的是非正式国际税收规则之于国际政治经济环境的适应。相较于正式国际立法产生的税收规则,非正式国际税收规则的制定往往不需要繁杂、冗长的程序,程序上的简洁为规则应对国际政治经济环境变化提供了有效的调整机制。[76] 当正式国际税收规则无法或难以形成的时候,这种非正式国际税收规则可快速地形成某种作用场域,并回应国际社会的需要。例如,在全球税基侵蚀与利润转移泛滥时,各税收管辖区在"G20 + OECD"框架下携手打击国际逃避税,在短短的两三年时间内便形成了适用于税收协定和国内税法的四项最低标准,共同为国际税收合作提供重要的保障。

非正式国际税收规则的低成本性主要体现在创制、变革与实施方面。在创制上,非正式国际税收规则的时间成本、人力成本、资源投入等方面都比正式规则消耗的要少,关键在于非正式国际税收规则很难陷入谈判僵局,毕竟其更多的是相互之间的政治承诺。例如,此次关于应对经济数字化税收挑战"双支柱"方案政治共识的达成,从 G20 委托 BEPS 包容性框架制定相关方案到 136 个包容性框架成员辖区达成一致意见,再到 G20 领导人罗马峰会核准通过,谈判磋商不足 3 年,非因疫情因素干扰很少陷入谈判僵局。在变革方面,正式国际税收规则变革动力来自国家的合意,而非正式国际税收规则的改革动力通常来自具有强大政治、经济实力的国家或组织。事实上,"G20 + OECD"等非正式国际税收立法机制之所以具有强大的国际税收规则变革推动力:一方面,在于 G20 全球经济治理引导者的地位可以强化新兴国家与 OECD 的政治联系,在国际税收问题上较好地兼顾发达国家与发展中国家的利益;另一方面,由于国际税收议题更

〔76〕 刘宏松:《非正式国际机制的形式选择》,载《世界经济与政治》2010 年第 10 期。

具长期性、技术性和专业性的特点,OECD 研究制定国际税收规则的专业优势可以为 G20 引领全球税收治理提供技术和智力支持,包括背景文件和研究报告等。[77] 在实施上,正式国际税收规则因其强义务性,往往需要国家投入更多的执行资源,而非正式国际税收规则的自愿遵守逻辑有利于国家在国际税收事项上更好地进行资源配置。

其次,非正式国际税收规则具有一定的独特性。如果进一步分析非正式国际税收规则的形式,能够发现其与国际税收标准、国际税收软法之间存在一定的交叉。在这个交叉的区域,非正式国际税收规则具有了国际税收标准的一些特点,也拥有了国际税收软法的一些优势。

非正式国际税收规则的独特性在于其内容与税收主权息息相关。有学者将税收主权分为立法主权和行政主权。立法主权是制定税收政策的权力,即设计税法。行政主权是实施和执行这些法律的权力,即收税的权力。[78] 这两种主权汇聚在非正式国际立法层面,对应国际税收公共权力。非正式国际税收规则的内容只涉及税收行政主权方面,几乎与税收立法主权无关。也就是说,非正式国际税收规则只涉及税法执行程序事项,更确切地说是税收征收管理事项。然而,近些年为应对经济数字化带来的挑战,非正式国际立法的触角已延伸至税收立法主权,这种现象值得引起各国尤其是发展中国家的警惕。

最后,值得注意的是,非正式国际税收规则因非正式国际立法的优势而具有积极作用,同时也因非正式国际立法的局限性而存在一定的缺陷。例如,非正式国际立法缺乏代表性、程序不透明等问题使得非正式国际税收规则可能陷入服务某些强国或者利益团体,而遭受合法性和有效性的质疑。

## 三、非正式国际税收规则的案例

非正式国际税收规则形成的典型案例,当属"G20 + OECD"推动的 BEPS 行动计划,尤其是当前如火如荼推进的应对经济数字化税收挑战的共识性方案。非正式国际税收立法至少涵盖议程的动议、草案的起草与规则的采纳三个部分。为此,可以从这三个方面说明应对数字经济税收挑战多边方案的进程,从而展现非正式国际税收规则运行的一般逻辑。

---

〔77〕 朱杰进:《国际机制间合作与 G20 机制转型——以反避税治理为例》,载《国际展望》2015 年第 5 期。

〔78〕 Peter Dietsch & Thomas Rixen, eds., *Global Tax Governance: What is Wrong with It and How to Fix It*, ECPR Press, 2016, p. 331.

### (一)非正式国际税收规则的动议

2008 年金融危机之后,主权国家针对微软、谷歌、苹果、星巴克等跨国企业集团的逃避税的诉讼日益增多。为共同打击日益严重的跨境逃避税行为,2013 年 9 月 G20 圣彼得堡峰会上,包括中国在内的 G20 成员国领导人一致赞成并委托 OECD 推进 BEPS 15 项行动计划。2015 年,OECD 发布 15 项行动计划成果最终报告,并获 G20 核准。同时,G20 还授权 OECD 建立了 BEPS 包容性框架,吸纳更多发展中国家参与其中,共同监督、评估和推动 BEPS 成果实施。

其中,BEPS 行动计划第一项即为“应对数字经济的税收挑战”。2015 年的最终报告虽然对应对经济数字化税收挑战的方案做了诸多努力与积极探索,但是并未形成建议各国实施的解决方案,以致越来越多的国家基于自身利益关切,纷纷酝酿和推出应对经济数字化税收挑战的单边措施。为遏制单边措施蔓延与扩散,确保国际税收体系的稳定性,G20 于 2017 年再次委托 OECD 通过 BEPS 包容性框架制定数字经济国际税收规则多边方案。2018 年 3 月,OECD 向 G20 财长和央行行长会议提交了《数字化带来的税收挑战——2018 年中期报告》。该报告重申了价值创造地征税的基本原则,并深入分析了新出现的且不断变化的商业模式及其对国际税收体系的可能影响。BEPS 包容性框架各成员一致同意在 2020 年结束之前就经济数字化税收挑战达成最终的全球共识性解决方案。[79]

在中期报告发布之后,英国、美国、法国和德国以及以印度、哥伦比亚、加纳为代表的二十四国集团,向 OECD 提交了应对经济数字化税收挑战的长期解决方案。其中,英国提出“用户参与”提案,主张用户参与是高度数字化企业价值创造的关键组成部分,用户所在国应获得对高度数字化企业部分剩余利润的征税权。美国提出“营销型无形资产”提案,主张营销型无形资产与市场国之间存在内在功能性联系,市场国应获得与本国营销型无形资产相关剩余利润的征税权,该提案既适用于高度数字化企业,也适用于传统行业企业。印度提出了“显著经济存在”提案,主张外国企业通过信息技术与市场国持续性的经济互动达到一定程度时,即在该市场国构成显著经济存在,该市场国可基于公式分配法分得跨国企业的部分利润并征税。德国和法国联合提出了“全球反税基侵蚀”提

---

〔79〕 OECD, *Brief on The Tax Challenges Arising from Digitalisation: Interim Report* 2018, https://www.oecd.org/tax/beps/brief-on-the-tax-challenges-arising-from-digitalisation-interim-report-2018.pdf.

案,主张强化所有国家对其他国家未行使优先征税权的利润补征税款的权利,以确保所有大型跨国企业集团承担最低税收,抑制其转移利润的动机。

OECD 统一协调各方提案,于 2019 年 1 月和 2 月相继发布了《应对经济数字化的税收挑战——政策说明》和《BEPS 项目公众咨询文件:应对经济数字化的税收挑战》。《应对经济数字化的税收挑战——政策说明》指出,BEPS 包容性框架成员国就修订利润分配规则和联结度规则(支柱一)以及全球反税基侵蚀解决方案(支柱二)研究可能的解决方案,同意在不带偏见的基础上审视和发展各方提出的建议。[80]《BEPS 项目公众咨询文件:应对经济数字化的税收挑战》提出了两个支柱的制度体系:"支柱一"以修改利润分配规则和联结度规则为核心,包括英国的"用户参与提案"、美国的"营销无形资产提案"以及印度的"显著经济存在提案"三个方案;"支柱二"以德国和法国提出的全球反税基侵蚀方案为核心,包括收入纳入规则和对侵蚀税基的付款征税两项规则。[81]

在公众咨询的基础上,OECD 对两大支柱内容进行了修改,形成了《应对经济数字化税收挑战共识性方案的工作计划》。2019 年 5 月 29 日,BEPS 包容性框架一致通过了该工作计划;6 月 9 日,得到了在日本福冈召开的 G20 财长和央行行长会议的审议通过。该工作计划提出,BEPS 包容性框架必须在 2020 年 1 月之前就解决方案的核心内容达成一致,以确保在 2020 年年底之前达成全球性共识解决方案。[82] 至此,制定应对数字化税收挑战共识性方案迈出了关键步伐。

### (二)非正式国际税收规则的定式化

《应对经济数字化税收挑战共识性方案的工作计划》获得通过之后,经过 BEPS 包容性框架、数字经济工作组和各技术工作组的多次研讨,OECD 于 2019

---

〔80〕 OECD, *Addressing the Tax Challenges of the Digitalisation of the Economy - Policy Note*, *OECD/G20 Base Erosion and Profit Shifting Project*, https://www. oecd. org/tax/beps/policy – note – beps – inclusive – framework – addressing – tax – challenges – digitalisation. pdf.

〔81〕 OECD, *Base Erosion and Profit Shifting Project Public Consultation Document – Addressing the Tax Challenges of the Digitalisation of the Economy*, https://www. oecd. org/tax/beps/public – consultation – document – addressing – the – tax – challenges – of – the – digitalisation – of – the – economy. pdf.

〔82〕 OECD, *Programme of Work to Develop a Consensus Solution to the Tax Challenges Arising from the Digitalisation of the Economy*, *OECD/G20 Inclusive Framework on BEPS*, https://www. oecd. org/tax/beps/programme – of – work – to – develop – a – consensus – solution – to – the – tax – challenges – arising – from – the – digitalisation – of – the – economy. pdf.

年10月发布了《公众咨询文件:秘书处关于支柱一"统一方法"的建议》,11月发布了《公众咨询文件:全球反税基侵蚀提案(支柱二)》[*Public consultation document*:*Global Anti - Base Erosion Proposal*("*GloBE*") - *Pillar TWo*]。秘书处提案建议最大的亮点在于:首次提出以金额A、金额B和金额C为基础构建三层"支柱一"架构,并强调通过多边机制预防和解决重复征税问题;借鉴美国无形资产最低税(Global Intangible Low - Taxed Income,GILTI)制度设计GloBE方案具体细节,意在促使所有跨国企业满足至少以最低税率缴税的系统性解决方案。[83]

在吸纳大量意见建议的基础上,OECD内部对其中内容又进行了修订和调整,应对数字化税收挑战的"双支柱方案"基本成型。以"双支柱方案"为基础,BEPS包容性框架朝着既定时间目标开展磋商工作,并于2020年1月31日通过了《OECD/G20 BEPS包容性框架关于应对经济数字化税收挑战"双支柱"方案的声明》。相比较而言,"双支柱"在具体内容上有了更为细致的描述,在技术层面上更具备指导意义。一是声明将新征税权的适用范围限定在自动化数字服务业务上,同时对面向消费者的具体行业作出界定,年销售额超过7.5亿欧元的跨国企业方可以以新征税权实施课税。二是以跨国企业在全球范围内的合并财务报表作为征税依据,按照约定比例划分集团内部的常规利润与剩余利润,限定了金额B涉及的营销及分销活动范围。三是针对"统一方法"提及的争议预防和解决机制,声明认为可以采用清晰可管理且具备约束性的预防程序,同时引入"早期争议解决小组"的新模式来加速进程。

2020年10月,OECD分别发布了"支柱一"和"支柱二"的蓝图报告,"双支柱"方案各要素的技术研究皆取得了显著进展。"第一支柱"蓝图报告重申聚焦新联接度和新利润分配规则,并明确了三项重要内容:一是授予市场国新征税权(金额A),将跨国企业集团层面(或业务线层面)剩余利润的一部分确认为金额A,按照达成共识的分配要素将金额A在各合格市场国之间进行分配,各市场国按照适用税率据以征税,实现新征税权的税收利益。二是对发生在市场国境内的某些基础性营销和分销功能的活动,按照简化的独立交易原则给予固定回报,

---

〔83〕 世界税制现状与趋势课题组:《世界税制现状与趋势(2020)》,中国税务出版社2021年版,第62页。

也即金额 B。三是通过有效的争议预防与解决机制来提升税收确定性。[84] "第二支柱"蓝图报告聚焦为解决 BEPS 其他遗留问题提供了坚实的方案基础,以确保跨国企业集团在各有关国家(或地区)的有效税率(ETR)不低于经协商一致的最低水平(蓝图报告建议在 12% ~15% 确定)。如果个别国家(地区)出现征税不足的情形,"第二支柱"蓝图报告建议授予合格国家(或地区)"征回"相应税款的权力(a right to tax back),以补足至最低税水平。[85]

经过公众咨询及相关会议的讨论,2021 年 7 月 BEPS 包容性框架中的 130 个国家(地区)联合发表了《关于应对经济数字化税收挑战"双支柱"方案的声明》。7 月声明延续了"双支柱"的框架结构,但就其中的一些具体内容作出了调整。[86]

就"支柱一"而言,主要体现在金额 A、金额 B 以及税收确定性三个方面:(1)关于金额 A 规则的变化。一是取消了蓝图报告中金额 A 只适用于自动数字服务和面向消费者经营的行业限定,规定凡是年度全球营业收入超过 200 亿欧元且税前销售利润率在 10% 的跨国企业都要适用金额 A(但协议规定采掘业和受监管的金融服务不包括在内)。金额 A 在 2023 年开始实施的 7 年后,经过评估如果进展顺利,则营业收入的门槛将降为 100 亿欧元。二是细化了联结度规则的阈值门槛。适用范围内的跨国企业只要从某个市场国取得至少 100 万欧元的营业收入(GDP 少于 400 亿欧元的国家,联结度标准降为 25 万欧元),就要向该国分配一部分金额 A 以供其征税。三是释明了确定金额 A 的数量方法。7 月声明规定企业应将销售利润率 10% 以上部分的利润作为剩余利润,跨国企业应从剩余利润中拿出 20% ~30% 作为金额 A 分配给市场国,分配的具体依据为跨国企业在不同市场国营业额的占比。当跨国企业在市场国设有营销或分销机构并按照公平交易原则将一部分剩余利润分给市场国作为其征税的依据时,营销和分销利润安全港应是通过金额 A 向市场国分配剩余利润的上限,以避免出现双重征税。(2)关于金额 B 规则的变化。原则性地提出在从事基础营销或分销

---

[84] OECD, *Tax Challenges Arising from Digitalisation - Report on Pillar One Blueprint: Inclusive Framework on BEPS*, https://www.oecd-ilibrary.org/docserver/beba0634-en.pdf?expires=1660714218&id=id&accname=guest&checksum=DA242E4FB0DB95EC4102403BFC8DF475.

[85] OECD, *Tax Challenges Arising from Digitalisation - Report on Pillar Two Blueprint: Inclusive Framework on BEPS*, https://www.oecd-ilibrary.org/docserver/abb4c3d1-en.pdf?expires=1660714439&id=id&accname=guest&checksum=DBE50118965E3FF87D1C559791CA1D26.

[86] 朱青:《OECD 包容性框架达成协议,如何理解"双支柱"下的国际税收新规则》,载《中国税务报》2021 年 7 月 7 日,B1 版。

活动的国家应用公平交易原则应当注意简化并提高效率,并且要特别关注能力较低国家的需求。至于金额B的确定方法,声明承诺在2022年年底之前拿出具体方案。(3)关于税收确定性规则的变化。协议采纳了蓝图报告提出的对涉及金额A的问题应建立强制和有约束力的争议防范和争议解决机制,但与蓝图报告不同的是,声明允许发展中经济体采用一种被称为"选择性约束性的争端解决机制",即只有在当事国双方主管税务当局都同意的情况下才可以使用这种约束性的争端解决机制。

就"支柱二"而言,体现在以下方面:(1)明确了全球反税基侵蚀规则的最低有效税率为"最低15%"。(2)采纳了蓝图报告中的两大类保障规则,但没有提及蓝图报告中的转换规则。(3)进一步明确了"支柱二"的适用门槛。声明在蓝图报告规定全年集团营业额达到7.5亿欧元才能适用的基础上,还规定即使达不到这个收入门槛,各国也可以选择对本国企业的集团总部实行所得纳入规则;如果最终母公司是政府单位、国际组织、非营利组织、养老基金或投资基金,则要排除在适用范围之外;国际航运所得和企业集团的所得中相当于有形资产现值和工薪额5%(在5年过渡期中至少为7.5%)的部分不适用全球反税基侵蚀规则。(4)细化了所得纳入规则的适用,即在所有权分割的情况下,即公司集团链条上某一公司(中间层母公司)的一部分股权由集团外的企业持有,如果其集团内母公司持股比例低于80%(外部股东持股比例超过20%),则应该由该中间层母公司实施所得纳入规则。(5)在蓝图报告认为美国的GILTI税制与全球反税基侵蚀规则一致的基础上,提出要考虑两者共存的具体条件,以确保公平竞争的环境。(6)明确了应予课税规则最低税率为7.5%~9%。

在2021年7月声明的基础上,BEPS包容性框架再次发布了10月声明——《关于应对经济数字化税收挑战"双支柱"方案的声明》。相较于7月声明,10月声明有了一些细节上的变化。[87] 一是进一步确定了适用范围内的跨国企业要拿出营业收入10%以上部分(剩余利润)的25%分配给拥有联结度的市场国。二是将7月声明规定的最低有效税率至少为15%更改为15%。三是延长了全球反税基侵蚀规则经济实质排除的过渡期(从5年延长至10年),并引入了所得排除规模的递减模式:从有形资产现值的8%和工资总额的10%起步,前5年排除比例每年减少0.2个百分点,后5年有形资产每年减少0.4个百分点、工资总额每年减少0.8个百分点。四是明确了应税规则对利息、特许权使用费等所得

〔87〕 朱青:《"双支柱"国际税改方案的"难"与"解"》,载《中国税务报》2021年10月20日,B1版。

的最低税率，即从7月声明的浮动税率（7.5%～9%）更改为固定税率（9%）。五是新增了“处于国际化活动初始阶段的跨国企业可免于适用低税支付规则，这类跨国企业是指海外有形资产不超过5000万欧元，而且在不超过5个海外管辖区从事经营活动的企业”的规定。承载着上述内容的10月声明，已获G20领导人罗马峰会核准通过，代表着应对经济数字化税收挑战的多边共识性方案的“四梁八柱”已经完成。

在政治共识的基础上，OECD于2021年12月20日在其官网公开发布《应对经济数字化税收挑战——支柱二全球反税基侵蚀规则立法模板》，2022年3月发布了《应对经济数字化税收挑战——支柱二全球反税基侵蚀规则立法模板注释》和案例说明，[88]标志着全球反税基侵蚀规则设计基本完成，各国可据此启动国内立法。与此同时，OECD按照既定时间安排加速了“支柱一”方案相关规则细化的进程，2022年就金额A的联结度和收入来源、税基确定、适用范围、采掘业排除、受监管金融服务业排除、税收确定性（包括金额A税收确定性、与金额A相关问题的税收确定性）等7个组成模块分别征询公众意见；[89]7月11日发布了《关于支柱一金额A的进展报告》，提出了针对实施金额A的技术性示范规则较为全面的草案。[90]《关于支柱一金额A的进展报告》显示，BEPS包容性框架商定了新的金额A工作时间表，确定2023年上半年完成关于实施“支柱一”金额A规则的多边公约详细条款及解释性说明工作，并于2024年生效；金额B技术示范规则也取得了良好进展，于2022年年底发布相关草案。[91]据此，“支柱一”方案有望在2023年落地。

---

[88] OECD, *Tax Challenges Arising from the Digitalisation of the Economy – Global Anti – Base Erosion Model Rules (Pillar Two)*, https://www.oecd.org/tax/beps/tax – challenges – arising – from – the – digitalisation – of – the – economy – global – anti – base – erosion – model – rules – pillar – two.htm.

[89] OECD, *Planned Stakeholder Input in OECD Tax Matters*, https://www.oecd.org/tax/planned – stakeholder – input – in – oecd – tax – matters.htm.

[90] OECD, *Tax Challenges of Digitalisation: OECD Invites Public Input on the Progress Report on Amount A of Pillar One*, https://www.oecd.org/tax/beps/oecd – invites – public – input – on – the – progress – report – on – amount – a – of – pillar – one.htm.

[91] OECD, *Progress Report on Amount A of Pillar One, Two – Pillar Solution to the Tax Challenges of the Digitalisation of the Economy, OECD/G20 Base Erosion and Profit Shifting Project*, https://www.oecd.org/tax/beps/progress – report – on – amount – a – of – pillar – one – july – 2022.pdf.

### （三）非正式国际税收规则的采纳

“双支柱”方案是BEPS包容性框架成员方达成的一项政治共识，其不具备法律效力、可执行性或持久性，要转化成法律协议还有赖于国际税收公约、双边税收协定和国内税法的协调配合。

根据共识声明，“支柱一”将实施金额A、撤销对于所有企业的所有数字服务税及其他类似措施和金额B等方面的内容，包括制定一项多边税收公约和修订国内税法两种方式。具体而言，OECD将拟定一项多边税收公约，以协调各辖区的规则实施，避免和解决税收争议，并于2023年开放签署；制定有关规则立法模板及其注释，方便各管辖区修改国内税法，建立与“支柱一”方案相匹配的国内所得税法律制度。同时，共识明确了处理单边措施的步骤和方法，要求所有缔约方撤销对企业的所有数字服务税及其他类似单边措施，并承诺未来不再引入。

“支柱二”的实施不同于“支柱一”。从实施层面看，“支柱二”包括全球反税基侵蚀制度的国内法规则和基于税收协定的规定。前者由IIR和UTPR构成，这些规则只需要国内立法而没有必要通过多边公约来实施。后者主要是STTR，其实施需要通过修订现行税收协定或者与发展中国家商谈新的协定，且必须由发展中国家发起。[92] 为便于在相关双边税收协定中快速且一致地引入后者规则，BEPS包容性框架正在开发一项多边工具。需要注意的是，全球反税基侵蚀规则是仿照美国的GILTI规则制定的，共识声明特意强调了两者的并存及其条件。OECD已经发布了GLoBE规则的立法模板及其注释，就大型跨国企业集团在其全球运营的每个辖区经营产生的所得支付最低水平的税款，明确了规则相关要素的具体设计，并计划继续开发实施框架，进一步明确GLoBE规则的征管程序，例如，申报义务和多边审议机制，考虑开发安全港以简化跨国企业遵从和税务机关管理。

---

〔92〕 李金艳、陈新：《关于双支柱方案的全球税收共识：真相探究和法律现实》，载《国际税收》2022年第3期。

目前,尽管 GLoBE 规则在欧盟和美国停滞不前,但是,近期英国[93]、韩国、[94]马来西亚[95]、瑞士[96]等都相继发布了实施 GLoBE 规则的公众咨询文件或法律草案,而作为避税地的毛里求斯[97]在 2022 年财政法案中已经明确将引入合格国内最低税(QDMTT)。[98] 可以推测,GLoBE 规则在未来几年内最终落地实施基本已成定局。然而,鉴于 GloBE 规则本身的复杂性以及 GloBE 规则实施框架、信息报告表等许多问题尚待 BEPS 包容性框架予以明确,因而针对具体生效时间是否遵照 OECD 原定的时间表 2024 年,各辖区目前基本持观望态度。

当然,作为非正式国际税收规则的"双支柱"方案,仍然是在各个税收管辖区之间分配征税权,本质上是一种零和博弈。即便是在多边共识已经达成的当下,"碎片化"带来的张力依然十分凸显,能否很好地应对这些张力,关系到此次多边国际税收立法努力的成败。[99] 要想从政治共识转化成予以执行的真正的全球协议,需要各参与国都要感到有所收获,可谓任重而道远。

## 本章小结

全球税收治理规则的类型包括原则、规则和标准,硬法规则与软法规则,正式规则与非正式规则。其中,标准、软法、非正式规则是国际税法外在表现的新

[93] 2022 年 7 月 20 日,英国税务及海关总署官网发布了跨国企业补足税立法草案文件及其相应的解释性说明文本,将分阶段采用 GLoBE 规则的主要征税规定。根据立法草案文件,跨国企业补足税措施将从 2023 年 12 月 31 日或之后开始的财年生效。

[94] 2022 年 7 月 21 日,韩国财政部发布《2022 年税收改革提案》,该提案中的第三章第三节内容为"引入全球最低税制度"。韩国将对其《国际税收调整法》进行修改并将 GloBE 规则纳入该法中。根据 GloBE 规则提案,韩国的 GloBE 规则将于 2024 年 1 月 1 日或之后开始的财年生效。

[95] 2022 年 8 月 1 日,马来西亚财政部就实施 GLoBE 规则发布公众咨询文件征询公众意见。本次公众咨询是马来西亚 2023 年预算编制过程的一部分。该咨询文件的内容以 OECD 于 2021 年 12 月发布的 GLoBE 规则立法模板及 2022 年 3 月发布的相关注释为蓝本。

[96] 2022 年 8 月 17 日,瑞士联邦委员会发布了实施 GLoBE 规则的法律草案——《大型集团公司最低税条例》。

[97] 2022 年 8 月 2 日,毛里求斯官方公报发布了第 15 号法案——《2022—2023 财政法案》。该法案第 31 条对企业所得税法进行了大量修订,其中第 31(a)条规定:将引入国内最低补足税(QDMTT),以防止税基侵蚀和利润转移。

[98] OECD 立法模板将 UTPR 更改为"低税利润规则",并允许各国实行合格国内最低补足税(Qualified Domestic Minimum Top - up Tax,QDMTT)。

[99] 邱冬梅:《"双支柱"多边共识背后的碎片化》,载《国际税收》2022 年第 5 期。

形式。

国际税收标准区别于国际税法原则、国际税收规则，具有创制多元性、实施灵活性与遵守层次性等特点，在全球税收治理中体现为配合、促进和规范等补充功能。标准的优势可以在一定范围和程度上缓解国际税法原则缺乏共识和国际税收规则存在分歧造成的治理僵局，为国际税法原则和规则的建立健全提供足够的时间缓冲，并促进了原则、规则和标准之于全球税收治理的协同功能的实现。

国际税收软法是国际法正式渊源之外的表现形式，相较于国际税收硬法的优势，使其在规范上具有了示范作用与补充作用。就示范作用而言，包括对国际税法主体的行为示范作用，以及作为国际税收硬法规则的“前规则”的立法示范作用。就补充作用而言，体现在国际税收软法规则之于国际税收法治的作用，主要是有利于国际税收良法的塑造和有利于国际税收善治的实现。

非正式国际税收规则源于非正式国际立法，因后者在主体、程序和输出等层面的非正式性而具有了克服正式规则局限性的功能，从而协同正式规则实现全球税收治理。

不同种类的规则具有不同的表征，彼此在全球税收治理中功能的协同关键在于客观评判各自优势及其局限，以及在此基础上的正当性、公平性和有效性的增强。唯有如此，这些规则才能更好地为全球税收治理“保驾护航”。

# 结　论

在法学发展的历史长河中，国际税法的百年历史发展虽然显得十分短暂，但其经历了萌芽（19世纪末20世纪初）、产生（20世纪20年代至40年代末）、形成（20世纪50年代至70年代末）、成熟（20世纪80年代至21世纪初）等阶段。此间，国际税法概念体系与理论框架从零散、各自为阵到统一、联动融合，逐步建立与完善。归纳而言，现行国际税法概念体系与理论框架具有这样的假设或前提：（1）主权国家能够完全确定国内税收政策，不受其他国家税收政策选择的影响也不会对其他国家税收政策选择产生影响；（2）国际经济处于物理经济模式，国际贸易主要由有形货物的实际运输或在不同地点提供服务的人员的实际流动构成；（3）税收协调是维护国家税收主权的良好实践，也是解决国际税收问题的有效方法。

然而，这些假设或前提随着经济、政治、法律、社会的发展，在不断发生变化。在一个全球化的世界中，各国之间的关系更加相互依存。"虽然在法律理论上，各国完全能够确定自己的内部税收政策，但是实际上这些内部政策的影响远远超出了该国的边界，是其他主权国家的合理关切。"[1]"当这种情况发生时，相互竞争的国家，其财政决策相互之间具有重大的外部性，因此国内机构自主制定和实施其公民认为最公平或最适合政治需要的财政政策的能力受到限制。"[2]同时，数字经济的兴起与繁荣，催生了诸如电子商务、在线支付服务、应用软件商店、在线广告、云计算等新型商业模式。数字经济不同于传统的物理经济，具有高度流动性、对数据与用户参与的高度依赖性、网络效应、多层面商业模式等特

〔1〕 Jinyan Li, *Tax Sovereignty and International Tax Reform: The Author's Response*, 52 Canadian Tax Journal 147 (2004).

〔2〕 Miriam Ronzoni, *Global Tax Governance: The Bullets Internationalists Must Bite - And Those They Must Not*, 1 Moral Philosophy and Politics 38 (2014).

点。[3] 此外,国际税收协调在避免双重征税方面接近成功范围的最高端。但是,以维护主权为体制建设的国际税收协调在应对税收竞争、逃税和避税方面几乎失灵。[4]

正是因为这些变化,国际税法的概念体系与理论框架遭遇前所未有的危机,其在正当性、公平性与有效性方面皆存在重大难题。G20 授权 OECD 推动的 BEPS 行动计划,可谓之当下国际社会回应这些问题的积极探索与重要尝试。由于 BEPS 行动计划的代表性、参与性的不足,加之单边措施尤其是关于数字经济的国内税收政策对其带来的冲击,因此 BEPS 行动计划在改革与完善国际税法及其规则、建设公平和现代化的国际税收体系之目标开始便遭受质疑。其实,BEPS 行动计划并没有摆脱税收协调的思维,仍旧保持税收协定框架的双边性质不变。[5] 在原有体制、机制和制度中修修补补,无异于以"烫熨""针石""火齐"之术治骨髓之疾。国际税法之问题已然表现为基于一百多年前的概念体系建立起来的国际税收理论框架难以适用当前经济社会发展的需要,国际税法范式需要革新。

为此,本书主张把全球税收治理作为国际税法的新范式。毕竟,"在一个日益相互依存和全球化的世界中,全球税收治理的逐步出现是不可避免的"[6]。

当前,全球税收治理很少被考虑的原因有二:一是征税权是国家主权的核心属性之一;二是国内税收政策选择对其他民族国家的外部性可以忽略不计。[7]

这两种观点都是不成立的。对于第二个原因,诸多国际税法实践显示国家税收政策的选择确实会对其他国家造成重大的外部性。尤其是税收竞争,不仅破坏了国内税收结构的完整性和分配原则,而且还加剧了发达国家与发展中国家之间的不平等。[8] 至于第一个原因,由于一种根深蒂固的信念,即在国际上

---

[3] OECD, *Addressing the Tax Challenges of the Digital Economy, Action 1 – 2015 Final Report, OECD/G20 Base Erosion and Profit Shifting Project*, OECD Publishing, 2015, p. 109 – 126.

[4] Rifat Azam, *Ruling the World: Generating International Tax Norms in the Era of Globalization and BEPS*, 50 Suffolk University Law Review 535 (2017).

[5] Ricardo García Antón, *The 21st Century Multilateralism in International Taxation: The Emperor's New Clothes?*, 8 World Tax Journal 165 (2016).

[6] Jan Wouters & Katrien Meuwissen, *Global Tax Governance: Work in Progress?*, Leuven Centre for Global Governance, 2011, p. 1.

[7] Thomas Rixen, *Tax Competition and Inequality: The Case for Global Tax Governance*, 17 Global Governance 447 (2011).

[8] Diane M. Ring, *Democracy, Sovereignty and Tax Competition: The Role of Tax Sovereignty in Shaping Tax Cooperation*, 9 Florida Tax Review 555 (2009).

分享税收主权就是放弃"国家地位"的一个重要部分,全球税收治理的提议被认为是空想,甚至是不可取的。事实并非如此,主张全球税收治理并不意味着放弃税收主权,也不代表建立一个全球税收治理机构、世界政府或世界国家。全球税收治理建立在各种不同形式与不同层次的国际税收协调、国际税收合作、集体寻求税收决策的基础之上,目的在于应对税收问题跨境性、外部性、外溢性所导致的单一国家的不可治理性。此意义上,全球税收治理的实质是为了实现国家事实上税收主权而对法律上税收主权的规制。而且,他需要严格遵守辅助性原则之于全球税收治理的要求。所以,全球税收治理并不会造成国家征税权的减损。相反,全球税收治理能够实现其效率和公平的实质性政策目标。此外,全球税收治理能够回应国际税法面临之正当性、公平性与有效性的问题,同时提供概念体系与理论框架转型的方向。

可以说,全球税收治理是国际税法发展至今天共同应对突出全球性税收问题的必由之路,其理论也是国际税法由成熟阶段转向适应国际税收关系新特点的调整阶段的重要理论支撑。换言之,国际税收中一个悬而未决的重大问题是发展并巩固全球税收治理,在很大程度上取决于任何国际税收政策论坛是否具有透明度、合法性和问责制。当然,良好的全球税收治理远未实现。

因此,本书立基国际税法现有概念体系与理论框架,结合全球税收治理理论,分析国际税法范式转换的可能方面,旨在提高国际税法与国际社会需要的匹配度,以期实现良好的全球税收治理。此处,全球税收治理是主权国家、涉税国际组织以及纳税人等国际税法主体在平等对话的基础上,采取国际税收协调和合作的方式,共同应对全球性税收问题并实现全球税收公平所实施的各种路径的税收治理。他具有客观性、目标性和方法性的形式属性,以及高公共性、低授权性和高包容性的实质属性,是形式属性和实质属性的高度统一。

作为国际税法理论新范式,本书关于全球税收治理的分析也植根于法学的基本概念与一般理论,涉及价值追求(秩序、正义、自由)、权义结构(权力、权利和义务)以及规则逻辑(原则、规则与标准)。本书不是为未来营造一个理想化的全球税收治理图景,也不可能勾勒一个符合所有利益攸关者的全球税收治理框架。毕竟,任何理论的重构都不可避免有疏漏。本书只是在考察国际税法发展存在的问题之上,探讨国际税法可能的体系优化与理论转型的方向。本书更多的是在检视与反思现行国际税法概念体系与理论框架中存在的问题,并在此过程中融入一些关于国际税法范式转换的一些思考。

显然,这种思考是初步的。因为经济的全球化与数字化的交汇之于国际税法现行的概念体系与理论框架提出了诸多新课题。尤其是数字经济税收问题可能会对现行国际税法的概念、原则、体系、规则等方面都带来改变。国际税法范式的转型只是其中的一小部分,如何在全球税收治理理论塑造中明晰国际税法的新范式仍需着墨。

置身于整个法学研究与发展之中,国际税法的学科体系仍然处于不断完善发展之中,许多基础理论问题尚处于空白,许多具体制度问题尚待进一步研究。公允地说,国际税法目前的研究现状仍不能令人满意,在基础理论研究中尚没有大的突破与发展,在具体制度的研究中则暴露出其理论深度的不足,学术视野的狭窄和研究方法单一的问题。在财税法学成为显学的背景下,如何推动国际税法研究走向纵深和精细化,是吾辈研究者必须严肃认真对待的问题。

# 参 考 文 献

## (一)中文著作


[1]白云真、李开盛:《国际关系理论流派概论》,浙江人民出版社 2009 年版。

[2]蔡庆辉:《有害国际税收竞争的规制问题研究》,科学出版社 2010 年版。

[3]蔡拓等:《全球学导论》,北京大学出版社 2015 年版。

[4]蔡拓、刘贞晔主编:《全球学的构建与全球治理》,中国政法大学出版社 2013 年版。

[5]蔡拓等:《国际关系学》,南开大学出版社 2005 年版。

[6]曾瑞明:《参与对等与全球正义》,台北,联经出版事业股份有限公司 2014 年版。

[7]车丕照:《国际经济法原理》,吉林大学出版社 1999 年版。

[8]陈德铭等:《经济危机与规则重构》,商务印书馆 2014 年版。

[9]陈家刚主编:《全球治理:概念与理论》,中央编译出版社 2017 年版。

[10]陈琍:《全球视野下的税收协调理论与实践》,中国税务出版社 2010 年版。

[11]陈启修:《财政学总论》,商务印书馆 2015 年版。

[12]陈清秀:《国际税法》,法律出版社 2017 年版。

[13]陈少英主编:《中国税收守法基本问题》,中国税务出版社 2006 年版。

[14]崔晓静:《中国参与全球税收治理法律问题研究》,中国社会科学出版社 2020 年版。

[15]崔晓静:《国际税收行政合作的新发展及其法律问题研究》,中国社会科学出版社 2014 年版。

[16]法学教材编辑部:《国际税法》(第 2 版),法律出版社 1993 年版。

[17]樊勇明等:《西方国际政治经济学》(第 3 版),上海人民出版社 2017 年版。

[18]高尔森等撰:《国际税法》,法律出版社 1988 年版。

[19]葛克昌:《税捐行政法:纳税人基本权视野下之税捐稽征法》,厦门大学出版社 2016 年版。

[20]葛惟熹主编:《国际税收学》(第 4 版),中国财政经济出版社 2007 年版。

[21]古洪能:《政治博弈论》,中国言实出版社 2008 年版。

[22]《国际组织》编写组主编:《国际组织》(第 2 版),高等教育出版社 2018 年版。

[23]韩爱勇:《在权力政治与自由主义之间:冷战后东亚秩序的理论范式研究》,中央编译出版社 2015 年版。

[24]何杨:《国际税收规则变革与中国的应对》,经济科学出版社 2017 年版。
[25]何杨:《国际税收的全球治理与中国实践——以转让定价为视角的研究》,经济科学出版社 2011 年版。
[26]何志鹏:《国家利益维护:国际法的力量》,法律出版社 2018 年版。
[27]何志鹏:《国际法哲学导论》,社会科学文献出版社 2013 年版。
[28]吉林省税务学会:《善治理念下的税收治理问题研究》,中国税务出版社 2016 年版。
[29]姜宪明、何苗:《国际关系与大国战略》,东南大学出版社 2009 年版。
[30]金晓晨、谢海霞主编:《国际税法》,首都经济贸易大学出版社 2008 年版。
[31]雷霆编著:《国际税收实务与协定适用指南——原理、实务与疑难问题》,法律出版社 2018 年版。
[32]李东燕等:《全球治理:行为体、机制与议题》,当代中国出版社 2015 年版。
[33]励贺林:《应对经济数字化税收挑战的技术理性和利益抉择:对第一支柱"统一方法"的研究》,中国税务出版社 2021 年版。
[34]李杰豪:《国际法:挑战与变革析论》,湘潭大学出版社 2014 年版。
[35]李少军:《国际政治学概论》(第 4 版),上海人民出版社 2014 年版。
[36]李小圣:《欧洲一体化理论与实践分析》,世界知识出版社 2007 年版。
[37]梁西:《国际组织法:总论》,武汉大学出版社 2001 年版。
[38]经济合作与发展组织著,廖体忠、李俊生编译:《税基侵蚀与利润转移:解析与应对》,中国税务出版社 2015 年版。
[39]廖益新主编:《国际税法学》,高等教育出版社 2008 年版。
[40]廖益新主编:《国际税法学》,北京大学出版社 2001 年版。
[41]林泰:《行政法国际化研究:论全球治理语境下国际行政法的产生》,人民出版社 2013 年版。
[42]刘海江:《国际法治视野内国际非政府组织问责机制研究》,中国社会科学出版社 2015 年版。
[43]刘剑文主编:《国际税法学》(第 3 版),北京大学出版社 2013 年版。
[44]刘剑文:《国际所得税法研究》,中国政法大学出版社 2000 年版。
[45]刘凯:《国家主权有限让渡问题研究》,中国政法大学出版社 2013 年版。
[46]刘永伟:《转让定价法律问题研究》,北京大学出版社 2004 年版。
[47]刘志云:《国际经济法律自由化原理研究》(增订版),法律出版社 2015 年版。
[48]刘志云等:《后危机时代的全球治理与国际经济法的转型》,法律出版社 2015 年版。
[49]罗晓林、谭楚玲编著:《国际税收与国际税法》,中山大学出版社 1995 年版。
[50]潘忠岐:《世界秩序:结构、机制与模式》,上海人民出版社 2004 年版。
[51]祁志钢:《纳税人诉讼公法之债下的公权力与私权利》,中央广播电视大学出版社

2016 年版。
[52]钱凯、王玉国主编:《国际经济法学》,吉林大学出版社 2014 年版。
[53]邵鹏:《全球治理:理论与实践》,吉林出版集团有限责任公司 2010 年版。
[54]沈晓阳:《自由层次论》,安徽大学出版社 1999 年版。
[55]汤贡亮主编:《2012 中国税收发展报告:中国国际税收发展战略研究》,中国税务出版社 2013 年版。
[56]王鸿貌、陈寿灿:《税法问题研究》,浙江大学出版社 2004 年版。
[57]王杰、张海滨、张志洲主编:《全球治理中的国际非政府组织》,北京大学出版社 2004 年版。
[58]王明国:《因果关系与国际制度有效性研究》,世界知识出版社 2014 年版。
[59]王奇才:《法治与全球治理:一种关于全球治理规范性模式的思考》,法律出版社 2012 年版。
[60]王诗宗:《治理理论及其中国适用性》,浙江大学出版社 2009 年版。
[61]王铁崖主编:《国际法》,法律出版社 1995 年版。
[62]吴德丰、谢淑美:《国际租税要义与释例——跨国投资经商 全球税务治理》,财团法人资诚教育基金会 2014 年版。
[63]向景:《税收治理现代化的逻辑》,暨南大学出版社 2017 年版。
[64]徐泉:《国际贸易投资自由化法律规制研究》,中国检察出版社 2004 年版。
[65]杨小强:《税法总论》,湖南人民出版社 2002 年版。
[66]于军:《全球治理》,国家行政学院出版社 2014 年版。
[67]余劲松、吴志攀主编:《国际经济法》(第 4 版),北京大学出版社 2014 年版。
[68]俞可平主编:《全球化:全球治理》,社会科学文献出版社 2003 年版。
[69]俞可平主编:《治理与善治》,社会科学文献出版社 2000 年版。
[70]俞正樑:《国际关系与全球政治:21 世纪国际关系学导论》,复旦大学出版社 2007 年版。
[71]张丽华主编:《国际组织概论》,科学出版社 2015 年版。
[72]张守文:《税法原理》(第 6 版),北京大学出版社 2012 年版。
[73]张文显:《法哲学范畴研究》(修订版),中国政法大学出版社 2001 年版。
[74]张小青:《税收协定的正义性》,东北林业大学出版社 2017 年版。
[75]张蕴岭:《世界经济中的相互依赖关系》,中国社会科学出版社 2012 年版。
[76]张泽平主编:《国际税法》(第 2 版),北京大学出版社 2016 年版。
[77]赵红梅:《跨国公司对国际经济法创制和实施的参与》,北京邮电大学出版社 2014 年版。
[78]赵可金:《全球公民社会与民族国家》,上海三联书店 2008 年版。

[79]赵洲:《主权责任论》,法律出版社 2010 年版。

[80]郑琳编著:《国际税法学》,北京师范大学出版社 2012 年版。

[81]郑蔚:《国际税收协调论:基于区域经济一体化的视角》,经济管理出版社 2013 年版。

[82]中国国际税收研究会:《中国国际税收 40 年:与改革开放同行》,中国税务出版社 2018 年版。

[83]中国网络空间研究院编著:《世界互联网发展报告—2018》,电子工业出版社 2018 年版。

[84]周仁主编:《国际法》,中国政法大学出版社 1988 年版。

[85]周永坤:《法理学:全球视野》(第 4 版),法律出版社 2016 年版。

**(二)中文译著**

[1][美]B. 盖伊·彼得斯:《税收政治学:一种比较视角》,郭为桂、黄宁莺译,江苏人民出版社 2008 年版。

[2][美]Brian J. Arnold、[美]Michael J. McIntyre:《国际税收基础》(第 2 版),张志勇等译,中国税务出版社 2005 年版。

[3][美]E. 博登海默:《法理学:法律哲学与法律方法》,邓正来译,中国政法大学出版社 1999 年版。

[4][美]V. 图若尼主编:《税法的起草与设计》,国际货币基金组、国家税务总局政策法规司译,中国税务出版社 2004 年版。

[5][以]阿沙夫·拉辛、[以]埃弗瑞·萨德卡主编:《全球化经济学——从公共经济学角度的政策透视》,王根蓓、陈雷译,上海财经大学出版社 2001 年版。

[6][英]安德鲁·海伍德:《全球政治学》,白云真、罗文静译,中国人民大学出版社 2014 年版。

[7][美]查尔斯·亚当斯:《善与恶——税收在文明进程中的影响》,翟继光译,中国政法大学出版社 2013 年版。

[8][英]戴维·赫尔德、[英]安东尼·麦克格鲁:《治理全球化:权力、权威与全球治理》,曹荣湘、龙虎等译,社会科学文献出版社 2004 年版。

[9][美]黛博拉·布罗蒂加姆、[美]奥德–黑尔格·菲耶尔斯塔德、[美]米克·摩尔主编:《发展中国家的税收与国家构建》,卢军坪、毛道根译,上海财经大学出版社 2016 年版。

[10]国际商会:《国际商会国际销售示范合同(制成品)》,中国国际商会/国际商会中国国家委员会组织翻译,对外经济贸易大学出版社 2017 年版。

[11][土]哈坎·奥尔蒂奈主编:《全球公民:相互依赖世界中的责任与权利》,祁怀高、金芮帆译,上海人民出版社 2012 年版。

[12][美]海伦·米尔纳：《利益、制度与信息：国内政治与国际关系》，曲博译，上海人民出版社 2015 年版。

[13][美]何塞·E. 阿尔瓦雷斯：《作为造法者的国际组织》，蔡从燕等译，法律出版社 2011 年版。

[14][新西兰]吉莉安·布洛克：《全球正义：世界主义的视角》，王珀、丁祎译，重庆出版社 2014 年版。

[15][澳]杰里·辛普森：《大国与法外国家：国际法律秩序中不平等的主权》，朱利江译，北京大学出版社 2008 年版。

[16][美]金钟燮：《公共行政的社会建构：解释与批判》，孙柏瑛、张纲、黎洁等译，北京大学出版社 2008 年版。

[17]经济合作与发展组织：《OECD 税收透明度和信息交换文献集》(下册)，国家税务总局国际税务司译，中国税务出版社 2016 年版。

[18][英]科林·斯科特：《规制、治理与法律：前沿问题研究》，安永康译，清华大学出版社 2018 年版。

[19][美]克里斯·爱德华兹、[美]丹尼尔·米切尔：《全球税收革命：税收竞争的兴起及其反对者》，黄凯平、李得源译，中国发展出版社 2015 年版。

[20][瑞典]拉斯洛·松鲍法维：《人类风险与全球治理：我们时代面临的最大挑战可能的解决方案》，周亚敏译，中央编译出版社 2012 年版。

[21][美]里斯本小组：《竞争的极限：经济全球化与人类未来》，张世鹏译，中央编译出版社 2000 年版。

[22][美]理查德·L. 多恩伯格：《国际税法概要》，马康明等译，中国社会科学出版社 1999 年版。

[23][韩]柳炳华：《国际法》(上卷)，朴国哲、朴永姬译，中国政法大学出版社 1997 年版。

[24][美]约翰·鲁尔克：《世界舞台上的政治》，白云真、雷建锋译，世界图书出版公司北京公司 2012 年版。

[25][美]鲁文·S. 阿维－约纳：《国际法视角下的跨国征税：国际税收体系分析》，熊伟译，法律出版社 2008 年版。

[26][美]鲁文·S. 安永南：《美国国际税收：案例及资料》，朱晓辉等译，中国税务出版社 2009 年版。

[27][美]路易斯·亨金：《国际法：政治与价值》，张乃根等译，东北师范大学出版社 2005 年版。

[28][美]罗伯特·基欧汉、[美]约瑟夫·奈：《权力与相互依赖》，门洪华译，北京大学出版社 2012 年版。

[29][美]罗伯特·吉尔平：《国际关系政治经济学》，杨宇光等译，经济科学出版社 1989

年版。
[30][美]罗伯特·吉尔平:《全球政治经济学:解读国际经济秩序》,杨宇光、杨炯译,上海人民出版社 2003 年版。
[31][意]罗道尔夫·萨科:《比较法导论》,费安玲、刘家安、贾婉婷译,商务印书馆 2014 年版。
[32][美]罗斯科·庞德:《通过法律的社会控制》,沈宗灵译,商务印书馆 2009 年版。
[33][美]罗伊·罗哈吉:《国际税收基础》,林海宁、范文祥译,北京大学出版社 2006 年版。
[34][英]洛克:《政府论》(下),商务印书馆 2011 年版。
[35][美]玛莎·费丽莫:《国际社会中的国家利益》,袁正清译,浙江人民出版社 2001 年版。
[36][奥]迈克·兰、[比]伊内·勒琼主编:《全球数字经济的增值税研究》,国家税务总局税收科学研究所译,经济科学出版社 2017 年版。
[37][奥]迈克尔·朗:《避免双重征税协定法导论》(第 2 版),朱炎生译,法律出版社 2017 年版。
[38][美]曼瑟尔·奥尔森:《集体行动的逻辑》,陈郁、郭宇峰、李崇译,格致出版社、上海人民出版社 2014 年版。
[39][美]诺兰·麦卡蒂、[美]亚当·梅罗威茨:《政治博弈论》,孙经纬、高晓晖译,格致出版社、上海三联书店、上海人民出版社 2009 年版。
[40][美]欧文·M. 柯匹、[美]卡尔·科恩:《逻辑学导论》(第 11 版),张建军、潘天群等译,中国人民大学出版社 2007 年版。
[41][美]保罗·萨缪尔森、[美]威廉·诺德豪斯:《经济学》(第 19 版),萧琛主译,商务印书馆 2014 年版。
[42][美]史蒂文·M. 谢福林:《税收公平与民间正义》,杨海燕译,上海财经大学出版社 2016 年版。
[43][美]斯蒂芬·D. 克莱斯勒:《结构冲突:第三世界对抗全球自由主义》,李小华译,浙江人民出版社 2001 年版。
[44][美]托马斯·库恩:《科学革命的结构》(第 4 版),金吾伦、胡新和译,北京大学出版社 2003 年版。
[45][德]乌尔利希·贝克等:《全球政治与全球治理:政治领域的全球化》,张世鹏等编译,中国国际广播出版社 2004 年版。
[46][日]小川乡太郎原:《租税总论》,萨孟武译述,商务印书馆 1926 年版。
[47][法]雅克·阿达:《经济全球化》,何竟、周晓幸译,中央编译出版社 2000 年版。
[48][美]亚历山大·温特:《国际政治的社会理论》,秦亚青译,上海人民出版社 2000 年版。

[49][以]亚瑞夫·布朗尔、[意]帕斯奎拉·皮斯顿纳编:《金砖国家与兴起中的国际税收协作机制》,李娜译,法律出版社2017年版。

[50][加]约翰·J.柯顿:《二十国集团与全球治理》,郭树勇、徐谙律等译,上海人民出版社2015年版。

[51][美]约翰·罗尔斯:《万民法》,陈肖生译,吉林出版集团有限责任公司2013年版。

[52][美]约翰·罗尔斯:《正义论》,何怀宏等译,中国社会科学出版社1988年版。

[53][澳]约瑟夫·A.凯米莱里、[澳]吉米·福尔克:《主权的终结》,李东燕译,浙江人民出版社2001年版。

**(三)英文著作**

[1]Adrian J. Sawyer, *Developing a World Tax Organization: The Way Forward*, Fiscal Publications, 2009.

[2]Arnold A. Knechtle, *Basic Problems in International Fiscal Law*, Kluwer, 1979.

[3]B. E. V. Sabine, *A History of Income Tax*, George Allen & Unwin, Ltd., 1966.

[4]Bentley Duncan, *Taxpayers' Rights: Theory, Origin and Implementation*, Kluwer Law International, 2007.

[5]Bruno Peeters, ed., *The Concept of Tax*, European Association of Tax Law Professors and Authors, 2005.

[6]Cees Peters, *On the Legitimacy of International Tax Law*, IBFD, 2014.

[7]Commission on Global Governance, *Our Global Neighborhood*, Oxford University Press, 1995.

[8]Dani Rodrik, *The Globalization Paradox: Democracy and the Future of the World Economy*, W. W. Norton & Company, 2011.

[9]David Held & Anthony Mcgrew, ed., *Governing Globalization: Power, Authority and Global Governance*, Polity Press, 2003.

[10]Francis M. Deng et al., *Sovereignty as Responsibility: Conflict Management in Africa*, Brookings Institution Press, 1996.

[11]Freeman Samuel, *Justice and the Social Contract*, Oxford University Press, 2007.

[12]Fritz Scharpf, *Governing in Europe: Effective and Democratic*, Oxford University Press, 1999.

[13]Gustav Lippert, *Handbuch des Internationalen Finazrecht*, Oesterreichischen Staatsdruckerei, 1928.

[14]Henry J. Aaron & Joel Slemrod, ed., *The Crisis in Tax Administration*, Brooking Institution Press, 2004.

[15] J. Samuel Barkin, *International Organization: Theories and Institutions*, Palgrave Macmillan, 2013.

[16] Jeremy Leaman & Attiya Waris, ed., *Tax Justice and the Political Economy of Global Capitalism*, Berghahn Books, 2013.

[17] Jinyan Li, *International Taxation in the Age of Electronic Commerce: A Comparative Study*, Canadian Tax Foundation, 2003.

[18] John Bayiis & Steve Smith, ed., *The Globalization of World Politics: An Introduction to International Relations*, Oxford University Press, 2001.

[19] Mahbub Ul Haq, Inge Kaul & Isabelle Grunberg, *The Tobin Tax: Coping with Financial Volatility*, Oxford University Press, 1996.

[20] Martin Feldstein, James R. Hines, Jr. R. Glenn Hubbard, ed., *Taxing Multinational Corporations*, The University of ChicagoPress, 1995.

[21] Michael J. Graetz, *Foundations of International Income Taxation*, Foundation Press, 2003.

[22] Michael Lang, Pasquale Pistone, Josef Schuch & Claus Staringer, ed., *Source Versus Residence: Problems Arising from the Allocation of Taxing Rights in Tax Treaty Law and Possible Alternatives*, Kluwer Law International, 2008.

[23] Ottmar Bühler, *Prinzipien des Internationalen Steuerrechts*, Internationales Steuerdokumentationsbüro, 1996.

[24] Peggy B. Musgrave, *Tax policy in the Global Economy*, Edward Elgar Publishing Limited, 2002.

[25] Peter Dietsch & Thomas Rixen, ed., *Global Tax Governance: What is Wrong with It and How to Fix It*, ECPR Press, 2016.

[26] Reuven S. Avi – Yonah, *International Tax as International Law: An Analysis of the International Tax Regime*, Cambridge University Press, 2007.

[27] Robert F. Van Brederode, ed., *Science, Technology and Taxation*, Kluwer Law International, 2012.

[28] Roy Rohatgi, *Basic International Taxation*(2), Richmond Law & Tax Ltd., 2005.

[29] Sergio André Rocha & Allison Christians, ed., *Tax Sovereignty in the BEPS Era*, Kluwer Law International, 2017.

[30] Steven M. Sheffrin, *Tax Fairness and Folk Justice*, Cambridge University Press, 2013.

[31] Thomas Pogge & Krishen Mehta, ed., *Global Tax Fairness*, Oxford University Press, 2016.

[32] Thomas Pogge, *Realizing Rawls*, Cornell University Press, 1989.

[33] Thomas Rixen, *The Political Economy of International Tax Governance* ,Palgrave Macmillan,2008.

[34] Tsilly Dagan, *International Tax Policy: Between Competition and Cooperation*, Cambridge University Press,2018.

[35] Volker Rittberger, Bernhard Zangl & Andreas Kruck, *International Organization*, PalgraveMacmillan,2012.

**(四)中文论文**

[1]“建立国际税收合作组织的研究”课题组:《对中国建立国际税收合作组织若干重大理论政策的研究》,载《经济研究参考》2002 年第 93 期。

[2]敖双红、孙婵:《“一带一路”背景下中国参与全球卫生治理机制研究》,载《法学论坛》2019 年第 3 期。

[3]白彦锋、苏璐璐:《苹果公司避税案与国际税收治理新挑战》,载《税收经济研究》2017 年第 1 期。

[4]蔡昌、赵艳艳、李艳红:《数字资产的国际税收治理研究》,载《国际税收》2020 年第 11 期。

[5]蔡连增:《论国际税法中的公平》,载《国际经济法学刊》2005 年第 1 期。

[6]曹明星:《BEPS 方略:新威权主义重构国际税收秩序的集结号?》,载《国际税收》2014 年第 7 期。

[7]徐飞彪、陈璐:《当前国际税收机制的变革及其发展前景》,载《现代国际关系》2016 年第 9 期。

[8]陈双专:《在全球经济治理中推进中国国际税收管理——专访国家税务总局国际税务司司长龚祖英》,载《国际税收》2013 年第 11 期。

[9]崔晓静:《全球税收治理中的软法治理》,载《中外法学》2015 年第 5 期。

[10]崔晓静:《论国际税收协调法律机制之构建——以负责任税收主权为基础》,载《法学评论》2010 年第 5 期。

[11][英]戴维·赫尔德:《重构全球税收治理》,载《南京大学学报(哲学·人文科学·社会科学)》2011 年第 2 期。

[12]邓力平:《国际税收治理与“‘一带一路’税收征管合作机制”》,载《国际税收》2019 年第 4 期。

[13]邓力平:《对新时代中国税收新站位的思考》,载《国际税收》2017 年第 12 期。

[14]杜建伟、曹明星:《国际税收治理变革的基本问题探讨——数字经济下的税收权力、价值创造、公私交换与税基确定》,载《国际税收》2021 年第 1 期。

[15]丁立华:《电子商务对国际税收分配秩序的影响和对策》,载《山东税务纵横》2001 年

第4期。
[16]董学智:《BEPS:全球治理语境下重塑国际税法——以税收征管的国际合作与协调为视角》,载《财税法论丛》2015年第2期。
[17]高培勇:《论国家治理现代化框架下的财政基础理论建设》,载《中国社会科学》2014年第12期。
[18]高正章:《科技进步与国际税收新秩序的建立》,载《税务研究》2001年第10期。
[19]葛辉:《美国单边主义税收措施域外管辖的运行机理及其启示——以FATCA法案为例》,载《南京大学法律评论》2018年第1期。
[20]葛克昌:《欧盟税捐调适及其对"一带一路"之启发》,载《现代法治研究》2017年第1期。
[21]葛涛:《国际税收秩序的稳定性缺位研究——以美国税改和BEPS行动计划为视角》,载《湖南税务高等专科学校学报》2018年第2期。
[22]国家税务总局国际税务司、国家税务总局税收宣传中心:《深度参与国际税收改革书写大国税务责任担当——党的十八大以来国际税收改革发展综述》,载《国际税收》2017年第11期。
[23]何志鹏:《国际经济法的价值追寻与价值选择》,载《河南省政法管理干部学院学报》2004年第3期。
[24]黄德明、匡为为:《论非政府组织与联合国关系的现状及改革前景》,载《当代法学》2006年第3期。
[25]孔宪遂、陈华:《全球财政风险、财政危机及财政平衡与治理》,载《财政研究》2014年第7期。
[26]孔志强:《国际税收竞争治理与发展中国家的应对策略》,载《甘肃政法学院学报》2018年第3期。
[27]李宝俊、金彪:《全球治理中联合国与非政府组织的关系》,载《现代国际关系》2008年第3期。
[28]李东燕:《全球安全治理与中国的选择》,载《世界经济与政治》2013年第4期。
[29]李龙、任颖:《"治理"一词的沿革考略——以语义分析与语用分析为方法》,载《法制与社会发展》2014年第4期。
[30]李娜:《欧盟税法的新发展:利用BEPS项目推进税收一体化》,载《欧洲研究》2017年第1期。
[31]李三江:《变革、挑战与应对——"互联网+"下的税收治理》,载《税务研究》2016年第5期。
[32]李万甫、黄立新:《构建"互联网+税收大数据应用"机制的思考》,载《税务研究》2016年第7期。

[33]梁若莲:《应对金融账户涉税信息自动交换推进国际税收治理现代化》,载《国际税收》2015 年第 3 期。
[34]廖体忠:《深度参与全球税收合作 持续打造国际税收升级版》,载《国际税收》2016 年第 5 期。
[35]廖益新、宫廷:《英国数字服务税:规则分析与制度反思》,载《税务研究》2019 年第 5 期。
[36]廖益新:《多边法律工具与双边税收协定》,载《国际税收》2017 年第 6 期。
[37]廖益新:《数字经济环境下营业利润课税权的分配》,载《厦门大学学报(哲学社会科学版)》2017 年第 4 期。
[38]廖益新:《应对数字经济对国际税收法律秩序的挑战》,载《国际税收》2015 年第 3 期。
[39]廖益新:《OECD 国际税收仲裁机制评析》,载《厦门大学学报(哲学社会科学版)》2012 年第 5 期。
[40]凌岚:《建立国际税收组织的动议、发展趋势与我国的对策》,载《涉外税务》2004 年第 5 期。
[41]刘宏松:《合法性、有效性与 G20 机制改革》,载《国际观察》2014 年第 3 期。
[42]刘剑文:《论领域法学:一种立足新兴交叉领域的法学研究范式》,载《政法论丛》2016 年第 5 期。
[43]刘剑文、陈立诚:《迈向税收治理现代化——〈税收征收管理法修订草案(征求意见稿)〉之评议》,载《中共中央党校学报》2015 年第 2 期。
[44]刘淼:《契约精神与税收筹划的合理界限》,载《河北法学》2008 年第 12 期。
[45]刘培俊:《企业税收筹划正当性的税法学简析》,载《法学评论》2007 年第 3 期。
[46]刘尚希、孙静:《税收治理:基于大数据的理论思考》,载《经济研究参考》2016 年第 9 期。
[47]刘杨钺:《全球网络治理机制:演变、冲突与前景》,载《国际论坛》2012 年第 1 期。
[48]刘永伟:《税收主权与税收专约的解释依据》,载《中国社会科学》2013 年第 6 期。
[49]刘永伟:《国际税法基本原则之探讨》,载《法制与社会发展》2002 年第 1 期。
[50]刘召、武靖国:《"多中心"治理:税收管理模式转换的另一种视角》,载《税务研究》2012 年第 10 期。
[51]刘志阔等:《中国企业的税基侵蚀和利润转移——国际税收治理体系重构下的中国经验》,载《经济研究》2019 年第 2 期。
[52]刘志云:《国际法研究的建构主义路径》,载《厦门大学学报(哲学社会科学版)》2009 年第 4 期。
[53]刘志云:《国家主权的特征分析与全球化背景下主权理论的创新》,载《世界经济与

政治》2003 年第 8 期。
[54]吕铖钢:《税收治理、竞争参与和国家利益——主权理念下对制税权的初步阐释》,载《江汉学术》2017 年第 1 期。
[55]吕铖钢、张景华:《国家治理视域下的税收治理——兼议现代税收制度的构建》,载《财政研究》2016 年第 12 期。
[56]陆秋丹、冯涛:《遵循多边主义和全球共治原则 完善创新国际税收治理理念和规则研究》,载《国际税收》2021 年第 1 期。
[57]罗秦:《国际税收治理从双边到多边的演进:新格局、新挑战及新趋势》,载《国际税收》2021 年第 1 期。
[58]马岭:《社团成员的权利与社团的权利和权力》,载《北方法学》2009 年第 2 期。
[59]毛瑞鹏:《全球税收治理转型中的制度竞争——以 OECD 为中心的分析》,载《世界政治研究》2018 年第 2 期。
[60]匿名:《"一带一路"税收征管合作机制简介》,载《国际税收》2019 年第 4 期。
[61]彭莹莹、燕继荣:《从治理到国家治理:治理研究的中国化》,载《治理研究》2018 年第 2 期。
[62]秦亚青:《层次分析法与国际关系研究》,载《欧洲》1998 年第 3 期。
[63]邱冬梅:《"双支柱"多边共识背后的碎片化》,载《国际税收》2022 年第 5 期。
[64]邱冬梅:《数字经济所得课税国际规则制定的最新进展及中国应对》,载《税务研究》2020 年第 10 期。
[65]任际:《国际税法新发展:全球税收治理与国际法律意识》,载《辽宁大学学报(哲学社会科学版)》2016 年第 3 期。
[66]尚劝余:《国际关系层次分析法:起源、流变、内涵和应用》,载《国际论坛》2011 年第 4 期。
[67]施正文、叶莉娜:《国际税收善治原则及其最新发展》,载《辽宁大学学报(哲学社会科学版)》2016 年第 3 期。
[68]苏明、王晓悦、张津:《建立国际税收合作组织的研究》,载《税务研究》2003 年第 6 期。
[69]孙红梅:《关于数字经济时代全球税收治理的几点认识——基于"双支柱"方案达成共识的视角》,载《财政科学》2021 年第 11 期。
[70]汤晓冬、周河山:《基于区块链技术的税收治理框架构建》,载《税务研究》2018 年第 11 期。
[71]王福友:《纳税人法律地位的转变与税法理念的更新》,载《税务研究》2004 年第 3 期。
[72]王红霞、周建平:《经营自由的价值意蕴与制度逻辑》,载《人民法治》2016 年第 5 期。

[73]王建文:《我国商法的核心价值:逻辑展开与实践应用》,载《法学杂志》2012 年第 1 期。
[74]王晶、曹杰:《全球治理研究的文献综述》,载《当代经济管理》2017 年第 4 期。
[75]王力:《迈向现代化的中国国际税收》,载《国际税收》2016 年第 5 期。
[76]王丽华:《全球税收治理及中国参与的法治进路》,载《环球法律评论》2017 年第 6 期。
[77]王遥:《税收竞争和税收套利对国际税收制度的挑战》,载《涉外税务》2010 年第 6 期。
[78]王义桅、倪世雄:《均势与国际秩序:冷战时代的思索》,载《世界经济与政治》2001 年第 2 期。
[79]武靖国:《税收治理与精明政府——理解税收成本收益的新框架》,载《税务与经济》2018 年第 3 期。
[80]谢富胜、程瀚、李安:《全球气候治理的政治经济学分析》,载《中国社会科学》2014 年第 11 期。
[81]熊伟:《问题导向、规范集成与领域法学之精神》,载《政法论丛》2016 年第 6 期。
[82]徐步华:《全球治理理论与传统国际关系理论范式的比较分析》,载《马克思主义与现实》2016 年第 4 期。
[83]徐崇利:《国际经济法律秩序与中国的"和平崛起"战略——以国际关系理论分析的视角》,载《比较法研究》2005 年第 6 期。
[84]徐崇利:《晚近国际投资争端解决实践之评判:"全球治理"理论的引入》,载《法学家》2010 年第 3 期。
[85]杨斌:《论税收治理的现代性》,载《税务研究》2010 年第 5 期。
[86]杨成:《国际秩序的三大选择与国际制度理论——在霸权和均势之后》,载《社会科学》2002 年第 5 期。
[87]杨萍:《纳税人法律地位之探析》,载《税务研究》2004 年第 7 期。
[88]杨志勇、樊慧霞:《新财政治理理论:大国财政与全球经济新秩序》,载《地方财政研究》2016 年第 1 期。
[89]杨志勇:《国际税收秩序变革之难与出路选择》,载《国际税收》2016 年第 3 期。
[90]杨志勇:《技术进步与国际税收秩序的变迁》,载《涉外税务》2000 年第 10 期。
[91]叶莉娜:《国际税收治理时代设定国际税务组织的思考》,载《国际经济法学刊》2015 年第 2 期。
[92]叶莉娜:《跨国公司与国际税收征管合作:地位和态度的嬗变》,载《国际商务研究》2015 年第 6 期。
[93]余鹏峰:《全球税收治理:一个概念的辨析》,载《河北法学》2021 年第 6 期。

[94]余鹏峰:《全球税收治理是什么? ——基于法理属性的阐释》,载《国际经济法学刊》2020年第4期。

[95]余鹏峰:《避税行为构成理论的反思与改造——从“儿童投资主基金案”说起》,载《经济法论坛》2018年第2期。

[96][德]约翰内斯·贝克尔、[德]约阿希姆·恩利施:《在价值创造地征税:“用户参与”与它有什么关系?》,刘奇超译,载《海关与经贸研究》2019年第4期。

[97]朱炎生:《双支柱方案:现行国际税收体系的自然延伸》,载《税务研究》2022年第3期。

[98]朱炎生:《经合组织数字经济税收规则最新提案国家间利益博弈分析》,载《国际税收》2019年第3期。

[99]张景华、吕铖钢:《国际税收治理中的税收管辖权逻辑》,载《税务研究》2016年第7期。

[100]张雷宝:《税收治理现代化:从现实到实现》,载《税务研究》2015年第10期。

[101]张馨:《“税收价格论”:理念更新与现实意义》,载《税务研究》2001年第6期。

[102]张亚中:《全球治理:主体与权力的解析》,载《问题与研究》2001年第4期。

[103]张泽平:《全球治理背景下国际税收秩序的挑战与变革》,载《中国法学》2017年第3期。

[104]张泽平:《数字经济背景下的国际税收管辖权划分原则》,载《学术月刊》2015年第2期。

[105]赵芳春:《论我国税法的价值选择》,载《安徽大学法律评论》2007年第2期。

[106]赵惠敏:《税收治理现代化的逻辑与演进》,载《当代经济研究》2018年第1期。

[107]周宇:《全球经济治理与中国的参与战略》,载《世界经济研究》2011年第11期。

### (五)英文论文

[1] Adam H. Rosenzweig, *Thinking Outside the* (*Tax*) *Treaty Revisited*, 41 Brooklyn Journal of International Law (2016).

[2] Adrian Sawyer, *Developing an International* (*World*) *Tax Organisation for Administering Binding Rules and APAs – The Way Forward*, 21 Australian Tax Forum (2006).

[3] Alicja Brodzka & Sebastiano Garufi, *The Era of Exchange of Information and Fiscal Transparency: The Use of Soft Law Instruments and the Enhancement of Good Governance in Tax Matters*, 52 European Taxation (2012).

[4] Allison Christians, *BEPS and the New International Tax Order*, 6 Brigham Young University Law Review (2016).

[5] Allison Christians, *Networks, Norms, and National Tax Policy*, 9 Washington Global

Studies Law Review (2010).

[6] Andrea Sangiovanni, *Global Justice, Reciprocity, and the State*, 35 Philosophy & Public Affairs (2007).

[7] Andrew P. Morriss & Lotta Moberg, *Cartelizing Taxes: Understanding the OECD's Campaign against Harmful Tax Competition*, 4 Columbia Journal of Tax Law (2012).

[8] Aran Fronda, *BEPS and the Digital Economy: Why is It so Taxing to Tax*, 25 International Tax Review (2014).

[9] Arkadiusz Myszkowski, *Mind the Gap: The Role of Politics and the Impact of Cultural Differences on the OECD BEPS Project*, 70 Bulletin For International Taxation (2016).

[10] Arthur J. Cockfield, *The Rise of The OECD As Informal "World Tax Organization" through National Responses to E – Commerce Tax Challenges*, 8 Yale Journal of Law & Technology (2006).

[11] Arthur J. Cockfield, *Tax Integration Under NAFTA: Resolving the Conflict between Economic and Sovereignty Interests*, 34 Stanford Journal of International Law (1998).

[12] B. Zagaris, *The* 1994 *CARICOM Double Taxation Agreement: A New Model for Regional Integration and Fiscal Cooperation*, 50 Bulletin for International Fiscal Documentation, 1996, 50(9).

[13] Barbara Koremenos, Charles Lipson & Duncan Snidal, *The Rational Design of International Institutions*, 55 International Organization (2001).

[14] Bruce Zagaris, *The United Nation's Role in International Tax Cooperation*, 38 Tax Notes International (2005).

[15] Bruno Gurtner & Sol Picciotto, *UN Tax Experts Support the Strengthening of Information Exchange*, 2 Tax Justice Focus: The Quarterly Newsletter of the Tax Justice Network (2006).

[16] Caroline Silberztein & Jean – Baptiste Tristram, *OECD: Multilateral Instrument to Implement BEPS*, 23 International Transfer Pricing Journal (2016).

[17] Cf. Frans Vanistendael, *In Defence of the European Court of Justice*, 62 Bulletin for International Taxation (2008).

[18] Cf. Wolfgang Schon, *Playing Different Games? Regulatory Competition in Tax and Company Law Compared*, 42 Common Market Law Review (2005).

[19] Cfe Tax Advisers Europe, *Opinion Statement CFE* 1/2018 *on the Importance of Taxpayer Rights, Codes and Charters on Good Governance*, 58 European Taxation (2018).

[20] Charles E. Mclure Jr., *Globalization, Tax Rules and National Tax Sovereignty*, 55 Bulletin for International Fiscal Documentation (2001).

[21] Charles M. Tiebout, *A Pure Theory of Local Expenditures*, 64 Journal of Political Economy (1956).

[22] Chris Evans, *Tax Governance Issues: Managing System Complexity*, Economic Papers (2012).

[23] Christiana Hji Panayi, *The Europeanization of Good Tax Governance*, 36 Yearbook of European Law (2017).

[24] Christiana Panayi, *The Globalisation of Tax Good Governance*, 6 Singapore Management University School of Accountancy Research Paper Series (2018).

[25] Craig West, *References to the OECD Commentaries in Tax Treaties: A Steady March from "Soft" Law to "Hard" Law?*, 9 World Tax Journal (2017).

[26] Darrel Moellendorf, *Cosmopolitanism and Compatriot Duties*, 91 Monist (2011).

[27] David Kennedy, *When Renewal Repeats: Thinking Against the Box*, 32 N. Y. U. Journal of International Law and Politices (2000).

[28] Dennis C. Mueller, *Redistribution and Allocative Efficiency in a Mobile World Economy*, 17 Jahrbuch für Neue Politische Öknonomie (1998).

[29] Diane M. Ring, *Democracy, Sovereignty and Tax Competition: The Role of Tax Sovereignty in Shaping Tax Cooperation*, 9 Florida Tax Review (2009).

[30] Diane M. Ring, *What's at Stake in the Sovereignty Debate: International Tax and the Nation-State*, 49 Virginia Journal of International Law (2008).

[31] Diane M. Ring, *Who is Making International Tax Policy? International Organizations as Power Players in a High Stakes World*, 33 Fordham International Law Journal (2011).

[32] Douglas Bamford, *Realising International Justice: To Constrain or to Counter-Incentivise?*, 1 Moral Philosophy and Politics (2014).

[33] Dr Irma Johanna Mosquera Valderrama, *Legitimacy and the Making of International Tax Law: The Challenges of Multilateralism*, 7 World Tax Journal (2015).

[34] Dr. Sangit Sarita Dwivedi, *International Organizations and Global Governance*, 1 International Journal of Social Science & Interdisciplinary Research (2012).

[35] Dries Lesage, *Global Taxation Governance after the* 2002 *UN Monterrey Conference*, 36 Oxford Development Studies (2008).

[36] Duncan Bentley, *The Rise of "Soft Law" in Tax Administration - Good News for Taxpayers?*, 14 Asia-Pacific Tax Bulletin (2008).

[37] Edoardo Traversa & Alessandra Flamini, *Fighting Harmful Tax Competition through EU State Aid Law: Will the Hardening of Soft Law Suffice?*, 14 European State Aid Law

Quarterly (2015).

[38] Eppo Eskelinen & Matti Ylönen, *Panama and the WTO: New Constitutionalism of Trade Policy and Global Tax Governance*, 24 Review of International Political Economy (2017).

[39] Eva Andres Aucejo, *Towards an International Code for Administrative Cooperation in Tax Matter and International Tax Governance*, 40 Revista Derecho del Estado (2018).

[40] Frans Vanistendael, *Is fiscal Justice Progressing?*, 64 Bulletin for International Taxation (2010).

[41] Gerrit Groen, *Arbitration in Bilateral Tax Treaties*, 30 Intetax (2002).

[42] Gillian Brock & Thomas Pogge, *Global Tax Justice and Global Justice*, 1 Moral Philosophy and Politics (2014).

[43] Gillian Brock, *Taxation and Global Justice: Closing the Gap between Theory and Practice*, 39 Journal of Social Philosophy (2008).

[44] H. David Rosenbloom, Noam Noked & Mohammed S. Helal, *The Unworldly World of Tax: A Proposal for an International Tax Cooperation Forum*, 15 Florida Tax Review (2014).

[45] Hans J. L. M. Gribnau & Ave - Geidi Jallai, *Good Tax Governance: A Matter of Moral Responsibility and Transparency*, 1 Nordic Tax Journal (2017).

[46] Hans - Werner Sinn, *The Selection Principle and Market Failure in Systems Competition*, 66 Journal of Public Economics (1997).

[47] Henk Overbeek, *Global Governance: From Radical Transformation to Neo - Liberal Management*, 12 International Studies Review (2010).

[48] Insop Pak, *International Finance and State Sovereignty: Global Governance in the International Tax Regime*, 10 Annual Survey of International & Comparative Law (2004).

[49] Insop Pak, *Rethinking Global Tax Governance*, 27Wonkwang law (2011).

[50] Itai Grinberg, *The New International Tax Diplomacy*, 104 The Georgetown Law Journal (2016).

[51] Ivan O. Ozai, *Tax Competition and The Ethics of Burden Sharing*, 42 Fordham International Law Journal (2018).

[52] J. Clifton Fleming, Jr. Robert J. Peroni & Stephen E. Shay, *Fairness in International Taxation: The Ability - to - Pay Case for Taxing Worldwide Income*, 5Florida Tax Review (2001).

[53] Jack M. Mintz, *Is National Tax Policy Viable in the Face of Global Competition?*, 19 Tax Notes International (1999).

[54] James Tobin, *A Proposal for International Monetary Reform*, 4 Eastern Economic Journal (1978).

[55] Jan Aart Scholte, *Civil Society and Democracy in Global Governance*, 8 Global Governance (2002).

[56] Jefferson Vanderwolk, *The Deferral Debate and the Benefits Theory*, 20 Tax Notes International (2000).

[57] Jiejin Zhu, *G20 Institutional Transition and Global Tax Governance*, 29 The Pacific Review (2016).

[58] Jinyan Li, *China and BEPS: From Norm – Taker to Norm – Shaker*, 69 Bulletin for International Taxation (2015).

[59] Jinyan Li, *Tax Sovereignty and International Tax Reform: The Author' s Response*, 52 Canadian Tax Journal (2004).

[60] John G. Head, *Tax Fairness Principles: A Conceptual, Historical and Practical Review*, 65 Australian Tax Forum (1992).

[61] Joshua Cohen & Charles Sabel, *Extram Republicam Nulla Justitia?*, 34 Philosophy & Public Affairs (2006).

[62] Julie Roin, *Competition and Evasion: Another Perspective on International Tax Competition*, 89 Georgetown Law Journal (2001).

[63] Katarzyna Bronzewska & Eelco Van Der Enden, *The Concept of Cooperative Compliance*, 68 Bulletin for International Taxation (2014).

[64] Klaus Dingwerth & Philipp Pattberg, *Global Governance as a Perspective on World Politics*, 12 Global Governance (2006).

[65] Klaus Vogel, "*State of Residence*" *May as well be* "*State of Source*" *– There Is No Contradiction*, 59 Bulletin for International Taxation (2005).

[66] Klaus Vogel, *Worldwide vs. Source Taxation of Income: A Review and Reevaluation of Arguments*, 16 Intertax (1998).

[67] Kooiman J., *Social – political Governance: Overview, Reflection and Design*, 1 Public Management (1991).

[68] Laurens Van Apeldoorn, *BEPS, Tax Sovereignty and Global Justice*, 21 Critical Review of International Social and Political Philosophy (2018).

[69] Lawrence S. Finkelstein, *What is Global Governance*, 1 Global Governance (1995).

[70] Leo E. C. Neve, *The Peer Review Process of the Global Forum on Transparency and Exchange of Information for Tax Purposes: A Critical Assessment on Authority and Legitimacy*, 10 Erasmus Law Review (2017).

[71] Lydia Thiagarajah, *Promoting the Concept of Tax Governance*, 66 Bulletin for International Taxation (2012).

[72] M. Stewart, *Redistribution between Rich and Poor Countries*, 72 Bulletin for International Taxation (2018).

[73] Maarten F. De Wilde, *Some Thoughts on a Fair Allocation of Corporate Tax in a Globalizing Economy*, 38 Intertax (2010).

[74] Mak Oi Leng, *Increased Focus on Tax Governance*, 23 International Tax Review (2012).

[75] Mancur Olson Jr., *The Principle of "Fiscal Equivalence": The Division of Responsibilities among Different Levels of Government*, 59 The American Economic Review (1969).

[76] Markus Jachtenfuchs & Nico Krisch, *Subsidiarity in Global Governance*, 79 Law and Contemporary Problems (2016).

[77] Martin Hearson & Wilson Prichard, *China's Challenge to International Tax Rules and the Implications for Global Economic Governance*, 94 International Affairs (2018).

[78] Martin Hearson, *The Challenges for Developing Countries in International Tax Justice*, 54 The Journal of Development Studies (2017).

[79] Mathew Brittingham & Michael Butler, *OECD Report on Base Erosion and Profit Shifting: Search for a New Paradigm or is the Proposed Tax Order a Distant Galaxy Many Light Years Away?* 20 Transfer Pricing Journal (2013).

[80] Matthew Weinzierl, *Review of Global Tax Fairness, Thomas Pogge and Krishen Mehta, Editors*, 56 Journal of Economic Literature (2018).

[81] Michael C. Durst & Robert E. Culbertson, *Clearing away the Sand: Retrospective Methods and Prospective Documentation in Transfer - Pricing Today*, 57 Tax Law Review (2003).

[82] Mindy Herzfeld, *The Case Against BEPS: Lessons for Tax Coordination*, 21 Florida Tax Review (2017).

[83] Miranda Stewart, *Redistribution between Rich and Poor Countries*, 72 Bulletin for International Taxation (2018).

[84] Miriam Ronzoni, *Global Tax Governance: The Bullets Internationalists Must Bite - And Those They Must Not*, 1 Moral Philosophy and Politics (2014).

[85] Miriam Ronzoni, *The Global Order: A Case of Background Injustice? A Practice - Dependent Account*, 37 Philosophy & Public Affairs (2009).

[86] Mp Ferreira - Snyman & Gm Ferreira, *Global Good Governance and Good Global Gov-*

*ernance*,31 South African Yearbook of International Law (2006).

[87] Myron J. Frankman,*International Taxation:The Trajectory of an Idea from Lorimer to Brandt*,24 World Development (1996).

[88] Nagel Thomas,*The Problem of Global Justice*,33 Philosophy & Public Affairs (2005).

[89] Pasquale Pistone,*The Long March of International Taxation Towards a Global Tax Legal Order*,5 World Tax Journal (2013).

[90] Peggy B. Musgrave,*Sovereignty, Entitlement, and Cooperation in International Taxation*,26 Brooklyn Journal of International Law (2001).

[91] Peter Dietsch & Thomas Rixen,*Tax Competition and Global Background Justice*,22 The Journal of Political Philosophy (2014).

[92] Peter Essers,*International Tax Justice between Machiavelli and Habermas*,68 Bulletin For International Taxation (2014).

[93] Prem Sikka,*TJN/South Centre Meeting on Tax Avoidance and Development*,2 Tax Justice Focus:The Quarterly Newsletter of the Tax Justice Network(2006).

[94] R. Rhodes,*The New Governance:Governing Without Government?*,44 Political studies (1996).

[95] Reuven Avi - Yonah & Haiyan Xu,*Evaluating BEPS:A Reconsideration of the Benefits Principle and Proposal for UN Oversight*,6 Harvard Business Law Review (2016).

[96] Reuven Avi - Yonah,*Globalization, Tax Competition, and the Fiscal Crisis of the Welfare Stat*,113 Harvard Law Review (2000).

[97] Reuven S. Avi - Yonah,*The Structure of International Taxation:A Proposal for Simplification*,74 Texas Law Review (1996).

[98] Reuven S. Avi - Yonah, Kimberly A. Clausing & Michael C. Durst,*Allocating Business Profits for Tax Purposes:A Proposal to Adopt a Formulary Profit Split*,9 Florida Tax Review (2009).

[99] Reuven S. Avi - Yonah,*The Rise and Fall of Arm' s Length:A Study in the Evolution of US International Taxation*,15 Virginia Tax Review (1995).

[100] Ricardo García Antón,*The 21st Century Multilateralism in International Taxation:The Emperor' s New Clothes?*,8 World Tax Journal (2016).

[101] Richard M. Bird,*Are Global Taxes Feasible?*,25 International Tax and Public Finance (2018).

[102] Rifat Azam,*Ruling the World:Generating International Tax Norms in the Era of Globalization and BEPS*,50 Suffolk University Law Review (2017).

[103] Robert L. Palmer,*Toward Unilateral Coherence in Determining Jurisdiction to Tax In-*

*come*,30 Harvard International Law Journal (1989).

[104] Ruud A. De Mooij & Sjef Ederveen, *Corporate Tax Elasticities: A Reader's Guide to Empirical Findings*, 24 Oxford Review of Economic Policy (2008).

[105] Sartaj Aziz, *International Taxation Alternatives and Global Governance*, 11 Global Governance (2005).

[106] Simon Caney, *Review Article: International Distributive Justice*, 49 Political Studies (2001).

[107] Sophia Murillo López, *Legal Legitimacy of Tax Recommendations Delivered by the IMF in the Context of "Article IV Consultations"*, 10 Erasmus Law Review (2017).

[108] Steve Charnovitz, *Two Centuries of Participation: NGOs and International Governance*, 18 Michigan Journal of International Law (1997).

[109] Tamer Budak, *The Transformation of International Tax Regime: Digital Economy*, 2017 Inonu University Law Review (2017).

[110] Tarcisio Diniz Magalhaes, *What is Really Wrong with Global Tax Governance and How to Properly Fix It*, 10 World Tax Journal (2018).

[111] Teppo Eskelinen & Matti Ylönen, *Panama and the WTO: New Constitutionalism of Trade Policy and Global Tax Governance*, 24 Review of International Political Economy (2017).

[112] Thomas Rixen, *Bilateralism or multilateralism? The Political Economy of Avoiding International Double Taxation*, 16 European Journal of International Relations (2010).

[113] Thomas Rixen, *Tax Competition and Global Background Justice*, 22 The Journal of Political Philosophy (2014).

[114] Thomas Rixen, *Tax Competition and Inequality: The Case for Global Tax Governance*, 17 Global Governance (2011).

[115] Thomas Rixen, *From Double Tax Avoidance to Tax Competition: Explaining the Institutional Trajectory of International Tax Governance*, 18 Review of International Political Economy (2010).

[116] Tillinghast David R., *The Impact of the Internet on the Taxation of International Transactions*, 50 Bulletin for International Fiscal Documentation (1996).

[117] Timothy Lyons, *International Taxation and the BEPS Action Plan: Challenged by Modernity?*, 5 British Tax Review (2014).

[118] Tsilly Dagan, *International Tax and Global Justice*, 18 Theoretical Inquiries in Law (2017).

[119] Tsilly Dagan, *The Global Market for Tax and Legal Rules*, 21 Florida Tax Review

(2017).

[120] Uyanga Berkel - Dorlig, *Legality of the World Bank's Informal Decisions to Expand into the Tax Field, and Implications of These Decisions for Its Legitimacy*, 10 Erasmus Law Review (2017).

[121] Victor Thuronyi, *International Tax Cooperation and a Multilateral Treat*, 26 Brooklyn Journal of International Law (2001).

[122] W. G. Kuiper, *The Multilateral CMEA Tax Treaty: Its Relevance Today*, 31 European Taxation (1991).

[123] Walter Hellerstein, *Jurisdiction to Tax Income and Consumption in the New Economy: A Theoretical and Comparative Perspective*, 38 Georgia Law Review (2003).

[124] Whitney Whisenhunt, *To Zedillo or Not to Zedillo: Why the World Needs an ITO*, 16 Temple International and Comparative Law Journal (2002).

[125] Wolfgang Schoen, *Playing Different Games? Regulatory Competition in Tax and Company Law Compared*, 42 Common Market Law Review (2005).

[126] Zuo An - Lei, *International Legal Review of the Relationship between International Tax Law and National Tax Sovereignty: Theoretical Foundation and Development Practices*, 2 ECUPL International Law Review (2013).

**(六)研究报告**

[1] Alberto Vega, *International Governance Through Soft Law: The Case of the OECD Transfer Pricing Guidelines*, Max Planck Institute for Tax Law and Public Finance, 2012.

[2] Allison Christians, *Hard Law and Soft Law in International Taxation*, University of Wisconsin Law School, 2007.

[3] Bruins, Senator Einaudi, Seligman & Sir Josiah Stamp, *Report on Double Taxation*, League of Nations Economic and Financial Commission, 1923.

[4] Edward D. Kleinbard, *Through a Latte, Darkly: Starbucks's Stateless Income Planning*, University of Southern California Center in Law, Economics and Organization, 2013.

[5] Ernesto Zedillo et al., *Recommendations of the High - level Panel on Financing for Development*, United Nations, 2001.

[6] Jan Wouters & Katrien Meuwissen, *Global Tax Governance: Work in Progress?*, Leuven Centre for Global Governance, 2011.

[7] Michael Devereux & John Vella, *Value Creation as the Fundamental Principle of the International Corporate Tax System*, Oxford University Centre for Business Taxation, 2018.

[8] Michael P. Devereux, *The Impact of Taxation on the Location of Capital, Firms and*

*Profit:A Survey of Empirical Evidence*,University of Warwick,2006.

[9] OECD,*Addressing the Tax Challenges of the Digital Economy*,*Action* 1 – 2015 *Final Report*,*OECD/G20 Base Erosion and Profit Shifting Project*,OECD Publishing,2015.

[10] OECD,*Digital Economy Outlook* 2015,OECD Publishing,2015.

[11] OECD, *Co – Operative Compliance: A Framework – From Enhanced Relationship to Co – operative Compliance*,OECD Publishing,2013.

[12] OECD,*Action Plan on Base Erosion and Profit Shifting*,OECD Publishing,2013.

[13] OECD, *Citizen – State Relations: Improving Governance through Tax Reform*, OECD Publishing,2010.

[14] OECD,*Tax Guidance Series: Corporate Governance and Tax Risk Management*,Forum on Tax Administration,2009.

[15] OECD,*Governance*,*Taxation and Accountability: Issues and Practices*,OECD Publishing,2008.

[16] OECD,*Study into the Role of Tax Intermediaries*,OECD Publishing,2008.

[17] Savina Princen,*Political Economy of Tax Reforms*,Publications Office of the European Union,2016.

[18] Sieb Kingma & Marcel Gh Schaper,*The G20 as the Global Agenda – Setter and Political Consensus Builder in Global Tax Governance*,Maastricht Centre for Taxation,2017.

[19] Tax Justice Network,*Tax Us If You Can: The True Story of a Global Failure*,Tax Justice Network International Secretariat,2005.

[20] Thomas Rixen,*Politicization and Institutional* (*Non* – ) *Change in International Taxation*,Wissenschaftszentrum Berlin Für Sozialforschung,Social Science Research Center Berlin,2008.

[21] UNEP,*Additional Measures and Means of Financing for the Implementation of the Plan of Action to Combat Desertification*,United Nations,1978.

[22] UNEP,*Study on Financing the United Nations' Plan of Action to Combat Desertification*,United Nations,1980.

[23] Vega Alberto,*International Governance Through Soft Law: The Case of the OECD Transfer Pricing Guidelines*,Max Planck Institute for Tax Law and Public Finance,2012.

[24] Vito Tanzi,*Globalisation and Coordination of Fiscal Policies*,*Proceedings of a Conference Organized by the School of International Studies*,University of Trento,2004.

[25] Wolfgang Obenland,*Options for Strengthening Global Tax Governance*,Friedrich – Ebert – Stiftung,MISEREOR and Global Policy Forum,2016.

**（七）其他类**

[1]陈金桂主编:《简明新方法辞典》,福建人民出版社1990年版。

[2]荷兰国际财税文献局:《IBFD国际税收辞汇》,《IBFD国际税收辞汇》翻译组译,中国税务出版社2016年版。

[3][美]普洛克特编:《剑桥国际英语词典》,上海外语教育出版社2003年版。

[4]项怀诚、郑家亨主编:《新财税大辞典》,中国统计出版社1995年版。

[5]中国社会科学院语言研究所词典编辑室:《现代汉语词典》(第6版),商务印书馆2012年版。

[6]廖益新:《落实G20税改成果 迈向国际税收治理现代化》,载《经济参考报》2017年4月26日,第8版。

[7]王军:《更好发挥税收在服务"一带一路"建设中的积极作用》,载《学习时报》2019年4月26日,第1版。

[8]习近平:《共同维护和发展开放型经济——在二十国集团第一阶段会议上关于世界经济形势的发言》,载《人民日报》2013年9月6日,第2版。

[9]习近平:《构建创新、活力、联动、包容的世界经济——在二十国集团领导人杭州峰会上的开幕辞》,载《人民日报》2016年9月5日,第3版。

[10]新华社:《张高丽在第十届税收征管论坛大会上强调——加强全球税收合作 推动世界经济发展》,载《人民日报》2016年5月12日,第1版。

[11]宗禾:《史耀斌出席第十九届中韩税收政策交流会》,载《中国财经报》2015年10月29日,第1期。

[12] Actionaid, *Why Sabmiller should Stop Dodging Taxes in Africa*, https://www. action-aid. org. uk/sites/default/files/doc_lib/calling_time_on_tax_avoidance. pdf.

[13] Christian Aid, *Giving with One Hand and Taking with the Other: Europe's Role in Tax – Related Capital Flight from Developing Countries* 2013, https://eurodad. org/files/pdf/1546113 – giving – with – one – hand – and – taking – with – the – other – europe – s – role – in – tax – related – capital – flight – from – developing – countries – 1450104968. pdf.

[14] David Mcnair & Dries Lesage, *What Hope for Global Tax Justice*?, https://doi – org. libproxy. wlu. ca/10. 1111/j. 2041 – 9066. 2010. 00013. x, 2010 – 03 – 15.

[15] European Commission, *Guidelines for a Model for a European Taxpayers' Code*. https://ec. europa. eu/taxation _ customs/ sites/taxation/files/guidelines _ for _ a _ model _ for_a_european_taxpayers_code_en. pdf.

[16] IMF, OECD, UN & WB, *Concept Note: The Platform for Collaboration on Tax*, http://www. oecd. org/tax/concept – note – platform – for – collaboration – on – tax. pdf.

[17] IMF, 2011 *Review of the Standards and Codes Initiative*, https://www.imf.org/external/np/pp/eng/2011/021611.pdf.

[18] OECD, *OECD/G20 Base Erosion and Profit Shifting Project Information Brief*, 2014 *Deliverables*, http://www.oecd.org/ctp/beps-2014-deliverables-information-brief.pdf, 2014.

[19] SOMO, *Tax-free Profits: Welcome To The Geography of Tax Avoidance*, https://www.somo.nl/wp-content/uploads/2015/12/Tax-free-profits.pdf.

[20] TNJ, *Jersey Finance Attacks TJN* 2014 - *TJN Response*, https://www.taxjustice.net/wp-content/uploads/2013/04/Price-of-Offshore-Revisited-Jersey-Finance-Study-2014.pdf.

[21] Tsilly Dagan, *Community Obligations in International Taxation*, https://ssrn.com/abstract=2736923.

# 后　记

本书是在我博士学位论文的基础上修改而成，其既是对我博士阶段学术探索的总结，又是我从学生到教师身份蜕变后独立从事科研工作的起点。5年前的博士学位论文选题，在“年少轻狂”中进入了全球税收治理的“泥沼”，因理论与实践的不彰而陷入“无米之炊”的尴尬，被开题答辩专家认为是“另类”，一度遭遇“劝退风波”。时年经济数字化提速进一步加剧了税收管辖区各自为阵税法的冲突，国际社会应对经济数字化税收挑战的决心和脚步愈加坚定，全球税收治理作为全球经济治理的重要组成部分，日益受到关注。如何从理论上阐释国际税法的这种变迁规律，建构全球税收治理的概念体系与理论框架，构成了本书的写作初心与基本格局。

初心易得，坚守不易。能够秉承写作初心绝非一己之力，这离不开师长们的谆谆教导与呵护、同学们的殷切鼓励与帮助、亲友们的默默支持与奉献。

感谢我的博士生导师廖益新教授。廖老师学识渊博，世事洞明，善利万物而不争，常以微言传处世大义，屡以身教授学问之道，为弟子们树立了“自强不息，止于至善”的人生标杆。每每在我犹豫迷茫踌躇失落之时，廖老师总是能够给予我希望，使我坚定、执着、乐观。读博期间的点滴进步，无不凝聚着老师的辛勤指导、悉心栽培以及无私关怀。即便是毕业后参加了工作，廖老师依旧鼓励和支持我砥砺前行。我还要感谢我的另一位博士生导师刘磊教授。刘老师尽管在国家税务总局身居高位，日常公务也很繁忙，但是始终心系学生发展，时常询问学业、生活和工作情况，对学生的困惑总能够积极回应，并施以援手，助力成长。有师如此，幸甚至哉！

感谢我的博士后合作导师施正文教授。入职江西财经大学法学院后，我便萌生了继续从事博士后研究的想法，以进一步强化科研能力与水平。适逢中国政法大学发布博士后研究人员招收公告，我就抱着试试的心态联系了施老师。当时只有一面之缘的施老师给予了我十分耐心且极为细致的解答，令我印象深刻。入站后，施老师并没有因为我在职从事博士后研究而疏于对我的指导，反而传授了一位“青椒”集论文写作、项目申报、学术规划、为人处世等全方位的“成长心法”,让我初入职异常艰难的时光有了拂晓的可能。

感谢厦门大学法学院的刘志云教授。刘老师是我成长征途的启迪者,不是导师却胜似导师。刘老师有宽厚的学术胸怀、睿智的学者风范、豁达的处世态度,时常想学生之所想、感学生之所感、急学生之所急,对我学习、生活和工作的方方面面提出了非常有价值的意见建议,实乃“谆谆如父语,殷殷似友亲”。感谢厦门大学法学院财税法教研室全体老师的培养。廖老师领衔的“厦门大学财税法教学团队”,以其“低调奢华有内涵”的独特品质,开创了中国财税法治人才培养的诸多先河。我衷心感谢团队的朱炎生、李刚、王宗涛、邱冬梅、蔡庆辉、李晓辉等各位师长在为人、为学、为事方面的指导与提携。感谢厦门大学法学院宋方青教授、李兰英教授、郭春镇教授、朱福惠教授、阳建勋教授等各位老师的关心与帮助。中国法学会财税法学研究会的刘剑文教授、陈少英教授、熊伟教授、朱大旗教授等各位老师,时常鼓励、关注我的研究情况,其提携后生的风范令我动容。

感谢我的硕士生导师吴鹏飞教授和蒋悟真教授对我的不弃、宽容与厚爱。感谢母校江西财经大学法学院对我的培育。感谢邓辉、杨德敏、贺三宝、喻玲、占小军、蒋岩波、易有禄、朱丘祥、谢小剑、熊玉梅、张怡超、黄华生等各位老师对我学习、生活和工作的关心,常常无私地给予我建议和帮助。感谢李翊楠、聂淼、陈宾、胡国梁、许林波、刘先良、欧阳力、肖海琦、花明等各位同事给予我莫大的信任与支持。

感谢一路走来“并肩奋斗”的小伙伴们。博士班的“大哥大”龙稳全、陈冽风、黄波、孙智,“说唱天团”的褚睿刚、石春雷、苗壮、周平奇、董利民、马磊、江耀炜等常常在深夜的沙坡尾、中山路、明发广场“苦中作乐”,他们驱散了我心中的黑暗。有着“环岛路八大奇迹”之称的同门李乔彧、宫廷、李皓兰、冯小川、王劲杨、杨光等,我们经常一起小聚、互诉衷肠、共话未来,至今记忆深刻。史欣媛、廖丽环、汤霞、胡宽、刘盛、刘辉等都给予我不同程度的关怀与帮助,在此致以诚挚的谢意。

本书暨博士学位论文的写作还得到了北京大学法学院张智勇教授,华东政法大学张泽平教授,厦门大学法学院刘连泰教授、林秀芹教授等老师的睿智指点,感谢他(她)们在开题答辩或毕业答辩时给予我诸多有价值的意见与启发。本书的一些成果内容曾在《河北法学》《国际经济法学刊》《税务研究》等刊物公开发表,感谢杂志社及编辑对小众话题的支持,以及对年轻学者的提携。感谢法律出版社郑怡萍编辑及其同仁的辛勤劳作,使本书得以面世。

“哀哀父母,生我劬劳。”感谢父母用生命奉献,护我周全,保我前行。谨以硕士毕业论文后记关于父母的片段,再寄托对父亲的哀思,也提醒自己走得再远都不要忘了来时路,要承担好陪伴、照顾母亲的责任。感谢姐姐、姐夫、哥哥、嫂子、弟弟,有你们对家里的照顾,我才能在外踏实学习,潜心研究。

“吾出生鄱阳渔村,祖辈世代以田为业。家道维艰,至父辈亦未改观。承蒙父母开明,兄弟姐妹方有读书之盼。彼时虽清贫,家和亦有所乐。然天妒人暖,行不测风云。父积劳成恶疾,穷治无望,己丑十一月抱憾仙去。哀哉!其女未成家,其儿未立业。家如浮萍,风雨飘摇。母以弱小身躯,奋力托举,承父志。七载含辛,育三学士成。宗族之耀,为人称道。每念父罹病疾而未侍榻前,疚存心底,永成大不孝!每思母夙兴夜寐而未报养恩,愧随涕零。然家亲不曾怨责,此爱昊天罔极,九生亦难忘,必效蛇珠雀环。”

感谢我的岳父母,在我一无所有时将爱女交付于我,在我初入职场时全力以赴地支持我!感谢妻子曾杨欢女士陪我从校服到婚纱,从年少轻狂到稳重担当,10 年的默默陪伴与不离不弃,让我有了逐梦人生的不竭动力。即便是有了两个可爱的宝宝,她也总是给予我最大的理解与支持,让我能够有独立的时间进行科研。

文章千古事,得失寸心知。付梓无快意,恐负引路人。感恩常萦怀,唯矢志笃行。希冀来日,不负众望,学思并进,教研相长。

谨识记之!

余鹏峰

二〇二二年八月廿五日